教育部哲学社会科学系列发展报告
MOE Serial Reports on Developments in Humanities and Social Sciences

中国经济增长报告2015

新常态下的宏观调控与结构升级

China Economic Growth Report 2015

Macro Control and Economic Structure Upgrade Under the New Normal

北京大学中国国民经济核算与经济增长研究中心

主　编　刘　伟

副主编　许宪春　蔡志洲

北京大学出版社
PEKING UNIVERSITY PRESS

图书在版编目(CIP)数据

中国经济增长报告.2015:新常态下的宏观调控与结构升级/刘伟主编.—北京:北京大学出版社,2015.7
(教育部哲学社会科学系列发展报告)
ISBN 978-7-301-25963-4

Ⅰ.①中… Ⅱ.①刘… Ⅲ.①中国经济—经济增长—研究报告—2015 ②中国经济—宏观经济调控—研究报告 ③中国经济—产业结构升级—研究报告 Ⅳ.①F124.1

中国版本图书馆 CIP 数据核字(2015)第 118660 号

书　　　名	中国经济增长报告2015——新常态下的宏观调控与结构升级
著作责任者	刘　伟　主编　许宪春　蔡志洲　副主编
责 任 编 辑	刘誉阳
标 准 书 号	ISBN 978-7-301-25963-4
出 版 发 行	北京大学出版社
地　　　址	北京市海淀区成府路 205 号　100871
网　　　址	http://www.pup.cn
电 子 信 箱	em@pup.cn　　QQ:552063295
新 浪 微 博	@北京大学出版社　@北京大学出版社经管图书
电　　　话	邮购部 62752015　发行部 62750672　编辑部 62752926
印 　刷 　者	北京宏伟双华印刷有限公司
经 　销 　者	新华书店
	730 毫米×980 毫米　16 开本　23.75 印张　439 千字
	2015 年 7 月第 1 版　2015 年 7 月第 1 次印刷
印　　　数	0001—2000 册
定　　　价	62.00 元

未经许可,不得以任何方式复制或抄袭本书之部分或全部内容。
版权所有,侵权必究
举报电话:010-62752024　电子信箱:fd@pup.pku.edu.cn
图书如有印装质量问题,请与出版部联系,电话:010-62756370

目　录

绪论　在新的历史起点上全面深化改革 …………………………………… 1

第一章　"新常态"下的制度创新与宏观调控 ……………………………… 7
第一节　发展混合所有制经济是建设社会主义市场经济的根本性
　　　　制度创新 ……………………………………………………………… 7
第二节　"新常态"下的宏观调控 ………………………………………… 20
第三节　从就业角度看中国经济目标增长率的确定 …………………… 39

第二章　中国的收入分配核算与分析 …………………………………… 50
第一节　准确理解收入分配核算 ………………………………………… 50
第二节　住户调查一体化改革中的居民收入统计 ……………………… 62
第三节　住户调查与资金流量表中居民收入之间的协调 ……………… 72
第四节　对我国宏观收入分配的分析 …………………………………… 81
第五节　对我国居民收入分配的分析 …………………………………… 106
第六节　通过"两个同步"和"两个提高"改善我国收入分配关系 ……… 111

第三章　"新常态"下的中国经济增长 …………………………………… 124
第一节　对中国长期经济增长的展望和预测 …………………………… 124
第二节　从国民收入国际比较的新变化看中国的现代化进程 ………… 135
第三节　经济增长"新常态" ……………………………………………… 147
第四节　工业化进程中的产业结构升级与经济增长新常态 …………… 178
第五节　从最终需求变化看中国经济增长 ……………………………… 199

第四章 能源、环境与可持续发展 221
第一节 生活能源消费与经济增长 221
第二节 经济发展方式转型的定量测度与分析:能源与环境 230

第五章 对中国城镇化的研究 246
第一节 城镇化进程与服务业的发展 246
第二节 对城镇化的新认识:人口转型的视角 257

第六章 对我国农业转移人口的消费特点及其群体差异的研究 275
第一节 农业转移人口家庭消费的总体特点及主要影响因素 275
第二节 农业转移人口家庭消费特点的群体差异 287
第三节 农业转移人口未来发展意愿及消费发展趋势 301
第四节 主要结论及政策建议 320

第七章 "通缩"下的经济增长和宏观调控 328
第一节 中国实体经济形势展望 329
第二节 中国货币金融形势展望 343

参考文献 362

绪论　在新的历史起点上全面深化改革

党的十八届三中全会指出,必须在新的历史起点上全面深化改革。如何理解"新的历史起点"? 一是社会经济发展达到了新水平。从经济规模来看,三十多年来我国 GDP 年均增长近 10%, GDP 总量较改革初期提高 24 倍以上(按不变价); 按汇率法计算的 GDP 自 2010 年起超过日本,居世界第二位,占全球的比重从改革初期的 1.8% 上升到 11% 以上。从人均水平来看,三十多年来我国人均 GDP 水平年均增长近 9%,较改革初期提高了 17 倍以上(按不变价)。1978 年的我国是典型的低收入穷国,1998 年我国人均 GDP 水平达到了当代下中等收入国水平,2010 年则达到了当代上中等收入国水平(按世界银行的划分标准)。从经济结构(质态)演进来看,新型工业化、农业现代化、城镇化和信息化均有了实质性进展,与当代标准工业化国家相比,我国从 1978 年的工业化初期进入现阶段的工业化中后期,已实现了近 70%,距离基本实现工业化目标已为期不远;农业现代化水平已从低收入穷国水平提升至当代上中等收入国水平,农业劳动力就业比重从 1978 年的 70.5%(当代低收入国平均为 72%)降至 36%(当代上中等收入国平均为 30%);城镇化水平从 1978 年的 20% 以下,提高至目前的 52.6%(按国际一般口径,若按户籍则为 35%),尽管其中存在一系列深刻的矛盾,但从速度上而言,我国已进入城市化加速期(30%—70%);与此同时,伴随着工业化、农业现代化、城镇化的发展,信息化,特别是以现代信息技术为基础的现代服务业获得了显著成长。二是社会经济发展条件发生了新变化。一方面,在新的经济成长阶段上,政治、经济、文化、社会、生态等多方面的约束条件发生着深刻的演变,形成一系列新的矛盾,经济自然增长率从年均 10% 左右阶段性地回落至 7% 左右(甚至可能更低); 另一方面,就社会经济发展而言,无论是供给还是需求都发生了根本性的变化。就供给而言,以往生产要素成本低的优势绝对或相对地减弱,国民经济传统的核心竞争力逐渐丧失,包括劳动力价格的上升,刘易斯拐点的临近,人口红利的减弱,土地价格的攀升,城镇化、工业化中土地资源的稀缺度提高,生态环境成本的增长,并且通过政府规制和市场机制越来越充分地进入企业成本和国民经济成本之中,等等,这就使得传统的依靠要素投入量不断扩大为主拉动经济规模扩张的增长方式出现严重的不适应,必须从主要依靠要素投入量转变为主要依靠要素及全要素效率提高拉动经济增长,否则短期内经济增长难以实现均衡,长期也难以实现可持续。就需求而言,以往经济短缺的局面根本扭转和市场机制作用的加强,国民经济失衡的常态不再是需求膨胀,宏观经济失衡的主要威胁转变为需求不足。首先是内需疲软。投资需求会由于自主研发和创新力的不足而找不到新的投资机会,进而出现需求乏力,尽管在新阶段国民收入水平较前期显著增长,储蓄规模扩大,但按市场效率标准,储蓄难以转化为投资,若在原有技术和产品结构基础上扩大投资,则会形成严重的重复,导致产能过剩的"泡沫"。消费需求会由于国民收入分配方面的扭曲,导致微观上居民内部收入分配差距扩大,从而降低社会消费倾向,宏观上政府、企业、居民三者收入增速及比重失衡,居民收入占国民经济比重持续下降,导致消费增长与国民经济增长间失衡,因此,政府宏观调控需要从应对短缺经济为主转变为应对过剩经济为主,企业微观运行应从适应需求膨胀转变为适应需求疲软。这种供给和需求方面的变化要求将经济发展的关注重心从规模扩张转变为结构调整,只有在技术创新基础上努力改变国民经济的要素投入—产出结构,在制度创新基础上调整国民经济的投资与消费结构,在经济发展的同时努力调整国民收入分配结构,在自主创新基础上提升产业结构升级高度,在推动社会发展的进程中缩小了城乡二元结构差距,等等,这样才能真正实现总量增长的相对均衡和发展的可持续性。

新的历史起点对全面深化改革必然提出了新的历史要求。如何理解"在新的历史起点上全面深化改革"?

(1)需要进一步明确全面深化改革的总目标,即"完善和发展中国特色社会主义制度,推进国家治理体系和治理能力现代化",经济改革的目标只是总体目标中的一个子目标,经济制度和体制只是国家治理体系中的一部分,国家治理体系包括经济、政治、文化、社会、生态文明等多领域的体制机制,国家治理体系的现代化就是在制度体制上使各领域及相互间在权力、责任、利益机制上相互统一、协调,使权力有相应责任的约束,使责任有相应利益的刺激。国家治理能力则是指运用治理体系的水平。在新的历史起点上,现代化目标的实现要求经济改革必须作为全面深化改革总体目标中的有机组成部分,经济、政治、文化、社会、生态文明等领域全面、系统、协调地推进改革,才可能取得成效。同时,在对改革绩效的判断和检验标准上,从贫困时期更突出生产领域的效率及人们物质生活的改善为主逐渐更加丰富起来,在强调效率目标的同时,更加关注分配领域的公平,更加关注广大人民群众的真正公平,让他们充分地分享改革带来的发展福利;在不断提高人们物质生活水平的同时,更加注重更高层次、高尚的物质、精神生活追求,因而改革所追求的总目标就会更为系统、更为全面,包含更为丰富的历史追求。

(2) 需要全方位部署改革任务,即以"六个紧紧围绕"①概括经济、政治、文化、社会、生态文明和党建等领域的改革重点,同时强调在诸领域改革中必须"以经济体制改革为重点,发挥经济体制改革的牵引作用",因为我国现阶段作为社会主义的初级阶段,社会主要矛盾并未改变,以经济建设为中心的历史要求并未改变,经济改革需以总体改革为基础,总体改革则需以经济改革为牵引。

(3) 以经济改革为重点和牵引,须坚持社会主义市场经济方向。坚持这一方向,核心问题是处理好政府与市场的关系,紧紧围绕使市场在资源配置中起决定性作用深化改革,同时更好地发挥政府作用,也就是说在微观上(资源配置本质上是微观命题)努力使市场起决定性作用,必须使市场微观主体(即厂商)和消费者行为受市场规则的硬约束。市场规则的根本在于两方面:一方面是从事先公平原则出发,市场主体一律机会均等,不应存在制度歧视和特权;另一方面是以效率为市场竞争的目标和归宿。宏观上,政府在充分尊重市场对资源配置的决定性作用的前提下,更好地、更有效地发挥作用,尤其是发挥克服市场失灵和局限方面的作用,资源配置中的市场作用越充分,市场失灵和局限也就越明确,进而也就越需要针对市场失灵进行有效、科学的政府调节,因此政府职能的转变和相应体制的改革对于市场在资源配置上起决定性作用更为关键。

(4) 要使市场在资源配置中起决定性作用,改革的真正难点逐渐从市场作用空间的拓展,转变为市场竞争的公平性和市场有效性的提升,虽然传统计划机制和行政力量对资源配置的直接干预仍需不断克服,但更重要的在于完善市场竞争秩序,改革的真正难点从拓展市场作用规模逐渐转移到提高市场质量。因此,市场竞争秩序的完善更为迫切,包括市场竞争的内在秩序和外部秩序。内在秩序主要包括:竞争的主体秩序,即企业产权制度,它回答谁能进入市场,谁在展开竞争;竞争的交易秩序,即价格决定制度,它回答怎样确定交易条件,怎样实现交易。这

---

① 党的十八届三中全会提出:① 紧紧围绕使市场在资源配置中起决定性作用深化经济体制改革,坚持和完善基本经济制度,加快完善现代市场体系、宏观调控体系、开放型经济体系,加快转变经济发展方式,加快建设创新型国家,推动经济更有效率、更加公平、更可持续发展;② 紧紧围绕坚持党的领导、人民当家做主、依法治国有机统一深化政治体制改革,加快推进社会主义民主政治制度化、规范化、程序化,建设社会主义法治国家,发展更加广泛、更加充分、更加健全的人民民主;③ 紧紧围绕建设社会主义核心价值体系、社会主义文化强国深化文化体制改革,加快完善文化管理体制和文化生产经营机制,建立健全现代公共文化服务体系、现代文化市场体系,推动社会主义文化大发展大繁荣;④ 紧紧围绕更好保障和改善民生、促进社会公平正义深化社会体制改革,改革收入分配制度,促进共同富裕,推进社会领域制度创新,推进基本公共服务均等化,加快形成科学有效的社会治理体制,确保社会既充满活力又和谐有序;⑤ 紧紧围绕建设美丽中国深化生态文明体制改革,加快建立生态文明制度,健全国土空间开发、资源节约利用、生态环境保护的体制机制,推动形成人与自然和谐发展的现代化建设新格局;⑥ 紧紧围绕提高科学执政、民主执政、依法执政水平深化党的建设制度改革,加强民主集中制建设,完善党的领导体制和执政方式,保持党的先进性和纯洁性,为改革开放和社会主义现代化建设提供坚强的政治保证。

两方面的制度安排构成了所谓的市场内在竞争机制。外部秩序主要包括：市场经济的法治秩序，即对市场竞争内在机制的法制确认；市场经济的道德秩序，即对市场竞争内在秩序的精神弘扬。显然，社会主义市场经济改革进程的难点是从市场规模的扩张转向市场秩序的完善，要求改革本身必须是经济、政治、文化、社会及生态文明制度等多方面的系统推进。

（5）市场竞争内在机制中的主体秩序（企业产权制度）和交易秩序（价格决定制度）改革间的相互关系发生了变化，须由不同阶段的分别先后推进的改革逻辑转变为统一共同推进，企业产权制度改革和价格制度改革孰先孰后，是改革过程中长期争论的命题，在实践中大都在不同时期有不同的侧重。在1992年（中共十四大召开）之前，我国改革的重点集中在分配领域和流通领域，很少涉及企业产权，虽然对国有企业进行了简政放权、放松让利及承包制等改革，但均是分配关系的调整（国有企业承包与农村家庭联产承包责任制的根本不同，在于企业承包的是上缴利税指标，农村家庭承包的是土地使用权：一个是分配关系的调整，一个是产权关系的变化）。因此，在城市经济改革初期价格的改革和调整更显活跃。中共十四大明确以社会主义市场经济为目标导向，继而十四届三中全会提出建立现代企业制度，特别是到1997年中共十五大后明确肯定股份制，我国企业改革的重心才真正由外部价格秩序改革转移到企业产权改革方面，到目前已发生了深刻的变化。一方面，全社会所有制结构已从国有制占绝对优势演变为混合所有制结构，据普查数据，规模以上的工业企业实收资本中，国家资本占19.6%，集体资本占2.1%，法人资本占30.5%，私人资本占23.9%，外资占23.9%。另一方面，企业本身的产权主体也逐渐多元化。规模以上的国有控股企业中，国家资本占50.6%，集体资本占0.4%，法人资本占42.3%，私人资本占2.7%，外资占4%；在私营工业企业实收资本中，真正的个人资本只占67%，其余为法人资本或集体、国家资本；在外资企业中，真正的外商资本占76%，其余为法人资本或集体、国家、个人资本。也就是说，现阶段我国所有制结构混合化和企业产权主体多元化已取得显著进展，我国市场主体秩序深化改革面临的主要矛盾体现在三方面：一是国有企业的产业组织问题，包括国有企业的分布结构和反垄断，即国有企业与市场的关系；二是国有企业的治理结构问题，包括政企分离和权、责、利间的制衡，即国有企业与政府的关系及内部权力的制衡关系；三是在制度上提高不同经济性质的企业在市场上展开竞争的公平性。因此，交易秩序的改革即公平的、竞争性的价格决定机制的培育和完善，与主体秩序的改革形成统一的、相互依赖的整体，没有真正受市场规则约束的企业，就不会存在公正的、竞争性的价格，交易主体（产权）决定交易条件（价格），没有公平竞争的交易秩序，任何市场主体都不可能展开充分的公平竞争。

(6)在市场体系的培育上,须以商品市场体系构建为重点,包括从以投资品和消费品的市场化为重点,逐步转向以要素市场化为重点。经过37年的改革,我国商品的市场化已经基本实现,无论是投资品还是消费品,已由改革初期90%以上由政府定价转变为90%以上由市场定价,尽管其中存在竞争的不公平性,但交易和定价的方式已经由计划机制转变为市场机制。真正构成市场深化瓶颈的是要素市场化,包括劳动、土地、资本、专利等要素。事实上,要使市场在资源配置中起决定性作用,根本在于要素的市场化,要提高资源配置的效率和公平性,关键也在于要素的市场化。离开劳动、土地、资本、专利等要素市场化的深入及完善,我国面临的一系列资源配置的深层次矛盾和社会经济发展的障碍就很难解决。

(7)在二元经济状态下,城乡改革在不同时期分别展开的推进方式需逐渐转变为城乡统筹,城乡间形成统一的、相互联系的改革发展整体。在现阶段,城乡间孤立地开展改革已不可能,我国社会经济的发展已使城乡二元经济状态发生了深刻变化,虽然二元经济状态依然鲜明,特别是城乡间二元体制差异仍较显著,但我国的现代化进程已进行到必须从根本上克服二元经济状态的历史关键时期,并且,这种二元经济状态的根本克服需要重大的制度创新。一方面,就经济改革而言,必须依靠要素市场化,包括农村劳动力市场化的完善,农村土地确权和市场流动,建立统一的城乡建设用地市场,培育和完善金融市场体系,特别是培育农村金融市场,加快资本市场化,等等。另一方面,就总体改革而言,必须使城乡经济体制改革与政治、文化、社会、生态文明建设等各方面的体制改革统一为一个整体,因为二元经济的根本克服是涉及社会方方面面的根本性的历史剧变。

(8)在改革的推进方式上,须由"摸着石头过河"为主要探索方式,向顶层设计与"摸着石头过河"相结合的方式转变,也就是说,在总体目标、总的方向和基本的改革任务及命题上,在改革的历史逻辑和进程上,要由顶层统一设计,提出统一命题,但在具体实践上,可采取"摸着石头过河"的方式逐一探索。一方面,全面深化改革的系统性和多方面的协调性以及矛盾的深刻复杂性,要求必须将改革方式的顶层设计与"摸着石头过河"相统一;另一方面,经过37年改革实践,我们所积累的经验和我们所面对的新困难,使得我们既有自信也有需要将两者统一起来。

本报告是北京大学中国国民经济核算与经济增长中心成立以后发布的第12部年度报告。以往的报告分别为:

(1)《中国经济增长报告2004——进入新一轮经济增长周期的中国经济》;
(2)《中国经济增长报告2005——宏观调控下的经济增长》;
(3)《中国经济增长报告2006——对外开放中的经济增长》;
(4)《中国经济增长报告2007——和谐社会与可持续发展》;
(5)《中国经济增长报告2008——经济结构和可持续发展》;

(6)《中国经济增长报告2009——全球衰退下的中国经济可持续增长》；

(7)《中国经济增长报告2010——从需求管理到供给管理》；

(8)《中国经济增长报告2011——克服中等收入陷阱的关键在于经济发展方式转变》；

(9)《中国经济增长报告2012——宏观调控与体制创新》；

(10)《中国经济增长报告2013——实现新的历史性跨越》；

(11)《中国经济增长报告2014——深化经济改革与适度经济增长》。

本期报告的主编为刘伟(北京大学教授、常务副校长、中国国民经济核算与经济增长研究中心常务副主任)，副主编为许宪春(北京大学教授、国家统计局副局长、中国国民经济核算与经济增长研究中心常务副主任)和蔡志洲(北京大学中国国民经济核算与经济增长研究中心研究员、副主任)，课题组主要成员包括：黄桂田(北京大学教授、校长助理)、施发启(中国国民经济核算与经济增长研究中心研究员、国家统计局国民经济核算司处长)、金三林(国务院发展研究中心研究员、农村经济研究部第一研究室主任)、李心愉(北京大学经济学院教授)、李连发(北京大学经济学院教授)、苏剑(北京大学经济学院教授)、林卫斌(北京师范大学副教授、能源与战略资源研究中心副主任)、张辉(北京大学经济学院副教授、副院长)和王莎莎(北京大学经济学院研究生办公室)。本报告受"教育部哲学社会科学发展报告资助项目"(10JBG002)的资助，部分专题研究受到国家社会科学基金重点项目"我国中长期经济增长与结构变动趋势研究"(09AZD013)的资助。

第一章 "新常态"下的制度创新与宏观调控

第一节 发展混合所有制经济是建设社会主义市场经济的根本性制度创新

积极发展国有资本、集体资本、非公有资本等交叉持股、相互融合的混合所有制经济,是在新的历史起点上全面深化改革,推进社会主义市场经济体制建设及根本性制度创新,既是社会主义基本经济制度的重要实现形式,也是协调和厘清政府与市场相互关系的重要微观制度基础,更是使市场在资源配置方面切实起到决定性作用的关键环节。因而,党的十八届三中全会将其作为在新的历史起点上全面深化改革的重要历史命题,予以特别的强调并做出了系统的分析。

一、混合所有制经济范畴的含义提出及全面的实施条件

从一般意义上看,所谓的"混合所有制经济"是指在同一社会经济体中,不同性质的所有制和不同形式的所有制经济相互结合而成的所有制状态。从不同层次上划分,它可以包含两方面的含义:一方面是就整个国民经济总体而言的所有制结构及由此决定的社会经济基础;另一方面则是就企业个体而言的产权结构及相应的企业(公司)治理结构。这两方面的含义,有区别也有联系。区别在于前者是就宏观而言,决定社会经济制度的性质和根本特征;后者则是就微观而言,决定企业主体的产权归属及利益、责任、风险的制度安排。联系在于总体的混合所有制结构的存在,是个体的企业可能采取混合所有制产权结构的历史前提和制度基础,个体的企业混合所有制的发展是总体的混合所有制实现的重要方式和逻辑必然。考察混合所有制经济,可以从宏观和微观的不同层次展开,但不应将两者割裂开来,必须从相互统一中展开分析。无论是从宏观层面还是微观层面看,混合所有制经济本身既是经济制度的宏观形式,也构成一定历史条件下社会经济制度的本质特征。就其作为经济制度的特定实现形式而言,不能把不同性质、不同形式的所有制混同于同一性质和同种形式的所有制,否则,就不存在所谓的"混合经济"命题,特别是要判断其公有或私有的根本属性时,必须深入分析混合所有制中的具体结构;就其作为经济制度的本质特征而言,不能把混合所有制经济中的不同成分和形式割裂开来,而应将其作为一个统一的整体,视其是否符合一定社会生产力发展的历史要求,特别是要判断其存在和发展的先进性和必然性时,必须将其作为不可分割的有机整体。

在科学社会主义实践历史上，苏联列宁时代的"新经济政策"时期，以及新中国建立之初的"过渡时期"，都曾采取过不同程度和形式的混合所有制经济，但只是作为一种暂时的过渡，随着斯大林模式的确定及我国社会主义所有制改造的基本完成，这种经济体制随即被取消了。现在我们重新提出的混合所有制经济，则是新时期以来作为制度创新重要特征的历史性再创造，是针对传统计划经济体制下所有制结构和实现形式展开的改革。

从宏观的、全社会所有制结构层次的混合所有制经济的探索进程上看，从理论上来说，以党的代表大会相关决议和相应的法律制度修正作为理论共识和正规制度的认可，新时期以来大体上经历了四次重要的变化：

首先是承认个体经济的存在，这在1982年中共第十二次党代会的决议中明确肯定。到1982年12月第五届人大修宪，明确城乡个体经济是社会主义公有制经济的有益补充。

其次是进一步承认私营经济的存在和发展。1986年中共十二届六中全会决议，首次明确在社会主义公有制为主体下发展多种经济成分，事实上首次承认了混合所有制结构。到1988年4月第七届人大修宪，明确允许私营经济的发展，并且承认其是社会主义经济的有益补充，国家保护其合法权利，同时予以引导、监督。

再次是肯定非公有制经济是我国社会主义社会国民经济的重要组成部分。从1992年中共十四大的决议，首先提出社会主义市场经济体制目标，并相应地指出在所有制结构上，应以公有制为主体，个体、私营、外资为补充，多种经济成分长期共同发展，到中共十五大的决议，进一步明确以公有制为主体，多种所有制经济长期共同发展，是社会主义初级阶段的一项基本制度，进而把混合所有制结构的形态概括为社会主义初级阶段的基本制度特征。

最后是进一步强调坚持混合所有制结构的坚定性。从2002年中共十六大，强调两个毫不动摇，即毫不动摇地巩固和发展公有制，毫不动摇地鼓励、支持、引导非公有制经济发展，到2004年3月第十届人大第二次会议修宪，承认私有财产不受侵犯，在肯定保护公有财产的同时，第一次从生产资料（而非消费品）所有制方面明确保护私有财产和继承权，2007年3月第十届人大第五次会议通过《物权法》，将修宪中提出的保护公有和私有财产权进一步具体化。经过上述四次大的演变，我国现阶段混合所有制经济结构在理论和法律制度上被正式肯定了下来。

与这种理论共识和制度承认相伴，在实践上，我国所有制结构发生了深刻的变化。根据全国第二次经济普查数据，全国企业法人总数中，国有企业占2.4%，集体占3.0%，公司法人占13.7%，私营占71%，外商占3.3%。从非农产业就业结构看，国有单位占18.8%，非公经济占80%左右。从工业企业实收资本看，国有资本占17.8%,集体资本占2.3%,法人资本占29%,个人资本占28.3%,外资占22.5%。从规模以上工业企业资产总额看,国有及国有控股企业占41.8%,非国有企业占58.2%。从在GDP中所占比重看,公有经济占40%,非公有经济占60%,若按国有与非国有划分,则国有经济占1/3,非国有经济占2/3左右。可以说,我国现阶段全社会的所有制结构,已经由改革开放初期国有经济占绝对控制地位,辅之以集体所有制经济的单纯公有制经济,转变为公有制经济具有控制力的多种所有制经济共同发展的混合所有制经济结构。

从微观的、企业产权结构的混合所有制经济演变来看,从理论上来说,最初是在1987年中共十三大决议中,首次将不同形式和单位之间的公有制企业相互实现股权联合和参股作为新的公有制企业制度,从形式和事实上已经把混合所有制结构作为公有制企业的一种实现方式,只是在实质上仍强调公有制内部不同企业间的产权混合,不包括与非公有制经济间的混合。到1992年中共十四大,则进一步提出不同经济成分之间,即包括公有制与非公有制经济相互之间可以在自愿基础上实行多种形式的联合经营,进而把企业混合所有制范围进一步拓展,但还只是强调不同经济性质单位之间的"联合经营"。真正包括公有制与非公有制经济混合作为企业一种财产关系下的产权结构,是在中共十四届三中全会决议中,结合围绕社会主义市场经济体制建设,培育现代企业制度的历史要求,提出不同经济成分和经济单位在产权的市场重组过程中,会形成同一企业内部的财产混合所有的新的企业所有制结构。此后在党的十五大、十六大、十七大、十八大等多次党代会及多次中共中央全会决议上,均对企业混合所有制予以强调。十五大强调指出混合所有制经济中的国有和集体成分属于公有制经济,对如何认识混合所有制经济性质的原则做了进一步明确;十六大在发展混合所有制经济的范围和方式上予以厘清,指出除极少数必须由国家独资经营的国有企业外,其他国有企业均可以通过积极推行股份制的方式,进行混合所有制经济的改造;十七大则再次强调以现代企业产权制度为基础,发展混合所有制经济;十八大特别强调以多种形式实现国有制,尤其是在党的十八届三中全会关于全面深化改革的决议中,对发展混合所有制经济,积极推进建立混合所有制企业的重要性、迫切性,以及实施路径和基本方式等做了系统的阐释,特别指出国有、集体、非公资本相互混合的企业所有制经济,是社会主义社会基本经济制度的重要实现形式,有利于国有资本和非公资本的发展,因此要允许更多的国有经济与其他经济成分融合,培育混合所有制企业,进而明确要求国有资本投资项目要允许非国有资本参股,允许员工持股,等等。

在实践中,我国各种性质的所有制企业内部的成分构成也在进行多元化的混合。据第二次经济普查数据显示,我国国有控股工业企业的实收资本总额中,国家资本占50.6%,集体资本占0.4%,法人资本占42.3%,个人资本占2.7%,外资占4%。私营工业企业(规模以上)实收资本总额中,个人资本占67%,国家资本占0.3%,集体资本占0.8%,法人资本(私人控股的法人)占31%,外资占0.9%。外资企业实收资本总额中,外资占76%,国家资本占3.9%,集体资本占0.7%,个人资本占3.4%。此外,近些年来还出现了混合所有制经济的新形式,诸如社会团体、中介组织、基金公司、投资机构等举办、组建的企业公司和组织,其中许多在产权结构上也是多种经济成分交叉。若就企业所有制性质而言,无论是国有工业企业、集体企业,还是私营企业、外资企业,每一种性质的所有制成分中均已不再是单纯的,而是呈现多种成分混合的所有制结构状态。

可以说,经过三十多年的改革探索,无论是在总体的全社会所有制结构上,还是在个体的企业产权构造上,我国经济已从传统的单一公有制,尤其是单一国有制占绝对统治地位,逐渐转向混合所有制经济结构。现阶段,混合所有制经济的改革和发展重点更是集中在企业所有制的混合方面,特别是国有独资或控股的大型和特大型企业的产权结构再混合上。

二、发展混合所有制经济是破解经济改革真正难题的关键

企业混合所有制改革,尤其是国有企业在所有制上采取混合结构作为国有制和公有制的新的实现形式,其根本动因出自我国社会主义初级阶段生产力发展的历史要求,其直接原因则是适应培育社会主义市场经济体制目标的要求。发展混合所有制经济是我国改革实践中,为在社会主义公有制为主体、其他各种所有制经济长期共同发展的基本经济制度基础上,构建社会主义市场经济体制所做出的艰苦探索,说到底,就是在理论和实践中,探索如何统一公有制(以其为主体)与市场经济机制(对资源配置起决定作用)这一前无古人的历史难题。

从思想史来看,统一公有制与市场机制的实践,从一开始就面临两方面理论传统的根本否定。一是西方资产阶级正统经济学的否定。在资产阶级正统经济学的理论中,市场机制作为配置资源的基本的或决定性的机制,其所有制基础只能是资本主义私有制,不要说公有制不可能兼容市场机制,即使资本主义前的其他历史形式的私有制也不能支撑市场经济机制,否则,就不需要资本主义(资产阶级)革命了,因为市场经济作为彼此让渡所有权的交易的经济,要求当事人之间:一方面在所有权上有排他性的界定,才可能发生真正的市场交易,并且这种界定越清晰,其市场交易效率越高(交易成本越低),不存在私有的相互间所有权的界定,就不可能存在所有权让渡意义上的交易,因而一切取消私有制的社会,都不可能存在真正的市场机制。进而,社会主义社会取消了私有产权,是不可能具有市场竞争机制及竞争性效率的,所以也就没有历史前途(20世纪初,米塞斯、哈耶克等人与兰格的著名论战的要言即在于此)。另一方面,当事人进入市场交易的所

有权必须是平等的同样性质的权利,不存在特权及超经济强制,一切特权和不平等都是对市场秩序(法权规则)的根本破坏,资本主义之前的历史,虽有各种私有制,但前资本主义社会的私有产权是作为特权存在的,不是可以平等交易的权利,因此市场机制只能历史地与资本主义私有制生产方式统一(这就是为何资产阶级要对封建主义进行革命的重要原因,就经济制度的变革而言,这是以法权战胜特权)。直到当代西方学者提出所谓的"华盛顿共识",始终坚持否认公有制为主体的制度与市场配置资源机制统一的可能性,坚持纯粹的资本私有化是市场机制的基础,即私有化和市场化不可分割。① 二是马克思经济学说的传统同样根本否定了公有制与市场机制统一的历史可能。尽管马克思的学说与资产阶级正统经济学说在根本上是全面对立的,但在否定公有制这一基本制度与市场机制这一资源配置方式统一的可能性上是一致的。马克思的劳动价值理论指出,产生商品、价值、货币、价格、交易、市场等一系列范畴和制度的根本原因,在于人类社会历史发展产生了两个基本历史条件:一是私有制;二是社会分工。就此有了所有权转移意义上的交易的可能性和必要性。这种历史条件的产生使社会生产的性质发生了变化,即使社会生产中的基本矛盾发生了变化,使生产的私人性(私有制决定)与生产的社会性(社会分工要求)之间的矛盾成为决定生产社会性质的基本矛盾。这种社会生产性质的变化进一步要求实现生产的劳动过程的特点发生变化,使之成为具体劳动(私人运用私有生产资料的私人性)与抽象劳动(还原为一般的被社会承认的社会性)的对立统一,即劳动的二重性。这种劳动过程具有二重性的新特点使作为结果的劳动产品的属性发生了变化,不再是单纯的产品,而是使用价值(具体劳动提供的具体公用性)和价值(抽象劳动凝结的社会必要性)的对立统一,进而,产品成为商品,由此形成货币交易市场等一系列制度和范畴。显然,私有制是市场发生的历史逻辑和理论逻辑的起点,人类未来取消了私有制,在未来理想社会,以"社会共同制"取代一切私有制,商品、货币、价值、交易、市场等都不可能再存在。并且,马克思还进一步强调只有在资本主义私有制下才能建立市场机制,因为市场机制要求体现所有制的所有权不仅是私有性质的,而且是单纯经济性质的,不是隶属于任何超经济权利的"奴仆"。而前资本主义社会的私有权是服从政治的、行政的、司法的、宗法的等一系列超经济性质的权利,因而其首先接受超经济规则的约束,不可能首先接受市场经济的等价交换的竞争规则约束。特别是,马克思从价值取向上强调了商品价值、交换、市场等都是一种对人类社会活动本性的"异化"(商品拜物教),人类创造了商品生产和市场交易,而人类反而难

---

① Williamson, J., "What Washington Means by Policy Reform", in Williamson, J. (eds.), *Latin American Readjustment: How Much has Happened*, Washington: Institute for International Economics, 1989.

以支配它们,却反过来被支配,人与人之间社会生产的直接社会性,不仅不能直接形成,在私有制条件下只能通过商品货币的市场交易机制间接地实现,在人类未来理想社会(共产主义)中,这种颠倒和扭曲的"异化"应当被纠正过来。马克思不仅从逻辑上否定了公有制与市场机制统一的可能性,而且从价值取向上否定了在公有制社会中市场机制存在的正当性。①

从改革探索进程来看,1917 年俄国"十月革命"之后建立起来的以公有制为基础的人类历史上第一个社会主义制度,初期根据马克思关于未来社会的设想,建立的是取消一切市场和一切私有经济的"军事共产主义"社会(兰格与米塞斯的著名争论,实际上是以这种取消私有制进而取消市场机制的"军事共产主义"作为社会主义制度的典型加以讨论),产生了一系列脱离社会生产力发展要求的实际问题,迫使列宁不得不采取"新经济政策",新经济政策的核心在于部分地恢复和承认商品交换及市场功能,为此,就必须相应地承认多种所有制经济的存在,不能取消全部私有经济,开启了社会主义实践史上的混合所有制的先河。列宁之后,伴随着布哈林与斯大林之争的结束,形成所谓的"斯大林模式",取消市场(特别是生产资料市场),取消生产资料私有制,建立以城市工商业国有制为垄断、农村农业以集体所有制为支撑的全面公有制基础上的计划经济体制。② 我国自新中国成立之后,在不长的时期里,特别是经过社会主义所有制改造之后(1956 年),以传统"斯大林模式"为目标,建立起国有制垄断工商业、集体所有制覆盖农业经济的公有制基础,并在此基础上,形成了传统的计划经济体制。后来所说的改革,首先指的就是对这种传统计划经济体制的改革,而改革的真正历史性难题,恰恰在于能否以及如何统一公有制与市场机制。

苏联和东欧传统计划经济国家自 20 世纪 50—70 年代的改革探索,力图解决的根本问题就是如何在公有制社会,兼顾市场经济中竞争性资源的配置效率,为此,许多改革的思想家提出了各种放松传统计划经济约束、引进市场竞争因素的改革主张,并在一定程度上付之于改革实践,但均以失败告终。从开始的南斯拉夫"伊利里亚模式"的选择,放弃国有制建立"社会所有制",以此形成市场机制,力图在新的公有制(社会所有)基础上统一市场机制,后来发现"社会所有制"事实上是使所有者缺位,整个国民经济缺乏所有权的约束,并无真正的秩序和竞争性效率。③ 到 20 世纪 50—60 年代东欧诸国的探索,其初衷都是力图兼获计划与市场的好处,如匈牙利在 50 年代的"静悄悄的革命"及利什考以股份制改革国有制企

---

① 〔德〕马克思著,郭大力、王亚南译,《资本论》。上海:上海三联书店,2009 年。
② 刘伟、平新乔,《经济改革三论:产权论、均衡论、市场论》。北京:北京大学出版社,1990 年。
③ 本·沃德,"伊利里来中的企业:市场社会主义",《美国经济评论》,1958 年第 48 期。

业的设计和科尔奈《短缺经济学》对传统体制的剖析;波兰的改革实践及布鲁斯的改革理论;捷克斯洛伐克的"布拉格之春"及锡克的改革思想;苏联20世纪60年代的改革尝试及利比尔曼等人的所谓"市场社会主义"理论;等等。核心命题都是力图在公有制基本制度基础上建立竞争性的市场机制,但最终都以失败告终,从而,无论是在实践上还是在理论上,又都回到传统,不同的是不是回到马克思的传统,也不是回到传统公有制下的计划经济,而是回到资产阶级学者的传统,推动私有化并在此基础上构建市场经济社会,即西方资产阶级学者提出的"华盛顿共识"。东欧著名的改革理论家也同样,如布鲁斯最终放弃了坚持公有制与市场机制相统一的探讨,主张以各类资本混合所有制作为改革传统经济体制实现市场化的制度基础。科尔奈最终也否定了公有制与市场化统一的可能,主张在私有化的基本制度下实现传统经济的市场化改造。①

可以说,坚持在公有制为主体、多种所有制共同发展的基本制度基础上,构建和完善市场经济体制(社会主义市场经济)是我国改革实践不同于其他市场化改革的最为根本的特点。事实上,传统计划经济体制与传统公有制有天然的统一性,资本主义市场经济则与资本私有制有天然的统一性,历史上如此,逻辑上同样如此。市场机制作为配置资源的一种社会历史方式,必须以特定的生产资料所有制为基础,因为市场决定资源配置说到底是所有制(权)的运动,而不是一般的物理运动,市场经济不过是所有制的某种实现形式,只有当所有制具备一定特征,能够满足市场机制对所有制的基本要求时,市场机制才可能形成。资本主义私有制是一种满足市场经济要求的所有制,在社会主义公有制或以此为主体的条件下,能否满足市场经济的基本要求呢?如果改革的根本目标是使市场成为配置资源的决定性力量,就必须改造公有制,使之既不全面私有化,又能适应市场经济的基本要求,从而统一公有制与市场机制。从我国的改革实践来看,发展混合所有制经济是重要的方式,因为所有制改革是建立社会主义市场经济的关键,也是改革的真正历史性难题,而混合所有制经济正是所有制改革的重要探索,如何通过发展混合所有制经济,运用混合所有制方式,改造所有制,使全社会既不失其公有制的主体地位,又能发展非公有制经济,使全社会在所有制结构上适应市场经济的要求;同时,更为根本的是,如何改造公有制,使占主体地位的公有制经济本身能够适应市场经济的要求,否则市场机制对占主体地位的经济(公有)不起决定性调节作用,便不称其为市场决定资源配置的经济。要使公有制本身适应市场经济的要求,可行的路径是在微观的企业制度上,特别是国有(公有)企业制度上实现混

---

① 〔波〕W.布鲁斯著,郑秉文等译,《社会主义的所有制与政治体制》。北京:华夏出版社,1989年;周新生,亚诺什·科尔奈,"《走向自由之路》评介",《财经科学》,1994年第2期。

合所有制改造,使之既不因此而导致全面私有化,即通过混合所有制形式更有效地实现占主体的公有经济的公有性质,又能满足市场机制要求,即通过混合所有制改造适应市场竞争规则这一硬约束。这是我国改革实践历史和逻辑的必然要求。

新时期以来我国的企业,特别是国有企业改革具有以下突出的特点:

一是国有企业改革从一开始便成为全部经济体制改革的关键环节。新时期改革与以往的体制调整不同,其以企业改革为核心,而不像以往以调整中央与地方(条块之争)的相互关系为重点,国有企业改革具有根本性意义和突显的地位。

二是国有企业改革重点由分配关系的改革逐渐深入到所有制的改革,从改革初期对国有企业的放权让利、利改税,到企业承包制,直至中共十四大之前的国有企业改革,主要集中在分配关系上。放权让利是增大企业利润分配和折旧费使用上的自主权,20世纪80年代中期的利改税则是规范政府与企业的分配关系,企业承包制的核心是承包上缴利税,这些都是分配制度的改革。直到中共十四大提出社会主义市场经济目标之后,特别是十四届三中全会根据社会主义市场经济目标的要求,进一步提出建立现代企业制度,尤其是建立现代企业产权制度,国有企业改革的重点逐渐由分配关系转向企业所有制(产权的根本)关系。

三是国有企业产权制度改革的领域由以中小企业为主逐渐转向大型和特大型企业,即"抓大放小"。"放小"的实质是使中小型国有企业非国有化,通过将管理权限逐级下放,最终实现改制。"抓大"本质上是对大型和特大型,特别是垄断性、命脉性的国有企业,在保持其国有企业性质不变,即国有独立或控股的前提下,加大国家对其扶持的力度,加快其技术进步和竞争力的提升速度,深化其管理体制改革。这些还不是所有制意义上的改革,而现阶段深化改革的历史要求,或者说使占主体的公有制经济(而不只是作为多种经济成分的非公有制经济)真正适应市场机制的竞争,必须对大型及特大型国有企业进行所有制改造,而混合所有制经济则是可行的方式。通过国有企业"抓大放小"的推进,极大地加速了我国全社会所有制结构的多元化,加快了公有制为主体、多种所有制经济共同发展格局的形成。

三、国有企业进行混合所有制改造的发展目标:改革的动因和范围

对国有企业进一步进行混合所有制经济改造的发展目标是什么?这是进行混合所有制改革必须明确的。否则,改革必然具有盲目性,改革的范围、进程也无以选择。所有改革,作为生产关系的变革,根本上都是为了适应社会生产力发展的要求,如果说全社会在所有制结构上实现了公有制为主体、多种所有制经济共同发展的混合构成,根本目的是为了解放和发展现阶段我国的生产力,那么国有企业在产权结构上进行混合所有制经济改造,就其发展性意义而言,目的应当是提高企业的竞争力和效率,提升企业的创新力和发展能力。这就首先要求进行混合所有制经济改造的国有企业追求的目标必须从根本上改变,或者说只有适应或需要追求新目标的国有企业,才应当纳入混合所有制经济改造的范围。

严格地说,国有企业的发展目标所追求的效率是国民福利最大化。总体上看,若以市场赢利的厂商收益最大化作为衡量标准,国有企业的微观效率显然低于非国有企业,之所以举办国有企业,首要目标并非一般的市场赢利目标,而是从国家总体利益目标出发,通过举办国有企业来实现更加广泛的社会发展目标和宏观经济目标等,因此,不能简单地说国有企业必然是低效率的,只能说要看以怎样的效率去衡量。或许是出于更大程度地追求市场盈利效率,在世界范围内不断掀起非国有化(私有化)的浪潮,进入21世纪以来,不仅转轨国家,许多发达国家和发展中国家都不断加大非国有化的力度。有估计,1977—1999年,在121个国家中至少有2 459个国有企业被私有化了,总价值达1.1万亿美元,2000—2013年,又有价值1.77万亿美元的国有企业被私有化了。世界银行也认为自20世纪末以来国有企业增加值占全球国内生产总值的比重呈下降趋势。① 但是,另一个事实是,国有企业在当代始终是一个客观存在,也就是说国有企业不仅在我国,而且在世界范围内,直到现阶段仍存在并不断发展着,这说明国有企业的存在有其客观历史必然性。国有企业的特殊性在于它具有一般民营的市场竞争性企业所不具有的特性,这些特性使之能够更直接、更充分地体现国家总体的、长远的社会利益要求,只要国家存在,国有企业就会存在。举办国有企业的首要目的并非市场收益最大化,衡量国有企业的效率标准自然不能用市场竞争性效率准则,而应使用更广泛的社会标准。况且,国有企业的竞争性效率低,企业财务指标总体表现不好,需要从两方面认识:一方面某些领域的特点决定了在这一领域中或者这一历史阶段,投资回报率及整个产业的商业赢利能力相对较弱,因而私人资本普遍不进入,但社会长远发展和国家总体战略目标又需要发展这些领域,以国有制企业的方式进入就成为不可或缺的选择,这种情况下的国有企业赢利效率低,就有其客观性,或者说正是因为这些领域的竞争性效率"天然"低,国有企业才进入并承担起社会发展的责任。另一方面,在大量的一般竞争性领域中,私有企业在这些产业和市场中的总体商业盈利能力和竞争能力高于在同一领域中的国有企业,我们可以说在竞争领域国有企业的微观财务效率总体不及私人企业,当然或许因为这类国有企业承担着其他的社会责任,面临着其他的非市场规则的约束。需要清晰区分的是,即使就市场竞争的微观效率看,国有企业总体效率低,是因为它进入领域的商业盈利能力"天然"低,还是因为由于国有企业进入导致这一领域或国有企业进入

---

① 朱安东,"破除国有企业低效论——来自混合经济体的证据",《政治经济学评论》,2014年第4期。

的经济范围出现市场效率低？总之,不能简单地以企业市场竞争的微观指标衡量国有企业的效率。

我国现阶段对国有企业特别是大型和特大型企业进行混合所有制经济改革,目的显然是提高其市场竞争性效率,适应社会主义市场经济的竞争要求,否则,单纯的国有独资或绝对控股的国有企业,在制度上能保证其实现国有企业服务于社会发展和体现国家总体利益要求的功能,但在制度上难以实现市场竞争性效率最大化的目标。并非说实现了企业混合所有制经济改革就必然能保证充分实现市场竞争赢利目标,但不进行混合所有制改革,传统国有企业在所有制和企业功能定位上难以实现微观赢利的效率目标,国有企业混合所有制经济改革正是在企业所有制上为企业适应市场竞争提供了必要的基础。因此,经改造后的国有企业成为混合所有制企业之后,其企业目标原则上会发生根本的变化,不再像传统的国有企业以社会发展和国家总体利益需要作为首要目标,而是以适应市场竞争,获取最大赢利作为首要目标,企业服务社会、贡献国家的方式则以其他方式实现。这就要求对国有企业进行混合所有制改革的根本目的是为企业提升使市场竞争性赢利最大化的能力创造制度基础,选择进行混合所有制改革的范围应以是否能够、是否需要由以往国有企业目标转换到市场赢利目标作为界定原则。首先,在央企和地方国有企业之间如何选择？无论是央企还是地方国有企业,只要举办的目的首先是赢利最大化而不是全社会发展和国家总体根本目标,并且所处领域并非"天然"亏损领域,不必由国家举办国有企业来承担"天然"亏损的社会责任,那么就可以考虑进行混合所有制改造。当然,实际中地方国有企业可以改革的范围更广泛些,这与地方国有企业的特点有关。其次,在垄断与竞争领域之间如何选择？原则上在竞争性或并不是自然垄断性质的领域,均可以考虑进行混合所有制经济改革,无论企业本身的规模是大还是小,只要所处的领域是竞争性的,其中的国有企业便可以考虑进行混合所有制改革及非国有化改造,因为国有企业在制度上的确不能也不应首先接受市场规则的硬约束,而应以接受国家要求和政府约束为前提。况且,有些看起来是垄断性行业,但也并不是"天然"垄断,而是制度性、政策性形成的垄断,这种垄断恰恰是需要限制和打破的,而在企业制度上进行混合所有制改革,正是打破这种垄断的根本举措。即使是"天然"垄断领域,继续采取国有企业垄断的方式,也需建立相应的规范约束其垄断行为,均衡企业利益与国家利益,特别是我国现阶段人们普遍关注的金融、石油、电力、铁路、电信、资源开发、公用事业等七大领域,也是大型和特大型国有企业分布最为集中(甚至是垄断状态)的领域,这些领域中的国有垄断性企业,要不要进行混合所有制经济改革呢？核心在于科学地区分和明确这些领域中,到底哪些属于自然垄断性质,哪些具有竞争性。进而明确哪些可以以竞争性的市场利润最大化为企业首要目标,哪些必须以社会长远发展和国家总体利益要求为首要目标,哪些可以以经济效率,特别是微观的资源配置效率为根本,哪些必须以更广泛的社会目标,包括国家安全等一系列非经济目标为根本。这七大领域中的国有企业混合所有制经济改革需要根据不同情况,适时适度地展开,切不可盲目进行。而避免盲目性,首先在于明确进行改革的目标是什么,目标在多大程度上具有可行性,并据此确定改革的范围和进程。

四、国有企业进行混合所有制改革的体制目标:导向和难题

对国有企业进行混合所有制改革的体制目标是适应发展目标要求的。如果作为混合所有制企业的发展目标是市场竞争性收入最大化,而不再是传统意义上的国有企业的目标,那么,进行改革的体制目标就在于使企业在制度和机制上能够适应市场竞争的要求,满足市场经济竞争规则对于企业制度,尤其是企业所有制的基本要求。一般而言,市场机制对于进入市场前运用市场机制以实现收入最大化的企业主体,在其产权制度上有三方面的基本要求:

第一,要求企业在所有制及相应的企业产权制度上,必须具有纯粹的经济性质,而不具备超经济性质。只要是国有独资或国有控股企业,在企业产权制度上就具有超经济性质,国家就不是单纯的经济性质的主体,而是作为凌驾于社会之上的阶级统治机器,是天然集社会政治、经济、法律、行政等各种统治权力于一体的统治力量。而且,作为凌驾于社会之上的统治力量,其天然不具有所谓平等的权力性质。因而国有企业就其权力性质而言难以真正接受市场规则的约束,也不可能贯彻等价交换的平等竞争规则,只能首先服从行政规则。尽管国有企业的根本性质和利益诉求取决于国家的性质,但其运行规则是一致的,国有企业之所以不适应市场竞争,根本在于其所有制及相应的企业产权性质具有超经济性质,不能也不应接受市场规则的约束。因此,对国有企业进行混合所有制经济改革,使之接受市场硬约束,必须在产权制度上使之具有纯粹的经济性质,国家不能独资也不能占绝对控股的地位,否则,即使在形式上属于混合所有制,在实质上也不可能接受市场规则硬约束。严格地说,真正的国有企业,不可能也不应当政企分离,而政企合一的最为深刻的产权制度基础恰恰在于企业所有制上的国家占有,政企分离本质上要求政资分离,要求非国有,而政企不分必然导致企业必须接受行政规则的约束。如何通过混合所有制改造使企业真正实现政企分离,真正能够接受市场硬约束,同时又能体现公有制企业的性质呢?进一步说,如果在资本主义私有制社会,国有企业实现政企分离,只是国家将所持有的企业股权卖出,政企自然分离,进而政府既不再对企业拥有控制和管理的权利,也不再为企业承担风险责任。在我国则不然,除所有权的转移外,还需处理企业中的党企关系,因为在我国政治体制是党政合一,即共产党一党执政,各民主党派参政议政。而资本主义社会的多党制下的国有企业,属于国家但不属于任何政党。那么,我国如何在政企分离的过程中体现党的领导？这是个历史性的难题。

第二,市场经济要求企业之间的产权界定,即所有制上的排他性必须严格,因为本质上企业运用市场机制进行交易是所有权之间的彼此让渡,不同交易主体之间所有制上的排他性的存在,是产生交易的制度基础,否则就不可能有彼此让渡所有权意义上的市场交易活动和交易机制。同时,产权界区越清晰,交易越有效,市场机制越有效,也就是说,在所有制及相应的产权界定上,交易者之间的权利、责任、利益界定得越清晰,交易过程中的摩擦越小,为克服摩擦而运用的市场交易机制的成本越低。如何在混合所有制改造过程中,使国有企业与其他主体之间具有清晰的产权上的排他性和交易界定,使之能够充分有效地运用市场机制实现交易活动,同时这种混合所有制经济的企业又不失其公有制的性质？这才是真正的困难所在,也就是说,混合所有制经济作为公有制企业的一种实现形式,同时要满足市场机制的基本要求。如果仅有混合所有制的形式,但本质上构成的是资本私有制企业,并以此作为微观基础适应市场机制运行,那就不是制度创新,而是早已有之的资本主义历史事实。

第三,混合所有制企业内部不同产权和要素所有者之间结合为同一企业的过程,本质上也是一种市场交易的过程,即企业制度不过是市场制度的特定形式,因此,混合所有制企业要适应市场竞争机制的要求,其内部的产权结构必须严格界定。企业内部不同要素所有者的权、责、利边界必须清晰,同时必须具有制约上的均衡性,即公司治理结构的合理性。公司治理本质上是产权构造的均衡过程,混合所有制公司的产权,作为集各方面权能于一体的"权利束",权能间的制约对于企业适应市场、接受市场硬约束并且使企业行为符合市场规则而言,具有根本性意义。混合所有制企业中的不同股东(所有者)之间的权利如何被同等地保护？在委托代理制下所有者权益(所有权)对经营管理者权利(管理权)如何制约？如何既保障经营管理者管理权充分发挥,又不侵占所有权应有的权益？若采取现代股份制方式,企业董事会所具有的法人产权(法人所有权)与董事会之外的分散的小股东的权益关系如何协调？如何使得企业既有明确承担资产风险和责任的产权主体,又能保障小股东的权益？总之,混合所有制下所有者的终极所有权、企业法人产权(董事会对公司全部资产的支配权)、企业经营管理权以及企业员工的权益等各方面如何均衡？混合所有制经济的企业治理结构中,从经济产权制度和相应的法律制度上至少应明确以下原则：一是不同要素所有者的自愿原则；二是不同要素所有者的权利平等原则；三是不同要素所有者退出的自由原则；四是不同要素所有者的信息对等分享原则；五是不同要素所有者利益分配的公正原则。否则,在混合所有制企业制度下,相应的企业产权权能会发生分解,所有权(所有者权利)与企业决策支配权(董事会法人所有权)相分离(越是产权社会化程度高的企业,企业董事会作为法人所支配的企业资产中不属于董事会成员所有的比例越高,董事会成员本身的所有权越只是相对多数,所支配的企业法人资产越具有社会的或他人的资产性质);企业法人所有权同时又与管理权相分离,即决策权与执行权相分离;管理权又与具体生产劳动运用资产的过程(企业员工生产权利)相分离。这种权能分离是一种产权制度上的分工,分工的目的在于提高产权运用的效率,企业产权制度上的治理结构失衡,不仅难以保证产权制度性分工带来的效率提升,而且会产生严重的侵权,正如马克思在分析资本主义股份制度时所说:这种制度最大的缺陷,在于使一部分人获得了拿他人或社会的资产冒险而又不负责任的可能。① 在我国现阶段的国有企业混合所有制改造中,如何避免国有股绝对控股、一股独大,从而在产权制度上为实现真正的政企分离创造条件;同时,又在企业不失其公有性质的基础上构造均衡有效的治理结构,使权、责、利对称,并且能够在产权上形成有效的责任约束机制和利益激励机制,使承担责任最大的产权主体真正具有相应最大的决策权,使承担风险最大的产权主体真正具有最大的剩余索取权?如果说如何适应生产力社会化程度的提高,完善企业产权治理结构,在资本主义社会的几百年历史中仍是有待解决的问题,那么,在社会主义公有制为主体、多种所有制共同发展的基本制度下,如何构建治理结构,更是一个新命题。

总之,对国有大型和特大型企业进行混合所有制经济改革,最为重要的在于明确其发展性目标和体制性目标,目标的明确是其范围的选择、步骤的安排等一系列问题的前提。当然,除这些前提性的根本问题外,还需要妥善处理一系列操作性问题。比如,企业混合所有制经济制度的改革与相应的法律制度建设之间的关系如何处理?这种根本性的所有制改革没有充分的法治秩序保障很难有序进行,而缺乏企业混合所有制经济的经济改革探索实践,也很难形成法律制度的认可,这一矛盾怎样协调?又比如,企业混合所有制改革作为新的历史起点上改革深化的关键,必然是一个极其复杂的社会工程,涉及一系列的制度变迁,包括契约关系的改变,债权债务关系的重组,劳动就业关系的再安排等,这一系列复杂的制度变迁必然产生摩擦,处理这些摩擦需要耗费资源,即支付改革的成本,那么,改革成本如何筹措?但是,最为根本的困难在于对国有大型和特大型企业进行混合所有制改革,一方面不能从根本上动摇社会主义初级阶段公有制为主体、多种所有制经济长期共同发展的基本制度,只能进一步巩固发展这一制度,使之成为这一基本制度的有效的实现形式;另一方面,必须以此保障企业在所有制和产权结构上适应市场经济对于企业制度的基本要求,既保证企业所有权单纯的经济性

---

① 参见《马克思恩格斯全集》第25卷,第497页,人民出版社,1974年。

质,摆脱各种超经济强制,包括政企不分的行政强制,使之可能接受市场经济规则的约束,又有明确的排他性的产权界区,包括企业之间以及企业内部不同要素所有者之间权、责、利的界定。社会主义市场经济制度创新的根本正在于此。

第二节 "新常态"下的宏观调控

一、"新常态"下宏观经济失衡的新特点

(一)"择机退出"后我国宏观经济失衡的新问题

自2010年10月,我国政府公布从全面反危机的扩张政策退出后,宏观经济运行具有了一系列新特点,形成了"新常态"①。

从总供给方面看,进入上中等收入发展阶段(我国按人均国民收入水平计,据世界银行的最新划分标准,自2010年起进入世界上中等收入阶段)。② 突出的特点之一在于国民经济中各要素成本迅速上升,包括劳动力成本、原材料和能源价格、土地价格、环境保护成本等都进入加速上升期,这就要求要素效率加快提升,要求经济增长方式实现从主要依靠要素投入量的扩大向主要依靠要素效率提高的方向转变,否则,短期难以实现均衡,长期难以实现可持续。突出特点之二在于技术进步的成本显著增大,要求技术进步的方式加快转变,以往的学习型技术进步的空间越来越小,通常所说的"后发优势"日益减弱。在较为落后的阶段中,与先进技术差距大,学习和模仿的空间也大,而且学习和模仿的技术进步方式相对而言成本低、风险小、时间短,使技术进步往往严重依赖学习和模仿,而自主创新的作用不突出。随着我国经济技术的进步,与先进技术间的差距逐渐缩小,学习模仿型为主的技术进步方式必须逐渐转向自主创新为主的技术进步,技术进步的成本必然相应上升。

从总需求方面看,进入上中等收入发展阶段,突出特点之一在于投资收益率下降的趋势日益明显,相对于低收入和下中等收入发展阶段,市场需求膨胀,投资回报率相对较高,有利可图的市场机会丰富。随着社会经济的成长,投资需求逐渐疲软,相对市场竞争标准而言,有利可图的投资机会不足,特别是在长期忽视人力资本积累的条件下,在经济发展水平逐渐提高、居民储蓄不断扩大,进而物质资本存量不断增长的同时,人力资本积累不足,国民经济中的自主研发和创新能力不足,加之学习和模仿先进技术的空间变小,学习和模仿的技术进步方式的成本越来越高,好的投资机会越来越难以创造,投资收益率的提高面临严重的挑战,银

---

① 刘伟、苏剑,"'新常态'下的中国宏观调控",《经济科学》,2014年第4期。
② 刘伟主编,《中国经济增长报告2014——深化经济改革与适度经济增长》。北京:北京大学出版社,2014年。

行及金融市场上的资本难以找到有效投资机会。盲目扩大投资,只能加剧重复投资,进而形成经济泡沫。在这种条件下,便会出现长期性的投资需求不足。尽管在我国可以通过政府投资弥补市场力量的不足,但过度依赖政府投资,一方面,在创新力不足的条件下会形成大量的低水平的扩张,加剧产能过剩;另一方面,在长期中也是不可持续的。突出特点之二在于外需拉动增长的动力会严重下降。在低收入和下中等收入发展阶段,要素成本低,尽管技术水平不高但在国际市场上仍具有成本上的竞争优势,出口导向成为突出的增长动力。我国改革开放以来相当长的时期中出口需求增长强劲,统计显示,但凡我国经济增长率超过10%的年份,出口需求增长大都超过20%,净出口对经济增长的贡献显著,出口占我国GDP的比重高达35%。进入上中等收入发展阶段,一方面要素成本大幅度上升,把低成本作为核心竞争力已不再可能;另一方面,伴随我国成为世界第二大经济体(2010年),出口规模仍居高不下,世界市场也难以消化,特别是当世界经济出现周期性危机时,出口导向型的增长方式更难以为继,2012年和2013年连续两年,我国经济中净出口对于增长的贡献均为负值,2014年虽然转为正值(2.3万亿人民币),但占GDP的比重很小,仅为3.6%,这种格局预计近年难以根本扭转,我国经济增长主要依靠内需拉动已成定局。

(二)"新常态"经济条件下,宏观经济失衡形成新特点

第一,"滞胀"出现的可能性增大,通货膨胀和经济"下行"双重风险并存将成为较长时期内的现象。

就经济"下行"而言,实际经济增长率较前一时期会下降,改革开放三十多年来,我国经济增长率年均在9.5%以上,进入21世纪后到世界金融危机发生之前,年均增长率超过10%。进入现阶段,由于生产要素成本上升和技术进步率下滑,经济增长会受到供给方面的紧缩;同时,由于需求紧缩,尤其是投资需求的增长和出口增长乏力,经济增长将面临需求紧缩,经济增长速度趋向回落,2012年和2013年的增长率均为7.7%,2014年实际增长速度则继续下降至7.4%。尽管我国现阶段的潜在增长率是否已进入下降期存有争议,但实际增长率相对于前一时期有所下降,且下降的状态逐渐趋稳,难以重回以往近10%甚至高于10%的增长状态,已经是不争的事实。

就通货膨胀而言,潜在的通货膨胀压力较大,虽然CPI的上涨幅度从2012年以来都在3%之内,有时甚至低于2%,但现阶段通货膨胀成因有新特点。一是随着时间的推移及经济逐渐复苏,为应对2008年金融危机的冲击,我国采取了更加积极的财政政策和适度宽松的货币政策,为刺激需求保证增长,向国民经济中注入的大量货币对CPI的拉动作用会逐渐释放,形成严重的滞后性的需求垃上的通货膨胀压力。二是国际收支失衡下的外汇储备规模巨大,由外汇占款形成的基础

货币供给增加已成为我国现阶段货币供应的首要动因,而国际收支的均衡在短期里难以实现。三是成本推动的通货膨胀将成为新时期的新特征,特别是通货膨胀的结构性特征将更加明显。首先,要素成本的全面提高将形成成本推动的严重通货膨胀压力,尤其是要素效率提升速度迟缓,要素成本的上升必然进入价格;其次,我国作为世界第二大进口国,在进口品的结构上,能源、原材料占比很大,我国经济对于主要矿产品的进口依赖度大都超过50%,石油进口依赖度则超过55%,这些产品的国际市场价格一旦上升,必然通过国际贸易进入我国国民经济成本当中,形成成本推动通货膨胀的压力;最后,成本推动型通货膨胀中的结构性特征突出,由于劳动力成本(工资及福利等)上升迅速,劳动密集型产品和劳动生产率提高较慢的产品及服务的价格上升更快,具体而言,农产品价格上涨会高于工业品,劳动密集型的农产品价格上升会快于其他农产品,据统计,我国现阶段 CPI 中,有近70%来自农产品的价格上涨,而农产品价格显著上升会进一步拉动全社会各行业的劳动要素成本快速上升(物价补贴等费用),从而加剧成本推动通货膨胀的压力。

第二,国民经济对于经济"下行"的承受力相对提高,但结构性失衡深刻,克服和缓解结构性矛盾在相当长的时期里会成为我国经济实现均衡和可持续增长的根本。

虽然没有充分的证据表明现阶段我国潜在经济增长率进入下降期[①],但实际增长率相对降低是不争的事实。而我国经济对于这种"下行"的承受力也在逐渐提高,或者说,国民经济运行正在逐渐适应经济"下行"的客观环境。(1)从社会对失业的承受力来看,就业压力上升对经济增长率的要求相对降低,社会承受失业压力的能力在提高。从现阶段的劳动力市场供求矛盾状况看,经济增长率只要维持在6.5%以上,就业的总量压力就不会明显上升(刘世锦,2014)。我国目前已达到就业高峰,开始出现劳动年龄人口逐年下降的趋势,尽管会增大劳动力成本,但也减轻了就业压力,因此在未来的发展中,我国就业在总量上的压力会逐渐降低。主要问题是二元经济下的劳动力结构性转移,需要创造足够的城镇(非农业)就业机会。据测算,我国劳动力总量在2013年达到7.78亿人的峰值,从2014年起首次出现下降,劳动力数量呈负增长(−146.6万人)。2000—2012年,我国经济每增长1个百分点,相应带来的对劳动力的需求,最低年份是160万人(2000年),最高是481万人(2004年),均值是315万人,如果按照近年(2010—2012年)经济增长对劳动力需求的平均带动作用估算,6.5%的经济增长可增加劳动力需

---

① 潜在增长率取决于资本增长率、全要素效率增长率(含技术进步、人力资本、制度创新等因素的贡献)和劳动力增长率。在这三类因素中,我国现阶段只有劳动力增长率开始下降(为负值),但劳动力增长率的下降是缓慢的,而且原本也不高,对经济增长率的贡献本来不大,其他两项因素,似乎并没有足够的事实表明其出现了下降。

求 2 046 万人,如果按 2012 年的数据估算,6.5% 的经济增长可拉动劳动力需求 2 858 万人,如果按照非农产业就业量增长 1 100 万人以上(2012 年增长 1 105 万人,含农村转移和城镇新成长的劳动力),6.5% 的经济增长足以吸纳这些劳动力在非农产业就业,同时还富裕一部分就业岗位。这部分就业机会未必需要增加新就业者,而是用于对原有就业者加薪,使其实际工资水平不下降,在高于通货膨胀水平的基础上逐年有所上升,如果其他因素不变,经济增长 6.5%,我国 2014 年职工工资上升率只要比 2012 年低 2.2 个百分点即可。① 从经济结构上看,我国第三产业进入加速发展期,自 2013 年起其产值比首次超越第二产业,开始占据首位(46%),而第三产业的就业弹性在三大产业中,现阶段是最强的,进而从产业结构上提升了国民经济吸纳就业的能力。在所有制结构上,根据第二次经济普查资料,城镇就业中,国有和国有控股企业占 20%,集体企业占 4.17%,私营企业占 41.8%,外资企业占 14.29%,混合股份企业占 4.17%。从全国总体来看,在非农产业的就业中,非国有经济吸纳的比重已达 80%,其中私营经济占 70% 以上。这种就业在所有制结构上的多元化,不仅提高了国民经济吸纳就业的能力,而且分散了失业的社会风险,使失业风险由以往过于集中于国有经济和政府,分散于多元化的市场主体和不同经济成分。同时,伴随社会保障制度的进一步完善,社会对失业的承受能力会进一步提高。(2)企业对于实际经济增长速度相对回落的适应性在逐渐上升。经济增速下降,但企业亏损反而在缩小,企业亏损额占主营业务收入的比重在下降,在 2012 年以来经济增长速度降至 7%—8% 的条件下,2012 年 5 月以后保持在 0.8% 左右,不仅低于 1997 年以来的均值(1.4%),而且低于 2003—2007 年快速增长期间(年均增长率超过 10%)的 0.9% 的水平(刘世锦,2014)。一方面,这与深化改革带来的所有制结构和企业制度的变化形成的市场主体秩序改变有关。据第二次经济普查资料,我国企业法人数中民营企业占 90%,企业资产总额中民营经济占 60%,固定资产投资中民营经济占 60%,企业销售收入中民营经济占 75%,企业税收贡献民营经济占 65%,企业利润创造民营经济占 70%,对经济增长贡献民营经济占 66%(陈永杰,2012)。这种制度变化在相当大的程度上推动了市场竞争性主体的培育,在一定程度上改变了单一国有企业占统治地位时普遍存在的"软预算约束",提高了市场对企业行为的约束强度,也促进了包括国有企业和国有控股企业在内的全部企业对市场竞争适应力的提升。另一方面,这与市场体系培育的全面推进相关。经过三十多年的改革开放,我国商品市场化进程已取得决定性进展,包括投资品和消费品在内的商品市场化目标已基本实现,90% 以上的商品价格决定已由传统的政府计划转变为市场定价。现

---

① 刘伟、苏剑,"'新常态'下的中国宏观调控",《经济科学》,2014 年第 4 期。

阶段,我国市场化的重点正从商品市场化转向要素市场化,包括劳动力、土地、资本、专利等要素的市场化。要素市场化,特别是资本要素的真正市场化的深入,日益成为市场化历史进程的重中之重,要素市场化的推进必然会从根本上提高市场对资源配置的决定性作用,提高市场对企业行为的约束强度,提高资源配置过程中的竞争性。因此,实际经济增长速度的相对回落,在社会承受失业率能力和企业适应市场竞争力上升的基础上,或可成为调整国民经济结构,特别是淘汰落后或过剩产能的重要机遇。

但现阶段国民经济增长中的总量失衡只是表象,导致现阶段我国国民经济增长总量失衡的深层原因在于结构性矛盾。近年来,我国国民经济中突出的结构性矛盾在某些方面有所缓解。比如,国民经济中积累和消费结构性失衡的严重程度开始缓和,自2011年起消费率下降的趋势被遏制并开始回升,目前GDP中的投资率和消费率均大体稳定在50%的水平,消费需求增长对经济增长的贡献已开始略高于投资需求增长的贡献。国民收入分配的结构性扭曲开始得到纠正,在国民收入宏观分配中,政府财政收入增速最快,其次为企业资本盈余,最后劳动者报酬的总增长格局已有改变,劳动者报酬及与之相关的居民收入增长速度有所回升。十八大提出的居民收入增速不能低于GDP增速在现实经济活动中已经收到了成效。微观上,居民内部收入差距扩大的趋势也开始被遏制。虽然近十多年来,我国居民收入基尼系数始终在4.0的警戒线水平以上,但自2008年以来总体上呈降低态势。① 此外,导致我国居民收入差距扩大的极为重要的发展因素——城乡差距,近些年来伴随城镇化的加速,开始加快缩小的速度。国际收支结构性失衡开始得以缓解,经常项目盈余及相应的外汇占款对国内经济失衡产生了严重的冲击,但严重程度开始趋缓,经常项目盈余占GDP比重已从金融危机前2007年的10.8%降至2012年的2.6%。虽仍有反弹的风险,但总体上看外部账户再平衡过程已开启(黄益平,2014)。然而,结构性失衡的矛盾仍然深刻,且短期里难以从根本上扭转。从现象上看,我国现阶段经济失衡出现的新特点("滞账"的可能性)是总量失衡,但根源在于结构矛盾。从经济下行方面看,关键在于内需疲软,这是投资需求和消费需求增长都面临的问题。但进一步分析可以看到,投资需求增长之所以疲软,不是因为国民经济中储蓄率不足,也不是因为积累率不高,根本原因首先在于产业结构升级动力不足,缺乏创新带来的新的、有效的投资机会。在产能过剩矛盾突出的条件下,继续在原有结构基础上强行行政性地扩大投资,只会加剧重复建设,加剧产能过剩,产业结构不合理,缺乏技术创新支持的产业结构升级空间,从而构成投资需求难以增长的重要动因。在进入上中等收入阶段,以学习和模仿

---

① 参见本书第二章第五节。

为主的技术进步方式的作用空间日趋狭小,对自主创新的要求日益迫切,进而创新成本日益提高,这种产业结构升级乏力的矛盾的克服更为艰难。消费需求增长之所以增长乏力,不是因为国民收入水平没有提高,根本原因在于国民收入分配结构扭曲,宏观上在政府、企业和居民三者间,居民收入增长相对较慢,所占比重相对较低,必然限制消费需求的总体提升;微观上,居民内部收入差距持续扩大,必然降低社会消费倾向,使消费需求相对疲软。此外,我国现阶段消费需求增长不尽如人意的另一重要原因,在于产业结构不合理,供给结构扭曲,国民经济生产方面难以提供不断升级并能刺激和引导消费需求扩张的新产品,再加上供给质量、安全标准等问题,就更加抑制了消费应有的扩张。从通货膨胀压力来看,现阶段通货膨胀之所以不同于以往短缺经济条件下的需求拉动的通货膨胀,重要的原因在于其具有成本推动和国际收支失衡交互作用的新特点,而这些新特点的产生,根源同样在于一系列结构性矛盾:要素投入与产出间结构失衡、成本上升与要素效率间结构失衡等,都会加剧现阶段国民经济成本提高的速度;贸易结构失衡,尤其是进口品价格结构特征,也会加剧国际输入性的成本推动型通货膨胀;特别是要素成本上升与要素效率提高在结构上的不协调,会导致成本推动中的结构性通货膨胀压力上升;此外,国际收支结构严重失衡形成的大量外汇占款更是构成M2扩张的首要原因,进而推动通货膨胀;等等。因此,要提高我国经济在"新常态"下增长的均衡性,根本在于克服和缓解一系列结构性矛盾。

二、"新常态"要求宏观调控方式发生新变化

(一)注重需求管理与供给管理的统一是"新常态"下宏观调控的重要原则

协调好需求管理与供给管理,是协调宏观调控的短期效应与长期效应、总量效应与结构效应的关键。当国民经济失衡出现以下两种情况时,宏观调控在实施总需求管理的同时,引入并关注、甚至强调供给管理就显得极为必要:一种情况是经济运行中产生了严重的"滞胀",或有巨大的产生"滞胀"的风险时,单纯运用需求管理,忽视供给管理便不可能缓解失衡。因为需求管理的宏观政策或者是扩张,或者是紧缩,在缓解"滞胀"中的某一方面问题时,都意味着同时加剧另一方面的矛盾;如果采取财政和货币政策反方向的松紧搭配,无论是扩张性的财政政策配合紧缩性的货币政策,还是反之以扩张性的货币政策配合紧缩性的财政政策,都存在政策效果之间的相互抵消问题,可能严重削弱政策的有效性,使"滞胀"难以缓解,这就要求引入供给管理,以弥补需求管理的局限性。另一种情况是经济运行中总量失衡与结构失衡交织在一起,而且相互作用,特别是结构失衡甚至成为总量失衡的重要动因时,单纯运用需求管理就难以从根本上缓解失衡,因为需求管理的政策只能作用于经济中的总量关系,影响不到经济结构关系。无论是针对总需求采取扩张性的宏观政策还是采取紧缩性的宏观政策,只能影响需求量的

变化,并无结构性的变化。要缓解结构性失衡的矛盾,需要引入供给管理,供给管理的突出特征之一便是对国民经济结构的针对性干预。从我国现阶段宏观经济失衡的新特点来看,上述两方面的情况均存在,因此在"新常态"下针对新失衡,宏观调控方式中引入或关注供给管理很必要。① 特别是,当国民经济发展进入上中等收入阶段之后,在"新常态"下,供给和需求都会发生根本性的变化,供给方面的成本上升和需求方面的扩张乏力,会从供给和需求两个方面同时影响国民经济,形成双向紧缩,"滞胀"发生的可能性极大,即在成本推动通货膨胀加剧的同时需求疲软导致增长乏力,因此在需求管理的同时强调供给管理就更为必要。

因为供给管理最为突出的特点在于通过制定和实施相应的宏观政策,直接影响生产者和劳动者行为条件和环境的改变(不是直接干预生产者行为),进而引导生产者和劳动者行为(需求管理更多的是引导和影响消费者行为)。供给管理政策的核心,在于通过制度和政策,改善企业的生产经营环境,降低其成本,推动其创新,引导其市场竞争力的提升。正是在这一意义上,往往减轻企业税赋成为其重要的政策主张②,鼓励创新成为其重要的政策倾向,而这种降低企业成本、提高企业效率、鼓励企业创新的政策,恰恰可以同时达到缓解成本推动的通货膨胀,同时刺激企业扩大投资以刺激经济增长的双重目标,能够有效地应对"滞胀",同时促进结构升级,缓解结构性矛盾。而这正是我国经济在"新常态"下需要解决的根本问题。

(二)供给管理的短期政策工具及效应

供给管理的短期政策工具,主要也是财政政策和货币政策,不过政策工具不同方面效应的重点与需求管理有所不同,同时,对财政政策和货币政策相互关系的认识与传统宏观需求管理政策也有所不同。

实际上,关注供给管理政策的短期效应,在一定程度上,也是源于需求管理短期效应本身的局限。我国在现阶段,针对总需求采取的财政政策和货币政策等宏观需求管理政策的局限性日益突出:一是在通货膨胀和"下行"的双重风险压力下,总需求管理的政策方向难以选择,进而使需求管理的短期总量效应更具方向上的不确定性;二是在采取财政政策与货币政策"松紧搭配"反方向组合的条件下,虽然可以降低宏观调控的风险,避免宏观经济在双重风险下出现严重动荡,但财政政策与货币政策间相互矛盾的状态自然会严重削弱政策作用的有效性,尤其是在我国体制存在"银行财政化倾向"的条件下,这种政策间的矛盾所产生的抵触效应会更加突出,进而使需求管理的短期效应受损;三是在中央政府与地方政府

---

① 实际上,20世纪80年代美国里根政府提出的"供给革命",目的也是为提高政府治理"滞胀"的能力,尽管后来中途停止,主要还是担心对自由市场经济制度的过度否定。

② 供给学派代表人物拉弗提出:减税=增税。意思是企业适度减税后,整体经济发展了;整体税基扩大后,国家反而有可能得到更多的税收。

行为目标和利益方面出现差异时,在经济周期的不同阶段上,中央与地方政府的行为会出现周期性不同,对于需求管理的政策要求也就有所不同。在存在通货膨胀与"下行"双重风险时,中央作为宏观调控的决策者必须全面考虑宏观经济运行的各方面目标,包括增长、通货膨胀、就业、国际收支均衡等,而地方政府不必也难以考虑全部宏观经济目标,只能也自然会更多地考虑地方经济增长及与之相联系的就业、税收等目标,这就使得中央宏观调控者与地方政府贯彻实施者之间对宏观政策的诉求发生分歧,进而增大需求管理政策短期实施中的矛盾和成本。基于此,在我国现阶段,即使在短期宏观管理上也需要重视供给管理政策的运用。①

货币政策在传统的宏观经济理论中是需求管理政策,它同时也具有供给管理的效应,因为它既影响需求也同时影响供给,不过人们通常认为货币政策在短期内的需求效应大于供给效应,但需要注意的是从我国现阶段经济失衡"新常态"的特点来看,不能简单地认为货币政策短期调节的需求效应必然大于供给效应。因为,货币政策(如利率政策)对于总供给的作用程度大小取决于三个因素,或经历三个环节,即货币政策变动影响利率、利率变动影响生产成本、生产成本变动影响总供给。相应的,一是货币政策对利率的影响越大,在其他条件不变时其供给效应就越大;二是利率变动对生产成本的影响越大,货币政策的供给效应就越大;三是由此发生的生产成本变动对总供给的影响越大,货币政策的供给效应就越大。显然,我国现阶段无论是在体制上还是在政策传导机制上,都具有货币政策供给效应相较一般市场经济国更强的特征。首先,我国现阶段货币政策对于利率的影响作用相对更强,因为货币政策对利率影响程度的大小取决于货币需求对利率变化的敏感程度,两者呈反方向变化,即货币需求对利率变化越敏感,货币政策对利率的影响就越小。而我国现阶段货币需求对利率变化的敏感程度与一般市场经济国相比显然偏低,经济中的货币需求与利率变化间的市场性联系或称市场化程度也不够深入,相应地货币政策对利率的影响作用相对更强,因而货币政策的供给效应也就相对更大。其次,我国现阶段利率变动对生产成本的影响越来越大,因为利率变动对生产成本的影响程度大小取决于总资本存量的大小,两者呈同方向变化,我国现阶段的工业化加速和高储蓄率推动我国经济资本密集度不断提高,推动货币政策供给效应不断提升。最后,我国现阶段生产成本的变动对总供给的影响程度较大,因为这种影响程度的大小取决于总供给的价格弹性,两者呈同方向变化,从经济周期短期波动来看,经济中闲置产能越多,总供给的价格弹性就越大,因此当经济处于衰退阶段时,其总供给的价格弹性相对更大,货币政策的供给效应也就越大。而我国现阶段的产能过剩矛盾尖锐,并且有加剧的趋势。因

---

① 刘伟、苏剑,"供给管理与我国现阶段的宏观调控",《经济研究》,2007年第2期。

此,从以上方面看,我国现阶段货币政策在短期管理中具有相对更强的供给效应。

财政政策同样在短期宏观调控中,在产生需求效应的同时,具有供给效应,并且其供给效应往往高于货币政策。一般而言,针对消费者的财政政策通常被视为需求管理政策,针对生产者的则被视为供给管理政策,因此针对企业的各种税收等政策成为财政政策中最为重要的工具,因为它直接影响企业的成本,进而影响总供给,因此减税成为所谓"供给学派"特别强调的刺激经济的政策主张。税收政策同时影响总需求,其对总需求的作用和对总供给的作用究竟哪个更大呢?这在供给经济学理论上尚存争议,但在我国现阶段,企业成本,特别是实体性产业在劳动工资和筹融资等方面的成本上升迅速,包括各类生产要素成本也都进入快速上升阶段,一方面需要创新升级以提高效率,另一方面需要为其降低成本创造制度和政策环境。在短期里,降低成本更为可行,也更为重要。[1]

特别重要是,在短期宏观调控中,强调发挥财政政策和货币政策中的供给效应,根本目的在于调动生产者和劳动者的积极性,降低国民经济成本,提高效率。因此,我国现阶段财政政策和货币政策调整的重要着眼点,应从一般性关注刺激(或抑制)总需求,逐渐转向同时关注降低企业成本。而且,通过实现财政政策和货币政策的供给效应推动经济总量趋于均衡,与通过需求管理实现总量均衡所实现的路径不同,付出的代价也有所不同:运用供给管理推动经济趋于均衡实现充分就业的过程,是在价格水平不变甚至下降(成本降低)的基础上推动经济趋于充分就业的,而运用需求管理推动经济趋于均衡实现充分就业的过程,则是在价格水平上升(刺激需求)的基础上推动经济趋于充分就业的,前者可能产生通货紧缩,后者则会推动通货膨胀。显然,在我国现阶段经济存在"滞胀"威胁的条件下,强调运用供给管理更合理。

我国现阶段可考虑采取的作为短期宏观调控的供给管理政策应以结构性减税为主,配合对企业的各种补贴政策,如投入与产出的补贴、利息补贴、研发创新补贴等一系列的优惠政策,同时以各种政策调整促进企业成本(如筹融资成本、生产成本和交易成本)的下降,并且尽可能采取定向的方式,避免对产能过剩、水平落后的产业形成全面刺激(这部分产能应通过中长期供给管理的结构性政策加以淘汰和升级)。但在运用货币政策实现短期供给效应时,对于降息手段应谨慎运用,包括全面降息和定向降息均应谨慎,因为降息刺激产生的供给增加往往是低效率的投资。在产能过剩的条件下,尤其要防止以刺激低效率的供给扩张带动增长,由此会加剧低水平的重复扩张和过剩。就短期供给管理的政策效应而言,货币政策相对弱于财政政策,因此应以财政政策,特别是减税为主,货币政策为辅,

---

[1] 刘伟、苏剑,"供给管理与我国现阶段宏观调控",《经济研究》,2007年第2期。

在不全面降息的同时,加强对金融市场秩序的监管和维护,以降低企业运用金融市场的成本。

(三)供给管理的长期政策工具及效应

在"新常态"经济下,宏观调控在长期里应以供给管理为主,需求管理为辅。因为,宏观调控的短期目标是总量均衡,而长期目标则是结构高度演进,经济结构高度的提升是国民经济发展"质"的演变。经济发展的本质在于结构变化,而结构变化一定是效率提升的结果,效率提升则必须是创新的结果,包括技术创新和制度创新,创新则是长期累积而成的。供给管理的长期政策目标和效应正是在于调整和升级经济结构,对于我国经济"新常态"下结构性矛盾突出而言,强调长期以供给管理为主,目的就是强调宏观管理长期政策目标的核心应放在调整结构上。结构性政策,主要包括产业结构和区域结构及城乡二元经济结构等方面的发展调整政策。这是否属于宏观调控政策的体系范围,还存在不同的认识。的确,从总需求管理来看,作为总量调控的宏观政策,除财政政策、货币政策外,不包含结构政策,国民经济的总需求管理作为总量调控,尤其是短期(比如年度内)总量政策,不涉及结构目标,不可能产生长期才可能发生的结构变化。更进一步,从体制上来看,结构演变,特别是产业结构的演变,主要是在政府宏观干预或主动控制下形成的,还是在企业自由自主分散的市场竞争中自发地形成的?这不仅在经济理论上,而且在经济发展不同国家的历史实践上,也是存在争论的。但是,若从总供给管理方面看,供给管理就是通过政府制定的经济政策,在市场配置资源的基础上,改善供给本身的质量和效率,并对供给本身的结构不断加以改造,一方面鼓励和引导一些产业发展,一方面限制和淘汰落后产业、产能的扩张。所以,结构政策作为供给管理而言,是宏观政策体系中不可或缺的部分。在长期调控中,甚至应该成为主要的政策工具。

严格地说,产业结构政策包括同一产业内的产业组织(市场结构)政策和产业间的结构政策。作为供给管理的长期政策工具,该政策通过长期、系统的技术创新和研发政策,加快产业创新;通过市场有效竞争引导并实现主导产业的有序有效更替;通过市场竞争推动并加快落后产业和过剩产能的淘汰;通过维护公平竞争的市场秩序,促进反垄断,提升产业组织(市场结构)的绩效,提高企业的竞争能力;等等。

区域经济结构政策更是我国供给管理政策体系中的有机组成部分。我国是一个大国,区域之间的发展差异显著,形成了复杂的区域经济结构关系,包括中央与地方之间,地方与地方之间,城市与乡村之间的诸方面结构关系。区域性经济,或者说地方政府调控下的经济成为中国经济增长和发展的重要环节,中央与地方之间的博弈历来是经济体制上的突出矛盾之一,地方政府发展经济的动力更是推动经济持续高速增长的重要动力,地方政府的行为特征成为中国经济调控和运行体制的显著特点。但是,地方政府不可能拥有中央政府所特有的宏观经济手段。首先,地方政府不可能拥有独立的货币政策,货币政策只能由中央政府掌握。其次,地方政府虽然拥有地方财政手段,但地方政府运用财政工具实施需求管理的效应是极具不确定性和局限性的。因为,地方政府运用财政工具刺激或抑制地区市场需求,一方面,地区居民的收入在很大程度上不受地方政府财政政策的影响;另一方面,即使地方居民的收入受到当地政府财政政策的影响,但居民收入用于支出(需求)时到底有多少会形成对当地产业的需求也是不确定的,当地居民的购买可能是在当地销售的其他地区、国家生产的产品,尤其是当地居民直接赴外地、外国消费,以及互联网市场的兴起,更是极大地加剧了这种不确定性。因此,地方政府无法运用独立的货币政策影响地方经济,也难以运用地方财政政策有效地影响地方经济中的总需求,特别是难以真正充分影响消费需求,对净出口(外需)的影响就更不确定,因为地方政府本身并无海关,不存在进出口平衡及国际收支均衡问题。地方政府真正能够有效运用的主要是供给管理方面的政策,包括地区内的产业结构、产业组织政策、区域内的基础设施完善、内部及外部规模经济水平的提高、各种政府服务和市场服务质量的完善及相应交易成本的降低等。即使运用财政政策,事实上也只能主要运用其供给政策方面的功能,通过地方政府财政性或与相应的金融工具相结合(如地方政府担保下的融资平台,地方政府在税收、土地等方面的优惠以吸引外资,地方财政提供的贴息补贴等手段),刺激当地投资扩张。投资扩张从固定资产投资而言,是刺激需求,但从长期来看,特别是从支出法中的固定资本形成上来看,是指跨年度投资累计,但在本年度形成的资本能力,这就更具供给管理的政策效应。[1]

(四)改革本身首先是实施有效供给管理的重要制度要求,同时具有强烈的供给管理政策效应

无论是从短期还是从长期供给管理的政策效应看,我国现阶段的全面深化改革,首先是经济体制改革(经济改革在各方面改革中起着重点和引领作用),都有极其重要的意义。改革本身已成为我国"新常态"经济下最为重要的供给管理政策。这种政策至少包括以下方面的内容:

一是加速和深化国有企业改革,进一步明确举办国有企业的目的,根据所明确的目的提高国有企业的效率;

二是深化所有制结构改革,发展企业混合所有制,推进企业治理结构合理化,提升企业风险控制能力;

三是加速财税改革,促进税负公平,切实减少企业税负;

---

[1] 刘伟、苏剑,"供给管理与我国现阶段的宏观调控",《经济研究》,2007年第2期。

四是加速金融体系和资本市场化改革,努力降低企业融资成本,缓解中小企业融资难的问题,特别是为不同所有制性质的企业提供公平、合理、有效的金融市场服务;

五是加速市场秩序建设,包括企业产权主体秩序、市场价格交易秩序、国民经济法治秩序、社会经济道德秩序等,加快政府职能转变,深化司法制度和行政体制改革,减少行政审批,清晰政府与市场的关系,降低企业交易成本和寻租行为;

六是强化市场监管,促进公平竞争,促进反垄断、反歧视,提高经济运行中的竞争性效率;

七是严格市场标准,降低各行业、各经济性质的企业的准入门槛,公平竞争,在竞争中提高各市场对内资、外资、国有、民营等不同类型企业的开放度,同时严肃生产和产品的质量标准,在政府与市场的共同作用下,努力保证经济安全和产品质量;

八是进一步提高国民经济对外开放度,提升国民经济的国际竞争力,在企业治理、会计准则、技术专利等制度方面提高国际化竞争水平。这些方面的制度改革本身就是针对供给而实施的政策举措,在我国经济转轨的现阶段,不仅具有重要的制度创新意义,同时具有促进经济增长和发展的重要直接效应。

更重要的是,实施有效的供给管理,在制度上要求必须深化改革,以改革推动我国社会主义市场经济体制的培育,以社会主义市场经济体制作为实施有效供给管理的制度条件。否则,由于供给管理的政策大都直接影响生产者行为,在资源配置上若无市场机制起决定作用这一前提,供给管理有可能导致政府对企业行为的直接干预,削弱甚至否定市场机制在资源配置上的决定作用,越是关注政府宏观调控中的供给管理,越需要在制度上强调市场竞争的充分性。①

三、"新常态"要求宏观经济政策具有新导向

(一) 应对金融危机的宏观经济政策效应

2009年出现战后全球经济首次负增长,表明2008年世界金融危机对全球经济的冲击前所未有地深刻,也表明自20世纪70年代以来西方发达国家应对"滞胀"政策的失灵(从一定意义上讲,金融危机发生的重要根源在于为缓解"滞胀"而采取的宏观政策调整形成的积弊)。② 总体上看,我国在应对2008年世界金融危

---

① 刘伟、苏剑,"供给管理与我国的市场化改革进程",《北京大学学报》,2007年第5期。
② 自20世纪70年代以来,为应对"滞胀",美国等国家的宏观政策从凯恩斯"财政最重要"的传统观点发生转变,关注货币政策的运用,而在货币政策运用中从强调货币数量目标逐渐转变为以货币价格为中间目标,在运用货币价格政策时长期依赖持续降低利率,以达到既刺激投资需求以拉动增长,又降低企业成本以减轻成本推动的通胀压力的目标,从而缓解"滞胀"。但长期以来,不断降低利率刺激起来的投资需求,意味着投资项目的市场竞争水平不断下降,形成大量低水平扩张的产能,2008年全球金融危机的发生,便是这种低水平投资过剩的集中表现。

机方面表现出较强的发展优势和体制优势,因此在世界经济受到严重冲击的同时,我国经济保持了较强劲的增长。[①] 其中,"更加积极的财政政策和适度宽松的货币政策"起到了重要的作用。但也由此形成了一系列新的问题,进而使得人们对我国 2008 年下半年到 2010 年 10 月(公布择机退出)采取的全面扩张性政策提出质疑。

这些质疑集中在:(1) 2008 年我国应对金融危机冲击的宏观政策调整是否迟缓？2008 年年初我国两会通过的年度调控目标是"双防",即一防经济过热,二防通货膨胀,因此宏观经济政策总体上是相对从紧,而此时世界金融危机已在全球蔓延,全球主要经济体均已采取全面扩张政策以应对危机,我国当时恰好选择了与全球相反的宏观政策。到 2008 年 6 月后,金融危机对我国经济的影响渐渐突出,我国宏观政策调整为"一保、一控、一调",即保增长、控物价、调结构,反通胀目标虽退至保增长之后,但仍为宏观目标之一。直到 2008 年年底,宏观政策才彻底转变为刺激性政策,采取"保增长、扩内需、调结构"的扩张态势,这种政策目标的选择和调整是否迟缓？尤其是年初采取相对紧缩且与全球反危机趋势相反的政策是否妥当？2007 年经济增长 14.2%,已露"过热"的迹象,这是否能成为支持中国 2008 年上半年采取与全球反危机举措相反的政策倾向的根据？(2) 与之相联系,自 2008 年第四季度起采取的全面反危机的扩张性政策是否强度过猛？财政政策和货币政策同时强力扩张,2009 年财政赤字高达 9 500 亿元,2010 年仍在 9 000 亿元以上,占 GDP 比重均已超过 2%;M2 增速在 2009 年达到 27.7%,2010 年为 19.7%。这一方面形成巨大的通胀潜在压力;另一方面,在产业结构升级受阻的条件下,短期迅速扩大投资势必加剧产能过剩,现阶段我国经济中 M2 存量与 GDP 规模之比远远高于合理比例,重要原则即在于此。与欧美国家不同,2008 年金融危机发生时,欧美国家金融系统本身首先发生了问题,因此其为国民经济其他部门,尤其是为实体经济部门提供货币的能力急速下降,其自身的资金周转首先遇到了障碍,在其货币(资本)市场上,突出的矛盾在于实体经济等非金融部门对货币有需求,而金融部门缺乏供应货币的能力,所以政策的重点在于增加货币供应。我国则不然,金融危机对我国的影响是从国际输入的。我们自身的金融体系并无危机,其为市场提供货币的能力是强劲的,但我国实体经济与非金融部门由于创新力不足等多种原因,对货币的有效需求不足,所以我国的货币(资本)市场上供求失衡的特点与欧美国家恰好相反,货币供给能力强而有效需求疲软,对政策要求的重点是培育市场对货币的有效需求,而不是增加货币供给。而我们恰

[①] 2008 年我国 GDP 增长 9%,2009 年为 8.7%,2010 年为 10.2%,2011 年为 9.3%,2012 年和 2013 年均为 7.7%。

好采取了与欧美国家同样的举措,通过财政政策与货币政策的组合极大地增加了经济中货币的投放,目的是刺激总需求,但我国实体经济对货币(资本)恰恰又缺乏有效需求,因此投放的货币难以找到有效的投资机会,要么滞存于流通中,难以周转,形成 M2 存量过大同时流动性不足的矛盾,潜在通胀压力居高不下的同时,真正用钱时又发生"钱荒";要么冲击虚拟经济市场,形成更严重的经济泡沫。相对于当时市场失衡的特殊性而言,我国采取的扩张政策力度是否过强? (3) 2010 年 10 月我国政府公布率先从全面反危机的扩张政策轨道退出,这是否过早? 在世界各国仍处于全力反危机的背景下,我国自 2010 年 10 月起率先退出,一方面,由于财政、货币双扩张在刺激需求的同时,增加了产能过剩和通胀的压力,使得强力双扩张的政策难以持续;另一方面,政府宏观刺激的择机退出的根据,重点在于市场力量的复苏,当市场力量复苏迟缓,生产者和消费者的投资及消费需求未能恢复正常增长时,政府刺激政策退出可能导致经济再衰退,尽管我国居民消费需求增长较稳健,但投资需求增长的可持续性始终存在问题。与西方市场经济国家不同,我国政府在投资方面具有更强的能力和体制保证,因而在应对经济危机时具有较强的能力,但不应也不可能长期依赖政府投资刺激增长。在市场经济条件下长期可持续增长应主要依靠市场性力量形成的投资需求拉动,即企业的市场需求。而现阶段我国企业,特别是大型和特大型国有企业,融资通道虽有保障,但自主创新力不足,使得产业结构升级困难;在现有结构下,产能过剩日益突出,扩大投资极为困难,缺乏真正有效的投资机会,硬性扩大势必导致重复建设,加剧产能过剩。中小微型企业多为民营企业,其资产质量和管理水平等方面的不均衡性,使之难以获得金融体系的信任。而国有商业银行占主体的金融体制,在制度上也难以为民营经济提供正常有效的金融市场服务,使之缺乏投资能力。市场力量的不足使得投资需求的增长在更大程度上依赖政府,而地方政府尽管可以通过组建各类融资平台,以政府担保的方式(以预算外土地专项收入担保),促进地方投资,但不能不受地方债务风险的限制。中央政府虽然可以通过财政赤字增发货币的方式扩大投资,但不能不受由此而来的通胀的限制。当政府在难以承受的压力下退出,而市场力量又严重不足时,经济增长必然出现下降。我国经济自 2011 年第一季度直到 2012 年第三季度,增速连续 7 个季度持续下降(比 2008 年受金融危机影响,持续 5 个季度下降的时间更久),直至 2012 年第四季度才出现回稳,这是否表示我国扩张性的宏观经济政策退出过早?

(二)"新常态"下财政政策与货币政策的"松紧搭配"反方向组合

自 2010 年 10 月,我国政府表明从全面反危机的扩张政策择机退出之后,我国宏观经济政策实施"积极的财政政策与稳健的货币政策"的组合方式,之所以采取这种反方向的组合，根本原因在于现阶段我国宏观经济失衡的新特点，即既有通胀的压力又有下行的威胁的双重风险，难以将财政政策和货币政策的首要目标及政策方向统一到单一目标方向上来。实际上，所谓"积极的财政政策与稳健的货币政策"的组合，早在1998年下半年为应对当时亚洲金融危机对我国经济的冲击时就已提出。不同的是，从1978年改革初期至1998年上半年近20年的时间里，除个别年份外，我国宏观经济总量失衡的突出特点是需求膨胀、经济短缺，宏观经济政策的首要目标是反通胀，因而其基本导向是适度紧缩。到1998年经过近20年的改革发展，从体制上看市场机制逐渐发挥作用，软预算约束形成的需求饥渴逐渐得以限制；从发展上看经济水平不断提高，按世界银行的划分标准，并按汇率法折算，1998年我国人均国民收入水平首次实现从低收入向下中等收入的跨越，所以需求膨胀的矛盾得以缓解，甚至出现部分产品生产的产能过剩矛盾。1997年爆发的亚洲金融危机在1998年下半年形成对我国经济的严重冲击，特别是我国政府承诺人民币不贬值，更是承受了较大的国际市场损失。为应对这种新失衡，从1998年下半年起，我国宏观经济政策从长期紧缩性方向调整为"积极的财政政策和稳健的货币政策"，这种松紧搭配、反方向组合的方式，相对于此前长期紧缩性的政策而言，总体上是扩张性的，目的首先是保增长、保就业。而2010年10月以来从全面扩张政策择机退出重新回到"积极的财政政策与稳健的货币政策"上来，则是总体上从紧，特别是货币政策在方向上相对于前期表现为逆转态势，尽管不是全面紧缩。

这种松紧搭配、反方向组合的根本原因，在于现阶段我国宏观经济中存在的"双重风险"，要兼顾双重风险的防范，不能简单地把财政政策、货币政策统一到同一方向和目标上来。这种政策组合方式的最为突出的优点在于降低宏观经济政策带来的经济波动性和双重风险并存下宏观政策选择及效应的不确定性，即更充分地体现"稳中求进"的指导思想，这种政策结构最为突出的局限性，在于财政政策和货币政策之间会产生效应上的彼此抵消，进而降低宏观经济政策的有效性，在我国现阶段体制和政策传导机制上存在"银行财政化"倾向的条件下，财政政策和货币政策在目标和导向上出现矛盾，其矛盾效应会更为显著。

进一步的问题在于财政政策和货币政策间的松紧搭配在经济周期的不同阶段应当选择怎样的松紧搭配方式；财政政策和货币政策各自应采取怎样的方向；是松的财政政策与紧的货币政策组合，还是紧的财政政策与松的货币政策搭配；在经济周期的不同阶段，财政政策与货币政策松紧搭配的方向是否需要调整。

从需求管理的要求来看，假定国际收支领域是均衡的，而国内经济存在"滞胀"，面临通胀和"下行"的双重风险，采取松紧搭配、反向组合时，货币政策主要会对短期物价水平产生影响，财政政策主要会对短期中的经济增长产生影响。根据有关实证分析,货币政策指数(MPI)对危机期间的通胀水平具有显著的正影响,但对危机后的通胀并无显著影响,同时,货币政策指数对危机期间和危机后的经济增长都不存在显著影响;财政政策指数(FPI)对危机期间的经济增长具有显著影响,对通胀水平不具有显著影响,但长期中扩张性的财政政策对经济增长不存在正向作用,同时其财政赤字所造成的负面作用(如加剧通胀等)逐渐显现(马勇、陈雨露,2012),因此,在存在"滞胀"的失衡中,采取扩张性的货币政策对于抑制通缩有效,但不能有效地刺激增长。采取扩张性的财政政策能够有效地刺激短期增长,但不能影响长期增长,长期反而会加剧通胀等赤字的反效应,这就要求在财政政策与货币政策反向组合时,采取扩张性的财政政策与紧缩性的货币政策相互组合,以扩张性的财政政策刺激短期增长(同时不会加剧通胀),以紧缩性的货币政策抑制通胀(同时不会抑制增长),从而缓解经济的"滞胀"。但不能相反,如果采取紧缩性的财政政策与扩张性的货币政策,紧缩性的财政政策短期里会显著抑制经济增长,扩张性的货币政策短期里则会显著加剧通胀,从而加剧经济的"滞胀"。

但是,从供给管理的要求来看,或者说从长期来看,如果国民经济失衡长期存在"滞胀",则财政政策与货币政策的松紧搭配、反向组合便更加复杂,扩张性的财政政策应及时退出,其退出的时机既要考虑市场力量复苏的程度,同时还要考虑前期财政政策扩张的力度,力度越大,形成的滞后性财政赤字负效应越大,越应及早退出。因为扩张性的财政政策在长期里对经济增长的作用逐渐减弱,反而由财政赤字形成的通胀压力在长期里会释放出来,加剧通胀,而紧缩性的财政政策在危机低谷后的长期复苏中,对抑制通胀具有积极作用:在这种条件下,货币政策应紧缩还是扩张?重要的是,不仅要视需求管理的需要,而且要视供给管理的要求,虽然货币政策在危机后更长时期中对通胀水平的影响不显著。从抑制通胀来看,可以将前期从紧的货币政策适度放松,但要求在供给方面,存在市场性的投资机会,或者说经济中的投资需求逐渐恢复,同时,在供给意义上的投资收益率(有效的投资机会)提高的项目在增加。在这种条件下,可采取相对紧缩性的财政政策与适度宽松的货币政策的组合,但若同时在供给方面存在较严重的产能过剩,缺乏有效的新的投资机会,原则上,货币政策不应当扩张,而应采取稳健的,甚至具有一定从紧性的货币政策。因为在这种条件下,扩张性货币政策尽管从需求意义上不会显著拉动通胀,但从供给意义上对经济增长的质量会产生损害,产能过剩表明经济中缺乏有效的投资机会,扩张性的货币政策只能加剧低水平的重复投资,或者在实体经济缺乏升级空间的同时,迫使资金涌入虚拟经济,导致资产价格泡沫上升。相应地,这时的财政政策应当延缓退出,因为财政政策与货币政策双紧缩必然加剧经济下行,在存在"滞胀"双重风险的条件下,财政政策继续保持扩张态势是必要的,但不宜过于强烈,以减轻通胀的压力,尽可能扩大扩张性财政政策对增长的作用,延缓其在长期中对增长的作用递减,同时,控制其所形成的通胀压力上升的程度。在这种状况下,可考虑采取适度扩张的财政政策与稳健的货币政策的组合,我国现阶段双重风险存在的条件下,恰恰在供给方面存在严重的产能过剩,而且在货币市场上,尽管由于货币流通速度低,进而流动性显得不足,但M2存量仍然维持较大的规模,实体经济对于货币的有效需求不足的矛盾仍较突出,在财政政策与货币政策采取松紧搭配的组合中若采取扩张性货币政策,一方面与我国货币市场上供求失衡的特点不相符,另一方面难以刺激实体经济对货币的有效需求,只能加剧产能过剩,必须通过供给方面的创新和结构升级,才能真正实现有效增长。

(三)财政政策与货币政策松紧搭配、反向组合中的政策力度

因此,现阶段采取的"积极的财政政策与稳健的货币政策"的反向组合,是符合我国经济失衡的特点的,问题的关键在于如何掌握政策作用的力度,问题的根本在于提高经济创新力和竞争性效率,推动结构升级。①

如果国内经济存在失衡,同时国际收支也存在严重失衡,财政政策与货币政策也可以考虑采取反向组合,但如何组合需要视失衡的不同类型而有所不同。一般而言,如果国内经济不景气,失业率居高不下成为突出问题,同时国际收支存在赤字,可以考虑采取扩张性的财政政策与紧缩性的货币政策的松紧组合。扩张性的财政政策可以刺激需求、增加就业,虽然可能因此而刺激进口、加剧国际收支赤字,但由于财政政策对国内需求的影响程度通常大于其对国际收支的影响程度,因而其扩张带来的增长效应会高于其带来的国际收支赤字效应。紧缩性的货币政策会促使利率上升,从而促进资本流入,减少国际收支赤字,虽然可能因此抑制国内需求、增加失业,但由于货币政策对国际收支的影响程度通常高于其对国内需求的影响程度,其对国际收支均衡的促进作用高于其对国内经济的抑制效应。

如果国内经济失衡的突出问题是通胀、需求过热,同时国际收支失衡中存在大量盈余,可以考虑采取紧缩性的财政政策与扩张性的货币政策的紧松组合。紧缩性的财政政策可以抑制需求、缓解通胀压力,虽然可能因此减少进口,增大国际收支失衡中的盈余,但其对国内需求的抑制效应通常会高于其对国际收支的作用程度。扩张性的货币政策可以增大资本流出,减少国际收支失衡中的盈余,虽然可能会刺激国内总需求,加剧通胀,但其对国际收支的影响程度通常高于其对国内需求的影响程度。

当然,无论是采取怎样的财政政策与货币政策反向组合,其政策力度、松紧程

---

① 刘伟,"经济新常态对宏观调控的新需求",《上海行政学院学报》,2014年第5期。

度都需视国民经济对于失衡的承受力而定。①

我国现阶段经济失衡的特点,是国内经济主要矛盾既不是单纯的通胀也不是单纯的失业,而是通胀与"下行"的双重风险并存,同时国际收支存在巨大盈余,外汇储备规模大且不断增加。显然,这种失衡状况就需求管理而言,短期里难以运用财政政策与货币政策反向组合的方式,来同时有效地促进国内经济均衡和国际收支均衡目标的实现,无论哪种松紧搭配的反向政策组合都不可行。必须结合长期供给管理,在财政政策与货币政策的反向组合中强调其长期供给效应,提高国民经济微观活力,逐渐提升资本投资收益率进而真正刺激经济,特别是刺激实体经济投资需求,不断推动创新进而切实促进结构升级,尤其是缓解产能过剩,促进稳定有效增长,扼制"下行"势头;同时,将宏观政策调控的着眼点切实放在提升企业效率并降低企业成本这一核心命题上,从根本上扼制成本推动的通胀。在缓解国内经济双重风险并存的同时,兼顾国际收支均衡的目标,同样需要在短期需求管理和长期供给管理相互协调的基础上,深化改革特别是深化要素市场化进程,尤其迫切需要加快金融市场化,加快利率和汇率的市场化,否则,即使采取了紧缩性货币政策,国际收支存在赤字,也难以通过利率、汇率等价格条件的市场性提高以推动资本流入,缓解赤字;即使采取扩张性货币政策与紧缩性财政政策的组合,国际收入存在大量盈余,也难以通过利率、汇率的市场性下降以推动资本流出,缓解盈余。无论财政政策与货币政策怎样反向组合,没有要素市场化的基础,都难以同时兼顾国内经济均衡目标和国际收支均衡目标的要求。

宏观调控所围绕的核心指标是经济增长率,所谓政策调控的上下限讨论,主要是如何确定经济目标增长率。确定经济目标增长率的下限,重要的因素在于就业目标的要求,作为宏观调控,保增长的核心在于保就业;控制上限的重要因素在于国民经济承受通胀的能力,特别是实际增长率不能超过潜在增长率,如果实际确定的目标增长率接近甚至超越潜在增长率,刺激增长的宏观经济政策便会引发严重的通胀。我国经济进入"新常态",突出的特点是实际增长率显著下降,从改革开放三十多年平均9.8%左右降至7%—8%。从理论上来说,并没有足够的理由证明我国现阶段潜在增长率显著下降②,所以近年来在我国实现7%—8%经济增长的同时,通胀率为2%—3%,应当说虽然通胀的潜在压力很大,但实际表现出来的通胀水平较低。因而,讨论经济增长目标的上、下限的选择,更多地集中在如何保证就业目标所要求的最低增长率,并据此确定相应的财政、货币政策的力度,

---

① 刘伟,"我国现阶段财政与货币政策反方向组合的成因、特点及效应",《经济学动态》,2012年7月。
② 潜在增长率决定于资本增长率、全要素效率的增长率和劳动力增长率,我国现阶段除劳动力增长率为负值,劳动力总量开始下降外,其他因素并没有下降,而劳动力增长率原本也不高,对潜在的增长率影响不会很大。

特别是考虑到产能过剩等结构性矛盾的加剧,调结构成为实现我国经济均衡持续增长的根本性命题。为了给调结构留出更大的空间,经济实际目标增长率的确定,应当遵循的原则是只要能满足就业目标的要求,在满足这一下限的前提下,增长速度越低越有利。①

那么,如何根据就业目标明确经济实际增长率呢?(1)首先需要明确劳动力供给,我们估算了中国 2010—2027 年的劳动力数量,到 2013 年达到峰值(77 710.3 万人),自 2014 年起逐年呈现负增长,到 2027 年为 74 512.2 万人(根据国家统计局公布的数据,2012 年劳动力数量就已比上年减少近 350 万人)。从总量上看,我国未来面临的就业压力是逐渐减轻的。(2)其次需要估算经济增长对劳动力需求的拉动作用,2000—2012 年我国经济增长相应带来的劳动力需求的增加量波动较大,GDP 每增长 1 个百分点,最低年份(2000 年)带动劳动力需求增量为 160 万人,最高年份(2004 年)为 481 万人,均值是 315 万人左右。尽管每年劳动力需求增量大,但实际就业量却并未增加这么多,比如 2012 年经济增长 7.7%,每增长 1 个百分点新增加就业量 439.9 万人,总体增加 3 387 万人,但当年实际非农产业就业量只增加了 1 105 万人,剩余 2 282 万人的劳动力需求中的一部分弥补了需要补充的退休空缺,一部分则被原有就业者的工资上涨抵销掉了。(3)若根据 2010—2012 年我国经济增长对劳动力需求的带动系数估算,6.5% 的经济增长率可使劳动力需求增加 2 046 万人,若以 2012 年的数据为基础,6.5% 的经济增长率可使劳动力需求增长 2 859 万人,预计我国 2014 年包括农村转移和城镇成长起来的需要,在非农产业中就业的新增劳动力为 1 100 万人左右,6.5% 的经济增长从总量上完全能够吸收这些劳动力,而且还有多余的劳动力需求(2 859 万人 - 1 100 万人 = 1 759 万人),这部分需求可以用以提高原有非农产业就业者的工资水平,使实际工资水平至少不下降。如果 2014 年与 2012 年相比,其他因素不变,那么,2014 年工资上涨率总体上能够高于通胀率,只要比 2012 年工资上涨率低 2.2 个百分点即可。②

现阶段经济目标增长率上限的确定,重要的(尽管不是充分的)因素是要考虑国民经济对于通胀的承受力。从总体上看,我国现阶段实际增长率相对前期有所下降,但潜在增长率并不能说也已下降,或者说,实际增长率仍在潜在经济增长率范围之内,由于市场需求疲软,或者供给中存在严重的产能过剩,在需求与供给双向紧缩的条件下,导致实际增长率下降,但潜在增长率仍维持在较高水平上。扩

---

① 刘伟、苏剑,"'新常态'下的中国宏观调控",《经济科学》,2014 年第 4 期。
② 刘伟、苏剑,"中国经济目标增长率的确定",北京大学经济研究所宏观经济研究课题组工作论文,2014 年 7 月。

张性的刺激政策会加剧产能过剩,刺激低效率的供给增加,但不会使通胀水平大幅上升,近年来我国保持7.7%的经济增速,同时CPI仅为2.6%,主要原因也在于此。所以,考虑现阶段的目标增长率上限,需要从通胀目标和结构调整目标多方面综合判断。从通胀目标来看,如果以CPI上升3.5%左右作为政策控制目标,根据我国近些年的实践经验,其他因素在短期里不发生重大变化,经济增长率保持在7%—8%以下便可达到;如果现在实际CPI上升水平(2.5%)翻一番,达到5%左右,作为承受通胀的高限(2011年我国CPI上升5.4%,并未产生对通胀过强的反应),则经济增长率控制在8%—9%以下便可实现(2011年GDP增长9.1%,CPI为5.4%)。从调结构的目标要求来看,只要能实现保就业的目标,经济增长率可以适当降低,特别是在潜在经济增长率并未真正下滑的条件下,扩张性的宏观经济政策可能产生刺激增长的正向作用,同时也可能不导致通胀出现大幅提高,这就更应注意适度调控目标经济增长率的上限,不要为需求方面的这种短期效应所迷惑,而忽略由此加剧的无效供给和产能过剩等矛盾。因而,目标增长率的上限,可以更低些,比如8%左右。

此外,现阶段经济目标增长率的确定,还需要考虑中长期经济增长目标的要求。根据我国确定的到2020年实现全面小康社会发展目标的要求,按不变价格计算的GDP总量要比2010年翻一番,人均GDP水平相应地也翻一番。要实现这样的目标,需要在这十年里年均经济增长率达到7.2%的水平(同时把人口自然增长率控制在一定水平之内),那么,我们以实现全面小康增长目标所要求的年均增长率作为目标增长率确定的中间值是有根据的。实际上,由于已过去的四年(2011—2014年)我国实际实现的经济增长率都在所要求的均值7.2%之上,如果实现经济增长倍增的时间表不变,从2015年算起,今后六年里,年均增长率在6.62%以上即可。这样,在经济"新常态"下存在双重风险的新失衡阶段,财政政策与货币政策采取松紧搭配、反向组合的协调过程中,就国内经济均衡运行而言,兼顾保就业、反通胀、调结构、促增长等目标的要求,我国近年的经济增长率选择可以在6.5%(下限)、6.7%(中限)、8%(上限)之间进行调整,并据此综合控制宏观经济政策的作用力度。

第三节 从就业角度看中国经济目标增长率的确定

一、经济增长目标、就业与通货膨胀

经济目标增长率的选择已经成为我国经济政策讨论的核心问题之一。一方面,我国经济必须有比较高的增长率,因为经济增长既关系到人们生活水平的提高,也关系到中华民族的振兴和中国梦的实现;另一方面,中国的经济增长要切合实际,过高的经济增长目标可能对中国经济构成通货膨胀压力。

经济增长目标的确定需要同时考虑就业、通货膨胀两个方面的因素。通货膨胀影响人们的生活费用,所以如果考虑通货膨胀来确定增长率,确定的是经济增长率的上限;而保就业考虑的则是经济增长率的下限。进一步说,无论是考察实际增长率与失业率(奥肯定律,Okun's Law),还是考察通货膨胀与失业率(菲利普斯曲线,Phillips Curve),分析的基础首先都是基于对失业率的判断。就宏观调控而言,最重要的是确定经济增长率的下限,而主要的考虑因素就是就业。

就业的增长能否通过经济的增长来取得,取决于两者之间是否有一致性。关于经济增长与就业增长之间的关系,国内外的研究成果颇多。其中,国外学者重在研究两者之间的一般关系,而国内研究大多以就业弹性为着眼点,计算我国的真实就业弹性,并对我国就业弹性低于理论预期值提出种种解释。

西方经济学界普遍认为就业的增长与经济的增长有一致性,这一思想可以追溯到古典学派将国民财富的增长同劳动力数量和质量的提高紧密相连。新古典经济学派则提出了"自动均衡"的充分就业理论,更通过建立生产函数模型来进一步描述经济增长与就业增长之间的关系。利用索洛模型进行比较静态分析,可知就业增长率与经济增长率有同方向变动的趋势(即 $\partial g_Q/\partial g_L > 0$);同时,技术进步率、资本投入增长率以及劳动与资本产出弹性均与就业增长率负相关。1962年,美国经济学家阿瑟·奥肯(Arthur Okun)根据美国的统计资料,提出著名的"奥肯定律":失业率每增加1%,实际GNP[①]就会减少2.5%左右;反之,要使失业率降低1%,GNP需要增长2.5%左右。奥肯定律讨论的是在一定实际失业率与自然失业率的结构关系下,实际失业率与实际经济增长率之间的关系及其变化,但奥肯定律在实际经济中往往失效。Jim Malley(2008)对七国集团(G7)国家的数据进行分析,发现工会、效率工资、失业保险等特殊制度安排会使奥肯定律失效,因为这种特殊制度安排使劳动供给曲线反转,劳动的边际产品可能变为负数,除德国的失业率处于奥肯定律范围内,其他国家都处于奥肯定律之外。中国也有学者指出,由于城市存在隐形失业并不断进入实体经济(夏静,2005),农业隐形失业人口进入实体经济(蔡昉等,2004)等多种原因,奥肯定律在中国也是失效的。菲利普斯曲线则讨论了在一定实际增长率与潜在增长率的结构关系下,通货膨胀率与失业率之间的关系及其变化,但正如弗里德曼(Friedman,1968)和费尔普斯(Phelps,1968)发现的,两者间的替代关系只在短期存在,长期里将回到自然失业率,即不加速通货膨胀的失业率,重要的在于估算自然失业率,并以此确定失业率警戒线。虽然各国都有估算,如根据美国国会预算办公室(U. S. Congress:Congressional

---

① 国民生产总值(GNP),是当时衡量一个时期国民经济生产总量的指标并用来反映经济增长,现在它在衡量经济增长方面的作用已经被GDP所替代。

Budget Office)2013年2月5日公布的数据,美国自然失业率长期维持在5.5%左右,短期在6%左右,也有人认为美国自然失业率于2011年达到峰值6.7%后呈下降趋势(Weidner and Williams,2011)。也有人对欧洲国家自然失业率进行估算,认为在2002年后基本维持在8.5%左右,在2008年后则基本上处于9.5%左右的高值,2013年后仍有上升风险(Blanchard,2005;Benati and Vitale,2007),但总的来说很难准确估计。Staiger(1997)曾对估算自然失业率之所以难以准确的原因做过概括,在模型参数应具有怎样的具体形式、自然失业率是否具有随机性、模型以怎样的形式设定等问题上都存在极大的不确定性。

我国学者对中国自然失业率也做过大量的估算研究,曾湘泉(2006)曾用Kalman滤波方法,估算了1992—2004年的自然失业率曲线,发现中国具有不断升高的自然失业率,于2002年达到峰值后,在4.18%—5.16%的范围内波动。石柱鲜(2008)利用HPMV滤波对我国自然失业率进行估算,并运用自然失业率对我国通货膨胀的特点进行分析,结果表明,自然失业率的波动性逐渐减弱,通货膨胀的适度区间为2.9247%—5.7369%,我国通货膨胀对负向实际失业率缺口的反应强于其对正向失业率缺口的反应,具有非对称性。尹碧波(2010)运用ADF检验和HR(1)模型估算我国潜在增长率为11.4%,自然失业率为2.8%。都阳(2011)采用Kalman滤波方法,在不变"自然失业率"和非线性置信区间估计的基础上,对不变自然失业率进行了测算,发现其峰值出现在2003年,约为5.42%,2009年回落到4.13%。显然,不同学者估算的结果差距显著。

我国学者较多从"经济增长的就业弹性"出发来考虑经济增长对就业的作用。所谓就业弹性,是指经济增长每变化一个百分点所对应的就业数量变化的百分比。弹性越高,说明经济增长对就业的拉动效应越大;若就业弹性为负值,则说明经济增长对就业有"挤出"效应(经济增长为正而就业减少)或"吸入"效应(经济增长为负而就业增加)。纵观改革开放后的中国经济,20世纪90年代以来,中国的就业弹性就显著低于发展中国家的平均水平且呈现出逐年下降的趋势。龚玉泉和袁志刚(2002)利用1978—2001年我国GDP增长与就业增长的数据,观察到在经济波动的上升期,城镇登记失业率并不下降,而是基本保持不变;在经济波动的回落期,随着GDP增长率的下降,失业率呈上升趋势。他们认为,总的来说,我国GDP增长所带来的就业吸纳能力在不断下降,经济增长在一定程度上是挤出就业的。李红松(2003)运用差分公式法(即根据弹性定义计算)和经济增长模型法分别测算了我国不同阶段的就业弹性值,并指出差分公式法的局限性——弹性定义中强调引起经济增长的其他因素不变这一前提难以满足。测算结果表明,自改革开放以来,我国的就业弹性水平出现显著性下滑,经济增长对就业的拉动作用减弱。蔡昉、都阳和高文书(2004)重估了我国的就业弹性——他们把全部城镇就业作为分析对象,从 GDP 总量中减去农业增加值,再减去乡镇企业中非农产业的增加值,通过适当的价格调整,得到了实际的城镇 GDP 年度增长率;把城镇就业年度增长率和城镇 GDP 增长率相比,就得到了城镇就业弹性指数。与城乡整体的就业弹性下降趋势不同,城镇就业弹性指数从 20 世纪 90 年代初以来总体上呈现上升趋势,并于 90 年代后期向早期的水平接近,2000 年达到 0.31,只是在 21 世纪又有所降低,2002 年为 0.19。这个就业弹性按照城乡整体和分三次产业的方式所计算的结果,都显示出更大的经济增长就业弹性。然而 0.2 左右的就业弹性,与发展中国家平均 0.3—0.4 的水平相比仍然较低。陈桢(2008)根据 GDP 和就业人员统计数据,计算得到各年份的就业弹性并以 3 期进行移动平均,得到修匀趋势,证明就业弹性的移动平均序列趋于下降:"六五"时期,我国 GDP 平均增长一个百分点,能够推动就业增长 0.35 个百分点左右;"九五"时期,GDP 平均增长一个百分点,就业只能增长 0.14 个百分点。据此推算,我国 20 世纪 80 年代一个百分点的 GDP 增长可创造 240 万个左右的就业岗位,而进入 21 世纪后,一个百分点的 GDP 增长只能创造 70 万—80 万个左右的就业岗位。

就业弹性不断下降说明经济每增长一个单位所需投入的劳动量减少,这意味着劳动生产率的提高;而劳动生产率提高的背后只有两个可能——技术的进步和与经济结构相对应的就业结构的变化。顺着这两条思路,我国学者对于中国经济增长和就业增长的非一致性提出了解释。

其一是"技术进步论"。这种观点认为技术的进步节省了人力,减少了劳动岗位。然而唐鑛和刘勇军(2003)认为技术进步的就业效应是双重的,短期的技术进步可能会带来就业的挤出效应,但长期来看技术进步能增加社会产出,提高社会的人均收入水平并导致社会消费结构的改变和产业结构的演进,尤其是具有劳动密集型特征的第三产业的发展;而且从 20 世纪 90 年代的国际数据实证分析来看,以高新技术和新经济著称的美国,以及作为新兴工业化国家的韩国,其 GDP 就业弹性一直远高于我国。

其二是"经济结构调整论"。这种观点认为我国就业增长率下降和失业率上升是由经济结构的快速调整引起的。如果经济中劳动密集型产业所占比重下降而资金和技术密集型产业所占比重上升,就业弹性势必下降。胡鞍钢和周其仁(1997)将就业弹性的下降归结为工业走了资本密集化道路。钱永坤、宋学锋和董靖(2003)以江苏省为例,使用 1985—1999 年《江苏统计年鉴》所载数据,建立了就业量决定模型,定量分析投资等因素对就业量的影响程度,检验"资本密集化的工业道路导致我国就业弹性下降"这一假说,发现理由并不充分。他们认为,20 世纪 90 年代以来资本投资增加不仅没有替代劳动力,反而是拉动就业增加的主要因素。但由于市场化程度不断提高,实际工资增加抵消了投资对就业的拉动作用,导致 GDP 的就业弹性下降。张车伟和蔡昉(2002)通过观察三个产业的就业弹性,发现我国的就业弹性呈现出以下特点:(1)就业弹性的整体下降趋势——我国的就业弹性从1979年的0.44下降到2000年的0.10,且自1990年以来尤为明显;(2)三个产业吸纳就业的能力不同,第一产业经济增长对就业的拉动作用最小而第三产业对就业的拉动作用最大,第一产业就业弹性的波动实际上折射了第二产业和第三产业就业的变化。他们还把经济结构和就业结构的变化综合在一起,通过分析三个产业的比较劳动生产率(就业比重与GDP比重的比率)的变化趋势,指出我国经济结构变化的本质是效率的提高和结构的改善——第二、第三产业的劳动密集程度过低的状况得到了改善。但龚玉泉和袁志刚(2002)指出,就业结构能否随产业结构和所有制结构顺利调整取决于原有从业人员的人力资本含量、知识技能结构的更新能力,以及企业用人自主权的大小。事实上,在1992年以前由于就业制度刚性,原有从业人员和新增劳动力在三个产业间的分布基本上属于地域性配置和行政性配置,产业结构调整对就业增长和失业几乎没有影响。1992年以后,产业结构的调整遵循资源的市场配置机制,尽管失业率有一定程度的上升,但也带来了经济增长速度的加快和新兴行业的发展,从而导致对就业派生需求的上升。因此,总体看来,产业结构调整对就业的净影响难以判断。

其三是"名义就业量下降中的有效就业增长论"。龚玉泉和袁志刚(2002)仔细区分了"有效劳动就业量"和"名义就业人数",指出我国的就业现象表现为:体制转轨、结构调整等带来的失业上升和经济增长带来的就业增加两者相伴而生的"名义就业量下降中的有效就业增长"。李俊锋、王代敬和宋小军(2005)从理论上分析了经济增长与就业增长的关系,并将中美两国数据进行了比较研究。然后,从不同角度分析了我国经济增长与就业增长非一致性的原因,其中用有效就业理论证明了我国同样存在经济增长与就业增长的互动机制,并用计量工具对结果进行了回归分析。

还有部分学者质疑现有的数据和计算方法,认为我国的实际就业弹性并未下降,最多只是有些震荡。龚玉泉和袁志刚(2002)认为农村剩余劳动力流入城镇,以及自我雇佣、季节工、临时工等非正规就业人员和一部分隐性就业人员并未被统计为从业人员,导致我国就业增长率和GDP增长计算的就业弹性被低估。邓志旺、蔡晓帆和郑棣华(2002)也认为,改革开放以来我国的名义就业弹性系数存在下降趋势,但是如果把隐性失业考虑进去并计算一个相对比较真实的就业弹性系数就会发现,我国经济近二十年来的增长对就业的拉动能力仍然保持在一个比较稳定的水平。

曹建云(2008)以西方传统理论为基础,对改革开放以来我国经济增长与就业增长的关系进行了研究,得出如下结论:(1)我国经济增长率与就业增长率之间呈现微弱的负相关关系,1978—2005 年,两者的皮尔逊相关系数为 -0.015;(2)我国经济增长不是就业增长的 Granger 成因,这意味着我国经济的快速增长没有有效地促进就业增长;(3)奥肯定律在我国失灵;(4)20 世纪 90 年代以来,我国就业弹性在低水平上不断下降,这与西方发达国家经济快速发展、劳动生产率不断提高导致就业弹性下降有着本质的区别。曹建云认为,我国经济增长与就业增长之间的关系背离传统理论的原因是多方面的,其中主要包括经济增长方式、技术进步、产业结构不合理、体制改革,以及劳动力市场不完善等。

上述研究以种种不同的方法考查了经济增长对就业的拉动作用。需要进一步研究的是经济增长拉动就业的机制,若直接估算经济增长与就业之间的关系,会忽视劳动力市场的自动调节功能。在我们看来,经济增长影响就业的渠道分为两个环节:首先是经济增长影响劳动力需求,其次是劳动力需求的变化影响劳动力市场的均衡,从而影响就业。问题是劳动力需求增加后,劳动力市场的反应可能是工资上涨,或者是就业增加,或者是两者同时各增加一点,这取决于劳动力供给的弹性。如果劳动力需求增加了,但劳动力供给固定不变,那么劳动力需求对就业就没有影响,劳动力需求的增加就完全被工资上涨消化,此时经济增长对就业就没有拉动作用。如果劳动力需求增加了,但劳动力供给在现有工资水平下是无穷大的,也就是说劳动力过剩现象十分严重,那么工资就不会上涨,劳动力需求的增加就完全被就业增加消化,此时经济增长对就业的拉动作用就很大,我国改革开放之初的情况就是这样,那时农村有大量的富余劳动力,城镇企事业单位也存在大量冗员,所以那时经济增长很快但工资上涨率尤其是农民工的工资上涨率不高。如果劳动力需求增加了,但劳动力供给的工资弹性介于 0 和无穷大之间,那么劳动力需求的增加就由工资上涨和就业增加共同消化,工资上涨一点、就业也增加一点,两者的上涨率之和大体上等于劳动力需求的增加率,这就是最近十年来的情况。最近十年来,我国农村的富余劳动力基本上被吸收完毕,城镇企事业单位的冗员也基本上不存在,所以在出现经济增长时,就业和工资同时上涨,经济增长对就业的拉动作用取决于劳动力供给的弹性,劳动力供给弹性越大,经济增长对就业的拉动作用就越小。随着我国逐步进入劳动力短缺的时代,劳动力供给弹性将越来越小,经济增长对劳动力市场的影响将主要反映在工资上涨上,经济增长对就业的拉动作用会越来越小。

上面从经济增长对就业的影响机制出发,把经济增长对就业的影响分为两个环节——经济增长影响劳动力需求,劳动力需求影响就业和工资,从而得出结论:工资上涨和就业增加都是经济增长的结果,在劳动力供给弹性比较正常(也就是不出现劳动力供给弹性为 0 或者无穷大)的情况下,工资上涨和就业增加存在一定的替代性,可以通过工资上涨幅度的调整来调节就业增加的幅度。换句话说,劳动力市场有自动调节功能,在不同的劳动力市场环境下,工资可以自动调节以出清劳动力市场。因此,在确定经济目标增长率时,不必过于僵化,要善于利用劳动力市场即工资的自动调节作用。假定经济增长率下降了,但需要消化吸收的劳动力数量不变,此时由于工资的自动调节作用,这些劳动力依然可以被消化掉,但工资上涨率可能降低。

二、中国的劳动力供给

中国的工作年龄人口数是由国家统计局发布的,但我们发现,《中国统计年鉴》中关于2011年以后的几项人口及劳动力指标之间存在比较明显的出入,所以我们对我国2011—2027年工作年龄人口数进行了估算。确定我国劳动力供给的方法如下:首先计算工作年龄人口,其次根据历史经验估算经济活动人口也就是劳动力总量的数值,这就是每一年的劳动力供给量。

之所以选择2027年作为截止年份,是因为2012年出生的人在2027年达到15岁,成为工作年龄人口;而且2012年的人口出生数现在已经有了,不需要估算。我们对中国工作年龄人口的具体估算方法如下:

(1)以2010年我国第六次人口普查数据为基础。我们认为,这一次人口普查的数据是可信的。这次人口普查给出了2010年每个年龄的人口数,而且区分了性别。我们就以这一年为基准年估算以后各年的工作年龄人口数。

(2)根据以此普查数据编制的生命表中的各年龄的死亡率,估算以后各个年份15—64岁每个年龄人口的死亡人数(分性别),减去这一死亡人数就构成下一年大一岁的人口数字。比如,2015年的16岁的人口减去这一年16岁的死亡人口数,就构成2016年的17岁人口数。

(3)这样,2012年0岁人口数减去这一年出生的人在0—14岁之间的死亡人口数,就构成2027年15岁的人口数,同样也可以得到2027年16—64岁的人口数,加总即得2027年15—64岁的人口数。其他年份的估算方法相同。

由于我们仅需要估算15—64岁之间的人口数,所以所需参数不多,且误差比较小,我们的估算结果相对比较精确(见表1.1)。

表 1.1　中国 2010—2027 年工作年龄人口数和劳动力数量估算　　　　单位:万人

年份	15—64 岁人口数	比上年增加	劳动力数量	比上年增加
2010	99 256.1		77 419.8	
2011	99 508.2	252.1	77 616.4	196.6
2012	99 628.6	120.4	77 710.3	93.9
2013	99 735.5	106.9	77 793.7	83.4
2014	99 547.5	-188.0	77 647.0	-146.6
2015	99 374.3	-173.2	77 512.0	-135.1
2016	99 187.7	-186.6	77 366.4	-145.5
2017	98 735.2	-452.5	77 013.5	-353.0
2018	98 281.7	-453.5	76 659.7	-353.7
2019	97 835.0	-446.7	76 311.3	-348.4
2020	97 408.3	-426.7	75 978.5	-332.8
2021	97 106.3	-302.0	75 743.0	-235.5
2022	96 685.3	-421.0	75 414.6	-328.4
2023	96 460.2	-225.1	75 239.0	-175.6
2024	96 567.6	107.3	75 322.7	83.7
2025	96 372.6	-195.0	75 170.6	-152.1
2026	96 337.9	-34.6	75 143.6	-27.0
2027	95 528.5	-809.5	74 512.2	-631.4

资料来源:北京大学经济学院宏观经济课题组根据历年《中国统计年鉴》中相关数据进行的估算。

从表 1.1 可以看出,我国的工作年龄人口和劳动力数量都将在 2013 年达到峰值,此后将逐步下降。这个结果有点出人意料,因为许多人都没有想到我国的劳动力峰值居然已经过去。实际上,根据国家统计局公布的数据,2012 年我国的劳动力数量减少了接近 350 万人。因此,我国的劳动力数量实际上几年前就已经进入零增长区间,在 2013 年达到峰值其实是意料之外情理之中的事情。根据已有数据可知,我国未来 14 年的劳动力现在都已经出生,出生最晚的是 2012 年,这一年出生的人在 2027 年成为工作年龄人口。因此,2013—2017 年的工作年龄人口数据虽然还没有出来,但人已经出生,以后只需要把每个年龄的死亡人口数减去就可以了,这样得到的估算结果应该是具有相当的精确度的。

根据以上的估算结果,我国今后劳动力数量将逐步减少,2027 年减少最多,达 630 多万人。这是因为这一年达到 65 岁的是 1962 年出生的,而从 1962 年起,我国经济开始从三年自然灾害中恢复,同时中国也进入生育高峰,这就意味着2027年起,每年达到65岁的人口数将很大,而达到15岁的人口数因为后来的计划生育政策而较少。

根据国家统计局刚刚公布的数字,2013年工作年龄人口减少了近250万,比我们估算的还少很多。因此,从总量上说,我国经济面临的就业形势其实不严重。

三、中国经济增长对劳动力需求的拉动作用

经济增长会增加劳动力需求。经济每增长一个百分点,劳动力需求会增加多少呢?我们估算了2000—2012年我国劳动力需求的增加量以及每个百分点的经济增长带来的劳动力需求的增加量。由于现在就业方面的主要问题是农村劳动力的转移问题,我们主要关注非农劳动力需求。

我们的估算方法如下(所需数据均可从历年的《中国统计年鉴》中查到):

(1)把第二、第三产业的增加值加总,即得到中国的非农产业增加值。

(2)计算中国非农产业的真实劳动生产率,即中国非农产业的真实增加值除以非农产业的就业人数。

(3)计算中国非农产业的真实劳动生产率的增长率。

(4)用城镇单位在岗职工平均实际工资的增长率减去非农产业的真实劳动生产率的增长率,再加上中国就业人数的增长率,即可得到中国劳动力需求的增长率。

这一步是计算中国劳动力需求增长率的关键一步。原理如下:首先,工资的增长有两个原因——一是劳动生产率的增长,二是劳动力需求的增加。所以,工资增长率中,剔除劳动生产率的增长之后,剩下的就是劳动力需求的贡献了。其次,劳动力需求的增加有两个结果——一是均衡就业量的增加,二是真实工资的增长。因此,劳动力需求的增长率就等于均衡就业量的增长率与真实工资的增长率之和,计算公式可表示如下:

劳动力需求的增长率 = 真实工资的增长率 − 劳动生产率的增长率 + 均衡就业量的增长率

(5)根据上一步得到的劳动力需求的增长率和就业人数,可以得到劳动力需求的增加量。

(6)将劳动力需求的增加量除以经济增长率,即可得到每个百分点的经济增长可以带来的劳动力需求的增加量。

根据上述方法得到的结果如表1.2所示。

表 1.2　2000—2012 年中国经济增长对劳动力需求的影响

年份	国内生产总值指数（上年=100）	非农就业量（万人）	城镇单位在岗职工平均实际工资指数（上年=100）	非农产业劳动生产率（真实）增长率	非农就业的增长率	非农劳动力需求增长率	非农劳动力需求增加量（万人）	每个百分点的经济增长增加的劳动力需求（万人）
2000	108.4	36 042.5	111.4	0.088	0.012	0.037	1 344.7	160.1
2001	108.3	36 398.5	115.2	0.083	0.010	0.079	2 858.6	344.4
2002	109.1	36 640.0	115.5	0.087	0.007	0.074	2 721.3	299.0
2003	110.0	37 531.6	112.0	0.081	0.024	0.064	2 390.5	239.0
2004	110.1	39 434.2	110.5	0.032	0.051	0.123	4 865.0	481.7
2005	111.3	41 205.2	112.8	0.085	0.045	0.088	3 634.1	321.6
2006	112.7	43 037.4	112.7	0.084	0.044	0.088	3 768.8	296.8
2007	114.2	44 590.0	113.6	0.099	0.036	0.073	3 274.8	230.6
2008	109.6	45 640.6	111.0	0.065	0.024	0.069	3 149.3	328.0
2009	109.2	46 937.5	113.0	0.075	0.028	0.083	3 897.5	423.6
2010	110.4	48 174.4	110.0	0.080	0.026	0.046	2 235.9	215.0
2011	109.3	49 826.0	108.5	0.061	0.034	0.058	2 910.5	313.0
2012	107.7	50 931.0	109.2	0.048	0.022	0.067	3 387.0	439.9
平均值	110.0	42 799.1	112.0	0.074	0.028	0.073	3 110.6	314.8

资料来源：北京大学经济学院宏观经济课题组根据历年《中国统计年鉴》中相关数据进行估算。

从表 1.2 可以看出，2000—2012 年，每个百分点的经济增长能够带来的劳动力需求的增加量波动幅度很大，最低是 160 万人，最高是 481 万人，均值是 315 万人。

每年的劳动力需求增加量很多，但实际就业量却没有增加那么多。比如，2012 年劳动力需求增加了 3 387 万人，但实际非农就业量只增加了 1 105 万，剩余的 2 282 万个劳动力需求去了哪里？这 2 282 个劳动力需求一部分弥补了退休造成的空缺（一个人退休并不意味着其岗位上还需要人，以前对老人可能是因人设事，人退休了，企业可能不需要进人），一部分被工资的上涨消化掉了。如果假定一个人退休就必须有另一个人顶上来，那么剩余的 2 282 个劳动力需求就完全被工资上涨消化掉了。在市场经济中，工资的调整能够均衡劳动力供求，因此，在出现劳动力需求过大的情况下，工资就会上涨，实现劳动力市场的均衡。

综上所述，我国已经或者即将进入劳动力减少的时期，因此从总量上看，我国就业没有大的问题。但我国存在劳动力转移的问题，所以需要创造足够的城镇就业机会。根据 2010—2012 年我国经济增长对劳动力需求的带动作用的估算，我们认为，6.5% 的经济增长即可实现我国的就业目标。根据表 1.2 的计算结果，如果按照 2010—2012 年经济增长对劳动力需求的平均拉动作用，6.5% 的经济增长可以使劳动力需求增加2 046万人;如果按照2012年经济增长对劳动力需求的拉动作用,6.5%的经济增长可以使劳动力需求增加2 859万人。这些是工资不上涨的情况下6.5%的经济增长所能带来的就业增加量。如果农村转移劳动力保持在1 100万人左右,6.5%的经济增长就足以吸收掉这些转移劳动力;不仅如此,还需要工资上涨来消化掉多余的劳动力需求。如果2014年跟2012年相比,其他因素都不变,那么2014年工资上涨率比2012年低2.2个百分点即可。

第二章　中国的收入分配核算与分析

近年来,收入分配问题已经成为经济研究的重点领域和媒体关注的焦点问题。但是,无论是在经济研究工作中还是在媒体评论中,都存在着对收入分配核算的一些误解。鉴于此,本章将有针对性地阐述国民经济核算国际标准中关于收入分配核算的一些基本概念和基本指标,并且对中国收入分配的核算以及改革展开讨论。最后在此基础上,对中国现阶段的收入分配情况进行分析。

第一节　准确理解收入分配核算

一、国际标准中关于收入分配核算的一些基本概念和基本指标

收入分配核算涉及一系列基本概念和基本指标,联合国等国际组织制定的国民经济核算国际标准——《国民账户体系,2008》(*System of National Accounts, 2008*,以下简称2008年SNA)①对这些基本概念和基本指标进行了明确的界定。

(一) 收入分配核算的基本概念

2008年SNA把收入分配分解为收入初次分配、收入再分配和实物收入再分配。② 下面阐述收入初次分配、收入再分配和实物收入再分配的基本概念。

1. 收入初次分配

收入初次分配是指因参与生产过程或因拥有生产活动所需资产的所有权而获得的收入在机构单位之间进行的分配。③ 反映收入初次分配的主要指标包括雇员报酬、财产收入、生产和进口税、生产和进口补贴、营业盈余、混合收入等。

这里的机构单位是指能够以自己的名义拥有资产、承担负债、从事经济活动,并与其他实体进行交易的经济实体。④ 为了反映收入分配去向和收入分配形成的基本格局,需要对这些机构单位进行部门分类。2008年SNA把所有常住机构单位划分为五个机构部门:非金融公司部门、金融公司部门、政府部门、为住户服务

---

① 联合国等国际组织制定的国民经济核算国际标准——《国民账户体系》(*System of National Accounts*) 包括不同的版本,分别于1953年、1968年、1993年和2008年颁布。1993年和2008年版本都是由联合国、欧盟委员会、经济合作与发展组织、国际货币基金组织和世界银行共同制定的。本节后面谈到的SNA,指的是2008年版本。

② 2008年SNA,第2章,第90段。

③ 2008年SNA,第7章,第1段。

④ 2008年SNA,第4章,第2段。

的非营利机构部门和住户部门。①

不同的常住机构部门收入初次分配指标是不同的,因为某些类型的初次分配指标只能被某些特定常住机构部门获得或支付。例如,雇员报酬只能由住户部门获得,生产和进口税只能由政府部门获得。各部门初次分配收入构成情况如下:

非金融公司部门和金融公司部门初次分配收入
$$= 营业盈余 + 应收财产收入 - 应付财产收入 \qquad (2.1)$$
政府部门初次分配收入
$$= 营业盈余 + 生产和进口税 - 生产和进口补贴 +$$
$$应收财产收入 - 应付财产收入 \qquad (2.2)$$

其中的营业盈余来源于政府部门所属的从事市场化生产的单位。

$$住户部门初次分配收入 = 营业盈余 + 混合收入 + 雇员报酬 +$$
$$应收财产收入 - 应付财产收入 \qquad (2.3)$$

其中的营业盈余主要来源于住户出租住房服务形成的增加值以及住户自有住房提供的自给性住房服务形成的增加值。

$$为住户服务的非营利机构部门初次分配收入 = 营业盈余 + 应收财产收入 -$$
$$应付财产收入 \qquad (2.4)$$

各常住机构部门的初次分配收入之和就是国民收入。

上述各公式中的营业盈余和混合收入既可以采用不包括固定资本消耗的净值口径,也可以采用包括固定资本消耗的总值口径。当两者均采用净值口径时,上述各公式中的初次分配收入就是初次分配净收入,各常住机构部门的初次分配净收入之和就是国民净收入;当两者均采用总值口径时,上述各公式中的初次分配收入就是初次分配总收入,各常住机构部门的初次分配总收入之和就是国民总收入。

2. 收入再分配

收入再分配是指收入通过经常转移的方式在机构单位之间进行的分配。所谓的经常转移是这样一种形式的交易,一个机构单位向另一个机构单位提供货物、服务或资产但前者不向后者索取任何货物、服务或资产作为回报,并且交易的一方或双方无须获得或处置资产。② 经常转移包括所得税、财产税等经常税,社会缴款,社会福利和其他经常转移。

收入再分配的结果可得到各常住机构部门的可支配收入。不同常住机构部门的经常转移所包括的具体指标是不同的,因为某些类型的经常转移只能被某些

---

① 2008 年 SNA,第 4 章,第 24 段。其中"政府部门"在 2008 年 SNA 中称为"一般政府部门"。
② 2008 年 SNA,第 8 章,第 10 段。

特定常住机构部门获得或支付,如所得税、财产税等经常税收入只能由政府部门获得,社会缴款支出只能由住户部门支付①,社会福利收入只能由住户部门获得。常住机构部门可支配收入构成情况如下:

非金融公司部门和金融公司部门可支配收入

= 初次分配收入 + 经常转移收入 − 经常转移支出

= 初次分配收入 + (社会缴款收入 + 其他经常转移收入) −

(所得税、财产税等经常税支出 + 社会福利支出 + 其他经常转移支出)

(2.5)

在非金融公司部门和金融公司部门不负责社会保险计划的情况下,式(2.5)中的社会缴款收入和社会福利支出就不存在了。

政府部门可支配收入

= 初次分配收入 + 经常转移收入 − 经常转移支出

= 初次分配收入 + (所得税、财产税等经常税收入 + 社会缴款收入 +

其他经常转移收入) − (所得税、财产税等经常税支出 +

社会福利支出 + 其他经常转移支出)

(2.6)

其中的所得税、财产税等经常税支出是政府部门所属的单位支付的所得税、财产税等经常税。

住户部门可支配收入

= 初次分配收入 + 经常转移收入 − 经常转移支出

= 初次分配收入 + (社会福利收入 + 其他经常转移收入) −

(所得税、财产税等经常税支出 + 社会缴款支出 + 其他经常转移支出)②

(2.7)

为住户服务的非营利机构部门可支配收入

= 初次分配收入 + 经常转移收入 − 经常转移支出

= 初次分配收入 + (社会缴款收入 + 其他经常转移收入) −

(所得税、财产税等经常税支出 + 社会福利支出 + 其他经常转移支出)

(2.8)

在为住户服务的非营利机构部门不负责社会保险计划的情况下,式(2.8)中的社会缴款收入和社会福利支出就不存在了。

---

① 雇主代表雇员支付的社会缴款在收入初次分配中属于雇员报酬的一部分,在收入再分配中表现为住户向负责社会保险计划的部门支付的社会缴款,而不是表现为雇主向负责社会保险计划的部门支付的社会缴款。

② 由于很少发生这样的情况,即住户自身作为非法人企业,为其雇员提供社会保险计划,所以,住户部门的经常转移收入没有涉及社会缴款收入。

各常住机构部门的可支配收入之和就是国民可支配收入。

当各常住机构部门的初次分配收入采用净值口径时,相应部门的可支配收入就是可支配净收入,国民可支配收入就是国民可支配净收入;当各常住机构部门的初次分配收入采用总值口径时,相应部门的可支配收入就是可支配总收入,国民可支配收入就是国民可支配总收入。

3. 实物收入再分配

实物收入再分配是指通过实物社会转移的方式实现的收入分配。实物社会转移是指政府和为住户服务的非营利机构免费或以没有显著经济意义的价格提供给住户的货物和服务。① 这种货物和服务的支出由政府和为住户服务的非营利机构承担,实际上由住户消费。实物社会转移包括两部分内容:一是由政府和为住户服务的非营利机构本身提供的非市场性个人服务;二是由政府和为住户服务的非营利机构购买,并免费或以不具有经济意义的价格提供给住户的消费性货物和服务。

实物收入再分配的结果可得到政府部门、住户部门和为住户服务的非营利机构部门的调整可支配收入,这些部门的调整可支配收入的计算公式如下:

政府部门调整可支配收入 = 可支配收入 − 实物社会转移支出　　(2.9)

住户部门调整可支配收入 = 可支配收入 + 实物社会转移收入　　(2.10)

为住户服务的非营利机构部门调整可支配收入

= 可支配收入 − 实物社会转移支出　　(2.11)

对于住户部门来说,调整后可支配收入大于可支配收入,对于政府部门和为住户服务的非营利机构部门来说则相反。

非金融公司部门和金融公司部门没有实物社会转移的收支,也就没有调整可支配收入。非金融公司部门和金融公司部门可支配收入加上政府部门、住户部门和为住户服务的非营利机构部门的调整可支配收入之和仍为国民可支配收入。

(二)收入分配核算的基本指标

下面阐述国际标准中关于收入分配核算的一些基本指标的定义和口径范围。

1. 雇员报酬和混合收入

2008 年 SNA 把从事生产活动的劳动者区分为雇员和自雇者。所谓雇员是指按照协议为企业工作,并按其贡献获得现金或实物报酬的人;所谓自雇者是指那些为自己工作的人,他们是住户拥有的非法人企业②的所有者及其家庭成员,这些

---

① 2008 年 SNA,第 8 章,第 141 段。

② 2008 年 SNA 中的住户拥有的非法人企业就是我国的个体经营户和农户。

人在企业工作,但不获得劳动报酬。① 针对雇员,2008 年 SNA 设置了劳动报酬指标,即雇员报酬,其定义是:企业按雇员在核算期内对生产活动的贡献应付给雇员的现金或实物报酬总额。② 针对自雇者,2008 年 SNA 并没有设置相应的劳动报酬指标,而是设置了混合收入指标,它包含住户拥有的非法人企业的所有者及其家庭成员在非法人企业所做工作的回报,即劳动报酬,以及非法人企业创造的营业盈余两部分内容。2008 年 SNA 之所以没有针对自雇者设置劳动报酬指标,是因为通常情况下很难把非法人企业的劳动报酬和营业盈余区分开来。

雇员报酬由工资和薪金、雇主社会缴款两部分组成。其中,工资和薪金既包括现金形式,也包括实物形式。

2. 财产收入

财产收入是金融资产和自然资源所有者将其交由其他机构单位支配时所产生的收入。金融资产所有者向另一机构单位提供资金应得的收入称为投资收入,自然资源所有者将自然资源交由另一机构单位支配供其在生产中使用应得的收入称为地租,财产收入等于投资收入与地租之和。③ 投资收入包括利息、公司已分配收入、外国直接投资的再投资收益、其他投资收入。其中,公司已分配收入包括红利和准公司收入提取;其他投资收入包括属于投保人的投资收入、养老金权益的应付投资收入和属于投资基金股东集体的投资收入。土地地租和地下资产地租是自然资源地租的两种主要形式。

3. 生产和进口税

生产和进口税包括产品税和其他生产税。产品税是指对货物和服务的生产、销售、转移、出租或交付而征收的税,以及对用于自身消费或资本形成的货物和服务而征收的税。其他生产税是针对生产中使用的土地、建筑物、其他资产等的所有权及其使用而征收的税,以及针对雇佣劳动力或支付雇员报酬而征收的税。④

4. 所得税、财产税等经常税

所得税、财产税等经常税主要包括对住户收入或公司利润所征收的税,每个纳税期定期应征收的财产税。⑤

5. 社会缴款

社会缴款是指对社会保险计划的实际或虚拟支付,以便为社会保险的福利给付提供准备。社会缴款可以由雇主代雇员支付,或由雇员、自雇者或未受雇佣者

---

① 2008 年 SNA,第 7 章,第 30 段。
② 2008 年 SNA,第 7 章,第 5 段和第 40 段。
③ 2008 年 SNA,第 7 章,第 107、108 和 109 段。
④ 2008 年 SNA,第 7 章,第 73 段。
⑤ 2008 年 SNA,第 8 章,第 15 段。

自己支付。雇主代雇员支付的社会缴款,即雇主社会缴款,在收入初次分配环节属于雇员报酬的构成部分;在收入再分配环节,雇主社会缴款与雇员、自雇者或未受雇佣者自己支付的社会缴款一起属于住户部门对负责社会保险计划的部门的经常转移。

6. 社会福利

社会福利是住户部门获得的经常转移,用来满足因某些特定事件或环境而产生的需求,如疾病、失业、退休、居住、教育或家庭环境。社会福利由社会保险计划提供,或由社会救济提供。①

7. 其他经常转移

其他经常转移是指除所得税、财产税等经常税,社会缴款与社会福利以外的所有经常转移。其他经常转移的类型包括非寿险的净保费和索赔,不同政府单位之间的经常转移(通常发生在不同级政府之间或本国政府与外国政府之间),支付给为住户服务的非营利机构或从为住户服务的非营利机构获得的经常转移,常住住户和非常住住户之间的经常转移。②

8. 实物社会转移

2008 年 SNA 关于实物社会转移指标的定义已经在前面阐述过了,此处不再赘述。

二、关于收入分配核算的若干误解、分析与澄清

经济研究工作和经济管理工作中存在着对收入分配核算的某些误解,比较常见的误解主要包括六个方面。

(一) 关于收入分配核算与生产核算之间的误解

收入分配活动与生产活动是不同的,生产活动是最基本的经济活动,收入分配活动是生产活动的派生活动,是实现生产活动目的的手段。按照 2008 年 SNA 的定义,生产就是在机构单位的负责、控制和管理下运用劳动和资产将货物和服务投入转化为其他货物和服务产出的活动。③

一般情况下,收入分配活动与生产活动是容易区分开来的,但一些特殊情况下,两者容易混淆起来。比较典型的例子是居民出租房屋活动。有些人认为,房屋是居民的重要财产,所以居民出租房屋所获得的房租收入属于财产收入。财产收入是收入初次分配的重要指标,也是一种重要的收入初次分配方式。所以,把居民出租房屋所获得的房租收入作为财产收入,相当于把房屋出租活动作为收入

---

① 2008 年 SNA,第 8 章,第 17 段。
② 2008 年 SNA,第 8 章,第 19 段。
③ 2008 年 SNA,第 1 章,第 40 段。

初次分配活动。那么,居民出租房屋所获得的房租收入是不是财产收入呢?根据前面阐述的 2008 年 SNA 的定义,财产收入是金融资产和自然资源两种类型资产的所有者将其交由其他机构单位支配时所产生的收入。房屋既不是金融资产,也不是自然资源,所以房屋所有者将其交由承租者使用所产生的房租收入不属于财产收入。实际上,根据 2008 年 SNA,房屋出租属于经营租赁,是一种服务生产活动,而不是收入分配活动。

生产活动与收入分配活动不同,生产活动是创造 GDP 的活动,收入分配活动是分配 GDP 的活动。如果把 GDP 比作蛋糕的话,生产活动是做蛋糕的活动,收入分配活动是分蛋糕的活动;生产活动能够把蛋糕做大,收入分配活动只能对既定大小的蛋糕进行分割。

(二) 关于收入初次分配核算与收入再分配核算之间的误解

2008 年 SNA 把收入再分配与收入初次分配明确区分开来。但在实践中,仍然存在彼此混淆的情况。比如,有些人认为,政府部门在收入再分配过程中都是以经常转移的方式向其他部门支付的,所以政府部门可支配收入占比必然小于政府部门初次分配收入占比。① 事实上,在收入再分配过程中,政府部门不仅以经常转移的方式向其他部门支付,也以经常转移的方式从其他部门获得收入。从式(2.6)可以看出,政府部门获得的经常转移包括政府部门的所得税、财产税等经常税收入,社会缴款收入和其他经常转移收入,政府部门支付的经常转移包括政府部门的所得税、财产税等经常税支出,社会福利支出和其他经常转移支出。其中,政府部门的所得税、财产税等经常税收入包括各部门及政府部门本身所属的机构单位向政府部门支付的所得税、财产税等经常税,所以,政府部门的所得税、财产税等经常税收入要远大于政府部门的所得税、财产税等经常税支出,这是政府部门可支配收入占比一般要大于政府部门初次分配收入占比的最重要原因。中国的情况是这样,以直接税为主的发达国家的情况更是如此。其次,政府部门的社会缴款收入有时也大于其社会福利支出,政府部门的其他经常转移收入有时也大于其他经常转移支出。所以,一般情况下,政府部门可支配收入占比大于政府部门初次分配收入占比。

之所以存在上述错误的观点,主要原因在于:一是没有把初次分配环节的税收与再分配环节的税收区分开来,以为税收都是政府部门的初次分配收入,再分配环节没有税收收入。事实上,2008 年 SNA 把税收区分为三种类型:第一种是生

---

① 政府部门初次分配收入占比即政府部门初次分配收入占国民收入的比重,政府部门可支配收入占比即政府部门可支配收入占国民可支配收入的比重。

产和进口税①,属于初次分配环节的税收;第二种是所得税、财产税等经常税②,属于再分配环节的税收;第三种是资本税,属于资本转移环节的税收。其中,生产和进口税增加政府部门的初次分配收入,并进而增加政府部门的可支配收入;所得税、财产税等经常税只增加政府部门的可支配收入,不增加政府部门的初次分配收入;资本税只增加政府部门的资产净值,既不增加政府部门的初次分配收入,也不增加政府部门的可支配收入。

二是只考虑了政府部门在再分配环节支付的社会福利,没有考虑在这一环节获得的社会缴款。在有些年度,政府部门的社会福利支出大于其社会缴款收入;而在有些年度,恰好相反。在前一种情况下,政府部门的社会福利支出与其社会缴款收入的差额减少政府部门的可支配收入;在后一种情况下,上述差额增加政府部门的可支配收入。

(三)关于实物收入再分配核算与收入再分配核算之间的误解

2008 年 SNA 把实物收入再分配与收入再分配明确区分开来,但在实践中也存在彼此混淆的情况。例如,有些人认为,我国居民可支配收入没有包括由财政支付,居民享受的教育、文化、医疗服务等实物性转移收入,这是我国居民可支配收入及其占国民可支配收入比重被低估的重要原因,从而没有反映出居民实际收入水平,没有反映出政府在增加居民收入、改善民生方面的作用。

这个问题应从两个方面解释。一方面,提出这一问题的人没有弄清楚实物收入再分配与收入再分配的关系。我国居民可支配收入的确没有包括由财政支付,居民享受的教育、文化、医疗服务等实物性转移收入③,但是,按照 2008 年 SNA 的核算规则,这种类型的实物性转移不属于一般性的经常转移,而是属于实物社会转移,不应当包括在居民可支配收入中,而应当包括在居民的调整可支配收入中。所以,我国居民可支配收入没有包括由财政支付,居民享受的教育、文化、医疗服务等实物性转移收入是对的,因此,不能得出这是我国居民可支配收入及其占国民可支配收入比重被低估的重要原因的结论。

另一方面,实物收入再分配核算的确可以更全面地反映居民实际收入水平和居民实际消费水平,更好地反映政府在改善民生方面的作用。目前我国尚未开展这方面的核算,我们应当引入 2008 年 SNA 的实物收入再分配核算,把由财政支付,居民享受的教育、文化、医疗服务等实物性转移收入作为政府部门对住户部门的实物社会转移,增加居民的调整可支配收入和实际最终消费,完善我国的收入

---

① 见前一部分关于生产和进口税的定义。
② 见前一部分关于收入税、财产税等经常税的定义。
③ 行政事业单位职工所享受的公费医疗和医药费除外,它们已经作为劳动者报酬处理,所以已经包括在居民可支配收入中。

分配核算,更全面地反映我国居民实际收入水平和实际消费水平,更好地反映政府在改善民生方面的作用。

（四）关于收入分配核算与重估价核算之间的误解

2008年SNA将收入分配核算与重估价核算严格区分开来。但在我国的现实经济生活中,存在彼此混淆的情况。例如,有些人认为我国国民经济核算中的居民可支配收入没有包括居民销售房屋、股票和艺术品等资产所产生的增值收入[①],即这些类型资产的销售收入超过原购买价值之间的差额,而这些收入同工资、利息收入一样可以用来购买消费品和进行投资,所以认为我国国民经济核算中的居民可支配收入没有完整地反映居民收入;同时,也没有反映出富人与穷人之间的收入差距,因为富人有能力购买较多的房屋、股票和艺术品等资产,从而有机会获得相应的增值收入,而穷人甚至没有能力购买个人的生活用房,更谈不上购买多余的房屋、股票和艺术品等资产,所以不可能获得相应的增值收入。

在房屋、股票和艺术品等资产价格上升的情况下,居民销售这些资产的确可以获得增值收入,这些增值收入同居民获得的工资、利息等收入一样可用于购买消费品和用于投资,为什么这些增值收入不计入居民可支配收入呢?

按照国际标准,居民可支配收入是在不动用居民资产(包括金融资产和非金融资产)和发生负债的情况下,居民消费支出的最大值。在国际标准中,居民拥有的房屋、股票和艺术品等资产价格上升带来的增值收入称为持有收益,居民销售这些资产获得的增值收入称为已实现的持有收益,这种持有收益属于居民资产的增值,如果居民消费支出动用了这些持有收益,也就是动用了居民的资产,导致居民资产的减少,这样居民消费支出就突破了居民可支配收入的概念界限,所以这些增值收入是不允许计入居民可支配收入的。

在国际标准中,资产价格上升或下降给所有者带来的持有收益或损失,是通过重估价核算来反映的。资产价格的上升给所有者带来的持有收益会增加所有者的相应资产价值,而资产价格的下降给所有者带来的持有损失会减少相应资产的价值。持有收益或损失影响的是资产持有者的资产净值,而不是影响资产所有者的可支配收入。所以,那些因为我国国民经济核算中居民可支配收入没有包括居民销售房屋、股票和艺术品等资产所产生的增值收入而认为我国国民经济核算中居民可支配收入没有完整地反映居民收入,并因此认为我国国民经济核算中的居民可支配收入没有反映出富人与穷人之间的收入差距的人,是把收入分配核算

---

① 这里之所以讲我国国民经济核算中的居民可支配收入,是因为我国住户调查中也有居民可支配收入,两者关于居民销售房屋、股票和艺术品等资产所产生的增值收入的处理方法是不一样的,前者不包括这种增值收入,而后者则包括这种增值收入。

与重估价核算混淆起来了。

(五) 关于收入分配核算与财富分配核算之间的误解

在现实经济生活中,收入分配核算与财富分配核算经常被混淆。例如,不同居民群体之间的财富分配差距经常被说成收入分配差距。实际上,收入分配核算与财富分配核算是不同的核算领域,影响财富分配的因素要比影响收入分配的因素复杂。

什么是财富?一个机构单位的财富指的是其拥有的所有资产价值减去所有未偿还的负债价值,即所谓资产净值。其中的所有资产既包括非金融资产,也包括金融资产。一个机构部门的财富等于该机构部门所有机构单位财富的合计。一个国家的财富称为国民财富,等于所有常住机构部门财富的合计,也等于该国拥有的所有非金融资产与对国外的净金融债权之和。

财富分配既包括国民财富在非金融公司部门、金融公司部门、政府部门、为住户服务的非营利机构部门和住户部门之间的分配,也包括国民财富在上述各机构部门内部的分配。例如,在住户部门内部不同类型住户之间的分配。国民财富在各机构部门内部的分配结构也是国民财富分配结构的重要组成部分,其中国民财富在住户部门内部的分配结构,体现着国民财富在不同类型居民之间的分配差距。

从定义可以看出,任何影响一个机构单位的非金融资产、金融资产和负债价值的因素都可能会影响到这个机构单位财富的变化。对于一个机构部门和一个国家来说也是如此。概括起来,影响一个机构单位财富变化的因素主要包括以下几个方面:一是储蓄;二是资本转移净收入;三是固定资本消耗;四是资产和负债价格变化产生的持有收益;五是资产物量其他变化。因此,这些因素也都是影响一个国家财富分配变化的主要因素。

储蓄是机构单位可支配收入用于最终消费支出之后的结余部分。① 储蓄可能是正值,也可能是负值。当储蓄为正值时,表明可支配收入没有被完全消费掉,剩余部分将用于购置非金融资产、金融资产,或用于偿还负债,从而增加资产净值;当储蓄为负值时,表明可支配收入不足以支付最终消费支出,只能通过处置非金融资产、金融资产或承担债务的方式进行弥补,从而减少资产净值。因此,储蓄是机构单位财富变化的重要来源。事实上,储蓄是机构单位财富变化的最重要来源,因此是影响机构单位财富变化的最重要因素。

资本转移是无回报的转移。在资本转移中,给予转移的一方通过处置资产、放弃金融债权来筹集资金;或者接受转移的一方获得资产;或者两个条件同时满

---

① 对于企业(包括非金融公司和金融公司)来说,没有最终消费支出,所以储蓄等于可支配收入。

足。一个机构单位的资本转移净收入等于资本转移收入与资本转移支出的差额。当资本转移收入大于资本转移支出时,资本转移净收入为正值;反之,则为负值。当资本转移净收入为正值时,它增加该机构单位的非金融资产、金融资产,或者减少其负债,从而增加其资产净值;当资本转移净收入为负值时,它减少该机构单位的非金融资产、金融资产,或者增加其负债,从而减少其资产净值。因此,资本转移净收入对机构单位的财富产生重要影响。

随着时间的推移,生产者拥有的固定资产的使用寿命往往会缩短,使用效率也会降低,所以固定资产的存量价值会下降,衡量这种固定资产存量价值下降的指标称为固定资本消耗。固定资本消耗减少固定资本存量价值,从而减少机构单位的财富。

各种类型的资产,包括各种类型的非金融资产和各种类型的金融资产都有可能给其所有者带来持有收益或持有损失。同样,各种类型的负债也有可能给其承担者带来持有收益或持有损失。持有收益会增加相应资产的所有者和相应负债的承担者的资产净值;持有损失会减少相应资产的所有者和相应负债的承担者的资产净值。所以,持有收益或持有损失对机构单位的财富也会产生影响。

既不是由机构单位之间交易引起的,也不是由持有收益或持有损失引起的资产、负债和资产净值的变化,在国际标准中称为资产物量其他变化。这种变化包括多种类型,如发现新的可开采矿藏;由于开采导致的地下资产储量的减少;大地震、火山爆发、海啸、特大飓风等自然灾害,战争、骚乱等政治事件导致的资产损失等。资产物量其他变化导致机构单位资产净值发生变化,即导致机构单位的财富发生变化。

上述影响一个机构单位财富变化,亦即影响一个国家财富分配变化的五大主要因素中,只有储蓄与收入分配有关,因为储蓄是可支配收入与最终消费支出之间的差额。当一个机构单位的可支配收入发生变化时,该机构单位的储蓄一般也会发生变化;当一个机构部门的可支配收入发生变化时,该机构部门的储蓄一般也会发生变化;当一个国家的可支配收入发生变化时,这个国家的储蓄一般也会发生变化。

因此,收入分配核算与财富分配核算之间存在联系,但并不是一回事。影响财富分配的因素远比影响收入分配的因素复杂。

收入分配差距与财富分配差距之间存在联系,但也不是一回事,收入分配差距只是财富分配差距的来源之一,上述影响一个国家财富分配的其他因素也是财富分配差距的来源。例如,资产价格上涨所产生的持有收益可能会加剧财富分配差距。举例来说,住房价格上涨所产生的持有收益就会加剧财富分配差距,因为富人可能拥有多套住房,穷人可能连一套住房都没有,住房价格的上涨会给拥有多套住房的富人带来大量的持有收益,从而使其拥有的财富大幅度增值,而不拥有住房的穷人不得不支付更多的房租,从而进一步减少其本来就少得可怜的财富,甚至增加净负债。

(六)关于劳动者报酬的误解

关于劳动者报酬的误解主要包括两个方面:一是把劳动者报酬等同于雇员报酬;二是对把行政事业单位的离退休金计入劳动者报酬产生疑问。

1. 把劳动者报酬等同于雇员报酬

在收入分配的国际比较中,有些观点把我国国民经济核算中的劳动者报酬与2008年SNA中的雇员报酬等同起来。

如前所述,2008年SNA把从事生产活动的劳动者区分为雇员和自雇者。针对雇员,它设置了劳动报酬指标,即雇员报酬;针对自雇者,它并没有设置相应的劳动报酬指标,而是设置了混合收入指标,它包含住户拥有的非法人企业的所有者及其家庭成员在非法人企业所做工作的回报,即劳动报酬,以及非法人企业创造的营业盈余两部分内容(前面已经指出,2008年SNA所说的住户拥有的非法人企业就是我国的个体经营户和农户)。所以,2008年SNA并没有给出一个针对所有劳动者的劳动报酬指标。

我国国民经济核算针对所有劳动者设置了劳动报酬指标,即劳动者报酬,其定义是:劳动者因从事生产活动所获得的全部报酬,包括各种形式的工资、奖金和津贴,既包括货币形式的,也包括实物形式的,还包括劳动者享受的公费医疗和医疗卫生费、上下班交通补贴、单位支付的社会保险费、住房公积金等。[①] 在我国国民经济核算实践中,劳动者报酬的口径曾经发生过变化[②],目前采用的口径可以利用公式表示如下:

$$\text{劳动者报酬} = \text{SNA中的雇员报酬} + \text{个体经营户混合收入中包含的劳动报酬} + \text{农户的混合收入} \qquad (2.12)$$

也就是说,我国国民经济核算把个体经营户的混合收入区分为两部分,其中一部分计入劳动者报酬,另一部分计入营业盈余;另外,我国国民经济核算把农户的混合收入全部计入劳动者报酬。[③]

在收入分配的国际比较中,如果把劳动者报酬与雇员报酬等同起来,就会高估我国雇员报酬占国民收入的比重。

---

① 国家统计局等,《中国国民经济核算体系(2002)》,第61页。
② 许宪春,"当前我国收入分配研究中的若干问题",《比较》,2011年第6期。
③ 同上。

2. 对把行政事业单位的离退休金计入劳动者报酬产生疑问

在我国国民经济核算中,单位按照国家法律规定为其职工能够得到未来的社会保险福利而向社会保险机构交纳的社会保险金(包括基本养老保险、医疗保险、失业保险、工伤保险、生育保险等)称为单位交纳的社会保险缴款,它相当于2008年SNA中的雇主实际社会缴款。按照2008年SNA的建议,我国国民经济核算把单位交纳的社会保险缴款作为劳动者报酬的构成部分处理。

在我国,行政单位和一部分事业单位的职工没有参加社会保险,职工离退休时不是从社会保险机构领取相应的社会福利,而是从行政事业单位领取离退休金。我国国民经济核算把这部分离退休金计入行政事业单位的劳动者报酬。有些人对这种处理方法产生疑问,离退休职工已经离开了工作岗位,不再从事劳动,领取的离退休金是一种福利性收入,应当作为经常转移处理,为什么要作为劳动者报酬处理呢?

实际上,行政单位和一部分事业单位的离退休职工在岗工作时,并没有领取到足够的劳动报酬,那些没有领取的劳动报酬被视为当时交纳了社会保险缴款,离退休金相当于其所应享受的社会福利。同时,当前在岗的行政单位和一部分事业单位的职工也没有领取足够的劳动报酬,那些没有领取的劳动报酬可视作当前交纳了社会保险缴款,将来领取的离退休金作为相应的社会福利。我国国民经济核算把离退休金作为劳动者报酬的构成部分处理,实际上是把当前在岗职工所应交纳的社会保险缴款与离退休职工的离退休金视为大体相当,这在找不到更合理的数据的情况下不失为一种变通的处理方法。

第二节 住户调查一体化改革中的居民收入统计

一、住户调查一体化改革的背景

受我国城乡二元结构的制约,长期以来我国的住户收支调查都是分开进行的。城镇住户收支调查面向城镇,主要采集和发布城镇居民人均可支配收入数据;农村住户收支调查面向农村,主要采集和发布农村居民人均纯收入数据。具体来说,农村住户收支调查在全国31个省(自治区、直辖市),采用分层随机抽样方法抽取896个县的7.4万个农户,通过记账方式,收集家庭现金收支、实物收支及家庭经营情况等资料。城镇住户收支调查是在全国31个省(自治区、直辖市),采用分层随机抽样方法抽取476个市、县的6.6万城镇个住户,通过记账方式,收集家庭收入、支出、就业及住房基本情况等资料。调查的原始数据由市、县级国家调查队编码录入审核后直接上报,由国家统计局直接汇总出全国和分省的收支数据。这些数据从总体看,来源明确,基本上客观地反映了城乡居民收支情况及其变化,为国家制定城乡居民收入分配政策、统筹城乡发展提供了重要的参考依据。

但是，由于城镇住户收支调查和农村住户收支调查在调查设计、调查内容和覆盖范围等方面均有所差别，这使得城乡住户调查的主要收支指标的名称和口径有所不同，概念和定义与国际标准也存在差异，抽样对象既有少量交叉，同时也遗漏了大量在城镇工作的流动群体。一直以来，我们只能分别提供城镇居民和农村居民的收入和支出数据，无法简单整合计算出全体居民的收支数据，难以精确测算全体居民的收入差距和支出结构。而且，分别得出的城镇居民和农村居民的收入、支出等水平和结构方面的数据也不完全可比。

随着我国工业化、城镇化的不断加快，农村外出务工人员急剧增加，农民工的收入归属问题已成为影响城乡居民收入统计的一个重要因素。以前相互独立的城乡住户调查，没有很好地解决不同类型农民工及其收入是归城镇还是归农村统计这个问题。此外，随着住房改革的深化和房地产交易市场的逐步成熟，城镇自有住房户比重越来越高，城镇居民的自有房屋虚拟服务产生的收入和消费支出对城镇居民收支的影响越来越大，但在独立的城镇住户调查中，城镇居民的自有住房虚拟服务产生的收入和相应的支出并未纳入城镇居民的收入和消费支出中。

为了解决上述问题，以便更加真实准确地反映城乡居民收入增长状况，更好地满足统筹城乡发展和改善收入分配格局的需要，国家统计局对实行了五十多年的农村住户收支调查和城镇住户收支调查进行了一体化改革。充分吸收和借鉴住户调查领域的国际标准和实践经验，按照统一指标和口径、统一抽样、统一数据采集和统一数据处理的基本思路重新设计了一体化的城乡住户收支调查，并于2013年起正式在全国范围内推行。

二、住户调查一体化改革的主要内容

（一）统一指标和口径

在一体化住户调查中，根据国际通用的住户收入统计堪培拉标准（Canberra）对收入概念和收入指标体系进行了重新设计，对现行的农村居民纯收入和城镇居民可支配收入指标进行了调整和规范，以便计算全体居民的可支配收入以及分城乡的居民可支配收入。

在一体化住户调查中，可支配收入被具体分成四个子项。

$$可支配收入 = 工资性收入 + 经营净收入 +$$
$$财产净收入（财产性收入 - 财产性支出）+$$
$$转移净收入（转移性收入 - 转移性支出） \quad (2.13)$$

在一体化住户调查中，消费概念的设计遵循了按目的划分的个人消费分类国际标准（COICOP），从指标的分类和内涵上做到了国际可比，并且更好地满足了CPI权数计算和支出法GDP核算的需要。其中一个重要的变化是在居住消费支出中包含了自有住房虚拟服务产生的租金，以更好地反映居民的实际消费水平和结构。

同时,常住人口的界定也重新进行了规范。在一体化住户调查中,严格依据居住时间来判定常住人口,将在城镇居住半年以上的人口调整为城镇常住人口。这意味着在大规模人口流动的背景下,大量外出务工经商的农民工都将划归为城镇常住人口。而在过去的农村住户调查中,与农村家庭有着紧密经济联系的农民工群体,无论离家多久,都被归为农村家庭人口。在新的一体化住户调查中,常住人口的定义与人口普查中的定义协调一致。

(二) 统一抽样

一体化住户调查通过统一的抽样框、统一的样本抽选、统一的样本轮换和统一的样本动态管理,确保了人口覆盖不重不漏。特别是对流动人口,通过抽样方法的改进,相比过去的农村住户调查和城镇住户调查,有了很完整的覆盖。

一体化住户调查使用第六次全国人口普查中普查小区名录及基本情况作为全国统一的抽样框。编制抽样框时,对常住人口过少的普查小区进行合并,形成规模大小基本一致的"规范普查小区",这些单元统称为"调查小区"。

在具体的样本抽选中,以省为总体,综合采用分层、多阶段、与人口规模大小成比例(PPS方法)和随机等距抽样相结合的方法抽选住宅,并对抽中住宅内的住户进行调查。每个省被划分为市区层和县域层,分别进行抽样。市区层包括所有市辖区,在每个市辖区内采用二阶段抽样方法,即每个区都要抽调查小区、在抽中的调查小区中抽住宅;县域层包括县和县级市,采用三阶段抽样,即从县域层中抽调查县、在调查县中抽调查小区、在抽中的调查小区中抽住宅。

在每个区或抽中县(县级市)内,将所有调查小区分为城镇居委会、城镇村委会和乡村三层,每层内按照一定的社会经济指标顺序进行排序,然后采用与人口规模成比例的方法抽选调查小区。在抽中的调查小区内,对调查小区内的所有建筑物进行住宅摸底,整理形成住宅抽样框,采用随机等距方法抽选固定数量的住宅。在抽中的住宅中,1宅1户的,调查1户;1宅多户的,随机抽取2户进行调查。另外,住宅和住户样本每年轮换50%,以确保样本的时效性和代表性。

其中值得注意的是,一体化住户调查采用了严格的住宅抽样设计,将住宅的概念扩展至包含普通住宅、职工宿舍、工棚和工作地住宿等多种居住形式,并对住宅样本进行持续追踪和动态管理,确保了对流动人口的覆盖。

一体化住户调查共抽选了1650个县(县级市、市辖区)的约16万个住户参加调查,比之前城镇住户调查和农村住户调查的样本量之和增加了2万多户。

(三) 统一数据采集

一体化住户调查数据采集的对象是中华人民共和国境内的住户,既包括城镇住户,也包括农村住户;既包括以家庭形式居住的住户,也包括以集体形式居住的住户。不考虑户口性质和户口登记地,所有居民均以户为单位,在常住地参加调查。

一体化住户调查采用记账和问卷调查相结合的方法来采集城乡居民的生活状况和收支信息。其中,居民现金收入与支出、实物收入与支出等内容主要使用记账方式采集。住户成员及劳动力从业情况、住房和耐用消费品拥有情况、家庭经营和生产投资情况、社区基本情况及其他民生状况等资料使用问卷调查方式采集。对于部分记账意愿较低的住户和集体居住户,也可以采用问卷调查的方法来采集住户收支数据,提高调查的回答率。

一体化住户调查将过去农村住户调查5年的记账周期和城镇住户调查3年的记账周期,统一缩短为2年。鼓励大中城市进一步缩短记账周期,减轻调查负担,提高调查的回答率。并且在有条件的地区,积极推广住户使用电脑、手机等进行电子记账。在数据采集的过程中,加强对数据质量的控制,从源头上保障基础数据的采集,进一步提高城乡居民收入数据的质量。

(四)统一数据处理

国家统计局采用统一的数据处理程序,对采集的调查数据进行编码、录入、审核和汇总。运用插补、奇异值处理、加权、校准等先进的数据处理技术对数据进行进一步的处理,以提高居民收支数据的质量。全国、省、市、县各级汇总结果均根据分户基础数据、采用加权汇总的方式生成,各级汇总权数由国家统计局统一根据抽样设计来制定。

三、一体化住户调查的收入指标体系

一体化住户调查的收入指标体系主要依据国际通用的住户收入统计堪培拉标准进行设计。最新的堪培拉标准(第二版)于2011年公开出版,由来自联合国欧洲经济委员会、国际劳工组织、OECD、欧盟统计局、澳大利亚统计局、加拿大统计局等机构的统计专家参与编写,反映了目前住户收入统计的最新国际标准,以及国际上住户收入统计的最佳实践经验和相关的建议,其中可支配收入的概念是整个收入指标体系的核心。

在一体化住户调查收入指标体系的设计中,首先明确和规范了收入本身的内涵,即收入包括哪些内容,不包括哪些内容。这是重新设计可支配收入概念和分类的重要前提。根据堪培拉标准,住户收入包括住户或住户成员按年或更短的时间间隔(按季、月等)收到的现金或实物(实物产品和服务),但是排除意外之财以及其他非经常性和通常一次性的所得。另外,界定是否为收入的一个重要判别标准是住户收入可以用于当前的消费,同时不会减少住户的净资产,如不会减少现金,不需处置其他金融或非金融资产,或者增加负债。根据以上表述,可以看到收入不仅包括现金形式的收入,还包括实物形式的收入。同时,出售资产所得和非经常性所得不应该算作收入,如拆迁征地补偿所得、出售房产股票收藏品等财物的所得、一次性的赔偿所得等。需要注意,在住户调查中收支的计算均遵循收付实现制的原则。

在一体化住户调查中,可支配收入包括工资性收入、经营净收入、财产净收入和转移净收入这四个子项。

（一）工资性收入

在一体化住户调查中,工资性收入包括受雇于单位或个人、从事各种自由职业、兼职和零星劳动得到的全部劳动报酬和福利,其中不仅包括现金报酬,还包括实物福利以及单位出资为员工交纳的各种社会保险费等其他劳动报酬。

实物福利既包括单位或个人免费或低价提供的各种实物产品,如米面、植物油、牛奶、水果、糕点、床上用品、日用杂品、手机、自行车、家用电器及配件等；也包括单位或个人免费或低价提供的各种服务,如免费或低价提供的工作餐（不包括公务招待或出差中的餐饮消费）、住宿、上下班交通工具、停车场、幼儿园、娱乐、健身、旅游和医疗保健服务,以及单位缴纳的水电费、取暖费、物业费、职工子女入学的教育赞助费等。

单位出资为员工交纳的各种社会保障费也计入工资性收入,包括养老保险、医疗保险、工伤保险、失业保险、生育保险和住房公积金。这部分数据在数据收集的过程中不直接由住户进行填报,而是根据单位缴费与个人缴费的比例再结合个人缴费的实际填报数据进行自动插补。

另外,为了与国民经济核算的劳动者报酬概念协调一致,工资性收入不再包括因员工或员工家属大病、意外伤害、意外死亡等原因支付给员工或其遗属的抚恤金和困难补助金,而将其列入转移性收入中的社会救济和补助收入；并且将行政事业单位人员未交纳任何社会保险费而获得的离退休金和报销医疗费计入工资性收入。

（二）经营净收入

经营净收入是指住户或住户成员从事生产经营活动所获得的净收入,是全部经营收入中扣除经营费用、生产性固定资产折旧和生产税净额（生产税减去生产补贴）之后得到的净收入。计算公式具体为：

$$经营净收入 = 经营收入 - 经营费用 - 生产性固定资产折旧 - 生产税净额（生产税 - 生产补贴） \quad (2.14)$$

需要注意的是,在一体化住户调查中,将政府为扶持农业、林业、牧业和渔业进行的相关补贴,如粮食直补、购置和更新大型农机具补贴、良种补贴、购买生产资料综合补贴、退耕还林还草补贴、畜牧业补贴等惠农补贴视为生产经营活动中的生产补贴,即一种负的生产税,涵盖在经营净收入的计算中。

(三) 财产净收入

一体化住户调查的财产净收入包括利息净收入、红利收入、储蓄性保险净收益、出租房屋收入、出租其他资产收入、转让承包土地经营权租金净收入、自有住房折算净租金和其他财产性收入。

根据住户收入统计堪培拉标准,出售资产或财物的所得不应计为"收入",同时转让资产所有权的溢价所得也不应计为"收入",这与国民经济核算的处理也是一致的。因此,在一体化住户调查的可支配收入口径中不包括拆迁征地补偿所得,出售住房所得(含本金、溢价或亏损),出售股票、基金等所得(含本金、溢价或亏损),出售艺术品、邮票等收藏品所得(含本金、溢价或亏损),出售其他资产和财物所得,而是将它们都归入"非收入所得"中。

同时,在住户收入统计堪培拉标准中,财产性收入是净收入的概念,财产性收入的各个子项都是净收入的概念,如利息净收入是利息收入扣除了利息支出后的净值。一体化住户调查中财产净收入的设计也遵循了这一原则。

在一体化住户调查中,财产净收入包含了出租房屋收入和出租机械、专利、版权等其他资产的收入。需要补充说明的是,在国民经济核算中,出租房屋收入和出租机械、专利、版权等其他资产的收入计入"经营性收入"。但是在堪培拉标准中则将出租房屋收入和出租机械、专利、版权等其他资产的收入列入"财产性收入"。考虑到住户调查本身的特点、我国住户调查历史数据的衔接和一般受众对财产性收入的理解,一体化住户调查中仍然将出租房屋收入和出租机械、专利、版权等其他资产的收入归入"财产净收入"中。

另外,在一体化住户调查中,财产净收入还增加了自有住房折算净租金一项,即自有住房虚拟服务产生的净收入,这是一种实物收入。在堪培拉收入框架以及国民经济核算的收入框架中,居民的可支配收入均包括自有住房虚拟服务产生的收入。但在实际操作中,是否在官方发布的居民可支配收入数据中包含自有住户虚拟服务的收入仍存在一定争议,各个国家的处理也不一样。美国、澳大利亚、德国、芬兰、韩国等官方统计机构目前已经在居民的可支配收入指标中包含了自有住房虚拟服务产生的收入,但是,同时也有很多国家目前官方发布的居民可支配收入数据中并不包含自有住房虚拟服务产生的收入,如英国、加拿大、法国、挪威、日本等国的官方统计机构。

具体来说,自有住房折算净租金是指现住房产权为自有住房(含自建住房、自购商品房、自购房改住房、自购保障性住房、拆迁安置房、继承或获赠住房)的住户为自身消费提供住房服务的折算价值扣除折旧后得到的净租金。具体计算方法为:自有住房年度折算净租金＝自有住房年度折算租金－购建房年度分摊成本。自有住房年度折算租金主要依据自有住房的市场估值和使用年限进行折算,购建房年度分摊成本按照购建房的价格和相应的年折旧率进行计算。由于大多数农村区域并不存在住房交易市场,难以对其进行估值,一般认为农村居民的房屋市场价值等同于当年的建房价格,折算后的净租金为零。因此,在实际操作中仅针对城镇居民计算自有住房折算净租金。

(四)转移净收入

在一体化住户调查中,转移净收入是转移性收入减去转移性支出后的净值。转移性收入包括养老金、社会救济和补助、政策性生活补贴、报销医疗费、农村外出从业人员寄回带回收入、赡养收入和其他经常转移收入;转移性支出包括个人所得税、社会保障支出、农村外来从业人员寄给家人的支出、赡养支出和其他经常转移支出。

根据住户收入统计堪培拉标准,转移性收入和转移性支出都强调"经常性"的概念,一些一次性或非经常性的所得不应计为"收入"。因此,在一体化住户调查的收入概念设计中,可支配收入口径中不包括遗产及一次性馈赠所得、一次性赔偿所得、博彩所得、压岁钱、婚丧嫁娶礼金所得等,而是将它们归入"非收入所得"中。与之对应,将一次性馈赠支出、一次性赔偿支出、博彩支出、压岁钱支出、婚丧嫁娶礼金支出等看作"一次性或非经常性的转移支出",也不作为可支配收入的扣减项。

同时,一体化住户调查的转移性收入涵盖了实物形式的转移性收入,如从政府和组织免费或低价得到的实物产品和服务,包括免费或低价提供给困难家庭的米面油、家电下乡和以旧换新等家电补贴、能源补贴、廉租房等。同时,报销医疗费也是作为实物收入记入转移性收入。

四、改革前后居民收入统计口径的比较

(一)城镇居民收入口径的变化

改革前的城镇居民可支配收入 = 工资性收入 + 经营净收入 + 财产性收入 +
　　　　　　　　　　　　　　　　转移性收入 − 交纳个人所得税 −
　　　　　　　　　　　　　　　　个人交纳的社会保障支出

改革后的城镇居民可支配收入 = 工资性收入 + 经营净收入 + 财产净收入
　　　　　　　　　　　　　　　　(财产性收入 −
　　　　　　　　　　　　　　　　生活贷款利息等财产性支出) +
　　　　　　　　　　　　　　　　转移净收入(转移性收入 −
　　　　　　　　　　　　　　　　个人所得税、社会保障支出、
　　　　　　　　　　　　　　　　赡养支出等经常转移性支出)

工资性收入是城镇居民可支配收入的重要来源。改革前城镇居民的工资性收入主要涉及各种现金报酬,而改革后工资性收入的一个重要变化是涵盖了实物福利,并且将单位为员工交纳的各种社会保险费计入工资性收入。

另外,工资性收入口径的其他变化还包括:将员工因裁员得到的一次性辞退金从原来城镇居民的转移性收入调整为工资性收入;工资性收入不再包括因员工或员工家属大病、意外伤害、意外死亡等原因支付给员工或其遗属的抚恤金和困难补助金,而将其列入转移性收入中的社会救济和补助收入;将行政事业单位人员未交纳任何社会保险费而获得的离退休金和报销医疗费从转移性收入调整为工资性收入,以与国民经济核算中的收入概念一致。

在改革前的城镇居民可支配收入口径中,财产性收入中包含了拆迁征地补偿所得,出售住房溢价所得,出售艺术品、邮票等收藏品的溢价所得,出售股票、基金等溢价所得;转移性收入中包含了一次性抚恤金、一次性赔偿所得(含保险赔偿)、遗产及一次性馈赠所得、压岁钱、婚丧嫁娶礼金所得、博彩所得。而在改革后的可支配收入口径中,这些都不算作"收入",而是将其计入"非收入所得"。

相对于改革前的城镇居民可支配收入,一个重要的变化是改革后的居民可支配收入口径中要扣减掉转移性支出,其中涵盖个人所得税、社会保障支出、农村外来从业人员寄给家人的支出、赡养支出和其他经常转移支出。而在改革前的城镇居民可支配收入中,仅扣减个人所得税和社会保障支出。

另外,改革后的城镇居民可支配收入中新增加了自有住房折算净租金,即自有住房虚拟服务产生的收入,并且将其列入财产净收入中。

最后,城镇人口覆盖范围的变化也是改革前后城镇居民可支配收入口径的一个重要变化。在改革前的城镇住户调查中,由于农民工流动性较大,调查较为困难,调查方案没有明确规定农民工在样本中的比例,而且由于输入地政府并不重视外来农民工的收入,所以在调查样本中外来农民工群体有较多的遗漏。而在一体化住户调查中,按照常住地调查的原则,将在城镇居住半年以上的流动人口也纳入城镇居民收入的统计范围,并且通过抽样方法的改进来保证外来农民工群体的覆盖。在一体化住户调查中,对于在城镇居住半年以上的外来农民工群体,将其劳动所得计入工资性收入,同时将其寄回带回农村老家的支出部分计入转移性支出,在可支配收入的计算中扣除。

(二)农村居民收入口径的变化

改革前的农村居民纯收入 = 工资性收入 + 经营净收入 + 财产性收入 +
转移性收入 - 税费支出 - 赠送农村亲友支出

改革后的农村居民可支配收入 = 工资性收入 + 经营净收入 +
财产净收入(财产性收入 -
生活贷款利息等财产性支出) +
转移净收入(转移性收入 -
个人所得税、社会保障支出、
赡养支出等经常转移性支出)

在一体化住户调查中,对于农村居民来说,人均纯收入指标被调整为人均可支配收入指标。其中最大的变化是要扣减转移性支出,包括个人所得税、社会保障支出、赡养支出和其他经常性转移支出。而在纯收入口径中,不需要扣减任何转移性支出。

对于工资性收入,改革后明确了从单位或个人得到的实物福利、单位为员工交纳的各种社会保险费、一次性得到的辞退金等都应计入工资性收入。

对于经营净收入,改革后将政府为扶持农业、林业、牧业和渔业进行的相关补贴,如粮食直补、购置和更新大型农机具补贴、良种补贴、购买生产资料综合补贴、退耕还林还草补贴、畜牧业补贴等惠农补贴视为第一产业经营活动中的生产补贴,即一种负的生产税,纳入经营净收入的计算中;而在改革前的农村居民纯收入计算中,惠农补贴被视为转移性收入。另外,在改革前的农村居民纯收入计算中,因租借或转包其他农户的土地进行经营而产生的土地流转费用计入"财产性支出",而在改革后的可支配收入计算中,将其看作生产经营费用,纳入经营净收入的计算中。

在改革前的农村居民纯收入中,财产性收入包含土地征地补偿以及投资住房、股票、基金和收藏品等的投资收益;转移性收入包含一次性抚恤金、一次性赔偿所得(含保险赔偿)。而在改革后的可支配收入口径中,这些都不看作"收入",而是将其计入"非收入所得"。

最后,农村常住人口的覆盖范围也是改革前后农村居民收入口径的一个重要变化。在过去的农村住户调查中,农村常住人口包括外出半年以上、但是与家庭保持紧密经济联系的外出农民工群体,他们的外出务工收入是农村住户收入的重要组成部分。而在一体化住户调查中,在城镇工作半年以上的外出农民工群体被归为城镇人口,不再作为计算农村居民人均可支配收入的分母,并且只有他们寄回带回的收入才会算在农村居民的收入之中。

五、附表(一体化住户调查改革前后的比较)

表2.1　改革前后城乡居民收入指标体系

一体化住户调查	城镇住户调查	农村住户调查
可支配收入	可支配收入	纯收入
(= 工资性收入	(= 工资性收入	(= 工资性收入
+ 经营净收入	+ 经营净收入	+ 经营净收入
+ 财产净收入	+ 财产性收入	+ 财产性收入
+ 转移净收入)	+ 转移性收入	+ 转移性收入)
	− 个人所得税	
	− 个人交纳的社会保障支出)	

（续表）

一体化住户调查	城镇住户调查	农村住户调查
（一）工资性收入 1. 工资 2. 实物福利 3. 其他	（一）工资性收入 1. 工资及补贴收入 2. 其他劳动收入	（一）工资性收入 1. 在非企业组织中劳动得到收入 2. 在本乡地域内劳动得到收入 3. 外出从业得到收入
（二）经营净收入 1. 第一产业净收入 2. 第二产业净收入 3. 第三产业净收入	（二）经营净收入 1. 第一产业净收入 2. 第二产业净收入 3. 第三产业净收入	（二）家庭经营纯收入 1. 第一产业纯收入 2. 第二产业纯收入 3. 第三产业纯收入
（三）财产净收入 1. 利息净收入 2. 红利收入 3. 储蓄性保险净收益 4. 出租房屋收入 5. 出租其他资产收入 6. 转让承包土地经营权租金净收入 7. 自有住房折算净租金 8. 其他	（三）财产性收入 1. 利息收入 2. 股息与红利收入 3. 保险收益 4. 其他投资收入 5. 出租房屋收入 6. 知识产权收入 7. 其他财产性收入	（三）财产性收入 1. 利息 2. 集体分配股息和红利 3. 其他股息和红利 4. 储蓄性保险投资收入 5. 其他投资收益 6. 租金（包括农业机械） 7. 出让无形资产净收入 8. 其他 9. 土地征用补偿收入 10. 转让承包土地经营权收入
（四）转移净收入 （＝转移性收入－转移性支出） 1. 转移性收入 （1）养老金 （2）社会救济和补助 （3）政策性生活补贴 （4）报销医疗费 （5）农村外出从业人员寄回带回收入 （6）赡养收入 （7）其他经常转移收入 2. 转移性支出 （1）个人所得税 （2）社会保障支出 （3）农村外来从业人员寄给家人的支出 （4）赡养支出	（四）转移性收入 1. 养老金或离退休金 2. 社会救济收入 3. 赔偿收入 4. 保险收入 5. 赡养收入 6. 捐赠收入 7. 辞退金 8. 提取住房公积金 9. 记账补贴 10. 其他转移性收入	（四）转移性收入 1. 养老金或离退休金 2. 救济金 3. 抚恤金 4. 得到赔款 5. 报销医疗费 6. 城市亲友支付赡养费 7. 农村亲友支付赡养费 8. 城市亲友赠送 9. 家庭非常住人口寄回和带回收入 10. 灾款 11. 退税 12. 退耕还林还草补贴 13. 无偿扶贫或扶持款 14. 其他（5）其他经常转移支出

表 2.2 城镇居民人均收入改革前后的主要差异

改革前	可支配收入 = 工资性收入 + 经营净收入 + 财产性收入 + 转移性收入 – 税费支出 – 交纳社保费用支出 人均可支配收入 = 可支配收入/(城镇居住时间超过半年的本地人口 + 少量农民工)
改革后	可支配收入 = 工资性收入 + 经营净收入 + 财产净收入 + 转移净收入 人均可支配收入 = 可支配收入/在城镇居住时间超过半年的人口
改革前后的差异	分母:扩大了城镇居民的人口范围,将居住超过半年的农民工计入城镇常住人口。 分子: (1)工资性收入中增加了实物形式的报酬; (2)在财产净收入中增加了自有住房折算净租金; (3)在财产净收入中要扣除生活性借贷款利息支出等财产性支出; (4)在转移净收入中要扣除税费支出和交纳社保费用支出之外的其他转移性支出; (5)将居住超过半年的外来农民工收入主要归入工资性收入,寄给农村家人的支出归入转移性支出,在计算可支配收入时要扣减掉。

表 2.3 农村居民人均收入改革前后的主要差异

改革前	纯收入 = 工资性收入 + 经营净收入 + 财产性收入 + 转移性收入 – 税费支出 – 赠送农村亲友支出 人均纯收入 = 纯收入/(农村居住时间超过半年的人口 + 住户中外出半年以上的农民工)
改革后	可支配收入 = 工资性收入 + 经营净收入 + 财产净收入 + 转移净收入 人均可支配收入 = 可支配收入/在农村居住时间超过半年的人口
改革前后的差异	分母:不再包括住户中外出半年以上的农民工。 分子: (1)惠农补贴不再计入转移性收入,而是作为负的生产税计入经营净收入; (2)财产净收入中不再包括土地征地补偿; (3)在转移净收入中扣除个人所得税、社会保障费用、赡养支出等转移性支出; (4)调整了外出农民工寄回带回收入的归类,只将农村外出从业人员寄回带回的收入计入转移性收入。

第三节 住户调查与资金流量表中居民收入之间的协调

近年来,国家统计局开展了城乡住户调查一体化改革。这项改革在对城镇住户调查与农村住户调查统计指标进行协调的同时,也对住户调查与国民经济核算统计指标进行了协调,包括住户调查中居民收入与资金流量表中居民收入之间的协调和住户调查中居民消费支出与支出法 GDP 中居民消费支出之间的协调。本节将对住户调查中居民收入与资金流量表中居民收入之间的协调进行阐述,以帮助读者了解有关情况,正确理解和准确使用相应的统计指标。

一、现行住户调查中居民收入与资金流量表中居民收入之间的区别

本部分对现行住户调查中居民收入与资金流量表中居民收入之间的区别进行介绍。

在我国,国民收入分配核算是通过资金流量表实施的。① 国民收入分配核算的核心指标是国民可支配收入②,用公式表示如下:

$$国民可支配收入 = 居民可支配收入 + 企业可支配收入 + 政府可支配收入③ \quad (2.15)$$

式(2.15)中的居民可支配收入、企业可支配收入和政府可支配收入的具体收入来源项目有所不同,其中居民可支配收入的具体收入来源项目可用公式表示如下:

$$居民可支配收入 = 劳动者报酬 + 营业盈余 + 财产净收入 + 经常转移净收入④ \quad (2.16)$$

可见,资金流量表中的居民可支配收入由劳动者报酬、营业盈余、财产净收入和经常转移净收入四个项目组成。

居民收入是住户调查的核心指标。受城乡二元结构的影响,我国的城乡住户调查一直是分开进行的,反映农村居民收入的指标是农村居民纯收入,反映城镇居民收入的指标是城镇居民可支配收入。

$$农村居民纯收入 = 工资性收入 + 经营性净收入 + 财产性收入 + (转移性收入 - 赠送农村内部亲友支出)⑤ \quad (2.17)$$

$$城镇居民可支配收入 = 工资性收入 + 经营性净收入 + 财产性收入 + (转移性收入 - 个人所得税 - 个人交纳的社会保障支出)⑥ \quad (2.18)$$

可见,农村居民纯收入和城镇居民可支配收入都由四个项目组成,其中前三个项目,即工资性收入、经营性净收入和财产性收入,是一样的,最后一个项目有所不同。前者是转移性收入扣除赠送农村内部亲友支出,后者是转移性收入扣除

---

① 中国国民经济核算体系包括五张基本核算表,即国内生产总值表、投入产出表、资金流量表、国际收支表和资产负债表,见《中国国民经济核算体系(2002)》。
② 在资金流量表中,居民、企业、政府的可支配收入和国民可支配收入都包括可支配总收入和可支配净收入,两者之间的差别在于前者包括固定资产折旧,后者不包括固定资产折旧。本节中涉及的所有可支配收入均指可支配净收入。
③ 许宪春,"准确理解中国的收入、消费和投资",《中国社会科学》,2013 年第 2 期。
④ 同上。
⑤ 同上。
⑥ 同上。

个人所得税和个人交纳的社会保障支出。赠送农村内部亲友支出和个人所得税、个人交纳的社会保障支出,除了个人交纳的社会保障支出中包括的住房公积金外[①]都是转移性支出,但都没有包括转移性支出的全部。因此,农村居民纯收入与城镇居民可支配收入关于转移性支出的扣除是不一致的,也都是不完整的。同时,城镇居民可支配收入中扣除的个人交纳的住房公积金不属于转移性支出。

另外,农村居民纯收入是利用农村住户收支调查资料计算出来的,其中的收入项目既包括现金收入,也包括实物收入,如农村居民自己生产、自己消费的农林牧渔业产品收入。城镇居民可支配收入是利用城镇住户现金收支调查资料计算出来的,其中的收入项目只包括现金收入,不包括实物收入,如城镇居民以实物报酬和实物转移的形式获得的收入以及城镇居民自己生产、自己消费的农副产品收入。因此,实际上,农村居民纯收入的构成项目与城镇居民可支配收入的构成项目存在不一致性,如工资性收入、经营性净收入和转移性收入,这种不一致性导致农村居民纯收入和城镇居民可支配收入之间存在区别。

农村居民纯收入与城镇居民可支配收入之间的上述区别直接导致现行住户调查中居民收入与资金流量表中居民收入之间的区别:一是农村居民纯收入和城镇居民可支配收入中关于转移性支出扣除项目的不同,导致资金流量表中居民可支配收入的构成项目之一——经常转移净收入,既不同于农村居民纯收入的相应构成项目,也不同于城镇居民可支配收入的相应构成项目;二是农村居民纯收入与城镇居民可支配收入关于实物收入口径的不一致性,导致资金流量表中居民可支配收入与城镇居民可支配收入在口径上产生区别。除此之外,现行住户调查中居民收入与资金流量表中居民收入之间还存在其他方面的区别。

下面忽略农村居民纯收入与城镇居民可支配收入之间的上述区别,假定住户调查中农村居民纯收入与城镇居民可支配收入在口径上是一致的,讨论住户调查中居民可支配收入的四个构成项目,即工资性收入、经营性净收入、财产性收入和转移性收入,与资金流量表中居民可支配收入的四个相应构成项目,即劳动者报酬、营业盈余、财产净收入和经常转移净收入之间的区别。

(一)工资性收入与劳动者报酬之间的区别

住户调查中的工资性收入与资金流量表中的劳动者报酬之间主要存在以下区别:一是资金流量表中的劳动者报酬包括单位交纳的社会保险缴款,单位交纳的住房公积金和行政事业单位职工的离退休金及其所享受的公费医疗和医药

[①] 从国民经济核算的角度看,个人交纳的住房公积金属于金融资产的增加,不属于转移支出。

费①,而住户调查中的工资性收入不包括上述项目。二是资金流量表中的劳动者报酬包括个体经营户的业主及其家庭成员的劳动报酬,以及农户户主及其家庭成员的劳动报酬和农户创造的利润,而住户调查中的工资性收入不包括这些收入。

(二)经营性净收入与营业盈余之间的区别

住户调查中的经营性净收入与资金流量表中的营业盈余之间主要存在以下区别:一是住户调查中的经营性净收入包括个体经营户的业主及其家庭成员投入劳动应得的报酬和个体经营户创造的利润,也包括农户户主及其家庭成员投入劳动应得的报酬和农户创造的利润,而资金流量表中的营业盈余只包括个体经营户创造的利润。② 二是资金流量表中的营业盈余包括农户得到的农业生产补贴,如粮食直补、购置和更新大型农机具补贴、良种补贴、购买生产资料综合补贴、退耕还林还草补贴、畜牧业补贴等,而住户调查没有把这种补贴作为经营性净收入,而是作为农户的转移性收入处理了。③ 三是资金流量表中的营业盈余包括居民出租房屋的租金净收入,而住户调查没有把这项收入作为经营性净收入,而是作为财产性收入处理了。

(三)财产性收入与财产净收入之间的区别

住户调查中的财产性收入与资金流量表中的财产净收入之间主要存在以下区别:一是关于"支出"处理的区别。在资金流量表中,体现在居民可支配收入中的是财产净收入,即应收财产收入与应付财产收入的差额;在住户调查中,体现在居民可支配收入中的是财产性收入,没有扣除财产性支出,如居民生活用贷款利息支出。二是关于"应收"和"实收"的区别。资金流量表采取的是权责发生制原则,所以它的财产收入是当期应收财产收入,而住户调查采取的是收付实现制原则,所以它的财产性收入是当期实际得到的财产性收入。例如,就居民在银行和非银行金融机构存款获得的利息收入来说,资金流量表中的居民财产收入记录的是居民的相应存款在当期应得的利息收入,而住户调查中的居民财产性收入记录的是居民的相应存款在当期实际领取的利息收入。三是关于出租房屋的租金净收入处理的区别。在资金流量表中,出租房屋与出租其他固定资产一样属于生产活动,从而出租房屋的租金净收入,即出租房屋的租金收入扣除有关税费和维修费用等各种成本支出,属于增加值的构成部分(即营业盈余),而在住户调查中,出

---

① 大部分行政事业单位没有为其职工交纳社会保险缴款,其职工基本上是直接从单位领取离退休金,享受公费医疗和医药费,这被视为社会保险缴款中的基本养老保险和医疗保险缴款的替代。

② 这是因为资金流量表把个体经营户的业主及其家庭成员投入劳动应得的报酬与个体经营户创造的利润进行了划分,把其中劳动应得的报酬划入劳动者报酬,同时把农户户主及其家庭成员投入劳动应得的报酬与农户创造的利润全部作为劳动报酬处理了,而住户调查则没有采取这种处理方法。(许宪春,"当前我国收入分配研究中的若干问题",《比较》,2011年第6期。)

③ 国家统计局,《农村住户调查方案(2011年统计年报和2012年定期报表)》,2011年,第38页。

租房屋的租金净收入是作为财产性收入处理的。① 作为增加值处理与作为财产性收入处理是完全不同的,因为增加值是新的生产成果的创造,而财产性收入是对已有生产成果的分配。如果把 GDP 比作蛋糕的话,增加值是增大蛋糕,而财产性收入是分蛋糕。四是出售艺术品、邮票等收藏品超过原购买价部分的收入和财产转让溢价部分的收入处理的区别。在住户调查中,出售艺术品、邮票等收藏品超过原购买价部分的收入,财产转让溢价部分的收入,包括出售住房增值部分的收入是作为财产性收入处理的②;在国民经济核算中,上述收入应当作为持有收益处理。③ 在国民经济核算中,持有收益属于重估价核算的范围,不属于收入分配核算的范围,所以资金流量表中的居民可支配收入不包括上述收入。五是转让承包土地经营权收入处理的区别。在住户调查中,转让承包土地经营权收入是作为财产性收入处理的④;在资金流量表中,对转让承包土地经营权收入的处理方法尚未做出明确的规定,在即将进行的改革中作为财产收入处理。

（四）转移性收入与经常转移净收入之间的区别

住户调查中的转移性收入⑤与资金流量表中的经常转移净收入之间主要存在以下区别:一是关于"支出"处理的区别。在资金流量表中,体现在居民可支配收入中的是经常转移净收入,即经常转移收入与经常转移支出的差额;在住户调查中,体现在居民可支配收入中的主要是转移性收入,没有完全扣除转移性支出。例如,农村住户调查只扣除了赠送农村内部亲友支出,城镇住户调查只扣除了个人所得税和个人交纳的社会保障支出,没有扣除其他转移性支出。二是关于单位交纳的社会保险缴款处理的区别。在资金流量表中,单位交纳的社会保险缴款在作为劳动者报酬处理的同时,又以居民的经常转移支出的形式支付出去;在住户调查中没有相应的转移性支出。三是关于行政事业单位职工离退休金处理的区别。在住户调查中,行政事业单位职工的离退休金是作为转移性收入处理的;在

---

① 国家统计局,《城镇住户调查方案(2011 年统计年报和 2012 年定期报表)》,2011 年,第 6 页和第 30 页。我国住户调查的这种处理方法依据的是住户调查的国际标准,住户调查国际标准与国民经济核算国际标准关于出租房屋的租金净收入的处理方法不同,前者作为财产性收入处理,后者作为生产服务收入处理。United Nations, Canberra Group, *Handbook on Household Income Statistics*, Second Edition, 2011, p.13.
② 国家统计局,《城镇住户调查方案(2011 年统计年报和 2012 年定期报表)》,2011 年,第 30 页,关于其他投资收入的解释。
③ 许宪春,"当前我国收入分配研究中的若干问题",《比较》,2011 年,第 6 期。
④ 国家统计局,《农村住户调查方案(2011 年统计年报和 2012 年定期报表)》,2011 年,第 38 页。
⑤ 转移性收入应当包括经常性转移收入和资本性转移收入两种类型,但从住户调查的定义看,其中的**转移性收入主要是经常性转移收入**,所以本节在讨论住户调查中的转移性收入与资金流量表中的经常转移净收入之间的区别时没有讨论这方面的区别。(国家统计局,《农村住户调查方案(2011 年统计年报和 2012 年定期报表)》,2011 年,第 30 页;国家统计局,《城镇住户调查方案(2011 年统计年报和 2012 年定期报表)》,2011 年,第 30 页。)

资金流量表中,行政事业单位职工的离退休金是作为劳动者报酬处理的。四是关于个人提取的住房公积金处理的区别。在住户调查中,个人提取的住房公积金是作为转移性收入处理的①;在资金流量表中,个人提取的住房公积金是作为居民金融债权的减少处理的。

二、城乡住户调查一体化改革对居民收入的修订

城乡住户调查一体化改革对农村居民纯收入和城镇居民可支配收入进行了修订。对农村居民纯收入的修订包括指标名称的修订和构成项目的修订,农村居民纯收入被修订为农村居民可支配收入,其构成项目修订如下:

$$农村居民可支配收入 = 工资性收入 + 经营性净收入 + 财产性净收入 + 转移性净收入 \quad (2.19)$$

与式(2.17)对比可知,一是把"财产性收入"修订为"财产性净收入",即扣除了财产性支出,如居民生活用贷款利息支出;二是把"转移性收入 – 赠送农村内部亲友支出"修订为"转移性净收入",即除了赠送农村内部亲友支出外,还扣除了其他转移性支出,如居民个人交纳的社会保险费。

对城镇居民可支配收入的修订包括构成项目的修订和现金收入口径的修订。城镇居民可支配收入的构成项目修订如下:

$$城镇居民可支配收入 = 工资性收入 + 经营性净收入 + 财产性净收入 + 转移性净收入 \quad (2.20)$$

与式(2.18)对比可知,一是把"财产性收入"修订为"财产性净收入",即扣除了财产性支出;二是把"转移性收入 – 个人所得税 – 个人交纳的社会保障支出"修订为"转移性净收入",即除了个人所得税和个人交纳的社会保障支出外,还扣除了其他转移性支出。

现金收入口径的修订,就是在原来的现金收入口径中城镇居民可支配收入的基础上补充城镇居民以实物报酬和实物转移形式获得的收入以及城镇居民自己生产、自己消费的农副产品收入,即修订为全口径的城镇居民可支配收入。

进行上述修订之后,农村居民可支配收入与城镇居民可支配收入实现了可比性和可加性,从而城乡住户调查一体化改革之后,就可以获得住户调查意义上的全国居民的可支配收入了。

城乡住户调查一体化改革除了对居民收入进行了上述修订外,还包括对居民收入构成项目口径的修订。

(一)工资性收入的修订

增加单位交纳的社会保险缴款、单位交纳的住房公积金和行政事业单位职工

---

① 国家统计局,《城镇住户调查方案(2011年统计年报和2012年定期报表)》,2011年,第6页和第31页;国家统计局,《国家统计调查制度(2012)》,2011年,第799页和第1382页。

的离退休金及其所享受的公费医疗和医药费收入。① 一体化改革以前,行政事业单位职工的离退休金是作为转移性收入处理的,单位交纳的社会保险缴款、单位交纳的住房公积金和行政事业单位职工所享受的公费医疗和医药费,没有体现在住户调查的居民可支配收入中;一体化改革以后,单位交纳的社会保险缴款、单位交纳的住房公积金和行政事业单位职工的离退休金及其所享受的公费医疗和医药费收入均计入工资性收入。

(二) 经营性净收入的修订

对经营性净收入的修订主要是增加了农户获得的农业生产补贴。如前所述,一体化改革以前,我国住户调查把农户获得的农业生产补贴作为农户的转移性收入处理;一体化改革以后,为了与国民经济核算的处理方法相协调,调整为经营性净收入。

(三) 财产性收入的修订

对财产性收入的修订主要是剔除了转让资产所有权的溢价所得。一体化改革以前,转让资产所有权的溢价所得作为财产性收入处理;一体化改革之后,这部分所得计入"非收入所得"。②

(四) 转移性收入(支出)的修订

对转移性收入(支出)的修订主要包括以下三个方面:

一是剔除农业生产补贴。如前所述,一体化改革以前,我国住户调查把农户获得的农业生产补贴作为农户的转移性收入处理;一体化改革以后,调整为经营性净收入。

二是剔除行政事业单位职工的离退休金。如前所述,一体化改革以前,行政事业单位职工的离退休金是作为住户的转移性收入处理的;一体化改革以后,调整为工资性收入。

三是在转移性支出中增加单位交纳的社会保险缴款、单位交纳的住房公积金支出。一体化改革以后,单位交纳的社会保险缴款、单位交纳的住房公积金首先作为职工的工资性收入处理,然后作为居民的转移性支出处理,当居民享受相应的社会福利和提取住房公积金时,再作为居民的转移性收入处理。

三、一体化改革后住户调查中居民收入与资金流量表中居民收入之间的协调

一体化改革以后,在实现农村住户调查和城镇住户调查中居民收入之间的协调的同时,也明显提高了住户调查中居民收入与资金流量表中居民收入之间的协调程度。将式(2.16)与式(2.19)和式(2.20)进行对比可知,住户调查中的居民

---

① 国家统计局,《住户收支与生活状况调查方案(试行)》,2012年,第76页。
② 同上,第77页。

可支配收入与资金流量表中的居民可支配收入在以下三个方面实现了一致：一是住户调查居民可支配收入中的第三个构成项目已经是财产性净收入，即已经扣除了财产性支出，这一点与资金流量表居民可支配收入中的财产净收入实现了一致；二是住户调查居民可支配收入中的第四个构成项目已经是转移性净收入，即已经扣除了全部的转移性支出，这一点与资金流量表居民可支配收入中的经常转移净收入实现了一致；三是城镇居民可支配收入由原来的现金口径收入调整为既包括现金，也包括实物的全口径收入，这一点与资金流量表中的居民可支配收入实现了一致。

此外，住户调查中的居民可支配收入与资金流量表中的居民可支配收入在四大对应构成项目上也实现了若干方面的协调。

（一）工资性收入与劳动者报酬之间的协调

住户调查一体化改革把单位交纳的社会保险缴款、单位交纳的住房公积金和行政事业单位职工的离退休金及其所享受的公费医疗和医药费收入调整为工资性收入之后，实现了住户调查中的工资性收入与资金流量表中的劳动者报酬关于这些指标处理的一致性。

（二）经营性净收入与营业盈余之间的协调

住户调查一体化改革把农户得到的农业生产补贴从农户的转移性收入调整到农户的经营性净收入之后，实现了住户调查中的经营性净收入与资金流量表中的营业盈余关于农业生产补贴处理的一致性。

（三）财产性净收入与财产净收入之间的协调

住户调查一体化改革把转让资产所有权的溢价所得不再作为财产性收入处理之后，实现了住户调查的财产性净收入和资金流量表的财产净收入关于这种溢价所得处理方法的一致性。

（四）转移性净收入与经常转移净收入之间的协调

住户调查一体化改革把农户得到的农业生产补贴从农户的转移性收入调整到农户的经营性净收入之后，不仅实现了住户调查中的经营性净收入与资金流量表中的营业盈余关于这种补贴处理的一致性，也实现了住户调查中的转移性净收入与资金流量表中的经常转移净收入关于这种补贴处理的一致性。

住户调查一体化改革把单位交纳的社会保险缴款首先作为职工的工资性收入处理，然后作为居民的转移性支出处理之后，不仅实现了住户调查中的工资性收入与资金流量表中的劳动者报酬关于这类社会保险缴款处理的一致性，也实现了住户调查中的转移性净收入与资金流量表中的经常转移净收入关于这类社会保险缴款处理的一致性。

住户调查一体化改革把行政事业单位职工的离退休金①从转移性收入调整为工资性收入之后,不仅实现了住户调查中的工资性收入与资金流量表中的劳动者报酬关于这类离退休金处理的一致性,也实现了住户调查中的转移性净收入与资金流量表中的经常转移净收入关于这类离退休金处理的一致性。

四、一体化改革后住户调查中居民收入与资金流量表中居民收入之间的区别

一体化改革后住户调查中的居民收入与资金流量表中的居民收入之间仍然存在区别,这些区别一是表现在统计指标的口径方面,二是表现在统计指标的资料来源方面。

(一)统计指标口径方面的区别

统计指标口径方面的区别主要包括:(1)工资性收入与劳动者报酬之间的区别。主要有资金流量表中的劳动者报酬包括个体经营户的业主及其家庭成员的劳动报酬以及农户户主及其家庭成员的劳动报酬和农户创造的利润,而住户调查中的工资性收入不包括这些收入。(2)经营性净收入与营业盈余之间的区别。主要有住户调查中的经营性净收入包括个体经营户的业主及其家庭成员投入劳动应得的报酬和个体经营户创造的利润,也包括农户户主及其家庭成员投入劳动应得的报酬和农户创造的利润,而资金流量表中的营业盈余只包括个体经营户创造的利润;资金流量表中的营业盈余包括居民出租房屋的租金净收入,而住户调查中的经营性净收入不包括这项收入。(3)财产性净收入与财产净收入之间的区别。主要有资金流量表采取的是权责发生制原则,所以它的财产收入是当期应收财产收入,而住户调查采取的是收付实现制原则,所以它的财产性收入是当期实际得到的财产性收入,如就居民在银行和非银行金融机构存款获得的利息收入来说,资金流量表中的居民财产收入记录的是居民的相应存款在当期应得的利息收入,而住户调查中的居民财产性收入记录的是居民的相应存款在当期实际领取的利息收入;住户调查中的财产性收入包括居民出租房屋的租金净收入,而资金流量表中的财产收入不包括这项收入,如前所述,在资金流量表中,这项收入包括在营业盈余中。(4)转移性净收入与经常转移净收入之间的区别。主要有居民关于单位交纳的住房公积金提取处理的区别,以及居民个人交纳的住房公积金及其提取处理的区别。在住户调查中,单位为职工交纳住房公积金时,作为工资性收入处理;职工提取相应的住房公积金时,作为转移性收入处理。在资金流量表中,单位为职工交纳的住房公积金在作为劳动者报酬处理的同时,增加居民的金

---

① 行政事业单位职工的离退休金与单位交纳的社会保险缴款的处理方法不同,前者直接作为工资性收入处理,后者先作工资性收入处理,然后再作转移性支出处理,当居民享受相应的社会福利时再作转移性收入处理。

融资产；当职工提取相应的住房公积金时，减少居民的金融资产。所以，在资金流量表中，单位交纳的住房公积金的提取与经常转移收入没有关系。在住户调查中，居民个人交纳住房公积金时，作为转移性支出处理；居民提取住房公积金时，作为转移性收入处理。在资金流量表中，居民个人交纳住房公积金时，作为居民的金融资产增加处理；居民提取住房公积金时，作为居民的金融资产减少处理。所以，在资金流量表，居民个人交纳的住房公积金和提取住房公积金与经常转移收支没有关系。

（二）统计指标的资料来源方面的区别

住户调查中的居民可支配收入主要是利用住户收支调查资料计算出来的，而资金流量表中的居民可支配收入的计算则采用了多种资料来源。例如，资金流量表利用经济普查中的企业资料计算普查年度的劳动者报酬，利用银行业及相关金融业利润表中的居民存款应付利息计算居民的存款利息收入，利用财政决算中对农户的农业生产补贴资料计算农户享受的生产补贴，利用人力资源社会保障部、卫生部等有关管理部门的社会保险基金支出、城镇居民养老保险基金支出、新型农村合作医疗保险基金支出、新型农村养老保险基金支出等资料计算居民享受的社会保险福利，等等。一般来说，资金流量表利用多种资料来源计算居民可支配收入能够有效地避免单一资料来源的局限性。

显然，城乡住户调查一体化改革之后，经过一系列的统计指标口径的调整，住户调查中的居民可支配收入与资金流量表中的居民可支配收入之间的衔接程度大幅度提高了。但是由于统计指标口径之间仍然存在区别，资料来源之间也存在区别，因此，两者之间的差距依然存在，在应用时应当给予充分的注意。

第四节 对我国宏观收入分配的分析

政府、企业和居民收入分配是最重要的宏观收入分配关系，搞清这三者收入分配的现状、问题及成因，是制定各项有针对性的收入分配政策的前提和基础。

一、我国宏观收入分配格局的变化及国际比较

宏观收入分配包括初次分配和再分配两个层次。初次分配是对生产要素的分配，再分配则是生产环节之后通过经常转移的形式对收入的分配。生产活动形成的原始收入，是整个收入分配的起点，经过初次分配，形成了一国的初次分配总收入；经过收入的再分配，最终形成了一个国家的可支配总收入。一个国家的初次分配总收入和可支配总收入在政府、企业和居民之间分配的比例及其相互关系，也就是通常所说的三者分配关系。

(一) 政府、企业和居民三者收入初次分配

收入初次分配是按照各生产要素对生产的贡献程度,对生产成果所进行的直接分配。一国的初次分配总收入,过去称为国民生产总值(GNP),联合国1993年SNA已改称国民总收入(GNI)。

改革开放以来,随着国家收入分配政策的调整,政府、企业和居民三者收入初次分配关系发生了显著变化。1978年,政府、企业和居民三者收入初次分配比例为35.8%、13.2%和51.0%;到2011年,这一比例变为15.4%、23.9%和60.7%。34年间,政府收入比重下降了20.4个百分点,企业收入比重上升了10.7个百分点,居民收入比重上升了9.7个百分点。企业和居民收入比重上升、政府收入比重下降是改革开放以来收入初次分配变化的基本特征。但是从总体上看,居民占比最大的收入分配格局没有改变。

改革开放以来,三者收入初次分配关系的演变大体可划分为向居民倾斜(1978—1995年),向政府、企业倾斜(1996—2008年)和重新向居民倾斜(2009年至今)三个阶段(参见表2.4)。

在第一个阶段,政府收入比重下降较多,居民收入比重上升较快,企业收入比重在波动中上升。1995年,政府、企业和居民三者收入比重分别为12.4%、22.4%和65.2%。与1978年相比,政府收入比重下降了23.4个百分点,企业收入比重上升了9.2个百分点,居民收入比重上升了14.2个百分点。这一时期收入初次分配的主要特点是向居民倾斜,带有还历史欠账的性质,特别是在20世纪80年代后期,一度出现了收入向居民过快倾斜的现象。

在第二个阶段,随着国家宏观调控政策的变化,政府收入比重和企业收入比重不断上升,而居民收入比重则在波动中下降,收入初次分配出现向政府和企业倾斜的趋势。到2008年,政府、企业和居民三者收入比重变为14.7%、26.6%和58.7%。与1995年相比,政府收入比重上升了2.3个百分点,企业收入比重上升了4.2个百分点,居民收入比重下降了6.5个百分点。

在第三个阶段,随着政府宏观收入分配政策的调整和加大对民生的投入,居民收入比重扭转了多年持续下降的态势,有所反弹,政府收入比重保持基本稳定,企业收入比重有所下降。到2011年,政府、企业和居民三者收入比重变为15.4%、23.9%和60.7%。与2008年相比,政府收入比重上升了0.7个百分点,企业收入比重下降了2.7个百分点,居民收入比重上升了2个百分点。

表 2.4　收入初次分配结构　　　　　　　　　　　　　　　单位：%

年份	政府	企业	居民
1978	35.8	13.2	51.0
1988	21.3	8.5	70.2
1990	21.8	9.3	68.9
1992	15.9	17.7	66.4
1993	15.6	21.4	63.0
1994	13.2	21.2	65.6
1995	12.4	22.4	65.2
1996	12.8	18.9	68.3
1997	12.5	20.5	67.0
1998	12.9	19.2	67.9
1999	13.1	19.1	67.8
2000	13.1	19.7	67.2
2001	12.7	21.4	65.9
2002	13.9	21.6	64.5
2003	13.6	22.3	64.1
2004	13.8	25.1	61.1
2005	14.2	24.5	61.3
2006	14.5	24.8	60.7
2007	14.7	25.7	59.6
2008	14.7	26.6	58.7
2009	14.6	24.7	60.7
2010	15.0	24.5	60.5
2011	15.4	23.9	60.7

1. 政府初次分配收入变化①

政府初次分配收入由生产税净额、营业盈余总额②和财产净收入构成,其中生产税净额占政府初次分配收入的90%以上。1992—2011年,政府初次分配收入从4 283亿元增加到72 067亿元,年均增长16.0%,比同期国民总收入增长慢0.2个百分点,这导致政府初次分配收入占国民总收入的比重由1992年的15.9%下降到2011年的15.4%(见表2.5)。政府初次分配收入比重的变化可以分成两个阶段:第一阶段是快速回落阶段,第二阶段是缓慢上升阶段。

(1) 快速回落阶段(1992—1995年)。在此期间,政府初次分配收入年均增长

---

① 由于国家统计局从1992开始才正式编制实物资金流量表,因此以下分机构部门进行的分析涉及的起始时间为1992年。1978—1992年三者收入分配比例是根据有关资料推算出来的。

② 由于目前我国的政府是一个大政府的概念,有不少行政事业单位中的附属单位从事营利性活动,故政府部门存在一定规模的营业盈余收入(包括折旧)。

20.0%,低于同期 GNI 增长 10.5 个百分点,其占 GNI 比重由 1992 年的 15.9% 回落到 1995 年的 12.4%。政府初次分配收入增长慢于 GNI,主要是因为政府生产税净额增长慢于 GNI(见表 2.6)。由于受 1994 年将要实行税制改革的预期影响,各地抬高基数,1993 年的生产税出现了超常增长(43.0%),比当年 GNI 增长率(现价)高出 12.1 个百分点。1994 年税制改革后,上述因素消失,1995 年生产税净额增长率回落到正常水平,政府初次分配收入占 GNI 的比重也出现了快速回落,比 1992 年回落了 3.5 个百分点。

(2)缓慢上升阶段(1996—2011 年)。在此阶段,政府初次分配收入年均增长 15.3%,高于同期 GNI 增长 1.6 个百分点,其占 GNI 比重由 1996 年的 12.8% 在波动中缓慢攀升到 2011 年的 15.4%,平均每年上升 0.19 个百分点。出现这种变化的原因是:1996—1998 年,我国加强了税收征管,加大了打击走私和出口骗退税以及虚开增值税发票等违法犯罪的力度,清理和取消了一些到期的税收优惠政策,这些行之有效的措施保证了 1996—1998 年政府生产税的增长率连续三年超过两位数,并快于同期现价 GNI 增长率;1999—2001 年,受亚洲金融危机的冲击,政府生产税增长慢于 GNI,导致政府初次分配收入比重又有所降低;2002 年以后,随着我国成功加入世界贸易组织,我国经济增长率连续 5 年保持在两位数以上,多数年份里政府生产税增长快于 GNI 增长,导致政府初次分配收入比重呈波动攀升趋势。

表 2.5 1992—2011 年政府初次分配收入　　　　　　　　单位:亿元

	1992	1993	1994	1995	1996	1997	1998
生产税净额	2 379.8	3 401.9	4 125.6	5 085.6	6 836.8	8 100.2	9 146.5
营业盈余总额	1 937.8	2 173.2	2 231.6	2 436.2	2 196.2	1 940.2	1 852.1
财产净收入	-34.8	-90.8	12.1	-115.8	-61.4	-257.1	-261.7
利息	-121.8	-172.5	-265.4	-373.0	-483.9	-429.5	-471.5
红利	59.9	49.5	207.4	177.9	321.9	48.8	82.4
地租	33.7	41.5	83.2	97.1	117.9	126.9	141.5
其他	-6.7	-9.3	-13.2	-17.8	-17.3	-3.3	-14.2
初次分配收入	4 282.7.0	5 484.2	6 369.2	7 406.0	8 971.7	9 783.4	10 736.9
	1999	2000	2001	2002	2003	2004	2005
生产税净额	10 391.8	11 975.3	12 968.2	14 761.8	17 516.2	20 608.8	23 685.7
营业盈余总额	1 310.6	1 264.7	937.1	1 525.8	1 270.0	1 362.1	2 224.2
财产净收入	-121.4	-374.2	-208.0	312.4	-398.6	-58.2	164.0
利息	-526.6	-458.5	-543.6	-420.2	-639.3	-327.7	-331.4
红利	270.2	20.6	263.1	618.9	78.1	99.8	191.9
地租	155.3	84.2	92.8	110.5	126.3	175.1	306.1
其他	-20.3	-21.1	-20.4	3.2	36.5	-5.5	-2.6
初次分配收入	11 581.0	12 865.2	13 697.3	16 600.0	18 387.5	21 912.7	26 073.9

(续表)

	2006	2007	2008	2009	2010	2011
生产税净额	27 656.7	35 304.9	39 556.3	41 962.8	52 672.6	62 270.8
营业盈余总额	2 777.7	3 068.9	5 301.0	5 522.0	5 114.1	5 662.4
财产净收入	938.7	893.0	1 691.8	2 121.6	2 140.1	4 133.7
利息	-332.8	-726.6	-1 693.7	-2 107.1	-2 419.6	-2 020.6
红利	329.7	271.0	1 598.6	2 064.9	1 465.8	2 391.0
地租	579.9	965.7	1 337.1	1 733.8	2 428.7	3 075.5
其他	361.9	382.9	449.8	430.1	665.2	687.8
初次分配收入	31 373.0	39 266.9	46 549.1	49 606.3	59 926.7	72 066.9

表 2.6 政府生产税净额、初次分配收入和 GNI 的增长率　　　　单位:%

年份	生产税净额	政府初次分配收入	GNI
1993	43.0	28.1	30.9
1994	21.3	16.1	36.4
1995	23.3	16.3	24.3
1996	34.4	21.1	17.3
1997	18.5	9.0	11.3
1998	12.9	9.7	6.4
1999	13.6	7.9	6.6
2000	15.2	11.1	10.8
2001	8.3	6.5	10.3
2002	13.8	21.2	10.2
2003	18.7	10.8	13.3
2004	17.7	19.2	18.1
2005	14.9	19.0	15.2
2006	16.8	20.3	17.6
2007	27.7	25.2	23.4
2008	12.0	18.5	18.6
2009	6.1	6.6	7.7
2010	25.5	20.8	17.5
2011	18.2	20.3	17.2
平均	18.7	16.0	16.2

2. 企业初次分配收入变化

企业初次分配收入由营业盈余总额和财产净收入构成。1992—2011年,企业初次分配收入从4 763亿元增加到112 213亿元,年均增长18.1%,比同期国民总收入增长快1.9个百分点,导致企业初次分配收入占国民总收入的比重由1992年的17.7%上升到2011年的23.9%(见表2.7)。总体上说,企业初次分配收入比重的变化可以分成三个阶段:第一阶段是快速上升阶段,第二阶段是快速回落阶段,第三阶段是缓慢上升阶段。

(1)快速上升阶段(1992—1995年)。此阶段,企业初次分配收入比重由1992年的17.7%快速上升到1995年的22.4%,平均每年上升1.57个百分点。出现这种变化的主要原因是:

企业经济效益提高。1992—1995年,由于我国商品短缺还没有完全消除,卖方市场仍占主导地位,再加上全国各地掀起了新一轮经济建设的高潮,投资热、股票热、房地产热和开发区热持续升温,价格大幅度上升,企业经济效益不断改善,企业初次分配收入增长较快。企业营业盈余总额(包括固定资产折旧)由1992年的5 907亿元迅速提高到1995年的17 229亿元,年均增长42.9%,高于同期国民总收入增长率12.4个百分点。

企业相对税负有所降低。此阶段,虽然企业收入增长较快,但企业相对税负却有所下降。1995年,企业生产税净额占增加值的比重为11.1%,比1992年下降2.0个百分点。

(2)快速回落阶段(1996—1999年)。从1996年起,企业初次分配收入占国民总收入的比重开始快速回落,到1999年已回落到19.1%,比1995年降低了3.3个百分点,平均每年回落0.83个百分点。出现这种变化的主要原因是:

企业经济效益下滑。从1996年起,我国供求格局发生根本性变化,由卖方市场变为买方市场,加上1997年发生了亚洲金融危机,导致企业生产能力利用率降低,产品价格大幅度下降,企业经济效益滑坡,收入减少。企业营业盈余总额由1996年的17 914亿元缓慢提高到1999的20 991亿元,年均仅增长5.1%,低于同期国民总收入增长率5.2个百分点。

企业税负加重。此阶段,企业支付的生产税净额由1996年的6 027亿元迅速上升到1999年的9 287亿元,年均增长21.1%,该增长率高于同期国民总收入增长10.8个百分点。企业生产税净额占国民总收入的比重也由1996年的8.6%快速上升到1999年的10.58%。

(3)缓慢回升阶段(2000—2011年)。从2000年起,企业初次分配收入占国民总收入的比重又快速回升,到2011年已回升到23.9%,比1999年提高4.8个百分点,平均每年上升0.4个百分点。出现这种变化的主要原因是:

企业经济效益提高。2000—2011年,随着以扩大内需为重点的一系列政策的贯彻落实,特别是自2001年年底加入世界贸易组织后,我国出口增长连续6年保持在20%以上,在投资和出口的强劲带动下,我国经济增长率连续5年保持在两位数以上,使得这一时期企业经济效益不断改善,企业初次分配收入增长较快。企业营业盈余总额由2000年的22 073亿元迅速提高到2011年的132 377亿元,年均增长16.6%,高于同期国民总收入增长率1.7个百分点。

企业利息支出增长大幅度放缓,促进了企业初次分配收入的快速提高。1999—2004年,为了扩大内需,央行数次下调存贷款利率,尽管2004年后央行又多次上调存贷款利率,但贷款利率水平仍低于20世纪90年代的平均水平,再加上企业获得资金的渠道增多(主要是直接融资和自有资金),对银行贷款的依赖程度下降,企业利息支出增长大大放缓,从某种程度上促进了企业初次分配收入的快速提高。2000—2011年,企业财产净支出年均增长14.2%,比企业初次分配总收入增长率低2.9个百分点。2011年,企业财产净支出占初次分配收入的比重为18%,比1999年下降了6.2个百分点,其中企业利息净支出占比为0.7%,比1999年回落了14.7个百分点。

表2.7 1992—2011年企业初次分配收入　　　　　　　　单位:亿元

	1992	1993	1994	1995	1996	1997	1998
营业盈余总额	5 907	9 342	13 066	17 229	17 914	20 013	20 595
财产净收入	-1 143	-1 781	-2 867	-3 838	-4 659	-4 027	-4 697
利息	-1 044	-1 666	-2 517	-2 700	-3 181	-2 827	-3 042
红利	-64	-70	-267	-1 040	-1 328	-1 029	-1 494
地租	-34	-41	-82	-96	-116	-125	-139
其他	-2	-3	-2	-2	-33	-47	-21
初次分配总收入	4 763	7 561	10 199	13 391	13 255	15 986	15 899
	1999	2000	2001	2002	2003	2004	2005
营业盈余总额	20 991	22 073	26 375	29 262	32 783	43 181	49 902
财产净收入	-4 085	-2 749	-3 252	-3 568	-2 706	-3 130	-4 876
利息	-2 470	-1 316	-1 113	-1 249	-1 315	-1 893	-2 248
红利	-1 423	-1 322	-2 024	-2 174	-1 187	-980	-2 077
地租	-152	-81	-89	-105	-116	-165	-292
其他	-40	-30	-27	-41	-88	-93	-258
初次分配总收入	16 906	19 324	23 122	25 694	30 077	40 051	45 026
	2006	2007	2008	2009	2010	2011	
营业盈余总额	60 155	76 100	92 367	95 227	110 957	132 377	
财产净收入	-6 739	-7 750	-8 281	-11 057	-12 989	-20 165	
利息	-3 824	-3 864	-4 388	-3 492	3 761	819	
红利	-1 373	-802	-869	-3 929	-12 037	-15 434	
地租	-561	-941	-1 313	-1 707	-2 402	-3 033	
其他	-982	-2 143	-1 712	-1 929	-2 311	-2 517	
初次分配总收入	53 416	68 350	84 086	84 170	97 968	112 213	

3. 居民初次分配收入变化

居民初次分配收入主要由劳动者报酬、营业盈余总额①和财产净收入构成,其中劳动者报酬占 80% 左右。宏观收入分配向居民倾斜是 20 世纪 80 年代收入分配领域的突出现象,但 90 年代以来收入分配向居民快速倾斜的现象发生了变化。1992—2011 年,居民初次分配收入从 17 891 亿元上升到 284 283 亿元,年均增长 15.7%,该增长率比同期 GNI 增长低 0.5 个百分点(见表 2.8 和表 2.9),导致居民初次分配收入占 GNI 的比重由 66.4% 下降至 60.7%,年均下降 0.3 个百分点。1992—2011 年居民收入比重变化可分为三个阶段:第一个为相对稳定阶段,第二个为快速回落阶段,第三个为稳定回升阶段。

(1) 相对稳定阶段(1992—1999 年)。1992—1999 年,居民初次分配收入年均增长 18.9%,比同期国民总收入增长快 0.4 个百分点。居民初次分配总收入增长除 1993 年、1995 年、1997 年和 1999 年低于 GNI 增长外,其他年份均保持高于 GNI 增长的格局。出现这种变化的主要原因是:

劳动者报酬基本上保持了与国民总收入同步增长的态势。1992 年以后,随着经济增长率由高点回落,占居民初次分配收入主要部分的劳动者报酬收入的增长经历了一个由上升转向回落的过程,而且大体上保持了与经济增长同步的变化。在此期间,居民劳动者报酬年均增长 18.6%,与同期 GNI 增长率基本同步,居民劳动者报酬占居民初次分配收入的比重为 80.6%(见表 2.10)。

居民财产净收入增长波动比较剧烈。从居民财产净收入的构成来看,储蓄存款利息收入占 98% 左右,红利收入占 1% 左右。由此可见,居民财产收入的增长,主要来源于居民储蓄存款大量增加而获得的利息收入。居民利息收入增长的快慢,一方面受储蓄存款增长速度的影响,另一方面受存款利率变动的影响。1993—1999 年,居民财产净收入年均增长 14.3%,低于 GNI 增长 4.2 个百分点,占居民初次分配收入比重在 5.1%—8.8%,平均为 6.8%。

(2) 快速回落阶段(2000—2008 年)。在此阶段,居民初次分配收入年均增长 13.4%,比同期国民总收入增长低 1.8 个百分点,由此造成居民初次分配总收入占 GNI 比重从 1999 年的 67.8% 快速回落到 2008 年的 58.7%,年均回落 1.01 个百分点。出现这种变化的主要原因是:

劳动者报酬增长持续慢于国民总收入增长。2000—2008 年,除了 2002 年劳动者报酬增长快于 GNI 增长外,其余 8 年劳动者报酬增速都慢于 GNI。

居民财产净收入增长慢于国民总收入增长。在此阶段,居民财产净收入年均

---

① 因目前我国居户部门包括农户和个体户,故住户部门也存在一定规模的营业盈余收入(包括折旧)。

增长 11.6%，低于同期 GNI 增长 3.6 个百分点。居民财产净收入增长较慢导致其占居民初次分配总收入的比重由 1999 年的 5.1% 下降至 2008 年的 4.4%。居民财产净收入增长较慢的主要原因：一是居民投资渠道狭窄和不畅。银行储蓄存款仍然是居民的主要金融投资渠道，以股市和债券市场为主要形式的直接投资渠道不畅且投资风险较大，制约了居民投资的选择。二是银行储蓄存款利息率不断下调。1996—2004 年，央行 8 次下调存款利率，居民储蓄存款利息收入增长速度大大放慢。尽管 2004 年后央行又多次上调存款利率，使居民利息收入增长有所加快，但因上调幅度不大，居民利息收入增长有限。

（3）稳定回升阶段（2009—2011 年）。在此阶段，居民初次分配收入年均增长 15.3%，比同期国民总收入增长高 1.3 个百分点，由此导致居民初次分配收入占 GNI 比重从 2008 年的 58.7% 快速回升到 2011 年的 60.7%，年均回升 0.67 个百分点。出现这种变化的主要原因：一是受机关事业单位工资上调和企业效益好转等因素的影响，居民的劳动者报酬增长基本上与国民总收入增长保持同步，在此期间劳动者报酬年均增长 13.9%，仅比同期国民总收入增长低 0.1 个百分点；二是居民的营业盈余总额增长不仅高于劳动者报酬增长，而且也高于国民总收入增长，在此期间居民的营业盈余总额年均增长 24.3%，比劳动者报酬增长高 10.4 个百分点，比国民总收入增长高 10.3 个百分点。

表 2.8 1992—2011 年居民初次分配收入　　　　　　　　单位：亿元

	1992	1993	1994	1995	1996	1997	1998
劳动者报酬	14 697	18 294	24 976	31 919	38 236	42 167	45 050
营业盈余总额	2 003	2 123	3 799	4 123	5 994	6 767	7 749
财产净收入	1 192	1 797	2 766	2 971	3 686	3 358	3 589
利息	1 181	1 778	2 727	2 921	3 602	3 256	3 497
红利	2	8	25	31	36	54	59
地租	0	0	-1	-1	-2	-2	-3
其他	9	13	15	20	50	50	36
初次分配总收入	17 891	22 215	31 541	39 013	47 916	52 292	56 389
	1999	2000	2001	2002	2003	2004	2005
劳动者报酬	48 584	52 243	57 530	64 502	71 736	80 951	93 148
营业盈余总额	8 369	11 619	11 800	10 259	12 532	13 828	16 102
财产净收入	3 040	1 949	1 919	2 041	2 245	2 711	3 267
利息	2 884	1 774	1 657	1 669	1 955	2 221	2 579
红利	99	127	219	341	249	403	441
地租	-3	-3	-4	-6	-10	-10	-14
其他	60	51	47	37	52	98	261
初次分配总收入	59 992	65 811	71 249	76 802	86 513	97 490	112 517

（续表）

	2006	2007	2008	2009	2010	2011
劳动者报酬	106 369	127 919	150 512	166 958	190 870	222 424
营业盈余总额	19 514	23 748	26 754	31 722	42 724	51 335
财产净收入	5 232	7 138	8 130	7 864	8 271	10 524
利息	4 157	4 591	6 161	5 599	5 587	7 626
红利	474	812	732	793	1 065	1 111
地租	−19	−24	−24	−27	−27	−42
其他	620	1 760	1 262	1 499	1 645	1 829
初次分配总收入	131 115	158 805	185 395	206 544	241 865	284 283

表2.9　居民劳动者报酬、财产净收入、初次分配收入和 GNI 的增长率　　单位:%

年份	劳动者报酬	财产净收入	初次分配收入	GNI
1993	24.5	50.8	24.2	30.9
1994	36.5	53.9	42.0	36.4
1995	27.8	7.4	23.7	24.3
1996	19.8	24.1	22.8	17.3
1997	10.3	−8.9	9.1	11.3
1998	6.8	6.9	7.8	6.4
1999	7.8	−15.3	6.4	6.6
2000	7.5	−35.9	9.7	10.8
2001	10.1	−1.5	8.3	10.3
2002	12.1	6.3	7.8	10.2
2003	11.2	10.0	12.6	13.3
2004	12.8	20.8	12.7	18.1
2005	15.1	20.5	15.4	15.2
2006	14.2	60.1	16.5	17.6
2007	20.3	36.4	21.1	23.4
2008	17.7	13.9	16.7	18.6
2009	10.9	−3.3	11.4	7.7
2010	14.3	5.2	17.1	17.5
2011	16.5	27.2	17.5	17.2
平均	15.4	12.1	15.7	16.2

表 2.10　居民初次分配收入的构成　　　　　　　　单位:%

年份	劳动者报酬	营业盈余总额	财产净收入
1992	82.1	11.2	6.7
1993	82.4	9.5	8.1
1994	79.2	12.0	8.8
1995	81.8	10.9	7.3
1996	79.8	12.5	7.7
1997	80.6	13.0	6.4
1998	79.9	13.7	6.4
1999	81.0	13.9	5.1
2000	79.4	17.6	3.0
2001	80.7	16.6	2.7
2002	84.0	13.3	2.7
2003	82.9	14.5	2.6
2004	83.0	14.2	2.8
2005	82.8	14.3	2.9
2006	81.1	14.9	4.0
2007	80.6	14.9	4.5
2008	81.2	14.4	4.4
2009	80.8	15.4	3.8
2010	78.9	17.7	3.4
2011	78.2	18.1	3.7

虽然自1990年以来居民初次分配收入占国民总收入的比重总体上趋于下降,但若剔除价格因素,则该比重变化趋势与现价比重变化趋势有较大的不同。剔除价格因素的方法是用GDP缩减指数来缩减国民总收入,从而得到可比价国民总收入,用CPI指数缩减劳动者报酬和居民初次分配收入,从而得到可比价劳动者报酬和居民初次分配收入。由表2.11可知,按可比价计算,1992—1997年,劳动者报酬占国民总收入比重和居民初次分配收入占国民总收入比重双双呈下降态势,但从1998年开始劳动者报酬占国民总收入比重呈回升态势,特别是在2009—2011年上升更为明显;居民初次分配收入占GNI比重也是从1998年开始呈回升态势,除在2001年、2002年和2004年三年略有回落外,在其他年份均是回升的。这与现价比重变化趋势有所不同。2011年,按可比价格计算,劳动者报酬占国民总收入比重为58.7%,比1997年上升了5.6个百分点;居民初次分配收入占国民总收入比重为75.0%,比1997年上升了9.1个百分点。

表 2.11 1992—2011 年可比价劳动者报酬和可比价居民初次分配收入占可比价 GNI 比重

（按 2000 年价格计算）

年份	劳动者报酬（亿元）	居民初次分配收入（亿元）	国民总收入（亿元）	劳动者报酬占GNI 比重（%）	居民初次分配收入占 GNI 比重（%）
1992	26 782.8	32 604.2	45 896.0	58.4	71.0
1993	29 066.2	35 294.7	52 169.0	55.7	67.7
1994	31 975.7	40 380.6	59 007.4	54.2	68.4
1995	34 897.8	42 653.8	64 514.7	54.1	66.1
1996	38 599.9	48 372.0	71 090.5	54.3	68.0
1997	41 408.6	51 351.6	77 934.4	53.1	65.9
1998	44 597.4	55 821.7	83 633.4	53.3	66.7
1999	48 777.9	60 232.4	90 277.7	54.0	66.7
2000	52 242.9	65 811.0	98 000.5	53.3	67.2
2001	57 129.9	70 753.4	105 894.7	53.9	66.8
2002	64 569.7	76 882.8	116 003.5	55.7	66.3
2003	70 960.1	85 577.0	128 155.9	55.4	66.8
2004	77 069.7	92 815.7	141 587.3	54.4	65.6
2005	87 114.1	105 228.5	156 893.1	55.5	67.1
2006	98 008.6	120 809.8	177 715.0	55.1	68.0
2007	112 466.3	139 621.6	203 736.8	55.2	68.5
2008	124 957.4	153 918.5	224 261.9	55.7	68.6
2009	139 588.5	172 685.2	242 971.4	57.5	71.1
2010	154 482.3	195 755.7	267 640.4	57.7	73.1
2011	170 798.0	218 299.3	290 993.1	58.7	75.0

（二）政府、企业和居民三者收入再分配

收入再分配是在收入初次分配的基础上,通过经常转移的方式对收入进行分配。经常转移的主要形式有收入税、社会保险付款、社会补助和其他经常转移。一个国家的初次分配总收入经过经常转移,最终形成了它的可支配总收入,即国民可支配总收入。

相对于收入初次分配,我国收入再分配内部关系的演变更趋复杂。具体而言,国民可支配总收入在政府、企业和居民三者之间的演变经历了以下四个阶段（见表 2.12）：

表 2.12　国民可支配总收入结构　　　　　　　单位:%

年份	政府	企业	居民
1978	35.9	12.9	51.2
1988	21.3	8.3	70.4
1990	21.9	9.1	69.0
1992	17.8	13.1	69.1
1993	17.1	17.6	65.3
1994	14.5	18.0	67.5
1995	14.1	18.8	67.1
1996	14.6	15.3	70.1
1997	14.3	16.3	69.4
1998	14.2	16.1	69.7
1999	14.2	17.5	68.3
2000	14.5	17.9	67.6
2001	15.0	18.9	66.1
2002	16.2	19.4	64.4
2003	16.1	19.9	64.0
2004	16.4	22.5	61.1
2005	17.6	21.6	60.8
2006	18.2	21.5	60.3
2007	19.0	22.1	58.9
2008	19.0	22.7	58.3
2009	18.3	21.2	60.5
2010	18.4	21.2	60.4
2011	19.2	20.0	60.8

第一阶段是改革初期至 1990 年。在此阶段,经常转移力度很小,再分配结果与初次分配结果基本一致。这一阶段的主要特点是政府可支配总收入占国民可支配总收入的比重大幅下降,企业可支配收入所占比重小幅下降,居民可支配收入所占比重持续上升。

第二阶段是 1990—1995 年。在此阶段,政府再分配能力有所加强,与初次分配结果相比,再分配的结果有些变化。这一阶段的主要特点是政府可支配总收入所占比重继续下降,但下降幅度明显减小,而企业可支配收入所占比重稳步上升,宏观收入分配过快向居民倾斜的状况得到一定的矫正。1990 年,政府、企业和居民三者间的收入分配关系为 21.9∶9.1∶69.0,到 1995 年三者间的收入分配关系变为 14.1∶18.8∶67.1。其中,居民可支配收入所占比重比 1990 年下降了 1.9 个百分点,政府可支配收入所占比重下降了7.8个百分点,企业可支配收入所占比重则上升了9.7个百分点。这一阶段国家加大了收入分配调节力度,抑制了居民收入增长过快的趋势。

第三阶段是1996—2008年。在此阶段,宏观收入分配向企业和政府倾斜,居民收入比重大幅下降。随着国有企业改革的深化和非国有企业的迅猛发展,企业盈利能力明显增强,企业经济效益显著改善,企业可支配收入比重进一步上升,从1996年的低点15.3%逐年攀升到2008年的22.7%。政府可支配收入所占比重由降转升,从1996年的14.6%上升到2008年的19.0%。政府可支配收入所占比重上升,与这一时期的财税体制改革,即提高部分税种的税率水平以及加大税收征管力度有直接关系。相应地,这一时期的居民可支配收入所占比重由1996年的70.1%快速下降至2008年的58.3%,下降了11.8个百分点,平均每年下滑0.98个百分点。

第四阶段是2009年至今。在此阶段,三者的收入分配关系发生了新的变化,突出表现为政府可支配收入所占比重基本保持稳定,企业可支配收入所占比重有所下降,居民可支配收入所占比重有所上升。2011年,政府可支配收入所占比重为19.2%,比2008年上升了0.2个百分点;企业可支配收入所占比重为20.0%,比2008年下降了2.7个百分点;居民可支配收入所占比重为60.8%,比2008年上升了2.5个百分点,平均每年上升0.83个百分点。

与收入初次分配相比,1978年以来,政府在收入再分配中总体上处于净得益的地位,具体表现为政府初次分配收入占国民总收入的比重小于政府可支配收入占国民可支配总收入的比重;企业在再分配过程中一直处于净损失地位;居民在2001年以前处于净得益地位,并在1997年达到顶点,此后净得益逐渐缩小,2002—2010年居民已由再分配中的净得益方变为净损失方,但2011年居民已由再分配中的净损失方又变为净得益方(见表2.13)。收入再分配过程存在着向政府倾斜的现象,这主要是1994年开始推行的税收改革和1998年开始全面推进养老、医疗和教育体制等多项改革的综合结果。

表2.13 可支配总收入与初次分配总收入的结构之差　　　　单位:%

年份	政府	企业	居民
1978	0.10	-0.30	0.20
1988	0.00	-0.20	0.20
1990	0.10	-0.20	0.10
1992	1.92	-4.57	2.65
1993	1.57	-3.87	2.29
1994	1.26	-3.25	1.99
1995	1.74	-3.56	1.82

(续表)

年份	政府	企业	居民
1996	1.79	-3.60	1.81
1997	1.77	-4.14	2.36
1998	1.31	-3.05	1.74
1999	1.07	-1.57	0.50
2000	1.40	-1.78	0.38
2001	2.33	-2.47	0.14
2002	2.29	-2.23	-0.06
2003	2.46	-2.34	-0.12
2004	2.69	-2.61	-0.09
2005	3.35	-2.92	-0.43
2006	3.68	-3.20	-0.48
2007	4.27	-3.56	-0.72
2008	4.25	-3.86	-0.38
2009	3.70	-3.54	-0.16
2010	3.42	-3.32	-0.10
2011	3.81	-3.92	0.11

1. 政府可支配收入变化

政府可支配收入由政府初次分配收入与经常转移净收入两部分构成。由于政府部门的经常转移是收大于支，因此政府经过再分配增加了收入。1992—2011年，政府初次分配收入占可支配收入比重平均为81.3%，经常转移净收入占可支配收入比重平均为18.7%。政府的经常转移净收入的主要来源是所得税和社会保险付款，其中所得税的60%以上来自企业，其余来自居民。1992—2011年，政府可支配收入年均增长16.7%，比同期国民可支配总收入增长高0.5个百分点，其占国民可支配总收入的比重由1992年的17.8%上升到2011年的19.2%。1992—2011年，与政府初次分配收入所占比重相似，政府可支配收入所占比重的变化也可以分为两个阶段，即快速回落阶段和缓慢上升阶段。

(1) 波动回落阶段(1992—1995年)。在此阶段，政府可支配收入年均增长20.7%，比同期国民可支配总收入增长低9.7个百分点。其中，政府初次分配收入和政府经常转移净收入分别增长20.0%和26.1%，两者占国民可支配总收入的比重分别由1992年的15.86%和1.96%下降到1995年的12.36%和1.77%(见表2.14和表2.15)。显然，政府可支配收入所占比重的下降是政府初次分配收入所占比重和政府经常转移净收入所占比重双下降的结果，而后者又主要是由1994年后企业所得税税率的调整，尤其是国有企业所得税税率由以前的55%下调到33%所致。

(2) 缓慢上升阶段(1996—2011年)。在此阶段,政府可支配收入年均增长15.9%,比同期国民可支配总收入增长高2.2个百分点。其中,政府初次分配收入和政府经常转移净收入分别增长15.3%和19.4%,两者占国民可支配总收入的比重分别由1995年的12.36%和1.77%上升到2011年的15.33%和3.86%(见表2.15)。可见,政府可支配收入所占比重的上升是政府初次分配收入所占比重和政府经常转移净收入所占比重双回升的结果,而政府经常转移净收入所占比重的回升主要得益于企业所得税和个人所得税的快速增长。在此时期,政府收入税年均增长22.3%,其中企业和个人的所得税年均分别增长21.1%和27.1%。企业所得税的快速增长主要源于企业经营效益的不断提高,个人所得税的快速增长主要得益于居民收入水平的提高和税务部门加强个人所得税的征管。

表2.14 1992—2011年政府可支配收入   单位:亿元

	1992	1993	1994	1995	1996	1997	1998
初次分配总收入	4 283	5 484	6 369	7 406	8 972	9 783	10 737
经常转移净收入	529	567	622	1 060	1 284	1 446	1 137
收入税	711	686	622	912	1 129	1 295	1 340
社会保险付款	377	526	742	1 006	1 251	1 454	1 602
社会保险福利	-2 748	-3 472	-4 016	-4 627	-5 401	-6 477	-7 888
社会补助	-320	-275	-242	-239	-290	-305	-474
其他	88	111	180	259	277	341	307
可支配总收入	4 812	6 051	6 991	8 466	10 256	11 229	11 874
	1999	2000	2001	2002	2003	2004	2005
初次分配总收入	11 581	12 865	13 697	16 600	18 388	21 913	26 074
经常转移净收入	1 005	1 449	2 627	2 906	3 559	4 605	6 500
收入税	1 542	2 119	3 363	3 543	4 196	5 409	6 949
社会保险付款	2 042	2 322	2 741	3 484	4 325	5 168	6 307
社会保险福利	-9 925	-2 386	-2 748	-3 472	-4 016	-4 627	-5 401
社会补助	-783	-950	-1 125	-1 124	-1 473	-1 966	-2 179
其他	312	344	395	475	528	622	824
可支配总收入	12 586	14 314	16 324	19 506	21 947	26 518	32 574
	2006	2007	2008	2009	2010	2011	
初次分配总收入	31 373	39 267	46 549	49 606	59 927	72 067	
经常转移净收入	8 352	11 925	13 995	12 997	14 190	18 136	
收入税	8 815	11 965	14 898	15 486	17 681	22 824	
社会保险付款	7 683	9 593	12 135	14 421	17 340	21 801	
社会保险福利	-6 477	-7 888	-9 925	-12 303	-16 207	-20 364	
社会补助	-2 736	-3 269	-5 062	-6 137	-6 012	-7 444	
其他	1 067	1 524	1 949	1 529	1 388	1 319	
可支配总收入	39 725	51 192	60 544	62 603	74 116	90 203	

表 2.15 政府初次分配收入、政府经常转移净收入和政府
可支配总收入占国民可支配总收入的比重 单位:%

年份	初次分配收入	经常转移净收入	可支配收入
1992	15.86	1.96	17.82
1993	15.52	1.60	17.13
1994	13.21	1.29	14.50
1995	12.36	1.77	14.13
1996	12.76	1.83	14.58
1997	12.46	1.84	14.31
1998	12.88	1.36	14.24
1999	13.03	1.13	14.16
2000	13.06	1.47	14.53
2001	12.59	2.42	15.01
2002	13.81	2.42	16.23
2003	13.48	2.61	16.09
2004	13.58	2.85	16.43
2005	14.05	3.50	17.55
2006	14.38	3.83	18.21
2007	14.58	4.43	19.01
2008	14.59	4.39	18.98
2009	14.48	3.79	18.28
2010	14.89	3.53	18.41
2011	15.33	3.86	19.19

2. 企业可支配收入变化

企业可支配收入由企业初次分配收入与企业经常转移净收入两项构成。由于企业部门的经常转移是支大于收,因此企业部门经过再分配后收入减少了。1992—2011年,企业可支配收入年均增长18.8%,比同期国民可支配总收入增长高2.6个百分点,其占国民可支配总收入的比重由1992年的13.1%上升到2011年的20%。其中,企业初次分配收入和企业经常转移净支出分别增长18.1%和15.2%,前者占国民可支配总收入的比重由1992年的17.64%上升到2011年的23.87%,后者占国民可支配总收入的比重则由1992年的4.53%下降到2011年的3.84%(见表2.16和表2.17)。

表 2.16　1992—2011 年企业可支配收入　　　　　　　　单位：亿元

	1992	1993	1994	1995	1996	1997	1998
初次分配总收入	4 763	7 561	10 199	13 391	13 255	15 986	15 899
经常转移净收入	-1 224	-1 352	-1 541	-2 109	-2 499	-3 158	-2 477
收入税	-670	-636	-549	-780	-936	-1 035	-1 002
社会保险付款	-56	-67	-87	-131	-79	-87	-24
其他	-498	-649	-905	-1 197	-1 484	-2 036	-1 452
可支配总收入	3 540	6 209	8 657	11 282	10 756	12 828	13 421
	1999	2000	2001	2002	2003	2004	2005
初次分配总收入	16 906	19 324	23 122	25 694	30 077	40 051	45 026
经常转移净收入	-1 315	-1 654	-2 541	-2 453	-2 871	-3 729	-4 938
收入税	-1 128	-1 459	-2 368	-2 331	-2 778	-3 672	-4 854
社会保险付款	-27	-31	-36	-41	-47	-54	-63
其他	-159	-164	-137	-81	-46	-3	-21
可支配总收入	15 591	17 670	20 582	23 241	27 206	36 322	40 089
	2006	2007	2008	2009	2010	2011	
初次分配总收入	53 416	68 350	84 086	84 170	97 968	112 213	
经常转移净收入	-6 426	-8 857	-11 529	-11 593	-12 693	-18 043	
收入税	-6 361	-8 779	-11 176	-11 537	-12 844	-16 770	
社会保险付款	-72	-95	-95	-109	-126	-145	
其他	7	17	-258	54	277	-1 129	
可支配总收入	46 991	59 493	72 557	72 577	85 276	94 170	

表 2.17　企业初次分配收入、企业经常转移净收入
和企业可支配收入占国民可支配总收入的比重　　　　单位：%

年份	初次分配收入	经常转移净收入	可支配收入
1992	17.64	-4.53	13.11
1993	21.40	-3.83	17.58
1994	21.15	-3.20	17.95
1995	22.34	-3.52	18.83
1996	18.85	-5.55	15.30
1997	20.37	-4.02	16.34
1998	19.07	-2.97	16.10
1999	19.02	-1.48	17.54
2000	19.61	-1.68	17.94
2001	21.26	-2.34	18.92

(续表)

年份	初次分配收入	经常转移净收入	可支配收入
2002	21.38	-2.04	19.34
2003	22.05	-2.10	19.94
2004	24.82	-2.31	22.51
2005	24.26	-2.66	21.60
2006	24.49	-2.95	21.54
2007	25.39	-3.29	22.10
2008	26.36	-3.61	22.74
2009	24.58	-3.38	21.19
2010	24.34	-3.15	21.19
2011	23.87	-3.84	20.03

3. 居民可支配收入变化

同政府部门一样,居民部门的经常转移收入通常大于经常转移支出,因此多数情况下居民也是收入再分配的受益者。统计数据显示,居民在再分配环节增加的收入占其可支配总收入比重通常不足5%。居民再分配收入的主要来源是社会保险福利收入、社会补助收入和其他收入(保险索赔、来自国外的汇款等)。1992—2011年,居民可支配收入年均增长15.4%,比同期国民可支配总收入增长低0.8个百分点。其中,居民初次分配收入和居民经常转移净收入年均分别增长15.7%和3.6%,两者占国民可支配总收入的比重分别由1992年的66.26%和2.81%下降到2011年的60.47%和0.32%(见表2.18和表2.19)。1992—2011年,与居民初次分配总收入所占比重相似,居民可支配总收入的比重变化也可以分为三个阶段,即相对稳定阶段、快速回落阶段和稳步回升阶段。

(1)相对稳定阶段(1992—1999年)。在此阶段,居民可支配收入年均增长18.4%,比同期国民可支配总收入增长低0.2个百分点,其占国民可支配总收入的比重由1992年的69.07%微降到1999年的68.30%。其中,居民初次分配收入和居民经常转移净收入年均分别增长18.9%和-0.1%,前者占国民可支配总收入的比重从1992年的66.26%上升到1999年的67.49%,后者占国民可支配总收入的比重从1992年的2.81%下降到1999年的0.81%。

(2)快速回落阶段(2000—2008年)。在此阶段,居民可支配收入年均增长13.2%,比同期国民可支配总收入增长低2.1个百分点,其占国民可支配总收入的比重由1999年的68.30%快速下降到2008年的58.28%。其中,居民初次分配收入和居民经常转移净收入年均分别增长13.4%和-3.3%,两者占国民可支配总收入的比重分别由1999年的67.49%和0.81%快速下降到2008年的58.11%和0.17%。可见,居民可支配收入所占比重的下降,一方面是因为居民初次分配收入所占比重下降,另一方面是因为居民经常转移净收入所占比重也在快速下降。居民经常转移净收入出现负增长,主要是因为随着居民收入水平的快速提高,居民交纳的个人所得税和社会保险付款大幅增长,并超过社会保险福利、社会补助和其他收入的增幅。在此期间,居民上交的收入税和社会保险年均增长23.2%,比居民同期获得的社会保险福利、社会补助和其他收入高2.8个百分点。

(3)平稳回升阶段(2009—2011年)。在此阶段,居民可支配收入年均增长15.4%,比同期国民可支配总收入高1.6个百分点,其占国民可支配总收入的比重由2008年的58.28%回升到2011年的60.78%。其中,居民初次分配收入和居民经常转移净收入年均分别增长15.3%和41%,两者占国民可支配总收入的比重分别由2008年的58.11%和0.17%回升到2011年的60.47%和0.32%。可见,居民可支配收入比重的回升,一方面是因为居民初次分配收入所占比重反弹,另一方面是因为居民经常转移净收入所占比重快速上升。居民经常转移净收入快速增长,主要是得益于政府加大对民生投入的力度,居民得到的社会保险福利、社会补助和其他经常转移收入增长较快,并超过居民交纳的收入税和社会保险付款的增幅。在此期间,居民获得的社会保险福利、社会补助和其他经常转移收入年均增长21.4%,比居民同期交纳的收入税和社会保险付款增长高0.7个百分点。

表2.18 1992—2011年居民可支配收入　　　　单位:亿元

	1992	1993	1994	1995	1996	1997	1998
初次分配总收入	17 891	22 215	31 541	39 013	47 916	52 292	56 389
经常转移净收入	758	853	1 035	1 168	1 392	2 139	1 695
收入税	-41	-51	-73	-131	-193	-260	-338
社会保险付款	-377	-526	-742	-1 006	-1 251	-1 454	-1 602
社会保险福利	327	482	680	877	1 082	1 339	1 637
社会补助	376	342	329	370	369	393	498
其他	473	605	840	1 058	1 384	2 121	1 500
可支配总收入	18 649	23 068	32 576	40 182	49 308	54 430	58 084
	1999	2000	2001	2002	2003	2004	2005
初次分配总收入	59 992	65 811	71 249	76 802	86 513	97 490	112 517
经常转移净收入	719	728	617	622	756	1 019	393
收入税	-414	-660	-995	-1 212	-1 418	-1 737	-2 095
社会保险付款	-2 042	-2 322	-2 741	-3 484	-4 325	-5 168	-6 307
社会保险福利	2 108	2 386	2 748	3 472	4 016	4 627	5 401
社会补助	810	981	1 161	1 165	1 520	2 021	2 242
其他	257	343	445	681	963	1 276	1 152
可支配总收入	60 711	66 539	71 865	77 423	87 268	98 509	112 910

（续表）

	2006	2007	2008	2009	2010	2011
初次分配总收入	131 115	158 805	185 395	206 544	241 865	284 283
经常转移净收入	312	-247	531	758	1 257	1 490
收入税	-2 454	-3 186	-3 722	-3 949	-4 837	-6 054
社会保险付款	-7 683	-9 593	-12 135	-14 421	-17 340	-21 801
社会保险福利	6 477	7 888	9 925	12 303	16 207	20 364
社会补助	2 808	3 365	5 157	6 246	6 138	7 589
其他	1 163	1 280	1 307	580	1 089	1 392
可支配总收入	131 426	158 559	185 926	207 302	243 122	285 773

表 2.19 居民初次分配收入、居民经常转移净收入和居民可支配收入占国民可支配总收入的比重　　　　单位:%

年份	初次分配收入	经常转移净收入	可支配收入
1992	66.26	2.81	69.07
1993	62.88	2.41	65.30
1994	65.40	2.15	67.55
1995	65.10	1.95	67.05
1996	68.14	1.98	70.12
1997	66.62	2.73	69.35
1998	67.63	2.03	69.66
1999	67.49	0.81	68.30
2000	66.80	0.74	67.54
2001	65.50	0.57	66.07
2002	63.91	0.52	64.43
2003	63.42	0.55	63.97
2004	60.42	0.63	61.05
2005	60.63	0.21	60.84
2006	60.11	0.14	60.25
2007	58.98	-0.09	58.89
2008	58.11	0.17	58.28
2009	60.31	0.22	60.53
2010	60.09	0.31	60.40
2011	60.47	0.32	60.78

同样,若剔除价格因素,即用 GDP 缩减指数来缩减国民可支配总收入得到可比价国民可支配总收入,用 CPI 指数缩减居民可支配收入得到可比价居民可支配收入,则可比价居民可支配收入占可比价国民可支配总收入比重也发生了一些变化。由表 2.20 可知,按可比价计算,1992—2004 年居民可支配收入占国民可支配总收入比重呈逐步下降态势,但从 2005 年开始止跌回升,特别是在 2009—2011 年

期间上升更为明显,这与现价比重的变化趋势有所不同。2011年,按可比价格计算,居民可支配收入占国民可支配总收入比重为75.2%,比2004年上升了9.7个百分点。

表2.20 1992—2011年可比价居民可支配收入占可比价国民可支配总收入比重

(按2000年价格计算)

年份	居民可支配收入(亿元)	国民可支配总收入(亿元)	居民可支配收入占比(%)
1992	33 985.7	46 004.5	73.9
1993	36 650.1	52 268.9	70.1
1994	41 705.7	59 148.7	70.5
1995	43 930.9	64 643.9	68.0
1996	49 777.1	71 269.9	69.8
1997	53 451.9	78 360.1	68.2
1998	57 499.5	83 990.2	68.5
1999	60 953.9	90 695.3	67.2
2000	66 538.7	98 523.0	67.5
2001	71 365.8	106 583.4	67.0
2002	77 505.2	117 050.3	66.2
2003	86 324.8	129 527.2	66.6
2004	93 786.1	143 270.2	65.5
2005	105 596.1	158 563.5	66.6
2006	121 096.5	179 556.7	67.4
2007	139 404.8	205 894.2	67.7
2008	154 359.2	226 388.7	68.2
2009	173 319.2	244 515.4	70.9
2010	196 773.2	269 484.3	73.0
2011	219 443.2	291 976.2	75.2

(三)我国宏观收入分配的国际比较

宏观收入分配的国际比较可以从多个方面进行,这里选择两个比较重要的方面进行比较。

1. 政府收入来源的比较

一般来讲,政府收入主要有两大来源:一是生产税,二是收入税(即所得税)。生产税属于初次分配,是与生产成果直接联系在一起的,体现的是效率原则。近年来,我国生产税净额占政府可支配收入的比重已经接近甚至超过了70%。为便于国际比较,我们选择了另外一个相关指标:生产税净额占GDP比重。该指标说明一定时期内(如1年)政府从生产成果中组织税收的能力。从我国的情况看,该比重在波动中上升,1992年为8.8%,2011年上升到13.2%,平均为12.4%。经过比较发现,12.4%的生产税比重高于国外的平均水平。不同国家的生产税净额占GDP比重差别不大。如果把低水平的美国(8.5%)和高水平的乌克兰(24.4%)排除,其他国家均在10%—16%。总的来看,多数发达国家的生产税比重低于发展中国家,这主要是由于发达国家更注重征收收入税。

与生产税相比,我国政府组织收入税的能力明显偏弱。1992—2011年,我国收入税占GDP比重平均为3.8%,明显低于其他国家的平均水平。

2. 人均GDP超过1 000美元后收入分配格局的比较

2003年我国人均GDP超过1 000美元。经济学理论与实践表明,当一国人均GDP处于1 000—3 000美元阶段时,随着消费结构的逐步升级和社会结构的全面深化,国民经济的高速增长和社会进步将面临难得的机遇,是一个国家的黄金发展阶段。20世纪中期,日本成功地在黄金发展阶段实现了经济的快速增长和跨越。日本在这一阶段的国民经济分配格局对我国有较强的借鉴意义。

日本人均GDP由1966年的1 071美元,经过7年的增长,在1973年达到3 348美元。这是日本的黄金发展阶段。在这个发展阶段,日本的企业可支配收入在国民可支配总收入中所占的份额较小,平均为7.5%;政府可支配收入在国民可支配总收入中所占的份额也不多,约占16%,变化趋势是略有上升;居民与非营利机构可支配收入在国民可支配总收入中占主体地位,所占比重在75%以上,政府、企业和居民三者之间的比例关系大致为1.5∶1∶7.5(见表2.21)。

表2.21 1965—1973年日本国民可支配总收入的结构　　　　单位:%

年份	政府	企业	居民及非营利机构
1965	15.6	3.6	80.8
1966	15.0	5.8	79.2
1967	15.2	8.7	76.1
1968	15.2	8.7	76.1
1969	15.4	9.7	74.9
1970	16.2	10.7	73.1
1971	17.1	7.1	75.8
1972	16.4	7.3	76.3
1973	17.2	5.8	77.0

2003年,我国政府可支配收入占国民可支配总收入比重为16.1%,比1966年日本的政府可支配收入占比高1个百分点;我国企业可支配收入占比为19.9%,比1966年日本的企业可支配收入占比高14.1个百分点;我国居民可支配收入占

比为64%,比1966年日本的居民(包括为住户服务的非营利机构)可支配收入占比低15.2个百分点。与历史上处于相同发展阶段的日本相比,我国企业和政府在国民收入分配中占比偏高,而居民占比偏低。

二、如何看待当前我国宏观收入分配的格局

随着收入分配体制改革的不断深化,我国目前形成的三者收入分配格局基本上是合理的,总体上有利于经济发展、社会进步和效率提高。具体表现在:

第一,可以提高劳动生产率,促进经济的发展。随着收入分配体制改革的深化,以按劳分配为主体、多种分配方式并存的收入分配体制正逐步形成,居民收入渠道增多,收入水平迅速提高。随着居民收入水平的不断提高,居民消费支出随之扩大,消费需求更加多样化,消费结构不断升级,对生产的拉动作用越来越大,同时也在促进劳动生产率不断提高。

第二,可以促进企业自我发展,进而促进经济增长。改革开放以来,随着企业改革的不断深化和现代企业制度的建立,企业生产经营的自主权不断扩大,活力不断增强,效益不断提高。随着企业自有资金积累的增多,企业将更多的自有资金投入技术改造和扩大再生产中,以获取更多的利润,从而形成了一种良性的扩大再生产的机制。企业不断扩大再生产是保持我国经济持续快速健康发展的主要动力。

第三,可以增强政府调控能力。在建立和完善社会主义市场经济体制的过程中,保持政府所得在国民可支配总收入中的适当份额,是克服市场失灵和加强宏观调控的内在要求。1994年分税制改革以来,政府收入特别是中央政府收入的水平不断提高。政府收入规模的扩大,大大增强了中央政府通过转移支付平衡地区财力以及调节不同群体之间收入分配差距的能力,同时也使政府有能力集中资金进行重大项目的开发与建设,以及应对突发性重大自然灾害。

从国际经验来看,在由低收入国家向中等收入国家迈进的过程中,国民收入的分配格局一般表现为居民和企业所占比重有所上升,政府所占比重有所下降。我国目前的人均GDP刚超过5 000美元,属于上中等收入国家,因此与改革开放初期相比,总体上企业和居民收入比重上升、政府收入比重下降符合国际上收入分配的一般规律。收入分配在改革开放初期到1995年向企业和居民倾斜,是针对我国长期以来企业和居民收入过低,人民生活水平得不到有效提高,企业无力进行更新改造和自我发展而采取的措施,有还"欠账"的因素,有利于解放和发展生产力,有利于增加消费和改善投资与消费的比例关系。1996—2008年期间,收入分配明显向政府和企业倾斜,居民可支配收入占比持续下滑。从2009年开始,宏观收入分配格局出现了积极变化,突出表现在居民可支配收入占比止跌回升。

现有的收入分配格局对我国的经济和社会发展起到了相当大的推动作用,但

仍存在不少问题,主要表现为:

第一,2000—2008年,我国居民可支配收入占国民可支配总收入比重呈逐年下降态势,这对扩大居民消费需求产生了负面影响。在此期间,我国居民可支配收入占国民可支配总收入比重逐年下降的主要原因,一是劳动者报酬增长持续慢于经济增长,其占GDP比重不断下降;二是居民财产净收入增长缓慢,其占GNI比重持续下滑;三是居民经常转移净收入增长大大放缓,居民已由再分配中的净得益方变为净损失方。

第二,2000—2008年,收入初次分配和再分配过程中存在明显向政府倾斜的趋势。一方面,各级地方政府千方百计地通过各种途径,招商引资,扩大生产规模为地方创造更多的税收,由此使得政府获得的生产税净额增长大大快于经济增长,政府初次分配收入占GNI比重不断上升。另一方面,在收入再分配过程中,政府继续扩大收入比例。近年来,政府在经常转移净收入中获得的收入税和社会保险缴款等转移收入增长远快于社会补助等转移支出,导致政府经常转移净收入占国民可支配总收入比重持续上升。出现这种现象的直接原因是:我国财税体制不完善(主要以生产税特别是增值税为主),经济增长方式粗放(主要通过消耗大量资源和污染环境获取经济快速增长),地方政府政绩考核机制存在弊端(主要是鼓励地方政府过度投资)。政府收入过快增长带来的负面影响是:一方面,政府财政收入的快速增长一定程度上挤压了居民收入增长的空间;另一方面,政府转移支付和社会保障支出的不足,又导致居民消费倾向下降。

第三,政府再分配调节力度不够,社会保障欠账较多。由于我国缺乏健全的居民收入监控体系,个人收入来源复杂且不透明,偷税漏税现象普遍,政府对居民收入再分配的调节力度不够。2011年,居民经常转移净收入为1489.6亿元,只占居民可支配收入的0.5%;各级政府用于补助低收入居民的转移支出总额占居民可支配收入的3%左右。由于政府转移支付规模小,对农村居民、城镇失业人员和低收入阶层缺乏有效的保障。目前,虽然我国已初步建立覆盖城乡居民的社会保障体系,但社会保障水平明显偏低,这就迫使居民仍要考虑医疗、养老、教育等诸多方面的支出,从而强化了居民的储蓄动机,抑制了居民当期消费的增长。

收入分配中存在的这些问题,对经济和社会发展正在产生越来越明显的不利影响:一是城乡低收入群体扩大,制约了城乡市场开拓和消费需求扩大,影响了国民经济的良性循环;二是垄断和不公平竞争带来收入差距的扩大,使得人民群众的生产劳动积极性、创造性受到挫折,不利于效率的提高;三是群众对分配不公和腐败现象的不满情绪增加,影响了社会稳定。

第五节 对我国居民收入分配的分析

相对于国民收入的宏观分配,居民家庭的收入分配可以看作微观的收入分配。自20世纪90年代末的市场化改革之后,我国的劳动力市场基本上建立和发展起来了,开始形成作为我国居民家庭收入主要来源的劳动报酬的市场定价机制。政府在决定劳动力价格方面仍然能发挥一定的作用,如在确定公务员、事业单位人员的基础工资,各个地区制定最低工资标准、安排社会保障措施等方面,政府仍然在发挥作用。但就整体而言,劳动力的定价已经基本实行了市场定价,政府虽然可以在一定程度上影响这种定价,但定价的主体已经实现了由政府向市场的转变。相应地,政府在决定劳动报酬政策,如调整公务员和事业单位职工报酬时,也必须考虑市场上劳动力价格的一般水平。相比较而言,政府在制定劳动报酬政策时,远不如市场灵活,如公务员工资的调整,要经过很复杂的决策程序,因此往往严重滞后于经济发展甚至是物价上涨水平;而对于企业员工的工资,往往企业本身就可以根据市场的情况和企业的经营来决定,因而能够有效地提高企业的效率。这说明建立和发展劳动力市场对于我国的经济增长是有积极促进作用的。当然,由于我国仍然处于转轨过程中,这一市场还存在着很多的问题,如一些国有企业高管的劳动报酬过高,而低收入劳动者的工资上升较慢等,还需要通过不断的改革来加以完善。其中有些问题确实是因为政府干预不够,如应该更好地通过税收等手段来适度地调节收入分配,但还有很多时候是市场化不足,从而扭曲了收入分配。很多国有企业的经营收入来自垄断经营,在这种情况下至少应该把这部分垄断性收入上缴国家(更合理的解决方案当然是逐步消除垄断),但是许多企业却将这种收入中的相当一个部分用来增加高管的工资,这其实是违背市场经济的公平原则的。与此同时,随着市场化改革和经济增长,我国居民家庭的收入更加多元化了,除了原来的劳动报酬外,各种经营性收入和财产收入也增加了。因此,现阶段的我国居民收入分配,要放在这样一个市场化的背景下去进行研究,而不能只就分配而谈分配。

一、2000—2008年我国居民家庭收入分配的发展变化

从进入21世纪到2008年全球金融危机爆发前后,我国经济经历了一个高速增长周期,这是改革开放后持续时间最长、波动幅度最小的时期,同时,这也是我国微观收入分配格局伴随着转轨进程的深入和高速经济增长发生较大变化的时期。在这一阶段的前期,尤其由于高速经济增长对于资本、技术、管理的需求,在市场经济条件下,相对短缺的生产要素获得了更高的报酬,而从事简单劳动的普通劳动力的供给因为相对充裕,收入增长相对缓慢,从而导致了居民收入分配差异的扩大化。这一期间居民收入分配的变化有如下几个特点:

1. 城镇居民的收入增长高于农村居民

表2.22对2000—2008年我国城乡居民收入增长进行了比较。从表中可以看出,这一期间城镇居民的收入增加明显快于农村居民。城镇居民家庭的人均可支配收入的年均增长率达到12.21%,而农村居民家庭的人均纯收入的平均增长率只有9.8%,城镇居民的收入增长比农村居民高2.4%(均为名义收入)。随着收入的提高,无论是城市还是农村居民的恩格尔系数都下降了,但农村居民的下降程度大于城市,这说明虽然农村居民的收入增长偏慢,但是生活水平仍然有明显的提高。应该说,就农村居民的收入增长本身而言,年均增长率并不低(名义增长10%左右,实际增长大约为7%),但和城镇居民相比有差距。

表2.22 2000—2008年城乡居民收入变化情况

年份	城镇居民家庭人均可支配收入		农村居民家庭人均纯收入		城镇居民家庭恩格尔系数	农村居民家庭恩格尔系数	城乡居民人民币储蓄存款(年底余额)
	(元)	比上年增长(%)	(元)	比上年增长(%)	(%)	(%)	(亿元)
2000	6 280	7.28	2 253	1.95	39.4	49.1	64 332
2001	6 860	9.23	2 366	5.01	38.2	47.7	73 762
2002	7 703	12.29	2 476	4.61	37.7	46.2	86 911
2003	8 472	9.99	2 622	5.92	37.1	45.6	103 618
2004	9 422	11.21	2 936	11.98	37.7	47.2	119 555
2005	10 493	11.37	3 255	10.85	36.7	45.5	141 051
2006	11 760	12.07	3 587	10.2	35.8	43.0	161 587
2007	13 786	17.23	4 140	15.43	36.3	43.1	172 534
2008	15 781	14.47	4 761	14.98	37.9	43.7	217 885
年均增长率(%)		12.21		9.8			16.47
2008年为2000年的倍数(%)		251.29		211.26			338.69

资料来源:根据《中国统计年鉴(2010)》中的有关数据整理。

2. 城乡居民的收入增长低于整个经济增长

同时,这一期间我国经济的名义增长率大约在14%左右(按现行价格计算,包含了价格变动因素),那么无论城镇居民还是农村居民的收入增长,都要明显地低于经济增长,这说明宏观收入分配是影响微观收入分配的重要因素。虽然居民收入的增长偏低,但城乡居民的储蓄增长率却很高,年均增长率达到16.4%,高于经济增长和居民收入的增长,居民家庭收入中用于储蓄的比重在不断上升,这一方面由于国家实施了住宅商品化等方面的改革,居民家庭必须增加储蓄应对购买住房等大项支出;另一方面,市场化改革在一定程度上影响了居民家庭对未来生活的预期(包括教育、医疗、居住、养老等)。

3. 城镇居民收入分配的差异明显扩大化

从表2.23中可以看到,对城镇居民的收入加以分组后可以看出,城镇居民收入的增长是和他们的收入水平相关的,收入越高,其增长的速度也就越快。最低收入组的收入只增长了1.79倍(年均增长7.55%),而最高收入组则增长了3.28倍(年均增长16.61%)。2000年,最高收入组的人均收入只是最低收入组的5.02倍,而到了2008年已经达到9.17倍。

表2.23 2000—2008年城镇居民人均可支配收入的比较

			人均可支配收入			
			2000年(元)	2008年(元)	2008年为2000年的倍数(%)	年均增长率(%)
全国			6 280	15 781	2.51	12.19
按收入等级分	最低收入户	10%	2 653	4 754	1.79	7.55
	困难户	5%	2 325	3 734	1.61	6.13
	低收入户	10%	3 634	7 363	2.03	9.25
	中等偏下户	20%	4 624	10 196	2.21	10.42
	中等收入户	20%	5 898	13 984	2.37	11.39
	中等偏上户	20%	7 487	19 254	2.57	12.52
	高收入户	10%	9 434	26 250	2.78	13.63
	最高收入户	10%	13 311	43 614	3.28	16.01
最高收入户为最低收入户的倍数			5.02	9.17		

资料来源:根据《中国统计年鉴(2010)》中的有关数据整理。

按照世界银行的衡量标准,我国于1998年前后由低收入国家成为下中等收入国家。而在2010年前后成为上中等收入国家。在这一时期,低收入居民家庭本应该得到更多的改善,但实际情况却是收入较高的居民家庭,在高速经济增长中享受了更多的福利。这种收入分配差异的扩大化,和我国对高速经济增长的追求有关:一方面,在分配模式上,鼓励提高微观效率扩大了分配差异(有一个时期,我们明确提出收入分配要"效率优先、兼顾公平"),在这种背景下,我国经济的微观效率有了明显的提高,以股份制改造和鼓励民营经济发展为核心的所有制体制改革以及相应的分配制度的改革(由原来的按劳分配发展为按照生产要素分配,承认各个生产要素在经济活动中的积极作用)调动了生产者和劳动者的积极性,因而提高了经济增长的效率;另一方面,经济增长仍然是在"二元经济"基础上进行的,也就是说,农村仍然保持着稳定增长,而城市则实现了高速增长。在城市中,其实也存在着这种经济增长失衡的现象,这就是发达地区在实现了"优先增长"之后,继续占用或吸收大量资源发展,导致收入分配继续向这些地区倾斜。这些政策在促进我国中短期高速增长的同时,也带来了一系列问题,如城市的环境和人口问题、物价问题、投资和消费的失衡问题、农村发展滞后问题、社会公平问题等,有些措施本来是为了促进经济增长的,但由于资源配置扭曲(如本来可以用来改善更多人口生产和生活条件的资金被不断地追加于生产要素价格较高的发达地区用于高投入低产出的活动),反而降低了经济增长的效率。这不但违背了公平原则,也在逐渐失去原有的效率。2008年的美国"次贷危机"及其随后引发的全球金融危机,对我国经济形成了较大的冲击,我们在抗击危机的过程中,也开始调整国内的经济关系,其中就包括收入分配关系。其实,即使不发生全球金融危机,不断扩大的收入分配差距下,经济增长也是不可持续的。从供给领域看,如果不能持续地通过经济利益提高广大劳动者的积极性,生产领域不可能长期保持高效率;而从需求领域看,如果没有足够的劳动者报酬转化而来的居民家庭可支配收入形成的购买力,就没有足够的有支付能力的需求,国民经济总需求中的消费需求也就不能有效地扩大,经济增长就会受到严重的影响。当然,在市场经济条件下,由于市场本身的作用,劳动的定价也是会不断调整的,如近些年来劳动力价格一般水平的向上推动,在相当程度上就是市场本身在起作用,但是这种市场的力量与高速经济增长之间往往有所滞后,当经济景气时,可能因为劳动者报酬增长不同步而产生需求不足,因而加重产能过剩;而在增长回落时,劳动力成本又可能因为劳动者要求分享前期增长的成果而被推高,从而加重成本推进的通货膨胀。因此增长过程中尤其是在高增长时期,政府对于劳动报酬的整体水平及其分布(地区分布、行业分布、高低分布等)加以指导和适度的干预是必要的。对于居民家庭的其他要素收入,政府也可以通过税收、价格等政策加以引导和干预,以形成相对公平同时又积极促进经济增长的收入分配格局。当然,这种政府的引导和干预,应该是在承认劳动力市场在配置劳动资源的基础性作用的基础上进行的,而不是由政府直接进行管理,那样的话,市场的效率反而会更低。

二、2008年以后我国居民收入分配的发展变化

全球金融危机后,为了应对危机造成的外需减少对我国经济的冲击,我们加大了对内需尤其是消费需求的刺激政策,其中的一项重要内容,就是改善城乡居民的收入。在另外一方面,随着多年的高速经济增长,广大劳动者也要求更多地分享经济增长的成果,从而表现为对增加工资或其他劳动报酬的诉求。此后,我国城乡居民收入的增长情况和以往相比,发生了一些变化。

首先是农村居民收入的增长率开始超过城镇居民,这标志着城乡居民的收入差距开始缩小。从表2.24中可以看出,2009—2013年,我国农村居民人均纯收入无论是从名义增长率上看,还是从实际增长率上看,都要高于城镇居民2个百分点以上。再看城乡居民恩格尔系数上的差别,在这一期间,城镇居民的恩格尔系数继续下降而且仍然高于农村,但是城镇居民恩格尔系数的下降速度在放缓,2013年仅比2009年下降了1.5个百分点,而农村居民恩格尔系数下降的速度则在加快,下降了3.3个百分点,并首次下降到40%以下。这说明随着农村居民家庭收入的迅速提高,其消费结构也在发生深刻的变化。随着我国城乡差别的缩小和城镇化的推进,恩格尔系数上的差别还将进一步缩小。

表 2.24 2009—2013 年城乡居民收入变化情况

年份	城镇居民人均可支配收入指数（上年=100）		农村居民人均纯收入指数（上年=100）		恩格尔系数（%）		GDP 指数（上年=100）
	名义指数	实际指数	名义指数	实际指数	城镇居民	农村居民	
2009	108.8	109.8	108.2	108.5	36.5	41.0	109.2
2010	111.3	107.8	114.9	110.9	35.7	41.1	110.4
2011	114.1	108.4	117.9	111.4	36.3	40.4	109.3
2012	112.6	109.6	113.5	110.7	36.2	39.3	107.7
2013	109.7	107.0	112.4	109.3	35.0	37.7	107.7
平均	111.3	108.5	113.3	110.2	—	—	108.9

资料来源:根据《中国统计年鉴(2014)》的有关数据整理。

其次是城乡居民收入的增长率开始高于 GDP 增长率,实现了十八大提出的"两个同步"。2009—2013年,如果按城镇和乡村各50%的权重,城乡居民收入的年均实际增长为10.9%,比这一期间的年均经济增长率(8.9%)高了2个百分点。我国2014年的经济增长率为7.4%,而全国居民(包括城乡)的可支配收入实际增长8.0%,仍然高于经济增长率。这是我国经济增长"新常态"中的新特征,是符合全面建成小康社会目标的要求的。

最后是城镇居民之间收入的差距开始缩小。2003—2008年,我国的基尼系数分别为0.479、0.473、0.485、0.487、0.484和0.491,属于在波动中上升。而从2009年以后则开始逐年回落:2009年为0.490,2010年为0.481,2011年为0.477,2012年为0.474,2013年为0.473,2014年为0.469。导致前些年我国基尼系数扩大的原因主要有两个:一是城乡差别的扩大①,二是城镇居民内部收入差距的扩大。从表2.25可以看出,2009—2013年,按收入高低分组的我国城镇居民

---

① 城乡居民收入之间本来就存在着较大的差别,再加上使用不同的口径计算城乡居民收入,即分别计算城镇居民人均可支配收入和农村居民纯收入,使这种差别表现得更大,由此计算得出的基尼系数也可能有所偏大。在城乡居民按统一口径计算可支配收入后,这种现象有可能在相当程度上得到解决。不过这样产生的影响主要表现在静态上,在动态比较上,基尼系数变化的主要影响因素还是城乡居民收入之间相互关系的变化。

收入的增长格局比以往发生了很大的变化。在表 2.23 中,我们所看到 2000—2008 年的城镇居民人均可支配收入的增长变化是收入越高的组别,人均可支配收入的增长幅度也就越大,但是在最近五年情况正好相反,是收入越低的组别,其收入增长的幅度也就越大(见表 2.25)。前一种情况下收入分配差异扩大,而现在的情况是收入分配差异在缩小。

表 2.25 2009—2013 年全国城镇居民人均可支配收入增长情况

(比上年增长)　　　　　　　　　　单位:%

年份	低收入户	中等偏下户	中等收入户	中等偏上户	高收入户
2009	10.71	10.28	10.12	9.16	7.98
2010	13.08	12.97	11.84	10.33	9.95
2011	15.56	14.14	13.47	13.93	14.24
2012	17.81	15.61	14.71	12.85	9.43
2013	10.43	10.27	9.36	8.73	9.59
年均增长	13.48	12.63	11.88	10.98	10.22

资料来源:根据《中国统计年鉴(2014)》中的有关数据整理计算。

通过以上的分析可以看出,虽然近些年来,我国经济增长的速度是放缓的,但是收入分配的格局正在不断改善。从宏观上看,居民收入占国民收入的比重在上升;而从微观上看,基尼系数在减少,收入分配差异扩大化的趋势已经得到了控制,收入分配格局在向缩小差异的方向发展。这是我国经济发展到一定阶段的必然结果,而国家改善民生战略的推进,又进一步促进了这种变化往好的方向发展。

第六节　通过"两个同步"和"两个提高"改善我国收入分配关系

收入分配涉及经济和社会的诸多方面,在宏观收入分配上,要解决目前政府、企业和居民三者分配存在的突出问题,而在居民收入分配上,则需要改善收入分配差距较大的问题。这就需要采取综合对策深化改革。今后一个时期,要深入贯彻党的十八大和十八届三中全会精神,立足于我国社会主义初级阶段的基本国情,坚持在发展中解决三者分配中存在的问题,加大收入分配调节力度,建立科学合理、公平公正的社会收入分配体系。党的十八大报告明确提出:"实现发展成果由人民共享,必须深化收入分配制度改革,努力实现居民收入增长和经济发展同步,劳动报酬增长和劳动生产率提高同步,提高居民收入在国民收入中的比重,提高劳动报酬在初次分配中的比重"。这实际上提出了在全面实现建设小康目标的最后阶段,改善人民生活对于经济增长的重要意义,并同时指出了改善我国收入分配的核心是要实现"两个同步"和"两个提高"。

一、"两个提高"和"两个同步"

（一）"两个提高"的内涵

党的十八大报告对"两个提高"的表述为"提高居民收入在国民收入中的比重，提高劳动报酬在初次分配中的比重"，那么如何准确理解"两个提高"的含义呢？

对于第一个提高，关键是如何准确理解"居民收入"和"国民收入"。对于"居民收入"目前有两种数据来源，一种是根据城乡住户调查中的人均收入按城乡年均人口放大推算得到，另一种是直接取自资金流量表实物交易部分中的居民可支配收入。我国现行城乡住户调查中的人均收入由于种种原因存在系统性低估，这是不争的事实，因此由此按年均人口放大推算出的我国居民收入总量也存在明显低估，事实上，由住户调查资料推算的居民可支配收入占资金流量表中的居民可支配收入的比重在逐步下滑，2011年已下滑到68%左右（见表2.26）。因此，为了真实反映居民收入总量的实际状况，我们认为将"居民收入"理解为资金流量表实物交易部分中的居民可支配收入比较稳妥。至于"国民收入"，也有两种不同的理解，一种将它理解为"国民总收入（GNI）"，另一种将它理解为"国民可支配总收入"，前者只涉及国民初次分配收入，没有涉及国民再分配收入，但因居民可支配收入既包含初次分配收入又包含再分配收入，因此按照分子分母同口径的原则，正确的解读应该是后者。至此，第一个提高的准确内涵是"提高居民可支配收入占国民可支配总收入的比重"。

表2.26 两种居民可支配收入之间的比值

年份	由住户调查资料推算的居民可支配收入（亿元）	资金流量表中居民可支配收入（亿元）	前者占后者的比例（%）
2000	46 502.4	66 538.7	69.9
2001	51 208.4	71 865.3	71.3
2002	57 383.0	77 423.3	74.1
2003	63 791.4	87 268.4	73.1
2004	72 643.2	98 508.9	73.7
2005	82 423.5	112 910.2	73.0
2006	93 813.8	131 426.4	71.4
2007	111 917.7	158 558.6	70.6
2008	130 855.6	185 926.3	70.4
2009	144 887.9	207 302.4	69.9
2010	165 899.0	243 121.7	68.2
2011	194 687.3	285 772.6	68.1

对于第二个提高,关键是如何准确理解"劳动报酬"和"初次分配"。就"劳动报酬"而言,目前也有两种数据来源:一种是收入法 GDP 中的劳动报酬;另一种是资金流量表实物交易部分中住户部门的劳动报酬(来源方)。前者仅限于从国内获取的劳动报酬,后者不仅包括来自国内的劳动报酬,而且还包括来自国外的劳动报酬(即国外支付给国内的劳动报酬),因此从概念的完整性来讲,"劳动报酬"应理解为"来自国内与来自国外的劳动报酬之和"。至于"初次分配",从严格意义上讲这种表述是不完整的和不严谨的,它应该是指国民收入分配核算中的"国民初次分配总收入"或"国民总收入"。至此,第二个提高的准确内涵是"提高劳动报酬(包括来自国内与来自国外的劳动报酬)占国民总收入的比重"。

(二)"两个同步"的内涵

党的十八大报告对"两个同步"的表述为"居民收入增长和经济发展同步,劳动报酬增长和劳动生产率提高同步",那么如何准确理解"两个同步"的含义呢?先看第二个同步,关键的问题是如何理解"劳动生产率",所谓"劳动生产率"是指一定时间内国民经济总产出(一般用 GDP 表示)与劳动要素投入的比值,反映单位劳动投入的产出效率,其中劳动要素投入可以是全社会就业人数,也可以是全社会工作小时。考虑到目前我国尚未正式建立时间利用调查制度,因此暂用现价或不变价 GDP 与全社会就业人数的比值来反映劳动生产率。

再看第一个同步,居民收入既可以理解为居民收入总量,又可以理解为城镇居民人均可支配收入和农村居民人均纯收入,经济发展可以理解为经济增长,因此居民收入增长和经济发展同步有如下六种理解:一是现价居民收入总量增长与现价 GDP 增长同步;二是不变价居民收入总量增长与不变价 GDP 增长同步;三是现价城镇居民人均可支配收入增长和现价农村居民人均纯收入增长分别与现价 GDP 增长同步;四是不变价城镇居民人均可支配收入增长和不变价农村居民人均纯收入增长分别与不变价 GDP 增长同步;五是现价城镇居民人均可支配收入增长和现价农村居民人均纯收入增长按城乡年均人口加权计算得到的现价居民人均收入增长与现价 GDP 增长同步;六是不变价城镇居民人均可支配收入增长和不变价农村居民人均纯收入增长按城乡年均人口加权计算得到的不变价居民人均收入增长与不变价 GDP 增长同步。

对于第一种情形,现价居民收入总量增长与现价 GDP 增长同步,在这种情形下,由于现价 GDP 与现价国民可支配总收入(等于 GDP、来自国外的净要素收入、来自国外的经常转移净收入之和)相差不大,居民收入占国民收入(准确说应为国民可支配总收入)的比重基本保持不变,因此这种理解可以被排除。

对于第二种情形,不变价居民收入总量增长与不变价 GDP 增长同步,在这种情形下,由于不变价 GDP 与不变价国民可支配总收入相差不大,不变价居民收入占不变价国民可支配总收入的比重基本保持不变,但因居民消费价格指数(用于缩减现价居民收入)的上涨率通常小于 GDP 缩减指数(用于缩减现价国民可支配总收入)的上涨率,导致现价居民收入[现价居民收入=不变价居民收入×(1+不变价居民收入增长率)×(1+居民消费价格指数上涨率)]占现价国民可支配总收入[现价国民可支配总收入=不变价国民可支配总收入×(1+不变价国民可支配总收入增长率)×(1+GDP 缩减指数上涨率)]的比重下降,因此这种理解也可以被排除。

对于第三种情形,现价城镇居民人均可支配收入增长和现价农村居民人均纯收入增长分别与现价 GDP 增长同步(假定增速为 v),令 $p_{u,t}$ 和 $p_{r,t}$ 分别表示 t 年年末城镇和农村人口,令 $HDI_{u,t}$ 和 $HDI_{r,t}$ 分别表示 t 年城镇居民人均可支配收入和农村居民人均纯收入,则 t 年居民收入占 GDP 的比重为:

$$[(p_{u,t}+p_{u,t-1})HDI_{u,t}+(p_{r,t}+p_{r,t-1})HDI_{r,t}]/2\,GDP_t$$
$$=[(p_{u,t-2}+p_{u,t-1})HDI_{u,t-1}+(p_{r,t-2}+p_{r,t-1})HDI_{r,t-1}]/2\,GDP_{t-1}+$$
$$[(p_{u,t}-p_{u,t-2})HDI_{u,t-1}+(p_{r,t}-p_{r,t-2})HDI_{r,t-1}]/2\,GDP_{t-1} \quad (2.21)$$

由于

$$p_{u,t}+p_{r,t}>p_{u,t-2}+p_{r,t-2},\quad HDI_{u,t-1}>HDI_{r,t-1}$$

因此

$$(p_{u,t}-p_{u,t-2})HDI_{u,t-1}+(p_{r,t}-p_{r,t-2})HDI_{r,t-1}>0$$

这也就是说,在这种情况下,根据城乡住户调查中的人均收入按城乡年均人口放大推算的居民收入总量占当年 GDP 的比重是逐年上升的。尽管按城乡住户收支调查推算的居民收入与资金流量表中的居民可支配收入存在一定的差异,但两者的变动趋势基本一致。由表 2.27 可知,1992—2011 年,资金流量表中的居民可支配收入占国民可支配总收入(NDI)比重与由住户调查资料推算的居民收入占国民可支配总收入(或 GDP)比重之间的变化趋势基本一致,两者的相关系数高达 0.91。也就是说,如按城乡住户收支调查推算的居民收入占国民可支配总收入比重较上年出现上升时,则资金流量表中的居民可支配收入占国民可支配总收入比重也较上年上升;反之亦然。这是因为占资金流量表中居民可支配收入 80% 左右的国内劳动者报酬,是根据城乡住户调查中城镇居民可支配收入和农民纯收入中与劳动者报酬密切相关的工资性收入和经营性收入的增长速度进行外推得到的。考虑到改革开放以来,现价城镇居民人均可支配收入增长与现价农村居民人均纯收入增长通常都低于 GDP 名义增长率,因此这种理解也可以被排除。

表 2.27　1992—2011 年居民可支配收入占 NDI 及 GDP 比重　　　　单位:%

年份	居民可支配收入占 NDI 比重	由住户调查资料推算的居民收入占 GDP 比重	由住户调查资料推算的居民收入占 NDI 比重
1992	69.1	48.5	48.4
1993	65.3	46.0	46.1
1994	67.6	46.1	46.1
1995	67.0	46.7	47.4
1996	70.1	47.8	48.4
1997	69.3	47.5	47.8
1998	69.7	47.5	48.1
1999	68.3	48.2	48.6
2000	67.5	46.9	47.2
2001	66.1	46.7	47.1
2002	64.4	47.7	47.8
2003	64.0	47.0	46.8
2004	61.1	45.4	45.0
2005	60.8	44.6	44.4
2006	60.2	43.4	43.0
2007	58.9	42.1	41.6
2008	58.3	41.7	41.0
2009	60.5	42.5	42.3
2010	60.4	41.3	41.2
2011	60.8	41.2	41.4

对于第四种情形,不变价城镇居民人均可支配收入增长和不变价农村居民人均纯收入增长分别与不变价 GDP 增长同步(假定增速为 v),令 $\text{RHDI}_{u,t}$ 和 $\text{RHDI}_{r,t}$ 分别表示 t 年不变价城镇居民人均可支配收入和不变价农村居民人均纯收入,令 $\text{CPI}_{u,t}$ 和 $\text{CPI}_{r,t}$ 分别表示 t 年城镇居民消费价格指数上涨率和农村居民消费价格指数上涨率,令 RGDP_t 表示 t 年不变价 GDP,令 d_t 表示 t 年 GDP 缩减指数上涨率,则 t 年居民收入占当年 GDP 比重与 $t-1$ 年居民收入占当年 GDP 比重之比为:

$$\frac{[(p_{u,t}+p_{u,t-1})\text{HDI}_{u,t}+(p_{r,t}+p_{r,t-1})\text{HDI}_{r,t}]/2\ \text{GDP}_t}{[(p_{u,t-2}+p_{u,t-1})\text{HDI}_{u,t-1}+(p_{r,t-2}+p_{r,t-1})\text{HDI}_{r,t-1}]/2\ \text{GDP}_{t-1}}$$

$$=\frac{(p_{u,t}+p_{u,t-1})\text{RHDI}_{u,t-1}(1+\text{CPI}_{u,t})(1+d_{t-1})+(p_{r,t}+p_{r,t-1})\text{RHDI}_{r,t-1}(1+\text{CPI}_{r,t})(1+d_{t-1})}{(p_{u,t-2}+p_{u,t-1})\text{RHDI}_{u,t-1}(1+\text{CPI}_{u,t-1})(1+d_t)+(p_{r,t-2}+p_{r,t-1})\text{RHDI}_{r,t-1}(1+\text{CPI}_{r,t-1})(1+d_t)}$$

(2.22)

要使上述比值大于1,必须满足以下条件:

$$(p_{u,t} + p_{u,t-1}) \text{RHDI}_{u,t-1}(1 + \text{CPI}_{u,t})(1 + d_{t-1}) +$$
$$(p_{r,t} + p_{r,t-1}) \text{RHDI}_{r,t-1}(1 + \text{CPI}_{r,t})(1 + d_{t-1}) >$$
$$(p_{u,t-2} + p_{u,t-1}) \text{RHDI}_{u,t-1}(1 + \text{CPI}_{u,t-1})(1 + d_t) +$$
$$(p_{r,t-2} + p_{r,t-1}) \text{RHDI}_{r,t-1}(1 + \text{CPI}_{r,t-1})(1 + d_t)$$

由于同一年中,$\text{CPI}_{u,t} \approx \text{CPI}_{r,t} \approx \text{CPI}_t$,$\text{RHDI}_{u,t} > \text{RHDI}_{r,t}$,$p_{u,t} + p_{r,t} > p_{u,t-1} + p_{r,t-1}$,可以证明,如果下式成立,则式(2.22)自然成立。

$$\frac{1 + d_t}{1 + \text{CPI}_t} < \frac{1 + d_{t-1}}{1 + \text{CPI}_{t-1}} \tag{2.23}$$

也就是说,在这种情形下,如果某年 GDP 缩减指数与 CPI 指数之比低于上年,则根据城乡住户调查人均收入按城乡年均人口放大推算的居民收入总量占当年 GDP 的比重高于上年,进而推断出资金流量表中的居民可支配收入占国民可支配总收入比重也高于上年。

对于第五种情形,现价城镇居民人均可支配收入增长和现价农村居民人均纯收入增长按城乡年均人口加权计算得到的现价居民人均收入增长与现价 GDP 增长同步(假定增速为 v),用数学公式表示就是:

$$\frac{(p_{u,t} + p_{u,t-1}) \text{HDI}_{u,t} + (p_{r,t} + p_{r,t-1}) \text{HDI}_{r,t}}{P_t + P_{t-1}}$$
$$= (1 + v) \frac{(p_{u,t-2} + p_{u,t-1}) \text{HDI}_{u,t-1} + (p_{r,t-2} + p_{r,t-1}) \text{HDI}_{r,t-1}}{P_{t-2} + P_{t-1}} \tag{2.24}$$

在这种情形下,t 年居民收入占当年 GDP 比重与 $t-1$ 年居民收入占当年 GDP 比重之比为:

$$\frac{(p_{u,t} + p_{u,t-1}) \text{HDI}_{u,t} + (p_{r,t} + p_{r,t-1}) \text{HDI}_{r,t}}{(p_{u,t-2} + p_{u,t-1}) \text{HDI}_{u,t-1} + (p_{r,t-2} + p_{r,t-1}) \text{HDI}_{r,t-1}} \times \frac{\text{GDP}_{t-1}}{\text{GDP}_t}$$
$$= \frac{(1+v)(p_t + p_{t-1})}{(p_{t-2} + p_{t-1})} \times \frac{\text{GDP}_{t-1}}{\text{GDP}_{t-1}(1+v)} = \frac{(p_t + p_{t-1})}{(p_{t-2} + p_{t-1})} \tag{2.25}$$

这里 p_t 表示 t 年年末全国人口总量,由于目前我国人口是逐年增长的,因此式(2.25)自然大于1,也就是说,在这种情形下,资金流量表中的居民可支配总收入占国民可支配总收入比重是逐年提高的,但基于与第三种情形同样的理由,这种理解也可以被排除。

对于第六种情形,不变价城镇居民人均可支配收入增长和不变价农村居民人均纯收入增长按城乡年均人口加权计算得到的不变价居民人均收入增长与不变

价 GDP 增长同步(假定增速为 v),用数学公式表示就是:

$$\frac{(p_{u,t}+p_{u,t-1})\text{RHDI}_{u,t}+(p_{r,t}+p_{r,t-1})\text{RHDI}_{r,t}}{P_t+P_{t-1}}$$

$$=(1+v)\frac{(p_{u,t-2}+p_{u,t-1})\text{RHDI}_{u,t-1}+(p_{r,t-2}+p_{r,t-1})\text{RHDI}_{r,t-1}}{P_{t-2}+P_{t-1}}$$

(2.26)

在这种情形下,t 年居民收入占当年 GDP 比重与 $t-1$ 年居民收入占当年 GDP 比重之比为:

$$\frac{(p_{u,t}+p_{u,t-1})\text{HDI}_{u,t}+(p_{r,t}+p_{r,t-1})\text{HDI}_{r,t}}{(p_{u,t-2}+p_{u,t-1})\text{HDI}_{u,t-1}+(p_{r,t-2}+p_{r,t-1})\text{HDI}_{r,t-1}}\times\frac{\text{GDP}_{t-1}}{\text{GDP}_t}$$

$$=\frac{(p_{u,t}+p_{u,t-1})\text{RHDI}_{u,t}(1+\text{CPI}_{u,t})+(p_{r,t}+p_{r,t-1})\text{RHDI}_{r,t}(1+\text{CPI}_{r,t})}{(p_{u,t-2}+p_{u,t-1})\text{RHDI}_{u,t-1}(1+\text{CPI}_{u,t-1})+(p_{r,t-2}+p_{r,t-1})\text{RHDI}_{r,t-1}(1+\text{CPI}_{r,t-1})}\times$$

$$\frac{\text{RGDP}_{t-1}(1+d_{t-1})}{\text{RGDP}_{t-1}(1+v)(1+d_t)}$$

(2.27)

由于同一年中,$\text{CPI}_{u,t}\approx\text{CPI}_{r,t}\approx\text{CPI}_t$,因此上式可简化为:

$$\frac{(p_t+p_{t-1})}{(p_{t-2}+p_{t-1})}\frac{(1+\text{CPI}_t)(1+d_{t-1})}{(1+\text{CPI}_{t-1})(1+d_t)}$$

(2.28)

因此,只要式(2.23)式成立,则式(2.28)自然大于 1,也就是说,在这种情形下,资金流量表中的居民可支配收入占国民可支配总收入比重比上年是提高的。

综上所述,在以上六种情形中只有第四种和第六种可以被接受,考虑到目前在同一年度我国城乡居民人均收入增长很难一起与经济增长同步,因此我们暂不考虑第四种情形。就两个提高之间的关系而言,第二个提高反映的是居民的劳动报酬在国民初次收入分配中的占比情况,第一个提高反映的是居民可支配收入在国民可支配总收入(经过初次分配和再分配后)中的占比情况,一般来说,两者的变化基本同步。表 2.28 列出了 1992—2011 年两个比重的时间数列,两个数列之间的相关系数高达 0.91。这是因为,在居民可支配收入中,劳动报酬是主要内容(80% 左右),而国民可支配总收入的口径与国民收入是相近的,只不过国民收入更多地是从初次分配的角度观察,而国民可支配收入则更多地是由最终分配的角度计量。因此,提高了一个比重,另外一个比重自然也会提高。就统计实践来看,可支配收入的统计更加完善,同时也反映了居民最终收入的情况,因此需要更多地研究第一个提高即提高居民可支配收入占国民可支配总收入的比重。

表 2.28　1992—2011 年两个比重的变化情况　　　　　　单位:%

年份	居民可支配收入占国民可支配总收入比重	劳动报酬占国民总收入比重
1992	69.1	54.6
1993	65.3	51.9
1994	67.6	51.9
1995	67.0	53.4
1996	70.1	54.5
1997	69.3	54.0
1998	69.7	54.3
1999	68.3	54.9
2000	67.5	53.3
2001	66.1	53.2
2002	64.4	54.2
2003	64.0	53.1
2004	61.1	50.8
2005	60.8	50.7
2006	60.2	49.3
2007	58.9	48.0
2008	58.3	47.6
2009	60.5	49.1
2010	60.4	47.7
2011	60.8	47.5

二、"两个同步"和"两个提高"之间的关系

显而易见,"两个同步"是手段,"两个提高"是目的,换言之,"两个同步"是实现"两个提高"的重要途径。从它们的内涵上看,相对来说,"劳动报酬增长和劳动生产率提高同步"与"提高劳动报酬在初次分配中的比重"之间有较为直接的关系,而与"提高居民收入在国民收入中的比重"之间的关系较为间接;"居民收入增长和经济发展同步"与"提高居民收入在国民收入中的比重"之间有较为直接的关系,而与"提高劳动报酬在初次分配中的比重"之间的关系较为间接。

我们先分析一下"劳动报酬增长和劳动生产率提高同步"与"提高劳动报酬在初次分配中的比重"之间的关系。由于对该同步有两种不同的理解,首先我们考虑现价情形,即现价劳动报酬增长与现价劳动生产率提高同步。为了讨论问题的方便,令 $COMP_t$ 表示 t 年现价劳动报酬,L_t 表示 t 年年末全社会就业人数,则有:

$$\frac{\text{COMP}_t}{\text{COMP}_{t-1}} = \frac{\text{GDP}_t/L_t}{\text{GDP}_{t-1}/L_{t-1}} \qquad (2.29)$$

将式(2.29)变形可得:

$$\frac{\text{COMP}_t/\text{GDP}_t}{\text{COMP}_{t-1}/\text{GDP}_{t-1}} = \frac{L_{t-1}}{L_t} < 1 \qquad (2.30)$$

由于目前全社会就业人数是逐年增加的,加上每年 GDP 与 GNI 相差不大,因此由式(2.30)可得出劳动报酬占 GNI 比重逐步下降的结论,该结论与"提高劳动报酬在初次分配中的比重"背道而驰。也就是说,将"劳动报酬增长和劳动生产率提高同步"理解为"现价劳动报酬增长和现价劳动生产率提高同步"是不正确的。

下面我们考虑不变价情形,即不变价劳动报酬增长和不变价劳动生产率提高同步,同样令 RCOMP_t 表示 t 年不变价劳动报酬,则有:

$$\frac{\text{RCOMP}_t}{\text{RCOMP}_{t-1}} = \frac{\text{RGDP}_t/L_t}{\text{RGDP}_{t-1}/L_{t-1}} \qquad (2.31)$$

将式(2.31)变形可得:

$$\frac{\text{RCOMP}_t(1+\text{CPI}_t)/[\text{RGDP}_t(1+d_t)]}{\text{RCOMP}_{t-1}(1+\text{CPI}_{t-1})/[\text{RGDP}_{t-1}(1+d_{t-1})]} = \frac{\text{COMP}_t/\text{GDP}_t}{\text{COMP}_{t-1}/\text{GDP}_{t-1}}$$

$$= \frac{L_{t-1}}{L_t} \times \frac{(1+d_{t-1})(1+\text{CPI}_t)}{(1+d_t)(1+\text{CPI}_{t-1})} \qquad (2.32)$$

要想实现"提高劳动报酬在初次分配中的比重",就必须使式(2.32)大于 1,即

$$\frac{(1+d_t)(1+\text{CPI}_{t-1})}{(1+d_{t-1})(1+\text{CPI}_t)} < \frac{L_{t-1}}{L_t} < 1 \qquad (2.33)$$

至此可以断定,只能将"劳动报酬增长与劳动生产率提高同步"理解为"不变价劳动报酬增长和不变价劳动生产率提高同步",且只有在满足式(2.33)前提下,才能实现"提高劳动报酬在初次分配中的比重"。

其次,我们再来分析一下"居民收入增长和经济发展同步"与"提高居民收入在国民收入中的比重"之间的关系。由前述可知,该同步只能理解为"不变价城镇居民人均可支配收入增长和不变价农村居民人均纯收入增长按城乡年均人口加权计算得到的不变价居民人均收入增长与不变价 GDP 增长同步",且在满足条件式(2.23)的前提下才能真正实现"提高居民收入在国民收入中的比重"。

综合来看,由于式(2.23)是式(2.33)的一个特例,因此只要满足式(2.33),既可以在"劳动报酬增长和劳动生产率提高同步"下实现"提高劳动报酬在初次分配中的比重",又可以在"居民收入增长和经济发展同步"下实现"提高居民收入在国民收入中的比重"。应该指出的是,"两个提高"最主要的目的是确保国民收

入和财富的分配向百姓倾斜、向劳动者倾斜,应该说"两个同步"是达到"两个提高"目标的手段。但是"两个同步"和"两个提高"并不能解决我国居民收入内部差距过大的问题。研究表明,近年来城乡之间的收入不平等对全国收入不平等的贡献率超过60%,因此,城乡之间的收入不平等是我国居民收入不平等的最为关键的因素;而决定城乡之间收入不平等的关键因素是城乡之间的人均收入之比和城镇化水平。然而,"两个提高"的重点在于改善居民在政府、企业和居民三者初次分配和再分配中的不平等,不在于改善城乡之间收入的不平等。"两个同步"和"两个提高"没有特别强调提高农村居民的收入及加快城镇化进程。即使城乡居民人均收入增长与经济增长同步,并在一定条件下实现了"提高居民收入在国民收入中的比重",但城乡居民收入之间的差距不一定得到有效的改善,那么全国居民收入不平等的程度也将难以降低。此外,按照目前的城镇化速度,如果城乡之间的收入之比不变,则全国居民收入的基尼系数将持续下降。但是,阻碍这一进程的主要因素就是城镇内部收入不平等的迅速上升,因为随着城镇化进程加快,城镇人口比重和收入比重的持续上升对全国收入不平等的贡献率越来越大。城镇内部收入差距的主导因素是工资性收入差异,它对于城镇内部收入不平等的贡献率为70%左右。然而,通过"劳动报酬(主要是职工工资)增长和劳动生产率提高同步"达到"提高劳动报酬在初次分配中的比重"这一目标并不会使城镇内部的收入差距自动下降。统计数据表明高收入阶层工资收入的增幅往往高于平均水平,而低收入阶层工资收入的增幅往往低于平均水平。劳动报酬在初次分配中比重的提高可能最终导致工资性收入差距的扩大,从而引起城镇内部收入差距的扩大和全国收入差距的扩大。

三、如何提高"两个比重"

一个国家的经济增长和经济发展,根本目的是改善全体人民的福利,而改善人民收入和生活水平是这种福利的最重要体现。我国将在建党100年时全面建成小康社会,而从发展阶段看,这一时期也是我国由上中等收入国家向高收入国家发展的时期。从世界各国发展的经验看,这一阶段将是人民收入(即居民收入较快增加的阶段),同时也是收入分配格局明显改善的阶段。[①] 从前面的分析中可以看出,我国现阶段的发展已经反映出这一趋势。从经济增长和改善人民收入的关系看,经济增长是改善居民收入的必要条件,如果没有经济增长,就不可能全面地改善全体居民的收入,"发展是硬道理"所阐述的就是这样一个思想。但是反过来则不一定,经济增长的成果如果不用于改善居民收入而成为企业营业盈余再继

---

① 美国经济学家库兹涅茨1955年所提出来的收入分配状况随经济发展过程而变化的倒U形曲线,阐述的就是这一原理。

续转化为投资,那么就很可能出现经济增长后,居民收入改善较少甚至不改善的现象。尤其是在"唯 GDP 至上"的情况下,这种现象很容易发生。这样做的结果是短期内可能促进经济增长,但从长期看经济增长则可能因为缺乏最终消费的支持而不可持续,所形成的投资也可能是重复甚至是无效的投资。这在前些年已经为我们带来了深刻的教训。因此,在现阶段,我国在经济增长中要转变观念,首先要克服"唯 GDP 至上"的发展导向,注重"两个同步"和"两个提高",这是实现全面建成小康社会的最重要体现;反过来,人民收入的改善和生活水平的提高,将会有力地促进我国现阶段经济增长和经济发展。这体现了现阶段经济发展的必然。因此,在今后一个时期中,要更加注重增加城乡居民收入和逐步缩小城乡居民收入差距,加大收入分配调节力度,建立科学合理、公平公正的社会收入分配体系。

(一)加大收入初次分配的调节力度,逐步提高居民初次分配收入占国民总收入比重

2000—2008 年居民可支配收入占国民可支配总收入比重不断下滑的一个重要原因是劳动报酬占国民总收入比重持续下降,而劳动报酬占居民可支配收入的 80% 以上,因此要提高居民可支配收入占比就必须扭转劳动报酬占国民总收入比重不断下滑的趋势。为此,一是要实施积极的就业政策,大力发展非公有制经济和第三产业,广开就业门路,进一步完善促进就业的各项政策。二是完善劳动力市场机制,改革户籍制度,促进城乡劳动力合理有序地流动。三是继续完善以最低工资和"三条指导线"为主的工资宏观调控体系。将劳动报酬增长纳入国民经济和社会发展中长期规划中,通过规划引导和政策规定,进一步发挥工资指导线、劳动力市场工资指导价位和行业人工成本信息的调节作用。建立企业薪酬调查和信息发布制度。完善最低工资制度,努力实现最低工资标准的一年一调,逐步提高最低工资水平占社会平均工资的比重。四是以工资集体协商制度为重点,探索建立有中国特色的职工民主参与企业工资分配决策的机制。以职工工资、工作时间以及劳动定额、计件单价等劳动标准为重点,大力推动行业性、区域性工资集体协商。五是规范劳务派遣用工管理,逐步实现国有企业劳务派遣工同工同酬。六是加快推进规范公务员津贴补贴工作,统一同一地区同级政府不同部门的津贴补贴项目、标准、资金来源和发放办法,尽快实现同城同待遇。建立符合不同类型事业单位的特点、体现岗位绩效和分级分类管理的事业单位收入分配制度,逐步实施绩效工资。七是扩大居民投资渠道,促进股市平稳健康发展,完善促使流通股股东长期稳定投资的现金分红制度,强化细化上市公司现金分红的信息披露制度,同时控制新股发行节奏,逐步形成真正鼓励长期投资的环境,切实维护投资者特别是中小投资者的合法利益,逐步提高财产收入占居民初次分配收入的比重。

(二)加大对收入再分配的调节力度,努力提高居民可支配收入占国民可支配总收入比重

加快构建以税收、转移支付、社会保障为主要手段的再分配调节机制,加大收入再分配的调节力度,以弥补市场缺陷和提高居民可支配收入占国民可支配收入比重。为此,一是要改革和完善税制,建立调节存量财富的税收的机制,健全房地产税、车船税等财产税制度,规范政府非税收入,清理整顿各项行政事业性收费和政府性基金。二是要进一步调整优化财政支出结构,继续加大财政资金用于促进就业、社会保障、教育、公共医疗卫生、保障性住房等民生领域的投入力度,特别是要逐年增加对农民、城镇困难群体、贫困地区贫困人口的直接补助水平。三是要健全社会保险制度。完善城镇职工基本养老保险制度、城镇居民社会养老保险制度和农村居民社会养老保险制度,加快推进基础养老金全国统筹,逐步提高居民养老金水平,特别是要尽快提高农村居民养老金水平。推进机关事业单位养老制度改革。加快完善以城镇职工基本医疗保险、城镇居民基本医疗保险、新型农村合作医疗为主体的基本医疗保障体系,在提高筹资水平和统筹层次的基础上,最终实现医疗保障制度框架的基本统一。四是加强社会救助和社会福利体系建设。健全城乡居民最低生活保障标准的动态调整,逐步提高低保标准和补助水平,扩大覆盖范围。加大对城乡困难群体的专项救助力度,健全临时救助机制。以扶老、助残、救孤、济困为重点,逐步拓宽社会福利的保障范围。六是大力发展慈善事业,积极培育慈善组织,支持社会力量兴办慈善机构,增强全社会的慈善意识。

(三)健全农民增收长效机制,逐步缩小城乡居民收入之间的差距

加快农业科技进步,调整优化农村经济结构,推进现代农业建设,发展农业产业化经营,提高农业综合生产能力;加大财政资金用于农村基础设施特别是水利设施建设的力度,提高抵御自然灾害的能力;逐步加大对粮食主产区和种粮农民的直接补贴力度,严格控制农业生产资料价格过快上涨;加大金融支农力度;完善财政扶贫政策,创新扶贫机制,加大农村扶贫开发力度,安排财政专项资金通过以工代赈等方式扶持农村贫困地区改善生产生活条件;推进城镇化建设,发展壮大县域经济。实现农村剩余劳动力的有序转移,优化农村外出务工环境,继续清理对农民进城就业的歧视性政策。对农民工比较集中、工资比较低的行业,推动各地相关部门发布行业工资指导线,切实预防和解决工资拖欠问题,在农民工工资拖欠问题突出的行业建立和落实好工资保证金制度。实行最严格的耕地保护制度,从严控制征地规模,加快征地制度改革,提高对农民的补偿标准,解决好被征地农民的就业和社会保障。另外,要统筹推进城乡改革,消除体制性障碍,从各方面消除对农民工的歧视。要逐步建立城乡统一的劳动就业制度、户籍管理制度、义务教育制度和税收制度等,为农村流动劳动力异地就业、子女入学、住房等创造

良好的环境,逐步形成有利于城乡相互促进、共同发展的体制和机制,实现以城带乡、以工促农、城乡互动、协调发展,逐步缩小城乡居民收入之间的差距。

（四）合理控制物价上涨水平，确保居民可支配收入占国民可支配收入比重上升

虽然人口增长和城镇化进程对于提高居民收入占比有一定的推动作用,但价格因素在一定条件下对"两个比重"的影响更大。即使"十二五"时期城乡居民人均收入实际增长与经济增长保持同步,若 GDP 缩减指数与 CPI 指数之比高于上年,则居民收入占国民可支配总收入的比重不但没有稳步上升,而且会稳中趋降。在物价处于上升时期,居民消费价格指数上涨率常常明显低于 GDP 缩减指数上涨率,GDP 缩减指数与 CPI 指数之比也将常常趋于上升。因此要想切实提高"两个比重"就必须采取得力措施合理控制物价上涨水平。

第三章 "新常态"下的中国经济增长

第一节 对中国长期经济增长的展望和预测

党的十八大以来,尤其是十八届三中全会召开以来,随着稳增长、调结构、促改革等一系列措施出台,以及首次提出"完善发展成果考核评价体系,纠正单纯以经济增长速度评定政绩的偏向",把资源消耗、环境损害、生态效益、产能过剩、科技创新、安全生产、新增债务等指标一并加入考核体系,建立国家统一的经济核算制度,编制全国和地方资产负债表。在这个背景下,我国的经济发展将如何变化,增速放缓是否成为必然的趋势,潜在的经济增长率会受到多大的影响,都是值得深入研究的问题。

一、文献综述

对一个国家(或地区)经济增长率的研究始终是宏观经济研究的热点和难点。对于潜在经济增长率的研究,最早可以追溯到奥肯(Okun,1962),他采用两种估算方法——线性趋势估算和以自然失业率为假设前提估算,对潜在 GDP 进行估算,并提出奥肯定律,即失业率每高出自然失业率 1 个百分点,实际 GDP 比潜在 GDP 低 2 个百分点。此后,国内外学者在测算潜在 GDP 增长率的方面做了大量研究,主要包括以下几种方法:趋势分析法、结构化分解法和生产函数法。

趋势分析法主要是根据实际产出和时间序列做相关分析,认为宏观经济是沿着确定的路径进行单调增长和扩张的,如线性趋势法等。HP 滤波法是其中具有代表性的一种方法,由 Hodrick 与 Prescott(1997)首次提出。该方法将时间序列置于状态空间中进行分解,分成趋势值和波动值,通过最小化实际产出波动程度和样本点的趋势值计算出经济潜力。这种方法后来被大量应用于变量成分的分解。

把经济学理论基础和预测精度较好地联系起来的方法,称为多变量结构化分解法(State-Space Model)。该方法在实际产出的分解中引入菲利普斯曲线或奥肯定律建立多变量系统方程组,考虑多种经济指标的影响,联合估计潜在产出。此方法能更好地揭示实际经济运行的状况,是估计潜在产出和产出缺口的典型方法。

Apel 和 Jansson(1999)基于菲利普斯曲线和奥肯定律下的不可观测成分模型(UC 模型),使用一致理论的方法估计了潜在 GDP 和非加速通货膨胀的失业率(NAIRU),并利用美国、加拿大等国的时间序列对模型做了估计,同时探讨了产出缺口与周期性失业率和通货膨胀三者之间的关系。Blanchard 和 Quah(1989)提出了结构式向量自回归法(Structural Vector Autoregression,SVAR),认为供给冲击和消费是趋势性的,需求冲击(特别是货币冲击)是周期性的。对非平稳的 GDP 序列和一个平稳序列建立 SVAR 模型,在此基础上对残差进行分解得到趋势性成分。

生产函数法是更常见的方法。这种方法一般通过建立柯布-道格拉斯生产函数(也称为 C-D 生产函数),将劳动力、资本、全要素生产率(TFP)等因素引入,由计量方法得到实际 GDP 与各投入要素的函数关系,从而计算潜在 GDP。该方法的优点在于全面考虑了生产要素的利用和技术进步带来的影响,经济含义较为明确,体现了经济增长理论,有很强的理论基础,可以进行更深入的结构分析,进行较长时期的预测,根据某种要素的变动而灵活计算。但是,由于生产函数法对数据的质量要求非常高,对劳动力、资本、全要素生产率等解释变量都需要进行估算,因此不同学者研究得到的结果可能存在不小的差异。由于我国尚处在转型时期,生产函数在转型期可能并不稳定,这也会影响研究结果。生产函数法在实践中得到广泛应用,包括 OECD 和国际货币基金组织等机构也在采用此种方法估算经济增长率。

索洛(1956)提出的基于生产函数经济增长模型,是分析经济增长质量和可持续性的有力工具,受到广泛应用。之后许多研究都是在索洛的基础上加以改进,形成了较为全面的研究体系。索洛模型假定经济中只有劳动和资本两种生产要素,生产函数是规模报酬不变的,要素的边际产量随着要素使用量的增加而下降。并且假定劳动力增长率、技术进步率和储蓄率都是外生给定的常数,只有资本是可以任意变动。该模型主要关注是否能最终形成一个均衡的人均资本存量,使经济稳定在一条均衡的增长路径上。其基本结论是:当经济达到均衡时,资本和总产出的增长率将等于劳动力增长率与技术进步率之和,人均产出和人均资本存量的增长率等于知识增长率。如果技术进步率为零,则新增加的产量都被新增加的人口消耗掉,人均产量在稳态下就不会变动。此后的经济学家把索洛模型的假设部分内生化,形成了内生增长理论。Romer(1986)把知识作为独立的生产要素,考虑专门的知识生产部门,增加对该部门投入会增加产出,从而把技术进步内生化。知识具有很强的正外部性和非竞争性。要提高经济增长水平,需要加强对知识生产部门的投资。而 Lucas(1988)则建立了专门的人力资本生产函数,同样把原来外生的技术进步内生化。人力资本具有正外部性,但与知识不同,其具有竞争性,需要通过学习和教育获得。模型揭示了经济增长与人力资本积累水平正相关,即使劳动力数量停止增长,如果人力资本继续积累,经济还会持续增长。

陈亮、陈霞和吴慧(2012)使用 HP 滤波法发现,近几年来我国潜在 GDP 增长率呈现微幅下滑趋势,潜在增长率与实际增长率两者之间的变动幅度在逐步收窄。刘斌和张怀清(2001)根据1992—2001年的样本季度数据,根据HP滤波法、线性趋势法、单变量状态空间-卡尔曼滤波方法、多变量状态空间-卡尔曼滤波方法,分别估算得到我国潜在GDP年均增长率。他们对不同方法的计算结果分析后,认为最合适的估算方法是单变量状态空间-卡尔曼滤波方法和多变量状态空间-卡尔曼滤波方法。

针对克鲁格曼等人提出的"用全要素生产率来衡量经济进步时,亚洲各国的技术进步几乎为零,亚洲的增长是劳动力和资本等要素投入的结果"观点,易纲等(2003)研究了索洛模型和内生增长模型,指出制度变迁(改革开放)、技术进步、人力资本、汇率及储备的增长等因素使经济增长的效率有明显提高,索洛余值法存在理论缺陷,主要在于用资本存量代替资本服务,出现新旧资本的效率不同,他认为闲置资本不应包括在生产函数的资本使用中,新兴经济体与发达国家的测算方法应有所区别。

郭庆旺和贾俊雪(2005)比较系统地分析比较了全要素生产率的四种估算方法,分为两大类:增长会计法和经济计量法。前者可分为代数指数法和索洛余值法,后者可分为隐形变量法和潜在产出法。他们根据索洛余值法、隐形变量法和潜在产出法具体估算了我国1979—2004年的全要素生产率增长率。分析表明,我国经济增长还是主要依赖于要素投入增长,全要素生产率对经济增长的贡献较低,需要在技术进步、经济生产能力利用水平和经济效率、资源配置等方面,提高效率型经济的增长。

由于我国就业和失业统计范围受限制,并且劳动力的数量及质量均会影响经济增长,因此许多研究者用Lucas(1988)提出的人力资本概念取代劳动力数量的增长,认为有效的劳动力数量才是决定经济增长的重要因素,其不仅与劳动力数量有关,也与劳动力的受教育水平有关。王小鲁等(2009)将全要素生产率分解为制度变迁、结构变动和技术进步等因素,分别研究这些因素对全要素生产率和经济增长的影响,发现改革开放以来,虽然资本仍然起着重要的作用,但我国全要素生产率增长呈上升态势,最近10年约在3.6%左右,并且教育带来的人力资本质量的提高正在替代劳动力数量简单扩张的作用。分析表明,行政管理成本的膨胀和消费率的持续下降会影响经济增长,如果能克服这些负面影响,我国经济仍然能保持较高的增长速度。陈彦斌和姚一旻(2010)指出,对全要素生产率从技术进步、市场化程度和对外开放程度进行研究,国际化成为其中贡献率最大的一个因素,与发达工业国的比较表明,我国要在人力资本、科技进步和经济制度改革等方面需要加强,以完成向集约型增长模式的转变。

从以上综述可以看出,目前对于经济增长模型的建立及对未来经济增长率的预测,已经取得了很大的成果,不但预测模型在不断地改善,对经济增长的各种影响因素的研究也在不断深入。本节将利用柯布-道格拉斯生产函数和莫迪格利安尼(Modigliani,1954)的消费生命周期理论来分析测算2013—2020年我国潜在经济增长率。

二、未来我国经济增长将面临的机遇和挑战

十八大提出在2020年全面建成小康社会,并且提出了两个100年的中长期奋斗目标。如果从2013年算起,那么到2020年(全面建成小康社会)和2021年(建党100年),我们还有不到10年的时间。在这一期间,我国经济发展面临很多机遇,但同时也面临一定的挑战。面临的机遇主要包括:

一是改革的全面深化,将为我国经济发展创造更好的体制机制环境。按照《中共中央作出关于全面深化改革若干重大问题的决定》,我国正在全面推进经济、政治、社会、文化等各个领域的改革,其中经济体制改革是全面深化改革的重点,其核心问题是处理好政府和市场的关系,使市场在资源配置中起决定性作用和更好地发挥政府作用。随着改革的不断推进,市场在资源配置中的作用将得到进一步发挥,这将为我国经济发展创造良好的体制机制环境,为经济发展不断注入新的活力。

二是收入分配制度改革不断推进,有利于促进经济增长。收入分配问题是社会各界高度关注的问题,党中央、国务院十分重视收入分配制度改革。2013年2月,国务院批转了发展改革委、财政部、人力资源社会保障部《关于深化收入分配制度改革的若干意见》,意见中指出"继续完善劳动、资本、技术、管理等要素按贡献参与分配的初次分配机制,加快健全以税收、社会保障、转移支付为主要手段的再分配调节机制,努力实现居民收入增长和经济发展同步,劳动报酬增长和劳动生产率提高同步,逐步形成合理有序的收入分配格局"。收入分配制度改革的不断深化,将有利于增加城乡居民收入,提高居民购买力,提升消费需求,有利于缩小收入分配差距,促进我国国民经济健康发展。

三是城镇化在释放经济增长潜力方面发挥着重要作用。改革开放以来,我国城镇化快速发展,2013年年末城镇常住人口占全国总人口的比重达到53.73%,比1978年增加了35个百分点,也就是说,平均每年约增加一个百分点。这说明伴随着经济的高速增长,我国也在经历着一个迅速的城镇化过程。但从国际比较来看,我国城镇化率远低于发达国家80%左右的平均水平,还有较大的发展空间。国家新型城镇化规划(2014—2020年)指出,未来一段时间,我国城镇化应进入以提升质量为主的转型发展新阶段,将加快转变城镇化发展方式,改革完善城镇化发展体制机制,有序推进农业转移人口市民化,优化城镇化布局和形态,提高城市可持续发展能力,推动城乡发展一体化。可以预见,在今后几年,我国的城镇化还将处于相对较快发展的阶段。城镇化水平的持续提高,会使更多农民通过转移就业提高收入,增加消费需求,同时也会带来在城市基础设施、公共服务设施和住宅建设等方面的投资需求,此外,城镇化还将推动服务业的发展,促进产业结构转型升级。

四是科技进步和创新成为推动我国经济快速发展的重要因素。近年来,我国不断加大在科技方面的投入,研究与发展(R&D)经费支出从 2005 年的 2 450 亿元增长到 2012 年的 10 298 亿元,占国内生产总值的比重也从 2005 年的 1.32% 提高到 2012 年的 1.98%。我国积极推进自主创新,制定了一系列鼓励自主创新的政策,在一些重点领域取得了突破性成果,切实提高了科技创新能力。科技创新为我国产业发展和经济转型升级提供了重要支持,为我国经济发展提供了强大动力。最近,国家统计局根据 2008 SNA 的推荐,决定按照新的国际标准,把研究和发展费用也列入 GDP 核算的固定资产形成中(美国等发达国家也已经进行了这方面的统计改革),这样,研究和发展投入就不仅仅是间接地作用于经济增长,而会直接体现在 GDP 中。因此,通过不断增加科技投入,科技的不断进步和自主创新能力的不断增强,为我国经济持续发展增加着新的动力。

同时,未来几年我国经济增长还面临一定的挑战,需要采取一些措施来应对所面临的问题。

一是我国经济发展中面临的结构性问题还比较突出。主要表现在:需求结构不协调,主要是投资与消费结构不协调;产业结构不协调,主要是农业基础薄弱,第三产业发展相对滞后;城乡、区域结构不协调,主要是农村发展落后于城市,中西部地区,特别是西部地区发展落后于东部地区,结构调整的任务比较艰巨。今后我国需要进一步转变经济发展方式,调整经济结构,提高居民消费能力,加强农业基础地位,加快发展第三产业,努力缩小城乡、地区间差距。

二是部分行业存在产能过剩的问题。由于国际市场持续低迷,国内需求增速趋缓,我国部分产业供大于求的矛盾比较突出,特别是钢铁、水泥、电解铝等高消耗、高排放行业更是存在明显的产能过剩。据统计,2012 年年底,我国钢铁、水泥、电解铝、平板玻璃、船舶产能利用率分别仅为 72.0%、73.7%、71.9%、73.1% 和 75.0%,明显低于国际通常水平。① 产能过剩会造成资源的浪费,降低资源配置效率,不利于产业结构升级。今后我国需要进一步采取有效措施,淘汰落后产能,遏制产能盲目扩张,调整优化产业结构。

三是资源环境对经济增长的约束不断强化。随着我国人口增加,工业化、城镇化进程加快,经济总量不断扩大,资源消耗不断增长。但是我国人均资源特别

---

① 《国务院关于化解产能过剩矛盾的指导意见》(国发[2013]41 号),2013 年 10 月 15 日发布。

是一些重要资源的拥有量少,部分资源需要大量依赖进口,会面临一定的风险。同时我国资源利用效率较低,加剧了资源供需紧张的状况。此外,我国目前还面临环境污染、生态环境脆弱等突出问题,未来经济发展面临的资源环境约束日趋强化。今后我国应加快转变经济发展方式,加大结构调整力度,加强节能减排,努力突破资源环境的瓶颈约束,实现经济社会的可持续发展。

四是"人口红利"逐步消失。劳动力资源丰富和成本优势是改革开放以来我国经济保持快速增长的重要因素,也就是说,"人口红利"在改革开放三十多年来我国经济快速发展的过程中发挥了重大作用。一方面,随着我国人口年龄结构的变化,老年人口比重不断提高,劳动年龄人口比重下降;另一方面,随着农村劳动力不断向城镇转移,农业剩余劳动力的数量也在不断减少。这样,劳动力供求尤其是和经济增长关系最为密切的非农产业劳动力的供求关系开始出现明显变化,"人口红利"将逐步消失。从近几年的人口情况来看,65岁及以上人口占总人口比重从2010年的8.9%上升到2012年的9.4%,15—64岁人口占比从2010年的74.5%下降到2012年的74.1%。劳动力增长速度的减缓将会在一定程度上增加企业的劳动力成本,造成企业利润率的下降。今后,"人口红利"对我国经济增长的贡献将会减小,经济增长将主要依赖于资本的积累和技术进步。应通过提高劳动者素质和管理水平改善生产效率,进一步清除劳动力流动的制度障碍,加快技术进步和自主创新,推动产业结构的优化升级,提高企业生产率。

三、未来我国潜在经济增长率的测算和分析

我们利用柯布-道格拉斯生产函数和莫迪格利安尼(Modigliani, 1954)的消费生命周期理论来分析测算我国2013—2020年的潜在经济增长率。柯布-道格拉斯生产函数的主要变量是劳动力、资本存量和科技进步,下面分别说明这三个变量的情况。

(一)劳动力

劳动力是与人口联系在一起的,为此,首先分析人口状况。2013—2020年,我国的人口增长将趋于减缓。预计在此期间人口增长率将由目前的0.5%左右降至0.4%左右。到2020年,人口预计达到14亿左右。

65岁以上老龄人口的比重在2020年以前将不断提高。2012年年末,我国65岁以上老年人口已达12 714万人,占总人口的9.4%,按国际标准衡量,我国在2000年就已进入了老年型社会。到2020年,预计该比例将进一步上升到11%左右。人口增长与人口结构的变化将影响未来的经济增长和就业。它不仅直接决定劳动力的供给,也会对总储蓄、公共支出等方面产生影响。2020年以前劳动力供给的增加和抚养率的下降,从要素方面为我国经济的高速增长提供了良好条件,但它同时也增加了就业方面的困难。

(二) 资本存量

由于缺乏不变价资本存量的历史资料,因此,首先要估计出 2012 年前的不变价资本存量数据。为便于测算,将起始年份定为 1952 年,该年年末的资本存量为 2 213 亿元(邹至庄教授的估计)。估计资本存量的基本公式为:

$$K_t = K_{t-1} + I_t, \tag{3.1}$$

其中,K_t 为 t 年的资本存量,I_t 为 t 年的净资本形成(资本形成总额减去固定资本折旧)。需要指出的是,由于国家统计局尚未按收入法计算 GDP,但省区市都开展了 GDP 的收入法核算,因此,固定资本折旧数据主要采用各省区市折旧的总和并对其进行适当修正。之所以需要修正是因为各地区汇总的 GDP 不等于全国 GDP,修正的公式为:

$$D_t = D_t' \times \text{GDP}_t / \text{GDP}_t', \tag{3.2}$$

其中,D_t 和 GDP_t 分别为全国折旧和国内生产总值,D_t' 和 GDP_t' 分别为各地区汇总的折旧和国内生产总值。由于各地区的折旧数据 1978 年后才有,因此,还必须估计 1978 年以前的折旧数据。估计的方法是确定一个固定比例,这个比例就是 1978 年折旧占当年 GDP 比重,以此推算 1952—1977 年各年的折旧额。有了净资本形成数据后,还要找到适当的价格指数对其缩减从而获得不变价资本存量数据。显然,最合适的价格指数莫过于资本形成总额的缩减指数,它等于现价资本形成总额除以不变价资本形成总额。不变价资本形成总额可从已知的资本形成总额定基指数中构造出来。例如,以 1952 年为不变价基年,则按 1952 年价计算的资本形成总额 = 定基指数序列(1952 年 = 100) × 153.7/100。至此,可以估计出 1952—2012 年的资本存量时间序列(见表 3.1)。

表 3.1　1952—2012 年我国资本存量的估计　　　　　　单位:亿元

年份	现价 GDP	1952 年价 GDP	现价资本形成总额	现价固定资本折旧	1952 年价资本存量
1952	679.0	679.0	153.7	67.4	2 213.0
1953	824.2	784.9	198.3	81.8	2 330.3
1954	859.4	818.2	226.9	85.3	2 472.2
1955	910.8	873.9	221.5	90.4	2 608.8
1956	1 029.0	1 005.6	257.6	102.2	2 776.8
1957	1 069.3	1 056.5	280.0	106.2	2 965.8
1958	1 308.2	1 280.6	432.0	129.9	3 294.0
1959	1 440.4	1 394.0	621.7	143.0	3 784.2
1960	1 457.5	1 389.2	575.0	144.7	4 223.9
1961	1 220.9	1 009.7	274.6	121.2	4 381.7

(续表)

年份	现价GDP	1952年价GDP	现价资本形成总额	现价固定资本折旧	1952年价资本存量
1962	1 151.2	953.3	178.1	114.3	4 441.4
1963	1 236.4	1 050.4	265.3	122.7	4 569.7
1964	1 455.5	1 241.9	350.3	144.5	4 759.7
1965	1 717.2	1 453.7	462.1	170.5	5 045.5
1966	1 873.1	1 609.9	569.8	186.0	5 427.6
1967	1 780.3	1 518.2	425.7	176.7	5 680.0
1968	1 730.2	1 455.8	432.2	171.8	5 956.1
1969	1 945.8	1 701.6	485.9	193.2	6 270.1
1970	2 261.3	2 032.2	744.0	224.5	6 828.4
1971	2 435.3	2 175.5	819.0	241.8	7 443.9
1972	2 530.2	2 257.0	791.1	251.2	8 014.5
1973	2 733.4	2 434.2	903.5	271.4	8 683.3
1974	2 803.7	2 490.6	936.1	278.3	9 376.7
1975	3 013.1	2 707.2	1 062.3	299.1	10 171.5
1976	2 961.5	2 663.0	990.1	294.0	10 895.7
1977	3 221.1	2 866.1	1 098.1	319.8	11 695.2
1978	3 645.2	3 200.8	1 377.9	343.0	12 755.2
1979	4 062.6	3 443.2	1 478.9	380.3	13 842.3
1980	4 545.6	3 712.8	1 599.7	435.5	14 969.2
1981	4 891.6	3 907.6	1 630.2	477.7	16 055.0
1982	5 323.4	4 261.4	1 784.2	523.0	17 215.3
1983	5 962.7	4 724.5	2 039.0	594.8	18 509.7
1984	7 208.1	5 440.8	2 515.1	712.5	20 067.5
1985	9 016.0	6 173.5	3 457.5	892.7	22 137.4
1986	10 275.2	6 720.1	3 941.9	1 077.0	24 317.7
1987	12 058.6	7 498.2	4 462.0	1 292.8	26 586.3
1988	15 042.8	8 344.2	5 700.2	1 617.1	29 158.2
1989	16 992.3	8 683.1	6 332.7	1 939.6	31 688.4
1990	18 667.8	9 016.4	6 747.0	2 212.1	34 151.0
1991	21 781.5	9 844.1	7 868.0	2 709.1	36 753.3
1992	26 923.5	11 246.3	10 086.3	3 464.2	39 697.5
1993	35 333.9	12 816.8	15 717.7	4 126.2	43 347.3
1994	48 197.9	14 493.3	20 341.1	5 795.1	47 091.0
1995	60 793.7	16 076.7	25 470.1	7 449.7	51 156.5
1996	71 176.6	17 685.7	28 784.9	9 191.6	55 030.1
1997	78 973.0	19 330.0	29 968.0	10 800.6	58 640.7

（续表）

年份	现价 GDP	1952 年价 GDP	现价资本形成总额	现价固定资本折旧	1952 年价资本存量
1998	84 402.3	20 844.1	31 314.2	12 048.9	62 357.0
1999	89 677.1	24 323.8	32 951.5	13 392.4	66 043.8
2000	99 214.6	26 342.7	34 842.8	15 227.8	69 627.2
2001	109 655.2	28 735.2	39 769.4	17 163.3	73 743.4
2002	120 332.7	31 616.0	45 565.0	18 830.2	78 598.5
2003	135 822.8	34 804.5	55 963.0	21 510.2	84 718.6
2004	159 878.3	38 741.4	69 168.4	22 921.3	92 458.8
2005	184 937.4	43 651.2	77 856.8	27 444.1	100 921.6
2006	216 314.4	49 835.0	92 954.1	30 703.2	111 007.1
2007	265 810.3	54 636.1	110 943.2	37 002.4	122 589.8
2008	314 045.4	59 670.8	138 325.3	42 291.5	136 121.0
2009	340 902.8	65 902.6	164 463.2	46 074.3	153 220.6
2010	401 512.8	72 031.9	193 603.9	51 684.1	172 737.4
2011	473 104.0	77 543.5	228 344.3	61 094.8	194 014.4
2012	518 942.1	83 514.7	252 773.2	66 725.4	217 080.5

在 2020 年以前，预计资本存量的增长速度较快，这是因为居民较高的储蓄倾向不可能在短期内改变，住房、医疗和教育改革也要求居民增加储蓄，而在此期间劳动人口的增长和抚养率的降低则有利于国民储蓄率的进一步提高。所以，我们假设 2013—2020 年这 8 年的投资率将维持在 40% 左右，储蓄率维持在 45% 左右。

在预测资本存量之前，必须先测算每年资本形成总额。由于投资与储蓄的差额等于国际收支中经常项目的差额，如果经常项目差额为零，则储蓄完全转化成投资。在一般情况下，经常项目差额并不为零，因此储蓄不可能完全等于投资。根据现代消费理论，储蓄率与经济增长率关系密切。消费生命周期学说的倡导者莫迪格利安尼认为，储蓄率随收入增长率的提高而提高，在其他条件不变的情况下，生产率的增长提高 1 个百分点，储蓄率将提高 2—3 个百分点。反映消费、资产、国民收入关系的模型如下：

$$C_t = b_1 A_{t-1} + b_2 Y_t, \quad (3.3)$$

其中，C 表示消费，A 表示资产，Y 表示国民收入，b_1、b_2 为正参数。由于资产的测量比较困难，为此可将上述宏观消费函数变换为：

$$C_t = (1 - b_1) C_{t-1} + b_2 Y_t + (1 - b_1 - b_2) Y_{t-1}. \quad (3.4)$$

以上消费函数可进一步变换为储蓄率函数。令储蓄率 $s_t = 1 - C_t/Y_t$；收入增长率 $G_t = Y_t/Y_{t-1} - 1$，则有：

$$s_t = (1 - b_1) s_{t-1}/(1 + G_t) + (1 - b_2) G_t/(1 + G_t), \quad (3.5)$$

其中,$0.05 < b_1 < 0.1$;$0.5 < b_2 < 0.8$。此式为储蓄率与经济增长率的关系式。

(三)科技进步

人类历史上发生了三次重大技术革命,科技进步对经济增长的作用越来越大。以技术创新为主要内容的技术进步,已成为当代经济发展和国际竞争的核心因素。据有关资料,在20世纪初,一些发达国家的科技进步对经济增长的贡献率为10%—15%,而到20世纪中期则上升到40%左右,20世纪70年代又上升到60%左右,目前在70%左右。

初步测算,1978—2012年我国科技进步对经济增长的贡献率为42.6%左右。从趋势看,科技进步的贡献率还将进一步提高。

根据上面这些资料,就可以用柯布-道格拉斯生产函数来拟合我国1952—2012年的GDP。

$$\ln RGDP_t = \alpha_0 + \alpha_1 \ln K_t + \alpha_2 \ln L_t, \quad (3.6)$$

其中,RGDP为1952年价GDP,K和L分别为资本存量和劳动力。由于估计中发现式(3.6)存在多重共线性,为此,假设资本弹性系数和劳动力弹性系数之和为1,则可将式(3.6)变为:

$$\ln(RGDP_t/L_t) = \alpha_0 + \alpha_1 \ln(K_t/L_t) + \alpha_2 t. \quad (3.7)$$

利用最小二乘法估计上述方程,有:

$R^2 = 0.997$, S.E. $= 0.062$, D.W. $= 1.82$,样本期为1952—2012年。

此外,需要建立不变价固定资本折旧(DEPRER)与不变价GDP(RGDP)之间的回归方程:

$$\ln DEPRER = -2.0797 + 0.9899 \ln RGDP_t + [AR(1) = 0.6663] \quad (3.8)$$
$$\quad\quad\quad (16.0)\quad (68.3) \quad\quad\quad\quad\quad (7.0)$$

$R^2 = 0.999$, S.E. $= 0.051$, D.W. $= 1.90$,样本期为1952—2012年。

(四)资本形成总额

$$\ln(RGDP_t/L_t) = -1.1343 + 1.0716 \ln(K_t/L_t) +$$
$$\quad\quad\quad\quad (14.6)\quad (17.2)$$
$$[AR(1) = 0.8224] + [MA(1) = 0.4352]. \quad (3.9)$$
$$\quad (10.0) \quad\quad\quad\quad (3.4)$$

根据莫迪格利安尼的消费生命周期理论,资本形成总额(RFORM)与不变价GDP(RGDP)之间的关系如下:

$$RFORM = s \times RGDP + DEPRER$$
$$s = (1 - b_1) \times S(-1)/(1 + g) + (1 - b_2) \times g/(1 + g)$$
$$g = RGDP/RGDP(-1) - 1$$
$$\ln DEPRER = -2.0797 + 0.9899 \ln RGDP_t + [AR(1) = 0.6663],$$
$$\quad\quad\quad\quad\quad\quad\quad\quad\quad\quad\quad\quad\quad\quad\quad\quad (3.10)$$

其中,s 为储蓄率;RGDP 为 1952 年价 GDP,RGDP(-1) 为上一年不变价 GDP;DEPRER 为 1952 年价固定资本折旧;b_1、b_2 为参数;g 为 GDP 增长率;AR(1) 表示一阶自回归。

至此,可以建立如下的联立方程:

$$L = L(-1) \times (1+a)$$
$$\ln(RGDP_t/L_t) = -1.1343 + 1.0716\ln(K_t/L_t) + [AR(1) = 0.8224] + [MA(1) = 0.4352]$$
$$K = K(-1) + S \times RGDP$$
$$RFORM = s \times RGDP + DEPRER$$
$$\ln DEPRER = -2.0797 + 0.9899\ln RGDP_t + [AR(1) = 0.6663]$$
$$s = (1-b_1) \times s(-1)/(1+g) + (1-b_2) \times g/(1+g)$$
$$g = RGDP/RGDP(-1) - 1,$$

(3.11)

其中,a 为劳动力年均增长率。需要指出的是,在模型中,假定 2013—2020 年劳动人口年均增长 0.35%,储蓄行为参数 b_1 取 0.09,b_2 取 0.75。解以上联立方程,可得到表 3.2 所示的预测结果。

表 3.2　2013—2020 年潜在经济增长率预测值　　　　　　　　单位:%

年份	潜在 GDP 增长率
2013	7.3
2014	7.5
2015	7.8
2016	7.3
2017	6.9
2018	6.6
2019	6.2
2020	6.0
年均增长	7.0

从以上模型分析的结果可以看出,未来几年我国潜在 GDP 增长率将会有所下降,但仍然维持在一个比较高的水平。2013—2020 年,年均经济增长率为 7%,与改革开放后的前 35 年 10% 左右的年均增长率相比,约回落 3 个百分点。在实际增长中,2013 年我国的经济增长为 7.7%,比预测模型的结果高 0.4%,而 2014 年为 7.4%,略低于预测结果,但偏差都不大。考虑到 2011—2014 年的经济增长率分别为 9.3%、7.7%、7.7% 和 7.4%,将各个年份的经济增长率求几何平均数计算

年均增长率,得到的结果在 7.2% 左右,这正好就是我国提出在 2010—2020 年 GDP 翻一番增长目标所要求的增长率。这说明在"新常态"下,我国要实现经济增长目标并全面建成小康社会,由于潜在的经济增长率在下降,实现目标的难度比往年有所增大。往年提出翻番目标时,要求的年均增长率是 7.2%,而实际年均增长则达到了 10% 左右,而这一次提出年均增长 7.2%,实际增长率可能就在这一数值的附近,稍有疏忽就有可能完不成增长目标,从而影响到我国社会经济的全面发展。

第二节 从国民收入国际比较的新变化看中国的现代化进程

根据国际货币基金组织 2014 年 10 月更新的世界经济展望数据库(World Economic Outlook Database)①,如果按照购买力平价(Purchasing Power Parity,简称为 PPP),2014 年中国的 GDP 估计值将达到 17.63 万亿国际元,美国则为 17.42 万亿国际元,中国将超过美国而成为世界第一。而在 2014 年 4 月国际货币基金组织公布的数据中,这一超越要等到 2019 年才能实现,新的研究把中美两国在这一指标上的关系变化,整整提前了五年,因而得到世界上广泛的关注。对于这样一个结论社会上存在着很多争论,很多人对中国的国民收入总量是否能够达到这么大的规模表示怀疑,但一个不容否定的事实是随着长期和持续的高速经济增长,我们和世界先进水平的差距正在不断缩小,实现现代化已经不再是一种理想,而越来越成为能够看得见的目标。同时也应该看到,中国和发达国家或世界先进水平之间仍然存在着差距,在经济发展中还存在着很多矛盾和难题需要解决。我们必须对中国目前的经济增长和经济发展有一个客观的判断,在这一基础上坚持我们的长期发展战略,通过不断的努力来实现现代化目标。

一、用两种方法计算的国民收入总量的中外比较

目前在世界上,进行国家间国民收入比较主要有两种方法——汇率法(Atlas Method)和购买力平价法(PPP Method),经常使用的指标有两个——GDP 和 GNI。汇率法是用美元来反映各个国家的国民收入,主要由世界银行公布。为了减少波动产生的短期影响,在将各个国家的 GDP 由本币转化为美元时,采用的是三年平均汇率。在运用数据时,总量比较往往直接使用 GDP 指标;而在反映人均国民收入时,为了更好地体现"收入"的精神,则更多地使用人均国民总收入(GNI per capita),世界银行低收入、中等收入和高收入国家之间的划分标准,经常使用的就是人均国民总收入指标。GDP 和 GNI 指标之间从构成内容上相差了一个"来自国外

---

① 参见国际货币基金组织官方网站,http://www.imf.org/external/pubs/ft/weo/2014/02/weodata/index.aspx。

的要素收入净额",两个指标的实际数值尤其是人均数值之间的差别不大。购买力平价法则是由世界各国参加的国际比较项目(ICP,全球办公室设在世界银行)在公布各国国民收入时使用的方法,通过各国提供的 GDP 及其构成,以及相应的价格资料,力图以一个共同的购买力标准来反映世界各国的经济总量,单位是国际元。

从表 3.3 中可以看到,用两种方法计算得出的美国 2013 年 GDP 是一致的,其他国家的数值则存在着差别。从理论上说购买力平价方法就是要把各国每年生产(或支出购买)的货物和服务及其所形成总量,都按照美国的价格重新算一遍,由此得出按美国价格计算的各国的 GDP。但是这样做在实际操作上几乎是不可能的,所以要通过编制各类货物和服务的价格指数,对支出法 GDP 的各个项目进行调整,最后汇总得出的按照"国际元"(也称为 PPP 美元)计价的 GDP。这项工作

表 3.3　2013 年部分国家按两种不同方法计算的 GDP

汇率法 GDP				购买力平价法 GDP				
排序	国家	(万亿美元)	占世界的比重(%)	排序	国家	(万亿国际元)	占世界的比重(%)	为汇率法的倍数
1	美国	16.77	22.45	1	美国	16.77	16.45	1.00
2	中国	9.47	12.68	2	中国	16.15	15.84	1.71
3	日本	4.90	6.56	3	印度	6.78	6.65	3.61
4	德国	3.64	4.87	4	日本	4.67	4.58	0.95
5	法国	2.81	3.76	5	德国	3.51	3.45	0.97
6	英国	2.52	3.38	6	俄罗斯	3.49	3.43	1.67
7	巴西	2.25	3.01	7	巴西	3.01	2.96	1.34
8	俄罗斯	2.10	2.81	8	法国	2.53	2.49	0.90
9	意大利	2.07	2.77	9	印度尼西亚	2.39	2.34	2.75
10	印度	1.88	2.51	10	英国	2.32	2.28	0.92
11	加拿大	1.83	2.45	11	墨西哥	2.06	2.02	1.63
12	澳大利亚	1.51	2.02	12	意大利	2.04	2.00	0.98
13	西班牙	1.36	1.82	13	韩国	1.70	1.66	1.30
14	韩国	1.30	1.75	14	沙特阿拉伯	1.55	1.52	2.07
15	墨西哥	1.26	1.69	15	加拿大	1.52	1.49	0.83
小计		55.65	74.50	小计		70.48	69.15	1.27
全世界		74.70	100	全世界		101.93	100	1.36
参考:未同时进入排序前 15 位的国家								
16	印度尼西亚	0.87	1.16	16	西班牙	1.49	1.46	1.10
19	沙特阿拉伯	0.75	1.00	19	澳大利亚	1.01	0.99	0.67

资料来源:国际货币基金组织世界经济展望数据库,http://www.imf.org/external/pubs/ft/weo/2014/02/weodata/index.aspx。

现在得到了世界各国统计机构的广泛支持,并且取得了很大的进展。2014年6月,国际比较项目办公室公布了2011年轮次(2011 round)ICP数据结果,公布了世界主要国家(包括中国在内)按细分类计算的购买力平价法支出法GDP及其构成,大大推进了这一项研究的进展。而国际货币基金组织公布的新的按购买力平价法计算的GDP的时间序列(至2019年),就是在这一研究基础上推进的。其中,主要国家2013年以前的数据为实际数据,2014年以后的数据为分析预测数据。所以严格地说,从国际货币基金组织新公布的结果看,不能说根据按购买力平价法计算的2014年中国的GDP已经超过了美国,只能说国际货币基金组织的研究预测认为有可能发生这种超越。是否会真正超过,还要看实际GDP统计与核算的结果。

购买力平价法的基本思想是更好地进行不同国家和地区的人们生活水平间的比较。类似的商品(如西红柿),美国和中国的价格就可能有很大的差别,如果按汇率来反映不同国家的家庭或者个人在平均生活水平上的差距,由于价格水平上的差别,反映的结果实际上是有偏差的。从表3.3中可以看到,用购买力平价法度量的世界最大的15个经济体(经济规模占全球的比重达到70%以上)中,有8个国家的购买力平价法GDP与汇率法GDP的比值大于1(按数值排序分别为印度、印度尼西亚、沙特阿拉伯、中国、墨西哥、俄罗斯、巴西、韩国),这说明这些国家的物价低于美国(排序越靠前物价总水平越低,印度的商品总体而言最便宜),而低于美国的国家有6个(按数值排序分别为意大利、德国、日本、英国、法国、加拿大),说明这些国家的物价总水平高于美国,加拿大东西最贵(不是某一件商品,而是商品价格的一般水平或总水平),意大利相对便宜。在这些国家中,价格总水平高于美国的全部是发达国家,美国是这些发达国家中东西最便宜的;而低于美国的全部是发展中国家或者是新兴国家。而从总体上看,这一比值的变化中反映出来的特点是一个国家的经济发展水平(用人均收入水平反映)越高,它的价格总水平与美国相比也就相对较高,反之就较低。发达国家之间(尤其是大国之间)的相对价格总水平之间虽然有差别,如美国、德国、日本、英国、法国之间有差别,但差别相对较小,在10%以内。但发展中国家与发达国家之间的差别就很大,如印度是美国的3.6倍,中国是美国的1.7倍,这种价格总水平上的差别,实际上反映了一个国家经济发展水平与国际化参与程度上的差别,经济发展水平越低,参与国际化的程度越低,商品的市场交流程度也就越低,和世界一般价格水平的差别也就越大,购买力平价法GDP与汇率法GDP之间的差别也就越大。在表3.3中还可以看到,如果用汇率法计算,印度的经济总量为世界第十位,规模不到日本的一半,但如果用购买力平价法计算,则仅次于美国和中国为世界第三位,规模为日本的1.45倍。但是从国际地位上看,无论从国际经济活动的参与度,还是从对世界经济的影响力来看，印度都远远不如日本。从这些分析中可以看出，用购买力平价法和汇率法计算得出的各国 GDP，主要有几点不同：

首先是两者的计算方法不同，汇率法是根据各国的 GDP 直接经过汇率换算得出来的，而在一般市场经济条件下，汇率实际上是上一个国家的货物（消费品和资本品）和服务（旅游、交通、通信、金融服务等）供需情况在国际市场上的反映，由此而计算的 GDP 能够较好地反映这个国家的国际经济地位。而购买力平价则是一个统一的标准，由此得出反映了各个国家按照一个统一标准计算的国内总需求（因为购买力平价法 GDP 是按照支出法 GDP 折算的，因此反映的是需求而不是供给）。

其次是两者计算结果的偏差不同。各国公布的按本币计算并公布的 GDP 是按照各种货物和服务的价格乘以数量累计得出的，而汇率则是在市场上形成的，因此得到的 GDP 或 GNI 的数字结果较为客观，而且官方数据具有唯一性和权威性。而购买力评价法则是对构成 GDP 的各种货物和服务重新估价，但这些货物和服务的品种、具体设计及质量存在着众多的差别，如对于建筑物，如何以美国的住宅价格为统一的标准，对中国每年的 GDP 中包含的新建住宅进行估价，其实是非常困难的工作。中国的城市居民住宅大多是按照建筑面积计价的，而在美国以及世界上的许多地方，住宅则是按"座"或者"套"来卖的，对建筑面积或居住面积只有一个大致估计。美国城市居民，很多人住的都是独门独院（house），但是中国内地或者中国香港的城市居民，大多住在楼房（apartment）中，那么如何用一个统一的价格进行对比呢？这当然是很困难的，所以只能用一个大致的标准进行折算。这样得到的价格换算系数当然可能存在着相当大的偏差。不同的研究机构和个人得到的研究结果，可能存在着相当大的差别，数据结果经常没有唯一性和权威性。

最后是数据应用的侧重点有所不同。在反映一个国家的国际地位和综合实力时，往往更多地选用汇率法 GDP，从表 3.3 中可以看到，左栏的汇率法数据较好地说明了世界主要大国的力量对比，而且和人们的一般判断较为吻合。而购买力平价法 GDP 则能够更好地反映各国之间最终需求的情况，因而说明了人民生活水平和福利，而要进行这一方面的比较，主要是要进行人均水平而不是总量的比较。联合国编制的人文发展指数（或翻译为人类发展指数，Human Development Index），通过人口预期寿命、教育发展和人均 GDP 指标的指数化和加权平均，用来衡量各国人民的发展情况，它所使用的人均 GDP，就是以购买力平价法计算的。其实，购买力平价法 GDP 的研究，不仅对于国家间的人民生活水平的比较是必要的，其实就是在一个国家内的各地区间的比较也是必要的，如在中国内部，由于存在着地区间货物和服务在价格上的差别（以住宅为例，同样的住宅在发达地区的价格可能是欠发达地区的十倍），在衡量各地区人民生活水平以及比较相互间的差异时，也应该使用购买力平价法的人均 GDP 或人均 GNI 指标，但是在比较地区间总量时,则不必进行这种折算。而从发展趋势看,随着欠发达国家、发展中国家和新兴工业化国家的经济的不断发展,参与经济全球化的程度不断提高,国家间经济发展水平和人民生活水平之间的差异将不断缩小,价格总水平之间的差异也会不断缩小,因而导致有关国家的购买力平价法 GDP 向汇率法 GDP 收敛。如表 3.3 中的 7 个发达国家,即使不使用两种不同的方法计算 GDP,相互之间的经济总量和人均水平也是基本可比的,购买力平价法 GDP 只不过是更进一步改善了这种比较的精确性,但是对于印度、印度尼西亚这些国家而言,如果不计算购买力平价法 GDP,在以人均国民收入反映其经济发展水平以及进行国际比较时,就会出现比较大的偏差,出现明显的低估。或者通俗来说,这些国家的人民生活水准,不会像按汇率法计算的人均 GDP 所反映的那样,与发达国家之间存在着那么大的差距。

二、如何看待中国用购买力平价法计算的 GDP 总量超过美国

从前面的分析中可以看出,国际货币基金组织按照国际比较项目的新结果做出的对世界经济增长的新展望,2014 年中国按照购买力平价法计算的 GDP 超过美国的可能性确实是存在的。这说明在共同的价格标准下,中国当年最终需求的规模可能超过美国,但还不能得出中国已经超过美国成为经济第一大经济体的结论。在这一结果中,一方面要看到这是中国长期经济增长取得的积极成果,标志着中国的经济发展上了一个新的台阶;另一方面还要看到,从综合实力上看,中国与美国相比仍然存在着一定的差距,尤其是从对国际经济活动参与度和对国际经济的影响力看,中国和美国相比仍然是有差距的,由购买力平价法计算的 GDP 总量的提升并不足以抵消这种差距。

表 3.4 列出的是中国、日本和美国之间经济总量的对比。从表中可以看到,在进入新世纪以前的 1999 年,中国按照购买力平价法计算的 GDP 已经超过日本居世界第二位。而如果按汇率法计算,则在美国、日本、德国、英国、法国和意大利之后居世界第七位。但是在当时,尽管大家已经得到了这一方面的比较数据,并没有什么人说中国已经超过日本成为世界第二大经济体。而在中国,当时我们正处于化解亚洲金融危机的冲击和市场化改革攻坚阶段,也没有因为这一指标超过了美国之外的发达国家而沾沾自喜,而是坚持深化改革和扩大开放,为进入新世纪后的经济增长创造良好的条件。按照 2010 年的初步核算结果,中国按汇率法计算的 GDP 超过了日本,从那时开始,中国作为全球第二大独立国家经济体的国际地位才完全确立。而根据后来最终核算的结果,其实在 2009 年中国的汇率法 GDP 已经超过日本(见表 3.4),而到了 2013 年和 2014 年,由于日本经济衰退和日元贬值以及中国经济仍然保持强劲增长等多方面的原因,中国按汇率法计算的 GDP 已经是日本的 2 倍左右,而按购买力平价法计算的 GDP 已经是日本 3 倍以上,中国作为世界第二大经济体的国际地位已经毋庸置疑。

表 3.4　1998—2014 年中国、日本和美国 GDP 总额比较

	汇率法 GDP（万亿美元）			购买力平价法 GDP（万亿国际元）		
	中国	日本	美国	中国	日本	美国
1998	1.05	3.91	9.09	2.98	3.05	9.09
1999	1.10	4.43	9.66	3.25	3.09	9.66
2000	1.19	4.73	10.28	3.61	3.24	10.28
2001	1.32	4.16	10.62	4.00	3.32	10.62
2002	1.46	3.98	10.98	4.43	3.38	10.98
2003	1.65	4.30	11.51	4.97	3.51	11.51
2004	1.94	4.66	12.27	5.62	3.69	12.27
2005	2.29	4.57	13.09	6.46	3.86	13.09
2006	2.79	4.36	13.86	7.50	4.04	13.86
2007	3.50	4.36	14.48	8.79	4.24	14.48
2008	4.55	4.85	14.72	9.83	4.28	14.72
2009	5.11	5.04	14.42	10.81	4.08	14.42
2010	5.95	5.50	14.96	12.09	4.32	14.96
2011	7.31	5.91	15.52	13.48	4.39	15.52
2012	8.39	5.94	16.16	14.77	4.53	16.16
2013	9.47	4.90	16.77	16.15	4.67	16.77
2014	10.36	4.77	17.42	17.63	4.79	17.42

资料来源：国际货币基金组织世界经济展望数据库，http://www.imf.org/external/pubs/ft/weo/2014/02/weodata/index.aspx。表中 2014 年数据为国际货币基金组织的预测数据。

从表 3.4 中可以看到，从 1999 年按购买力平价法计算的 GDP 超过日本，到 2009 年按汇率法计算的 GDP 超过日本，中国花了 10 年时间。但是当年日本的汇率法 GDP 是中国的 4 倍，而现在美国的汇率法 GDP 只有中国的 1.68 倍，假设中国保持年均 10% 左右的、按美元计算的年均名义增长率（年均经济增长率 7%、汇率和通货膨胀因素的共同影响为 5%[①]），而美国保持 4.2% 的年均名义经济增长（1999—2013 年的年均名义增长率，包括实际增长和通货膨胀两方面的影响），那么大约在 2021 年左右，中国按照汇率法计算的 GDP 就有可能赶上美国，成为世界第一大经济体。而那时中国以人均国民收入反映的经济发展水平仍然低于美国，因此就发展潜力而言仍然大于美国，或者说潜在的经济增长率仍然有可能高于美国，如果我们发展得好，就有可能在很长一个时期内保持世界第一大独立国家经济体的地位。不过，国际货币基金组织的预测不像我们这么乐观，在这个世界经济展望数据库里的预测数据中，2019 年美国按汇率法计算的 GDP 大约是 22.1 万亿美元（按照从 2014 年起，年均名义增长 5% 推算），中国为 15.5 万亿美元（按年

---

① 在其他条件不变的情况下，通货膨胀因素对汇率是有影响的。通胀水平较高，则汇率升值较慢甚至贬值；反之则相反。

均名义增长 8.4% 推算)。如果按照这一估计,中国大约在 2030 年左右赶上美国。但在 1999—2013 年期间,美国的年均名义增长率只有 4.17%,而中国则是 15.83%,显然国际货币基金组织在预测中存在着对中国的低估和对美国的高估,这也证明了国际货币基金组织在用购买力平价法进行 2014 年中美两国经济总量的比较时并不是有意夸大中国而只是承认了现实。但无论如何,从长期趋势看,中国的经济总量必定会超过美国,只是这种赶超还需要时间的检验。当然,其他发展中国家也可能加快经济增长来赶超中国、美国,如印度就有这样的潜力,从表3.3 看,即使印度的经济能实现和保持高增长(年均实际增长率保持在 7% 以上),从购买力平价上看,GDP 要赶上美国至少需要 15 年的时间,按汇率法至少需要 20 年的时间,而要赶上中国则会更久。

三、对中国人均国民收入及其变化的展望

（一）两种方法对人均收入国际排序的影响

经济增长不是目标,它是提高经济发展水平的手段,目标是改善人民生活和综合国力。总量比较更多地用来比较大国之间的国际经济地位或进行人口规模相近的国家之间的比较,而对于人口规模相差很远的国家(如中国和新加坡之间),总量比较没有意义。因此,在国际比较中更多进行的是人均国民收入的比较,由此可以看出各国经济发展水平和人民生活水平上的差距。世界银行根据按汇率计算的人均 GNI 将世界上的国家和地区进行了分组,分成低收入、中等收入(其中又分为下中等收入和上中等收入)和高收入经济体,并根据每年的实际情况(主要是世界经济增长和人均 GNI 的变化)加以调整。根据 2013 年的标准,小于或等于 1 045 美元的国家或地区,为低收入经济体;1 045 美元至 12 746 美元为中等收入经济体,其中,1 045 美元至 4 125 美元为下中等收入经济体,4 125 美元至 12 746 美元则属于上中等收入经济体;而 12 746 美元以上则属于高收入经济体。① 经过改革开放后的高速经济增长,中国在 1998 年由低收入国家变成下中等收入国家,2010 年进入了上中等国家的行列②,在时点上恰好和中国对日本的两次超越(1999 年和 2009 年)相接近。这说明中国对先进国家的赶超进程,同样也是中国经济发展水平和人民生活不断提高的过程,这就是中国的现代化进程。根据世界银行公布的结果,2013 年中国按汇率法计算的人均 GNI 为 6 560 美元,在已经提供数据的 172 个经济体中位列第 74 位,而按照购买力平价法计算为 11 850 国际元,在已经提供数据的 172 个经济体中名列第 73 位。显然,无论用哪一种方法,在世界的经济体排序中,中国已经属于中等偏上水平。由于一个经济体的人均收入水平(反映了经济发展水平)越低,购买力平价法的计算结果高于汇率法的程度往往

---

① 参见世界银行网站,http://data.worldbank.org/about/country-and-lending-groups。
② 刘伟、蔡志洲,"我国人均国民收入的变化及展望",《经济纵横》,2014 年第 1 期。

就越高,所以用购买力平价法计算人均 GNI 或人均 GDP,改变的往往只是人均收入的数值,比美国人均水平高的经济体数值有可能缩小,而比美国人均水平低的经济体的数值有可能增加,而改变的程度与相互差别的程度相关,对各个国家的排序没有显著影响。如美国用汇率法排序是第八位(人均 GNI 为 53 670 美元,属于高收入国家),购买力平价法是第六位;日本分别是第十三位(46 140 美元,属于高收入国家)和第十八位;印度尼西亚是第一百零三位(3 580 美元,属于收入偏高的下中等收入国家)和第九十位,印度是第一百二十八位(1 570 美元,属于收入偏低的下中等收入国家)和第一百一十四位;柬埔寨是第一百四十四位(950 美元,属于低收入国家)和第一百三十三位。可以看出,虽然较大的发展中国家的购买力平价法数值在排序上可能会有一些提升,但基本地位不会发生显著的改变。

(二) 通过购买力平价法的结果看中国、日本和美国的经济发展水平差别

在考察国家间经济发展水平的具体差距时,购买力平价法更注重反映各国之间人均实际最终需求(尤其是国内最终需求)上的差别,而汇率法还反映了一个国家的经济和世界经济或市场的密切程度,因而购买力平价法能够更加客观地反映不同国家或地区间人均收入之间的实际差别。表 3.5 和表 3.6 分别是以汇率法和购买力平价法计算的中国、日本和美国之间人均 GNI 的比较。从表 3.5 中看到,1999 年,在中国以购买力平价计算的 GDP 超过日本的当年,即中国进入下中等收入国家行列的第二年,中国的人均 GNI 只有 850 美元,为日本的 2.59% 和美国的 2.51%,换句话说,日本为中国的 38 倍多,美国为中国的 39 倍多。但如果从购买力平价看,差距并没有这么大,中国当年的人均 GNI 为 2 590 国际元,为日本的 10.4% 和美国的 7.43%,日本和美国分别是中国的 9.6 倍和 13.5 倍。而经过 14 年的经济增长,2013 年,中国和日本、美国之间的差距已经显著缩小,按购买力平价法计算的人均 GNI 已经达到了 11 850 国际元,分别为日本的 31.5% 和 22.0%,换句话说,日本和美国大约为中国的 3 倍和 5 倍。而从现在的情况看,日本和美国的经济已经进入缓慢增长时代,但是中国仍然处于高速或较高速增长阶段,如果中国能用 7 年左右的时间将购买力平价法下的人均 GNI 再翻一番(即年均名义增长 9.5% 左右①),而日本和美国分别保持 3% 和 4% 的年均增长,那么到了 2021 年,中国的人均 GNI 将会达到 2.4 万国际元,占日本的比重将会提高到 50% 以上,占美国的比重将会提高到 34% 以上,也就是说,日本和美国的人均 GNI 将不到中国的 2 倍和 3 倍。中国、日本、美国之间仍然存在着差距,但已经比过去大为缩小,中国的人民生活水平将会比现在有一个显著的提高。同时,由于中国人口众多,在更高的经济发展水平上,能够统一组织的财力和资源将会更多,整个国家的综合实力和国际地位将大大提高。

---

① 其中,实际增长率为 7% 左右,以国际元反映的年均通胀率为 2.5% 左右。

表 3.5 按汇率法计算的中国、日本和美国的人均国民总收入 单位:美元

年份	中国	日本		美国	
		数值	中国占日本的比重(%)	数值	中国占美国的比重(%)
1999	850	32 830	2.59	33 800	2.51
2000	920	34 970	2.63	36 090	2.55
2001	1 000	35 600	2.81	36 840	2.71
2002	1 100	33 750	3.26	37 460	2.94
2003	1 260	34 010	3.70	39 950	3.15
2004	1 490	37 150	4.01	43 690	3.41
2005	1 740	39 140	4.45	46 350	3.75
2006	2 040	38 600	5.28	48 080	4.24
2007	2 470	37 660	6.56	48 640	5.08
2008	3 050	37 870	8.05	49 350	6.18
2009	3 610	37 610	9.60	48 040	7.51
2010	4 240	42 190	10.05	48 960	8.66
2011	4 900	45 190	10.84	50 660	9.67
2012	5 720	47 690	11.99	52 350	10.93
2013	6 560	46 140	14.22	53 670	12.22

资料来源:根据世界银行数据库资料整理,http://data.worldbank.org/indicator/NY.GNP.PCAP.PP.CD。

表 3.6 按购买力平价法计算的中国、日本和美国的人均国民总收入

单位:国际元

年份	中国	日本		美国	
		数值	中国占日本的比重(%)	数值	中国占美国的比重(%)
1999	2 590	24 910	10.40	34 850	7.43
2000	2 830	26 260	10.78	36 930	7.66
2001	3 100	27 000	11.48	37 860	8.19
2002	3 430	27 680	12.39	38 590	8.89
2003	3 840	28 410	13.52	39 960	9.61
2004	4 330	29 930	14.47	42 260	10.25
2005	4 930	31 150	15.83	44 740	11.02
2006	5 720	32 730	17.48	47 390	12.07
2007	6 700	34 500	19.42	48 420	13.84
2008	7 480	34 710	21.55	48 650	15.38
2009	8 120	32 880	24.70	47 240	17.19
2010	9 010	34 830	25.87	48 880	18.43
2011	9 940	35 380	28.09	50 860	19.54
2012	10 890	36 440	29.88	52 620	20.70
2013	11 850	37 630	31.49	53 960	21.96

资料来源:根据世界银行数据库资料整理,http://data.worldbank.org/indicator/NY.GNP.PCAP.CD。

(三) 从汇率法看中国人均国民总收入的发展变化

从汇率法看,1999—2013 年,中国的人均 GNI 从 850 美元增加到 6 560 美元,年均名义增长 15.72%,这种变化的影响因素主要包括四个主要因素:经济增长、国内通胀、汇率变动及人口变动。经济增长的影响最大(年均 10% 左右),通胀和汇率影响次之(年均不到 5.5%),人口变动的影响最小(年均不到 0.5%)。而在这一期间,日本和美国的年均名义增长率分别为 2.5% 和 3.4%,中国的增长率显著高于日本和美国,使中日和中美间的差距迅速缩小,日本和美国人均 GNI 为中国的倍数从原来的 38 倍和 39 倍,下降到 2013 年的 7 倍和 8 倍左右。从未来的发展看,按照上一节的假设,中国的年均经济增长率将可能出现回落(7% 左右),通胀和汇率的上涨也会放缓(5% 左右),如果对人口变动忽略不计,那么中国的人均 GNI 的年均增长率可以达到 12%,而假设日本和美国的年均增长率均为 4%,那么到 2021 年,这个倍数就可能下降到不到 4 倍和不到 5 倍。从中国本身的增长来看,如果只考虑增长因素(年均增长),那么到 2020 年,中国按照 2013 年不变价格计算的人均 GNI 将突破 10 000 美元,而到 2023 年将可能到达 13 000 美元左右,成为按 2013 年的标准计算的高收入国家。由于世界银行高收入国家的标准调整的幅度相对较小(2009 年为 12 195 美元,2013 年为 12 746 美元),每年仅提高不到 200 美元。2020 年高收入经济体的标准有可能就在 13 000 美元左右(按现行价格计算),而在这样一个标准下,大约在 2020 年前后,中国就能进入高收入国家的行列(14 000 美元)。

四、"新常态"下的经济增长与现代化目标

实现现代化是自鸦片战争以来多少代中国人的梦想,也是我们始终奋斗的目标。从经济发展上看,这个目标是动态的,不能只是看我们自身的进步有多大,还要在国际比较中赶上甚至超过世界先进水平。这就要求我们在发展速度也就是增长率上超过先进国家,这样才能缩小我们和世界先进水平(也就是发达国家水平)之间的差距。而改革开放后三十多年的高速经济增长,使我们的现代化进程一步一步地得以推进;然后,我们要实现经济总量上的赶超,这一目标我们也在一步步实现,先是超过欧洲的大国(意大利、法国、英国和德国),后来则开始赶超日本和美国,在 2009 年[①]超过日本成为世界上第二大独立国家经济体。现在虽然还不能说赶上了美国,但未来的趋势是明显的。这一方面依赖于我们的经济增长,另一方面也借助了我们的大国优势。现代化的最终体现是要在经济发展水平上(首先体现在人均水平上)也达到世界先进水平,并带动各个方面的全面发展,包括经济、社会、环境等各个方面的全面发展。

---

① 按照世界银行新公布的结果。

党的十八大再次重申：在中国共产党成立一百年时全面建成小康社会，在新中国成立一百年时建成富强民主文明和谐的社会主义现代化国家。而从经济增长的角度看，如果十八大提出的2010—2020年GDP再翻一番的经济增长目标能够实现，也就是说我们从现在起保持7%左右的年均经济增长，那么到了第一个一百年的时候，中国的经济总量就有可能赶上和超过美国，成为世界最大的经济体；而人均GDP或人均GNI则有可能达到世界银行划分的高收入国家的标准，成为中等发达水平的国家，建成小康社会的目标将全面实现。到了那时，就可以说我们已经初步或基本上实现了现代化的目标。从这个意义上看，我们所要实现的现代化，从来没有像现在这样离我们这么近。而再用三十年，我们在人均收入方面与发达国家的差别还会进一步缩小，从而为我们全面建成现代化国家打下坚实的物质基础。所以第二个一百年的目标，我们也是有信心实现的。

近两年来，中国的经济增长率比改革开放前三十年有所回落，这一方面是中国经济解决总量失衡和结构失衡矛盾的需要，另一方面也反映了中国经济发展到一定规模和一定阶段时，应该更多地通过提高经济增长的质量而不仅仅是规模扩张来实现经济和社会发展。但是，如果由此认为中国已经不再具备高速增长的条件，那将是一种错误的看法。从世界各国经济增长的实践看，如果能够长期保持7%以上的持续增长就可以认为是高增长。[①] 而无论是从需求看还是从供给看，中国继续保持高增长的条件都是具备的。从工业化和城镇化进程看，工业化进程仍处于发展阶段（产业结构上表现为第三产业的发展刚刚在结构上超过第二产业），城镇化进程可以说刚刚进入提升阶段（表现为城乡人口结构远远落后于发达国家）。从区域经济发展上看，虽然发达地区的经济可以说已经进入了很高的水平，但是欠发达地区的经济仍然比较落后。从人民生活水平看，实现共同富裕的目标还需要我们做很大的努力；除了提高居民家庭的消费水平外，教育、医疗、科技、文化等公共事业也需要有大发展。特别应该看到的是，中国现在的经济增长虽然很快，每年生产活动所创造的价值的规模也相当大，但这仅仅反映了一个国家经济规模的一个方面。一个国家的经济规模不但反映在当年的生产活动上，同时也反映在由以往的生产活动所形成的物质的和环境的存量上，如房屋、桥梁、海港、机场、森林等固定资产和资源上，它们虽然是在以前的生产活动中创造并形成的，却长期地为一个国家的生产和生活提供着支持。发达国家的经济增长经历了很长时间的历史，逐年形成的存量达到了相当大的规模。以房地产为例，发达国家已

---

① 刘伟主编，《中国经济增长报告2012——宏观调控与体制创新》，北京大学出版社，2012年，第29页，"表1.3：1980—2010年世界各国实际经济增长率"。在这30年中，唯有中国保持了7%以上的年均经济增长（10.06%），位于第2位的新加坡为6.83%，韩国和印度分别是6.30%和6.23%。

经建成的居民住宅数量相当大,虽然还需要建设,但发展的高峰期已经过去,这些住宅每年只提供很少的增加值(房租收入或估算的自有住房房租收入),而为居民生活提供的支持却很大。然而在中国,每年经济增长中的相当一个部分要用来建设住房,虽然形成的增加值很大,但居民的整体生活水平仍然不如发达国家。如果考虑存量因素,即使中国的人均GDP或人均GNI达到了发达国家的水平,但存量上发展水平的差距仍然存在并且很大。从这个意义上看,中国对发达国家的"赶超"虽然已经取得了很大的成就,但要全面地在经济、社会和环境发展上达到发达国家现有的水平,还要经历一个相当长的历程。这种发展上的差距有历史和发展上的复杂原因,要肯定这种差距的存在,但在另一方面,这也反映了中国经济的发展潜力和改善空间。因此,从供需关系总体来看,中国在将来相当长的一段时间里继续保持较高的经济增长率是有客观基础的。在需求上,人均国民收入水平和城乡居民可支配收入都不能说已经很高,无论是投资还是消费都还有很大的提升空间;而在供给上,中国目前生产领域存在的主要矛盾不是供给短缺而是产能过剩,所以关键不在于供给不能满足需求,而是如何通过体制创新、技术进步和宏观管理,改善中国的总量均衡和结构均衡。这就需要我们通过深化改革,通过发展社会主义市场经济和改善政府职能,通过市场经济的力量和政府的宏观调控及管理,优化资源配置,从而获得中国经济增长的新动力。

从世界各国的发展经验看,很多国家在经历了一段较好的经济增长并成为中等收入国家后,经济增长就开始出现徘徊不前的局面,这就是所谓的"中等收入陷阱",一些拉美国家、东南亚国家都有过这种情况。原因就是在经济增长后,政治体制和经济体制的改革没有跟上。在政治体制上表现为民主和法制的建设相对落后,在经济有所发展后,官员的基本素质没有提高,但个人权力却在增大,而对于权力又缺乏民主的监督和法制的约束,从而导致个人权力的滥用,包括任意决策、以权谋私甚至腐败;而在经济体制上则反映为市场化进程停滞;从道德标准上看,诚信的原则不能被坚持;而从法制发展上看,又不能保护市场经济的公平原则,导致寻租现象严重、市场诚信缺失、资源配置效率低下,等等。由此导致经济增长出现停滞。这些现象在中国的经济增长和现代化进程中也是存在的,只不过远没有达到严重阻碍经济增长和经济社会发展的地步。党的十八大以来,一方面通过群众路线教育、反腐倡廉和依法治国推动社会主义民主和法制的建设,另一方面强调充分发挥市场经济在配置资源上的决定性作用,并通过深化经济体制改革继续推动中国的市场化进程和宏观经济管理,这实际上为中国跨越"中等收入陷阱",实现全面建成小康社会的奋斗目标创造了体制条件。只要我们坚持改革开放和不断创新,我们就能在发展中不断解决各种发展难题,实现我们的现代化目标。

第三节 经济增长"新常态"

一、如何看待"三期叠加"尤其是由高速增长向中高速增长的换挡

近三年来,我国的经济增长率呈现出放缓的趋势。经济增长率由2008年金融危机后至2011年的年均9.64%(9.6%、9.2%、10.4%和9.3%)放缓至2012—2014年的年均7.6%(7.7%、7.7%和7.4%),下降了大约2个百分点,而如果和1978—2014年的10%左右的年均增长相比,则下降了大约2.5个百分点。国家的宏观调控增长目标也在降低,在2010年以前,如果经济增长率回落到8%以下,国家就会采取积极的宏观经济政策,通过多种手段刺激经济增长的回升,但是在目前的情况下,7.5%左右的经济增长率被认为处于"合理区间"中。2015年中国的经济增长目标又进一步下调到7%左右。这种经济增长率的放缓和经济增长目标的调整,既有外部因素变化的影响(全球金融危机和世界经济衰退),也有经济周期的原因,同时也有发展阶段的原因。根据我国的经济发展大局,中央做出了我国经济社会发展基本面长期趋好,但正处在从高速到中高速的增长速度换挡期、结构调整阵痛期、前期刺激政策消化期"三期叠加"阶段的重要判断。这三个"期"之间是相互联系但又相互区别的,结构调整的阵痛和前期刺激政策的消化主要是解决21世纪以来高速增长中和全球经济危机后,我国采取积极的宏观经济刺激政策后所产生和积累的历史问题,而从高速到中高速的增长速度换挡则属于根据我国的实际情况面向未来所进行的调整。"结构调整的阵痛期"和"前期政策的消化期"不会一直持续下去,但过了这两个时期之后,经济增长虽然有可能重新回升,却不会回到以前的快车道。从这个意义上看,经济增长从高速到中高速的换挡,并不仅仅是因为结构调整和消化前期政策的需要,而是我国经济增长规律的内在要求。但是消化前期刺激政策的副作用和进行结构调整,无疑是我国当前宏观调控和深化改革所要实现的重要调控目标。

从结构调整的要求上看,我国的经济活动中结构失衡表现在很多方面,如地区经济结构、收入分配结构、产业结构、需求结构、国际收支结构等方面,但从经济增长的角度看,主要的矛盾是产业结构性失衡和最终需求结构的失衡。从需求结构看,我国存在着内外需结构的失衡,相当长的时期里经济增长对外需的依赖较大,经济活动受外部环境的影响较大,一旦发生亚洲金融危机、全球金融危机、欧洲主权债务危机等这样的大变化,国内经济的发展就会受到冲击;在内需中,我国存在着投资和消费间的失衡,经济增长更多地依赖投资拉动,但投资活动最终是要为消费服务的,在投资不断增长而消费却没有及时跟上的情况下,由投资形成的生产能力不能被消费活动充分消化,就会形成严重的产能过剩。这种产能过剩,在生产领域的表现就是产业结构的失衡,很多行业和企业的产品积压,运转困难,而在扩张期过度应用银行信贷等杠杆所实现的发展这时就成为企业更大的负担,资金链难以为继的现象越来越严重。而在一部分行业和企业产能过剩的同时,另外一些行业或企业的发展却可能是相对不足的,如教育、医疗、养老及欠发达地区的基础设施建设等,因为能够获得的资源不足而发展滞后。这就需要通过市场经济的优胜劣汰和政府的适度干预(对通过转移支付、价格体制的改革和政策扶持等支持在现阶段对国计民生有重要影响的行业、企业和单位的发展)来调整经济结构。因此,在高速增长持续一段时间后,客观上会出现经济调整的要求,即通过市场的作用和政府的干预理顺或改善经济结构,然后再重新加速增长,这就是我们所说的经济周期。所谓经济周期,从总量上看会表现为增长率的变化和波动,但在一个国家的高速经济增长阶段,大多是经济结构失衡所造成的结果。这一点和发达国家有所不同,发达国家的市场化程度较高,经济活动的自我调节能力(即所谓"看不见的手")较强,所以在宏观经济政策上强调总量政策,政府干预主要是解决经济增长中的总量失衡问题,即通过平抑波动来实现平稳经济增长的目标。但对于快速增长中的发展中国家和新兴工业化国家而言,由于市场自我调节的能力相对较弱,所以宏观调控不仅要解决总量失衡的矛盾(如需要通过合理地向市场注入货币来保证经济循环同时又避免通货膨胀),同时还要解决结构失衡的矛盾,而结构性矛盾不能依靠总量政策来解决,应该通过调整供给领域的利益关系(财政政策等)来调整,同时通过深化改革强化市场本身的自我调节功能。本来,在2003—2007年的高增长之后,随着通货膨胀的加剧,我国经济在客观上已经有调整结构的要求,但是随着2008年年底全球金融危机的爆发,为了应对外部危机及提振市场信心,我们不得不重新采取总量刺激政策(包括财政政策、货币政策和许多行政手段)来避免经济增长率的严重回落。这些政策确实取得了成效,使得我国2009—2011年仍然保持了9%以上的经济增长率。但是,这些措施在缓解总量矛盾的同时,使我们的结构性矛盾更加尖锐化了,这是我们应对全球金融危机所付出的代价。所以,前期刺激政策消化期和结构调整阵痛期是相互联系的,因为在经济结构已经出现问题并应该着手解决的时候,我们又遇到了外部干扰,在特殊条件下不得不采取了刺激政策,而在具体实施刺激政策时也有许多值得反省的地方,这就使得我们现在经历的结构调整的阵痛更为严重,因此,虽然我们的宏观经济政策从2010年就开始实行"择机退出",但是消化当时的刺激政策以及调整被加剧的结构性矛盾,还需要一段时间。在这一阶段,经济增长率的放缓对我们解决各种经济发展中的矛盾,实现未来经济的平稳较快发展是有益处的。

如果我们仅仅考虑消化前期刺激政策的副作用以及实现短期的结构优化,那么在经历一个阶段的调整之后,我国的经济增长率应该会重新提升,即走出低谷重新进入上升通道,开始一个新的高速增长周期。那样的话,我国的经济增长率应该重新上升到10%以上,实现波浪式的前进,保持改革开放以来10%的长期经济增长率。但问题在于,随着我国经济发展水平的提升,原有的经济增长和经济发展方式已经不可持续。经济、社会和环境可持续发展客观上要求我们通过适度调低经济增长目标,通过优化资源配置和提高经济增长质量,实现全面发展。这就是经济增长的"新常态"。显然,"新常态"所包含的内容是丰富的,但如果就经济增长率本身来看,它又是简单的,这就是原有的高速增长(年均增长率10%左右)的旧常态已经过去,中高速的经济增长率(6%—8%)将成为新的常态。这种变化是和我国经济进入新的发展阶段(即从上中等收入国家向高收入国家发展、由发展中国家向新兴工业化国家发展)密切相关的。

二、资源和环境可持续发展对经济增长的约束

经济、社会和环境发展是可持续发展的三大支柱。在改革开放初期,我国也存在着能源环境问题,化工、钢铁、城市取暖、交通运输等各个方面的环境治理水平,远远低于现在的水平,但由于工业化程度低,经济总量和能源消耗的规模小,无论是资源的消耗还是污染的治理,都不是当时的主要矛盾。当时的主要矛盾是如何尽快地推动我国的工业化,把能源和自然资源尽可能地利用起来,通过机器大工业的发展来极大地提高劳动生产率,实现我国的经济起飞和高速增长,提高我们的综合实力、人民生活和国际地位。所以,无论从当时的制度创新(经济体制改革)还是技术创新(引进、吸收、消化和再创新)来看,都是为实现和保持高经济增长服务的。经济增长就意味着经济和社会的发展。而要获得更多的生产成果即实现经济增长,就必须在生产过程中增加和改善生产要素的投入和利用(包括资本、劳动、技术、管理等方面的投入和利用),也就是说,通过增加投入和技术进步两个基本途径来实现经济增长。在现实经济活动中,增加投入和技术进步不是相互割裂的,如引进国外先进的机器设备,既扩大了产能(增加了投资和对自然资源的加工能力),同时也是一种技术进步。但就扩大生产能力的主要途径看,还是可以把扩大投入和技术进步在理论上区分开来的。如引进虽然包括了技术进步因素,但是从一个企业扩大产能的路径而言,它还是属于增加投入的范围。应该说,从改革开放到现在,增加投入是我们实现经济增长的主要路径。而增加投入的关键是提高我国的能源和资源的利用水平,使经济增长突破人力资源供给上的局限,用机器生产代替或者是扩展人力生产,实际生产力得到迅速提升。

这一点可以从改革开放后我国经济增长和能源消费的增长的长期相关关系上得到证明。1978—2013年,我国的年均经济增长率大约是10%,而这一期间能源消费(以标准煤计算)的年均增长率为5.58%,能源消费对经济增长的弹性系数为0.56%。也就是说,每实现1个百分点的经济增长,需要增加的能源消费是0.56个百分点。但近些年来,随着工业化进程的推进和装备水平的不断提高,能源消费弹性系数在明显提高。而在 2000—2013 年期间,我国的年均经济增长率为 10%,而能源消费的年均增长率则是 7.9%,也就是说,能源消费对经济增长的弹性系数增加到 0.79%,我国经济增长对于能源消费的依赖明显增加。由此带来的长期能源紧张问题和环境污染问题,对经济增长和人民生活都形成了严重影响,经济增长和环境发展的矛盾在进入 21 世纪后表现得越来越突出。

虽然国家有关部门从上一轮经济周期刚开始时(2003 年)就不断强调要避免高耗能、高污染、高浪费和低效率的行业过度发展,但是由于利益驱动,在一些省份这一类的产业和企业还在迅速扩张,最终形成大量的过剩产能(尤其是钢铁水泥等行业)和严重污染。这些行业和企业,从短期看好像对地方的经济增长做出了贡献。但是实际上,短期的利润很多是以牺牲环保和社会成本换来的,所形成的污染将来要花更大的成本来进行治理,实际上得不偿失。北方的一些省份,前些年盲目发展了大量高耗能高污染的钢铁企业,造成大量产能过剩的同时,也造成了大量的环境污染。从现在的情况看,对于环境治理的重要性已经越来越被人们所认识,在社会上已经达成普遍共识。我们这些年不是没有搞环境保护,与改革开放初期相比,现在的环境保护要求比当年严格得多,但即使如此,和我们经济增长所带来的环境破坏相比,这些环境保护仍然显得不够。现在如果要污染治理达到更高的标准,一方面要重新进行大量的投入治理污染,另一方面就必须牺牲一部分经济增长。治理污染的费用,最后是要进入成本的,但在市场竞争的条件下,很多高污染企业的成本盈亏点就在零左右,提高了污染治理成本,企业根本不可能生存和发展。或者说,很多企业甚至是行业的发展和盈利以及由此形成的地方 GDP,本来就是以环境恶化为代价的。一旦环境污染变得明显而且超出人们的容忍程度时,中央和地方政府必须重新出面干预,企业则必须为当年所进行的投资付出代价。从当年看来,它可能形成地方投资和 GDP,但是从长远看,这些投资和 GDP 可能完全没有经济意义,它不但没有为企业和地方的长远发展创造条件,反而浪费了大量的经济资源。如果扣除掉这些无效和造成巨大资源浪费的经济增长,并考虑未来治理环境所需要的额外成本,我国进入新世纪后的年均经济增长率至少要扣除 2—3 个百分点,也就是 7%—8% 的水平。如果我们的经济增长目标下调到这一目标,同时又有效地改善能源利用和环境,那么我们的真实经济增长率实际上并没有降低。

三、适度经济增长与经济增长效率

(一)适度经济增长有助于提高中国经济增长的效率

经济增长是对经济总量进行测度所得到的结果。根据世界银行的资料,1980—2010 年这三十年间,我国的 GDP 年均增长率为 10.06%,而处于第二位至第五位的新加坡、缅甸、韩国、印度的年均增长率则为 6.83%、6.73%、6.30% 和

6.23%,其余国家或地区则都在6%以下;而在发达国家中,表现最好的美国年均增长率为2.76%,表现较差的日本和法国只有1.94%和1.82%;而从2000—2010年这十年间的年均增长率看,经济增长率在7%以上的国家只有7个,分别为缅甸(12.05%)、中国(10.48%)、塞拉利昂(9.49%)、乍得(8.38%)、莫桑比克(7.93%)、印度(7.67%)和卢旺达(7.55%),其余国家或地区都在7%以下,而美国、日本和法国的年均GDP增长率分别为1.60%、0.7%和1.13%。① 在这一时期,我国取得了世界上最快的经济增长。如果把中国的中长期(5—10年)经济增长率下调2—3个百分点,经济增长目标调整到年均增长7%左右,那么无论是和发达国家还是和新兴发展中国家的中长期增长率相比,我国的经济增长在世界各国中仍然是领先的。

一般地说,发展中国家在实施赶超战略并实现了经济起飞的加速经济增长初期,因为经济起点低,和先进国家之间的差距大,比较优势明显,比较容易通过体制创新和增加投入在短期内实现高增长。随着经济发展水平的提高,经济增长的难度将加大,经济增长率就会出现回落。从东亚新兴工业化国家和地区的"赶超"经验看,从实现"经济起飞"(中长期经济增长率在10%以上)开始,经济增长率每十年会回落1—2个百分点,如果能够保持这一增长,大概用30—50年的时间,人均国民收入将会达到世界平均水平,进入高收入国家的行列(世界银行目前的标准在1万美元左右),从而实现现代化。而就我国经济增长而言,在2010年以前,并没有表现出这种逐步回落的现象,其重要原因首先是我国无论是在国土面积还是在人口规模方面,都远远大于包括日本、韩国在内的新兴工业化国家和地区,我们只能采取一部分地区(如经济特区、沿海地区)优先发展的途径来带动整体的经济增长,然后通过梯级推进的方式保持经济的高增长,把我们的劣势转变成优势。在这一过程中,发达地区由于优先增长,那么到了后期就应该放缓增长,并通过经济转型和结构提升来提高自己的增长质量。但是在GDP导向下,这些发达地区的经济调整往往是滞后的,在一段时间内仍然保持着较高的增长率,这就在一定时期里拉高了全国整体的经济增长率,但与此同时,也提高了未来进行经济调整的成本。现在我国经济较发达地区所出现的各种发展矛盾以及不得不进行的经济调整,其中相当重要的原因,正是因为这种地区发展的失衡。

各级地方政府对于经济活动的鼓励甚至直接参与,主要是通过不断吸引和加大投资来实现的。虽然从短期来看它们确实拉动了经济增长,但从长期来看,相当一部分较发达地区的过度投资是以投资效率的不断降低为代价的,而相当一部分欠发达地区又经常是重复或影响环境的投资。而这些投资中又有相当一部分

---

① 刘伟主编,《中国经济增长报告2013——实现新的历史性跨越》。北京:北京大学出版社,2013年。

会转化为闲置或者是无效的投资。这是当前我国经济增长中的一个严峻问题。经济增长略有放缓并不可怕，可怕的是高增长中的无效生产。实现和保持较好的经济增长，实际上是一个不断提高经济活动的效率的问题，但在经济发展的不同阶段，提高经济活动效率的路径是不同的。在经济发展水平较低的阶段，首先要提高的是劳动的效率（改革开放初期的农村经济体制改革），然后是资本的效率（改革开放中期的产权制度和市场化改革），而在经济发展水平较高的阶段，则要强调提高生产要素的使用和配置效率（当前的转变经济发展方式和深化经济改革）。前期主要强调的是经济规模的扩张，而后期更加重视经济增长质量的提高。但是在我国的经济增长中，这种转型实际上滞后于经济发展的要求，由此降低了经济增长的效率。

从我国近期的经济发展目标来看，经济增长应该服务于充分就业、价格总水平的稳定和改善人民生活。2013年，全国城镇新增就业人数为1 310万人，比2011年的1 221万人和2012年的1 266万人都有所增加，比当年预计目标900万人多了410万人，城镇登记失业率保持在4.1%的低水平上。[①] 2014年全年城镇就业比上年年末又增加1 070万[②]，就业形势仍然很好。就业推动了我国城镇化的进程，并成为提高农村居民实际收入的重要途径。从价格总水平的变化看，一般情况下，比较理想的状态是把CPI控制在2%—3%，而2012—2014年，我国的CPI上升幅度基本保持在这个水平。从目前的情况看，我国CPI的增长已经到了2%（2014年），开始出现通货紧缩的迹象，但由于我国货币供应量（M2）的规模极大（为GDP总额的2倍左右），一旦出现特殊情况，通货膨胀随时可能卷土重来，因此，适度的经济增长对于保持价格总水平的温和上涨是有益的。从长期目标来看，十八大提出从2010—2020年，我国要实现GDP和居民收入再翻一番，全面建成小康社会。这也就是说，要实现7.2%的年均GDP增长率，但是在2011年、2012年、2013年和2014年，我国的经济增长率分别为9.3%、7.7%、7.7%和7.4%，均高于预期的年均经济增长率（7.2%），所以在未来的七年里，如果要实现十年再翻一番的目标，只要达到年均6.5%的年均GDP增长率就足够了。现在7.4%的经济增长，已经大大超过了这一要求，何况目前是在经济周期的底部，随着经济结构在调整中得到优化，增长率自然会有一定的回升，然后再逐渐回稳，收敛于7%。因此，如果没有特殊的情况，依靠市场的主导，再加上合理适度的宏观调控和深化经济改革，按照现在的发展趋势，实现十八大的增长目标也是有把握的。因此，无

---

① 2013年城镇新增就业1 310万人，完成全年任务的145%，中国经济网北京1月24日讯（记者苏琳）。
② 参见国家统计局2014年统计公报。

论从短期目标还是长期目标来看,我们把高速增长(10%)转换为中高速增长(6%—8%),就完全可以满足需要。

(二)适度经济增长将为地方经济的转型、调整和发展提供空间

就各个局部而言,我国不同地区的经济发展水平是非均衡的。如表 3.7 所示,2013 年,我国人均 GDP 最高的地区是天津、北京和上海,分别为 99 607 元、93 213 元和 90 092 元(已经达到高收入国家的标准,按当年汇率均在 14 000 美元以上),而最低的地区是贵州、甘肃和云南,则分别为 22 922 元、24 296 元和 25 083 元(仍处于下中等收入国家的水平,按当年汇率在 4 000 美元以下[①]),最高收入地区为最低收入地区的 4 倍左右,尽管差距比前些年已经有所减小(2009 年上海为贵州的 6.3 倍,2013 年下降为 3.9 倍),但仍然是显著的。如果将地区继续细分(如划分至地市、区县一级),差距还要更大。在市场经济条件下,劳动力、资本、货物、服务等生产要素是可以自由流动的,由市场来配置资源能够逐渐改善或缩小这种地区差距。但是在我国,由于市场经济仍然不完善,再加上各个地区的历史、自然和地理等各方面发展条件上存在着明显的差别,改善地区差异并不能完全依靠市场的力量,政府的参与(包括中央政府和地方政府)还在发挥着相当大的作用。欠发达地区的政府希望通过促进 GDP 增长来缩小差距,而发达地区的政府则想继续保持 GDP 的高增长来保持领先。这种 GDP 导向在促进我国整体经济增长方面有它积极的意义,但也带来了很多问题。本来,当地区发展差异到达一定程度时,劳动、资本和技术应该合理地由发达地区向欠发达地区流动,但是由于市场经济发展的不完善和政府对直接生产活动的过多干预(必然出现对其他领域的发展关注不足),这种流动就受到阻碍。这使得我们今天以及未来要付出更大的代价来解决发展中积累的各种难题。如现在我国发达地区的环境污染问题、生产和生活条件恶化(房价和房租迅速上涨、交通拥堵等)问题,欠发达地区的高耗能、高污染和高浪费产业的发展问题以及随着生产要素成本上升经济增长不可持续的问题,已经超过了 GDP 增长而受到人们更多的关注。对很多发达地区而言,每年新增的GDP 远远不足以弥补治理污染、改善当地生产和生活条件的支出;而对欠发达地区而言,避免重复发达地区在发展过程中所犯过的错误,实现可持续发展,实际上也意味着要提高发展成本而放缓经济增长。在这种情况下,地方政府尤其是经济较发达地区的政府如果再把经济增长作为经济、社会和环境发展的首要目标,发展中的问题和矛盾反而可能越来越多,这也是这些地方的政府开始提出和强调经

---

① 参见本章第二节。根据世界银行 2013 年的标准,小于或等于 1 045 美元的国家或地区,为低收入经济体,1 045 美元至 12 746 美元为中等收入经济体,其中,1 045 美元至 4 125 美元为下中等收入经济体,4 125 美元至 12 746 美元则属于上中等收入经济体;而 12 746 美元以上则属于高收入经济体。

济转型和结构调整的重要基础。在这种情况下,中央政府的宏观经济政策要支持地方政府的经济转型和结构调整,不能再以 GDP 论英雄,使地方政府可以根据自己的实际情况,有选择地决定经济、社会和环境发展目标,通过市场和法制建设,改善当地的可持续发展条件。而在这个基础上,政府应该充分放权,让企业在市场竞争中自主发展,发展市场经济在优化资源配置方面的决定性作用或主导性作用。

表 3.7　2009—2013 年我国各地区人均 GDP 比较　　　　单位:元

	2009 年	2010 年	2011 年	2012 年	2013 年
天津	62 574	72 994	85 213	93 173	99 607
北京	66 940	73 856	81 658	87 475	93 213
上海	69 164	76 074	82 560	85 373	90 092
江苏	44 253	52 840	62 290	68 347	74 607
浙江	43 842	51 711	59 249	63 374	68 462
内蒙古	39 735	47 347	57 974	63 886	67 498
辽宁	35 149	42 355	50 760	56 649	61 686
广东	39 436	44 736	50 807	54 095	58 540
福建	33 437	40 025	47 377	52 763	57 856
山东	35 894	41 106	47 335	51 768	56 323
吉林	26 595	31 599	38 460	43 415	47 191
重庆	22 920	27 596	34 500	38 914	42 795
陕西	21 947	27 133	33 464	38 564	42 692
湖北	22 677	27 906	34 197	38 572	42 613
宁夏	21 777	26 860	33 043	36 394	39 420
河北	24 581	28 668	33 969	36 584	38 716
黑龙江	22 447	27 076	32 819	35 711	37 509
新疆	19 942	25 034	30 087	33 796	37 181
湖南	20 428	24 719	29 880	33 480	36 763
青海	19 454	24 115	29 522	33 181	36 510
海南	19 254	23 831	28 898	32 377	35 317
山西	21 522	26 283	31 357	33 628	34 813
河南	20 597	24 446	28 661	31 499	34 174
四川	17 339	21 182	26 133	29 608	32 454
江西	17 335	21 253	26 150	28 800	31 771
安徽	16 408	20 888	25 659	28 792	31 684
广西	16 045	20 219	25 326	27 952	30 588
西藏	15 295	17 319	20 077	22 936	26 068
云南	13 539	15 752	19 265	22 195	25 083
甘肃	13 269	16 113	19 595	21 978	24 296
贵州	10 971	13 119	16 413	19 710	22 922

资料来源:《中国统计年鉴(2014)》。

改革开放后,中央政府、地方政府和企业在经济增长中的关系开始出现新的变化。在20世纪末的市场化改革后,各级政府和企业的关系由原来的行政关系转变为政府和市场的关系。但是中央政府、地方政府和企业看待经济增长的角度有所不同,中央政府一方面通过积极的宏观政策和各种举措(如政绩考核等)促进经济增长,另外一方面采取各种措施尤其是控制固定资产投资增长过快来预防和平抑过热,避免系统性风险;对地方政府而言,则不存在着经济过热问题,问题是如何实现高增长,而且在市场化改革之后,地方政府卸下了企业的财务负担,不必再为企业的投资失误而直接负责,从而转变为如何创造条件让企业发展。在这种情况下,各级地方政府在经济发展中对上级政府的依赖事实上大为减少,而更多地要依靠企业来创造增加值以促进当地的经济增长,这就使得地方政府与企业的利益取向高度一致,在宏观博弈中,地方政府更多的是站在企业一方,影响着中央政府宏观调控政策的有效性。倒是企业本身在市场竞争中更加重视经济活动中的风险,这使得在全球经济危机后我国企业发展所出现的动荡显著小于亚洲金融危机时期。为了吸引和促进企业在地方发展,各级地方政府采取了很多措施,包括加强基础建设投资、提供优惠的生产要素条件、为企业发展创造各种便利等,这都为促进地方经济发展创造了条件,也为全国的整体经济增长做出了贡献。但是,在这一过程中也存在着许多问题,不少地方以牺牲当地群众利益、牺牲环境保护、牺牲安全生产来换取经济增长,而且对教育、医疗、文化、环境等事关群众生活的发展投入不足。经济增长了,但是矛盾却越来越多;财力增加了,但钱却越来越不够花。关键是经济增长后,其他方面的措施没有跟上来,导致经济发展到一定的阶段,各种问题和矛盾集中地体现出来,逼得各级政府不得不回过头来,对这些发展的短板进行改善。如果说过去地方政府在一定程度上以牺牲其他领域的发展为代价获得了更多的 GDP 增长,那么到了现在,就应该以放弃一部分低效率的 GDP 增长为代价,通过技术进步、产业结构的升级以及生产要素的合理转移等手段,实现更有效的经济增长。同时,要不断地解决或改善人民群众更加关心的其他问题。适度下调对长期经济增长的预期和目标,将为地方政府解决和改善各种发展难题留下更大的空间。

四、从供给短缺到产能过剩

从总供给和总需求的关系看,在改革开放以前及初期,计划经济下的我国经济属于短缺经济,由于全社会所生产的产品和服务是按照计划分配给各级政府、各个部门、各个企业及劳动者个人的,所以不存在需求不足的问题。企业和政府部门或地方政府的关系是行政关系,创造的利润要上缴,出现了亏损国家会补贴,投资和流动资金由上级拨款(预算软约束),企业生产的主要目标是完成上级下达的生产任务,基本上不存在对经济效益的考核。概括地看,那时的国民经济可以分为两大生产部门:生产资料和消费品生产部门。生产资料主要通过分配和调拨方式送到用户手里,所以不必担心销路问题。在分配不需要支付能力来保证的情况下,人们的需求可以说是没有止境的,所以不必担心需求问题,存在的总是供给不足。消费品是需要居民来购买的,但是国家把大量资源用在了生产资料的生产上,所以尽管人们的收入很低,消费品仍然供不应求。这是当时实行计划经济的社会主义国家中普遍存在的现象。在中国,食品和布料等生活供给需要通过票证经济来保证;而在经济发展较好的苏联,安装电话、购买汽车、分配住房等,也都需要通过配给来解决供应。供给不足成为计划经济的基本特征。[①] 当然,在计划经济下,仍然可能出现局部的、短暂的产能过剩,如农村供应城市的蔬菜水果,可能因为突然的丰收而难以被当地市场消化,从而烂在地里,生产者(农民)要承担一定的损失,但是那只是个别现象。从总体上看,供给不足是主流。供给不足的主要原因,在于生产领域中的权利、责任和利益关系的模糊,生产活动中的激励机制主要是靠鼓励人们的奉献精神,但是事实证明仅仅如此是办不好企业的,企业毕竟不同于军队等,如果缺乏足够的奖惩措施与激励机制(包括在市场竞争中对企业的奖惩以及企业内部根据大家对企业的贡献所实行的奖惩),企业就不可能有活力,而思想工作与所强调的企业文化与团队精神,只能是企业内部奖惩措施的一个组成部分。就这一点而言,苏联、中国所实施的计划经济是人类发展历史上一次深刻的探索和实践,它让我们认识到,社会主义制度下尤其是在社会主义的初级阶段,如果脱离了物质利益原则,那么物质生产将缺乏足够的动力与资本主义竞争。要实现加速的经济增长,就必须通过体制创新和不断改革,让企业通过改善经营管理增加自己的活力,从而达到发展生产的目标。在改革过程中,我国的企业逐渐发展成独立的或相对独立的经济实体,权责利的问题不能说根本解决,但已经有了显著的改善。企业不再有"预算软约束",而必须通过在市场上销售其生产的产品或服务来弥补生产成本和实现利润,在此基础上获得生存和发展。这既是供给领域的革命,也是需求领域的革命。在供给领域强调生产要素的激励机制对企业发展的重要性,而在需求领域则强调通过市场扩大需求,要求企业在市场竞争中获得生存和发展。而连接供给和需求的纽带则由原来的计划分配和调拨逐渐过渡为市场。这就使得我国的经济增长在制度上得到了有力的支持。

在新的体制中,长期供给不足的局面已经改变,取而代之的是不断出现的供需失衡,包括总量失衡和结构失衡,表现为国民经济活动中一方面不断出现产能过剩,另一方面整个国家的生产能力和人民生活水平还有待于提高。所谓"产能

---

① 亚诺什·科尔内著,《短缺经济学》。北京:经济科学出版社,1986年。

过剩",在很多情况下不是社会不需要这些产品,而是市场无法消化这些商品,社会有支付能力的需求不足。以住房为例,一些地方盖了太多房子后卖不出去,但同时老百姓的居住条件仍然需要改善,政府又没有足够的资金启动或发展安居工程。但是,政府不可以把开发商建设的住宅直接划拨或分配给居民,如果那样做的话就又回到计划经济了。在理论上,计划经济时代的政府或企业是能够保障至少是不断改善居民的居住条件的,但是实际上只有很少人的居住条件能够得到改善,大多数人的居住条件不但没有改善反而可能随着子女的增多而恶化。因为在计划经济条件下效率低,提供的产品有限,少数人决策时又不可能面面俱到,导致人民生活受到严重影响。事实已经证明,那条路走不通。市场化改革提高了我们的生产效率,能够提供更多的住宅供居民选择,不但使居民家庭可以自我选择改善居住条件,同时还为我国找到了新的经济增长点。住宅建设与消费确实对我国经济增长做出了贡献。而在住宅分配市场化之后,政府再回过头来,通过社会福利的形式,重点解决或者改善中低收入人群的居住条件,就相对容易得多。其实,不仅像我国这样由发展中国家向新兴国家演进的国家如此,就是在发达国家,住宅建设同样也对经济增长有着持续的贡献,如美国过去三十多年的经济增长,从新兴行业看是由高科技拉动的,而传统产业方面则依赖住宅建设或者说房地产投资。这些行业的发展过程中都曾出现过泡沫,如著名的"互联网泡沫"和"次贷危机",但是这些危机对经济增长的冲击只是短暂的,可以解决的,而对经济发展水平的提升却是永久的。美国的资本主义制度强调自由市场经济对经济增长的引导作用,虽然也在讨论国家干预,但从整体上看还是依赖市场本身的力量,而市场经济下企业在追求超额利润时的疯狂与风险控制不足,以及市场监管的滞后,导致了其系统性风险的不断爆发。因此,我们在发展经济的过程中,要尽可能地避免市场经济国家走过的弯路,企业通过市场化改革获得了活力之后,要避免在追求利润和发展的过程中脱离市场需求,忽视风险而过度扩张。对个别企业而言,过度扩张将可能造成产品积压、资金链断裂等问题,影响企业的生存和发展。市场本身会淘汰那些没有能力在竞争中生存和发展的企业,因此,对一种产品或服务而言,总供给适度地大于总需求,是有利于企业之间的竞争和技术进步的。但是,如果一群企业或整个行业都脱离了市场的需求,供给增长太快,或者是需求变化太大,甚至是政府不合理地刺激行业的发展而不是适时加以调控,就有可能出现较为严重的产能过剩,那么非系统风险就有可能发展为系统性风险。

虽然我国全面进行市场化改革还是20世纪90年代的事,但是在80年代初期我们事实上已经开始推动这方面的改革,从那时开始,我国供给和需求的关系就开始由原来的供给不足向"平衡、失衡、再平衡、再失衡"的循环转变。平衡是暂时的,而失衡是经常性的。产生这种失衡的原因是复杂的,经济体制改革和宏观调控的重要目标就是要避免发生重大的供需失衡,从而实现平稳和快速的经济增长。下面分别就参与国民经济生产和分配的几个重要主体的行为,分析它们对我国经济增长中的供需失衡尤其是产能过剩的影响。

(一) 企业

改革开放后,我国的企业开始逐步走向市场。在传统的计划经济体制下,企业经营是没有风险的。而在市场逐步放开之后,企业的市场意识和风险意识并没有同步跟上,产能过剩事实上已经开始出现。如在20世纪80年代中期和90年代前期,在"预算软约束"下国有企业进行的很多投资,事实上根本没有增加企业的市场竞争力,以至于到90年代末进行市场化改革时,这些投资随着大量国有企业的关停并转而闲置甚至是浪费。如果从最终产品上看,改革开放以后需求和供给的失衡主要表现在消费升级的过程中。在每一次大的消费升级早期,升级产品首先是短缺的,一部分最早进入这些领域的企业通过生产和销售这些产品获得了超额利润,吸引了更多的企业加入这些产品的生产和市场竞争,这在提高我国居民家庭整体生活水平的同时,也拉动了经济增长,并带动了一系列相关行业如材料业、运输业、批发零售业、服务业的发展。但是当这些产品的普及达到一定程度时,市场上开始出现相对饱和并进一步转为产能过剩。从老三件(手表、自行车、缝纫机)过渡到新三件(电视、洗衣机、电冰箱),再升级为摩托车、空调、电脑、固定和移动电话以及互联网服务,现在升级到家用轿车和住房,都存在着类似的现象。在消费升级的不同阶段,我国的企业制度也在经历着变化。经过市场化改革,我国企业大多已经成为独立或相对独立的经济实体,企业经营的目标是利润最大化。当然,企业还要有自己的社会责任,如尽可能地参加社会公益事业等,但是如果不能维持自己的利润,连发展和生存都保证不了,也就谈不上社会责任了。利润最大化,简单地说,就是要求在社会道德与法律的约束下,通过一切办法(包括技术的、管理的、市场的、员工激励等)通过产品质量的提升与生产和销售规模的扩大来实现更多的利润,使股东获得更多的回报。① 而扩大生产能力是实现这一目标最重要和最基本的手段。

但是企业在扩大产能时,面对的往往是一个不确定的市场。同样以房地产的发展为例,在住宅商品化改革后,我国的房地产业经历了前所未有的发展,这一行业对其他行业(如钢铁、水泥、其他建筑材料和装修材料制造业及建筑业、装修业、服务业等)的拉动也都是前所未有的,那么对房地产业的产品——住宅的需求到

---

① 当然,这是理论上的目标。在现代股份制企业中,委托代理制下也可能带来所有者和经营者的利益冲突,如在我国的国有企业中,董事会的薪酬委员会在讨论高管工资时,很可能做出更有利于高管而不是股东的决定。但从整体上看,股份制改革对于增加国有企业的活力具有不可低估的积极作用。

底有多大呢?当然存在着很大的不确定性。我国当前遇到的产能过剩,在相当程度上和当年对于房地产市场过度乐观的估计有关。而美国在21世纪初遭遇的互联网泡沫,当然也和对互联网发展过度乐观的估计有关。企业的产品如果不是适销对路或者是产量超过市场能够接受的程度,就会出现产能过剩;而如果一个行业中的很多企业同时出现产能过剩,那就是行业过剩;而如果国民经济中的很多行业同时出现过剩,就可能导致系统性风险,影响整个经济增长。从2003年开始的新一轮经济增长周期中,虽然国务院、发改委从2003年下半年就开始强调控制钢铁、水泥等高耗能过剩产业的发展,但是这些领域中的投资一直非常强劲,很多煤矿、钢铁、水泥、化工等企业,提供的产品质量或层次不高,但所带来的产能过剩、安全隐患和环境恶化等问题却非常多,而且还影响到一系列相关领域,如在投资时所欠下的银行贷款仍然需要归还、所安排的职工需要重新就业、所破坏的环境需要恢复等,引发了一系列经济、社会和环境矛盾。但是在另外一方面,我国的经济建设中仍然存在着许多短板,尤其是欠发达地区,如农村地区的基础设施建设问题、教育医疗养老文化等服务产业的发展,因为不能产生足够的利润,实际是被忽视的。以医疗产业发展为例,不要说贫困地区,就是在发达地区,医疗服务都是短缺的。那么,我们是否能够对这些短缺行业的政策(如价格税收政策、福利政策等)做一些调整,把一些资源和投资吸引到这些领域中来,使我们的经济增长更加均衡,即同样的经济增长能使全体人民得到更多的福利呢?在产能过剩和供给短缺形成非常鲜明对照的时候,各级政府应该通过适度的干预,让资源转移到短缺的行业中而不是相反。

(二) 金融机构

改革开放后,尤其是20世纪90年代的市场化改革后,我国的资本市场逐渐建立和发展了起来。简单地看,资本市场可以划分为间接融资市场和直接融资市场,这两个市场虽然有很多交叉的地方,但是它们的业务界限是清晰的。在间接融资市场上,以商业银行为代表的金融机构将社会的各种资金集中起来(体现为存款),提供给银行认为可以依赖的企业和个人用户(体现为贷款),而存贷款之间的差额所产生的收益(在扣除各种成本之后)归商业银行及其他类似金融中介所有,所可能发生的风险主要由商业银行承担;而在直接融资市场上,以证券交易所及证券公司(投资银行)为代表的中介仅仅在证券投资(主要是股票投资)中起桥梁或中介作用,投资者通过证券公司在交易所进行证券交易,直接承担风险并获得收益,证券公司及交易所只是在公司推介、提供交易便利及规范公正交易方面提供服务。间接融资是一个古老的行业,早在资本主义发展之前就存在了,如我国历史上的钱庄,就有很悠久的历史。资本主义发展前期,资本市场上主要是商业银行在发挥着重要的作用,但是到了后来,随着股份制的发展,直接融资开始在市场经济活动中发挥越来越大的作用,到了现在,在发达国家直接融资已经成为企业融资的主要形式。我国在改革开放以后,重建和发展了资本市场,但对间接和直接融资市场采取了不同的发展战略。对于间接融资市场,我国主要采取了"管住"并且逐渐改造的战略,尤其是对原有四大国有商业银行,实行了市场化经营、剥离不良资产、公司治理结构的改造等一系列措施,提高了其经营管理和风险控制水平,同时,也在严格的限制条件下,建立和发展了一批股份制银行。从总体上看,现在的间接融资市场还属于国家高度垄断的行业。与此相对应的,对于直接融资市场,我国采取了相对"放开"并逐步发展的战略。在改革开放之前,我国的直接融资市场基本上不复存在,现在的证券交易所和证券公司都是改革开放以后重新建立和发展起来的。建立证券公司的门槛比银行低得多,证券公司必须在市场竞争中生存和发展,收购兼并也经常发生。虽然国家也对一些经营不善、资不抵债的公司进行一定的保护,但大多属于个案。不像在间接融资市场上,四大国有银行始终保持着支柱的地位,而在直接融资市场上,证券公司的排位和布局从20世纪90年代初发展起来后已经发生了很大的变化。也就是说,对商业银行的改革相对保守,而在证券市场上的试验则相对大胆。

现在看来,这样一个改革和发展思路是稳健而且符合我国国情的。在20世纪80年代后期的扩大企业自主权改革中,对企业流动资金实行了由国家财政拨款改为银行贷款的改革,这样做的初衷是要实现企业流动资金的有偿使用,但是在后来,这些流动资金中相当大的部分随着许多国有企业的关停并转变成了不良贷款,再加上后来(20世纪80年代后期和90年代前期)许多企业在扩张中不计风险地使用银行资金大量进行固定资产投资又缺乏偿还能力,更是增加了国有商业银行的呆账和坏账,所以当时的国有商业银行实际上为改革承担了大量风险,如果国有商业银行系统崩溃了,我国的整个改革事业就有可能前功尽弃。在这种情况下,支持国有商业银行的生存和发展,并且在这一过程中通过金融体制的整体发展不断提高它的经营管理和风险控制水平,是符合我国经济发展的整体利益的,同时,也体现了通过渐进式改革平稳推动我国经济增长的精神。经过世纪之交的商业银行股份制改革后,我国的商业银行进入了一个较好的发展阶段,在业务迅速扩张(包括存贷款业务和其他金融业务)的情况下,风险控制在总体上把握得较好,或者说,按照国际标准衡量的不良贷款率仍然处于很低的水平。这里固然有一些国家政策扶持上的因素,如在很多制造业企业只能取得低利润的情况下,银行业却不断保持着高利润,很多人认为其中的重要原因在于一般商品和银行服务之间的定价关系出现了一些扭曲,企业创造的价值被体现为银行的利润,这种现象确实是存在的,否则现在我们也不会进行利率市场化方面的探索。但如果只是就经济运行的实际情况来看,商业银行的表现较金融体制改革前有明显改善,在促进经济增长的同时,自身的业务也得到了较好的发展。而从直接融资市场的表现来看,进展远远低于预期。从融资功能上看,我国企业能够从证券市场上获得融资的只是很小的一部分,而且在大多数情况下,这些融资只是使上市公司意外地获得了一笔收入,从长期看这种融资对企业长期发展的帮助有限。如同样以房地产为主业的万科与万达,前者为上市公司,后者则长期属于非上市民营企业(到2014年才在香港上市,但这时它已经发展成大型房地产企业),但是长期以来,作为上市公司的万科在企业融资上并没有明显的优势,只是在上市初期会有一个短暂的资金相对充裕的时期,但是到了后来,依靠配股所获得的融资是远远不可能满足企业发展的需要的,其仍然需要大量的银行信贷来支持其发展。不能否认,一家企业上市对规范企业的合规经营和改善公司治理是有帮助的,但企业之所以要上市,目的是很明确的,就是从证券市场上获得融资,其他方面的工作都是配合融资而进行的。实事求是地说,我国直接融资市场经过二十多年的发展,所取得的进展远远低于预期。从理论上说,直接融资市场参与投资决策的人更多,每一个人都可以用脚投票,而商业银行决定是否发放贷款时,根据的只是相对少数的信贷人员的研究和决策,因此直接融资市场上的市场化程度应该比间接融资市场更高,决策重心更低,资源的配置也将更有效率,这已经被发达市场经济国家的实践所证明,这也是为什么美国在20世纪20—30年代的大萧条之后实现分业经营,投资银行会比商业银行发展得更好,在经济活动中直接融资市场会比间接融资市场上发挥更大作用的原因。发展直接融资市场的核心是企业融资,而实现这一点的关键是大多数的上市公司在市场融资后,能够通过有效的经营使企业获得发展并回报投资者。但由于这一市场特殊的组织方式及金融的多样性,如二级市场的建立和发展、衍生金融工具的使用等,市场在增强了资金运用的灵活性及投资者赢利的途径之后(企业发展了投资者可以通过做多赚钱,企业亏损了投资者则可以通过做空赚钱),市场的风险也随着投机因素的不断增加而大大加大,这不但这冲淡了这一市场的主题(企业融资),还大大增加了市场发生系统性风险的可能性。美国等金融业特别发达的国家在一个时期里特别强调分业经营加强监管,就是为了减少或防范这种风险。但是即使如此,市场的风险仍然很大,远的如20世纪20年代末的美国经济崩溃,近的如2008年引发全球金融危机的美国次贷危机,都是在直接融资市场上首先发生的。所以,直接融资市场的,风险要比间接融资市场大得多,如果说商业银行出现了大问题,影响的只是银行本身,有时可能也会影响到一部分储户,但如果证券或者股市发生了大问题,那将直接冲击千千万万个居民家庭。在这种担心下,我国直接融资市场的改革进行得非常谨慎。

这就导致了我国间接和直接融资市场的另一个鲜明对照:在间接融资市场上,商业银行要把钱贷给谁,政府是不干预的,政府干预的是商业银行的整体经营

（如怎样进行风险控制，产品如何定价，甚至公司由谁来进行管理）；在直接融资市场上，政府对证券公司或者二级市场的干预相对较小，但对于谁能够在市场上通过上市和配股获得直接融资，却管理得非常严格。也就是说，二级市场是放开的，但一级市场被管住了。由少数人来决定市场资源配置的结果必然是效率低下，造成市场发展迟缓。20世纪90年代末，中央政府上收了证券市场的管理权。在此之后，如果用证券指数来衡量，证券市场的发展非常缓慢，远远低于我国的经济增长。直到2014年上半年，上证指数仍然在2 000点左右徘徊。本来，我国的上市公司都是经过千挑万选，好中选优进入股市的，这些优秀企业再加上股市的输血，应该以更好的表现回报投资者，但是事实上它们的表现远远落后于整体的经济增长，或者说，它们上市后的表现远远低于我国企业的一般水平，这说明在这个市场上，选择机制可能出了问题。2014年年底，在多年停滞后，我国股市出现了一波新的行情，上证指数突破了3 000点。这是有关监管部门多年致力于市场改革，尤其是推动公司上市由审批制向注册制转变，进一步发展创业板和中小板市场等之后，市场对于改革的预期提高的集中体现。但如果我国的证券市场仍然是一个投机市场而不是投资市场，人们只是为了在这一市场上获得短期回报而不是稳定的收益，那么这一市场是不可能与间接融资市场并驾齐驱的。从发展上看，直接融资市场的改革要真正取得成果，还需要很长的时间。在这种背景下，间接融资不可避免地成为我国企业融资的主要渠道，而商业银行的支持就成为影响企业发展的重要因素。

商业银行资金的主要来源是吸收存款，由于直接融资市场发展滞后，风险较大且总体预期收益或平均收益低，居民家庭更多地倾向于把资金存在银行或者购买收益较为稳定的商业银行理财产品。虽然收入在不断增加，但由于对未来的预期在变化（子女教育、医疗、养老、购房等都需要大笔的资金），居民家庭收入中储蓄的比重在不断提高。居民储蓄的增长速度明显高于收入的增长甚至是经济增长，从而成为我国商业银行资金的重要来源。从规模扩张上看，在过去的十多年里，我国的商业银行及相关的金融机构存款和贷款的规模都增加得非常快。2000年，我国城乡居民的储蓄存款（定期存款和活期存款）年末余额为6.43万亿元，而到了2012年则上升到40.0万亿元，为2000年的6.2倍，年均增长率为16.43%。而从各年的新增存款上看，2000年新增城乡居民储蓄存款为4 976亿元，而到了2012年，这一数值上升到55 915亿元，为2000年的11.2倍，年均增长率为22.33%。同一时期，按现行价格计算的GDP年均增长率为14.85%（未扣除价格变动），低于城乡居民储蓄存款余额与增量的增长。和大多数发达市场经济国家相比，我国的居民家庭具有较高的储蓄倾向，这既有现实的原因，也有历史的原因。而在家庭支出中，消费信贷（如汽车、耐用消费品等）的规模很小，不像欧美国家那样消费信贷非常普及,我国的居民信贷到现在为止主要用于住宅购房,属于投资性支出。简单地说,和发达市场经济国家甚至一般市场经济国家相比,我国居民家庭的金融活动表现为存得多,用得少,而那些国家的特点则常常反过来,居民家庭大量地通过消费信贷和住宅贷款预支未来的收入。这就形成了我国信贷市场和发达国家之间的鲜明区别:一是我国的居民收支偏好是储蓄,而发达国家则是提前消费,这就导致我们存款增加的速度远远高于他们;二是我们的商业银行集中了大量的储蓄存款,并把这些资金大量地转移到生产领域形成各种投资和生产性支出(即从居民部门转移到企业部门),而在发达国家,居民的储蓄是多元化的(银行存款、年金、股票债券基金等证券投资),商业银行从居民部门得到的存款,大多仍然使用于居民部门,有时甚至还要从其他方面(如国外)获得资金来支持居民部门的消费和投资。再看非居民部门(政府和企业),2014年年底,我国金融机构人民币各项存款的总额为92万亿元,而2000年为12万亿元,年均增长率为18.5%,高于城乡居民储蓄存款的年均增长率2个百分点,这说明非居民部门的存款增长得更快。这个结果和前面分析宏观收入分配时所得到的结论是有关联的,由于非居民部门的可支配收入的增长快于居民部门,其储蓄规模的扩张也就更快。在这种情况下,我国商业银行对于企业经济活动和整个经济增长的影响,要远远大于一般市场经济国家尤其是发达市场经济国家。一方面,非居民部门的银行存款在迅速增加,将主要投向生产领域;另一方面,居民部门银行存款中的相当一部分,又将通过商业银行转向生产领域。这实际上对商业银行的经营也形成压力,一方面这些资金应该放贷出去形成收益,但另一方面还要在迅速扩张中降低贷款的风险,保证资金的安全。从20世纪末我国银行体制改革到现在,应该说我国商业银行的整个经营状况是比较好的,不良贷款率从反映出来的数字结果上看没有显著提高,仅仅在1%左右,远远低于20世纪90年代末商业银行改革前的水平。为保证这些资金的安全,商业银行贷款主要被用于国有大型企业、基础设施建设和房地产开发,所以当很多中小民营企业反映贷款难的时候,考虑到资金安全和投资收益,商业银行却更乐意将贷款发放给国有企业用于固定资产投资,再加上居民住宅贷款,使得投资规模不断扩张。从表面上看,这些资金的使用有国家或者实物担保,但经济活动中如果出现比较大的问题,那就直接影响到商业银行资金的安全。所以我国融资市场的行为客观上是助长投资而不是支持消费的,而不断进行的投资所形成的生产能力,如果没有足够的拉动,就必然造成产能过剩。

(三)地方政府

十一届三中全会以后,党和国家开始把工作的重点转移到经济建设上来。为实现长期发展目标,我们对内实行了经济体制改革,对外实行了对外开放。对内的经济体制改革就是要激发经济体制内部的活力,使一个停滞的、缓慢的经济重新发展起来；而对外开放，除了要学习世界各国的科学技术、现代管理之外，主要还是借助国外的资金和投资提高生产能力以促进经济增长。在这种情况下，和国外或境外各方面联系更为密切的地区首先得到了国家政策上的支持，我们建立了四个经济特区（深圳、珠海、厦门、汕头），允许这些地区大胆改革，先行先试。这些地区一方面是改革的窗口，许多重大的经济体制改革（如税收制度的改革、企业收入分配制度和所有制体制的改革、国有土地有偿使用制度的实施、资本和劳动市场的建立等），都是在这些经济特区首先发展起来的。有了这些体制上的优势，实际上就有了吸引外部投资的优势，因为同样的资金到了这些地方可以赚到更多的钱。这种外部投资既包括从海外来的资金，也包括国内的资金，即所谓"外引内联"。这就使这些地方的经济首先得到跨越式的发展，形成了改革开放和招商引资的示范效应。后来，国家又对主要沿海城市实行了特殊政策，鼓励它们对外开放，利用自己的地缘优势发展经济尤其是外向型经济，同样取得了明显的效果。这些先行一步的城市或地区，完全靠自身的积累而实现跨越式发展的案例非常少，大多通过吸引来自外部的资金进行投资，迅速扩大生产能力之后，使经济获得超常规的发展，这才有能力改善人民生活。因此，改革开放后各个地区的经济增长，是和这些地区的对外开放以及由外部吸引资金的能力密切相关的，虽然经济体制改革是整体推进的，但各个地区对外开放的进程（即国家所给予的吸引外资的优惠政策）是不同的，这是各个地区经济增长的重要影响因素。

随着我国经济发展水平的提高，各地的基础设施都有了较大的发展，与外部（包括与国外及国内其他地区）互联互通的条件有明显改善，而国家的优惠政策也开始在更多的地区得到应用，在这种情况下，内陆地区和欠发达地区的经济发展所走的必然也是其他优先发展起来的地区的老路，这就是加大招商引资的力度，将外部的力量与本地的积极性结合起来，实现后进地区的跨越式发展。欠发达地区的投资上去了，发达地区的投资增长就应该有所放缓，这样才能实现整个国民经济投资和消费发展之间的相对平衡。但是事实上是，发达地区的投资并没有降下来，而且由于土地财政对各个地方财政收入有重要意义，发达地区往往是在第二产业投资有所放缓的同时，房地产投资开始上升。近几年来，我国发达地区的房价上涨幅度明显高于欠发达地区，从供需关系来解释就是这些发达地区的住宅需求明显大于供给，从而吸引了大量的房地产投资，也为地方政府土地财政创造了大量收入。

因此，地方政府的 GDP 发展导向在目前的体制下必然是鼓励投资，首先以优惠的条件吸引产业投资，在产业投资发展到一定阶段，带动了当地的经济发展之后，投资的内容会发生一定变化，房地产投资（包括居民住宅和商业地产）将发展起来。在这一过程中，地方政府除了可以获得更多的税收收入之外，还能够通过出让土地获得大量收入,由此改善当地政府的财政收入。在不少地区,当资本的扩张和当地群众利益发生冲突时,地方政府在很多时候是倾向于或支持资本的,因为这和地方政府的政绩以及它们的利益密切相关。这种地方政府对当地经济增长的积极参与,就整体而言对我国经济增长是有贡献的。如果没有地方政府的积极性,我国过去三十多年来的高速经济增长是不可想象的。正是由于地方政府在招商引资和推动当地经济增长上的积极性和高办事效率,才促进了整个国家经济的高增长。我国的地方政府在促进国民经济增长上的作用,是当今任何国家都无法比拟的,这就是被很多学者赞扬的"县域经济"。① 但是另一方面,由于这种对于投资的鼓励往往是从地方经济发展的角度考虑的,无论是产业投资还是房地产投资都更加注重当前利益,这就有可能在一定程度上鼓励了重复建设和盲目投资,超越了实际有支付能力的需求,从而形成和积累产能过剩,当这种过剩发展到一定程度时,就会对经济增长产生巨大的调整压力。

五、从一部分人、一部分地区先富起来到共同富裕

从建设有中国特色的社会主义社会来看,随着经济发展水平的提高,我国已经进入了一个经济发展的新阶段,这就是要加速实现全体人民的共同富裕。实现共同富裕,始终是社会主义社会最重要的发展目标。中国共产党领导的新民主主义革命,从一开始就是要推翻维护剥削阶级利益、社会两极分化、阻碍中国生产力发展的旧制度和旧政权,所以受到了广大人民群众的拥护。新中国成立后,我国建立了以公有制和按劳分配为特征的社会主义制度,这一制度从本质上来说是适应中国国情和促进生产力发展的,而且在相当长的一段时期尤其是在新中国成立初期确实调动了广大生产者和劳动者的生产积极性,促进了新中国的社会和经济发展。就中国本身的发展而言,虽然在新中国成立后的前三十年,我国在经济发展中受到了很多干扰,但所取得的成就仍然是巨大的,由一个四分五裂、积贫积弱的国家发展成为拥有"两弹一星"、具有独立自主的国民经济体系的国家,取得了近代以来最大的经济发展,这是一个客观事实。但是也要看到,在这一时期,世界各国的经济也在发展,尤其是发达国家经历战后的恢复、建设和发展,又经历了新技术革命和经济一体化的进程,经济发展达到了一个新的水平。由于西方某些发达国家对我国的封锁,同时也有我国自身的原因,我国和国际先进水平之间的差距仍然存在,到了改革开放初期,虽然我国的生产力水平已经有很大的提高,但仍然属于低收入国家,还没有完全解决温饱问题,所以我国在改革开放初期提出经济增长目标时,首先提出的就是要在20世纪80年代实现经济总量翻一番,基本解决温饱。在那个时候,如果进行历史的动态对比,我国可以说取得了很大的成就,

---

① 张五常,《中国经济制度》。北京:中信出版社,2009年。

但是如果和世界先进水平相比,我国的发展仍然太慢。这一方面是因为我国的经济发展是独立的,没有融入国际经济大循环中,不能及时吸收和借鉴世界科技和其他文明发展的最新成果;另一方面,我国由苏联引入的计划体制和所有制体制,在激励机制和资源配置机制方面,也开始落后于时代发展的要求,导致生产效率不能持续地迅速提高,现代化进程受到影响。因此,我国的改革开放,是在全球新技术革命和经济全球化的背景下,是党和国家适应历史发展的潮流、代表人民的意志、带领全国人民所进行的伟大实践,并且在不断地探索中取得了伟大的成就。要以辩证和历史唯物主义的观点客观地看待我国的发展,不能因为在改革开放和经济增长中出现了一些新的矛盾和问题,就全盘否定我国的改革开放,企图再回到传统的教条上去,以它们为标准评判我们的发展。应该看到在社会主义初期阶段中国经济和社会发展的特殊性,在各个不同的历史和经济发展阶段,应该实施适合中国国情的各种方针政策,建设有中国特色的社会主义,最终实现全体人民的共同富裕。另外,应该高度重视我国发展中出现的各种矛盾和问题,随着经济发展水平的提高不断地调整我的发展战略,同时积极地解决发展中的各种难题。而对于那些违反社会道德和法制的丑恶现象,更要采取措施严加治理,并通过精神文明、民主和法制的建设遏制丑恶现象发展的势头。我国现阶段所进行的深化体制改革,就是要通过体制创新和法制建设来解决发展中出现的各种问题,推动有中国特色的社会主义建设和发展。

(一) 所有制与分配制度的改革对我国经济发展的重要意义

在十一届三中全会之后,党和国家提出了"对内实施经济体制改革、对外实施对外开放"的伟大战略,目的是在把工作重点转移到经济建设上之后,通过体制创新提高效率,加速我国的经济增长,从而实现经济目标。提高效率有多种途径,我国首先进行的是收入分配领域的改革,通过奖勤罚懒调动劳动者的生产积极性,改变"干多干少一个样,干好干坏一个样"的平均主义分配方式,从而达到扩大生产的目的。改革初期的农村生产承包责任制就是这一实践的典型,我国在不改变所有制形式的情况下,通过收入分配的改革(承包),使农村经济发展发生了前所未有的变化。后来,这一分配制度的改革又被引入城市,同样取得了很大的成果。这说明社会主义制度下要发展生产力,在否定阶级对立和两级分化的合理性的同时,也不能搞平均分配。1985年10月23日,邓小平在会见美国时代公司组织的美国高级企业家代表团时说道:一部分地区、一部分人可以先富起来,带动和帮助其他地区、其他的人,逐步达到共同富裕。[①] 后来,邓小平又在多个场合重申了这一主张。这一观点是符合历史唯物主义精神的,如果一个收入分配体系过度强调

---

① 中共中央文献研究室邓小平研究组,《邓小平自述》。北京:国际文化出版公司,2009年。

平均甚至走向僵化,会使经济活动出现停滞,能够讨论的问题只能是蛋糕如何才能切得合理,但是蛋糕如果太小的话,无论怎么平均,每个人所得的份额都是有限的。在当时的情况下,我国的主要矛盾不在于如何切好蛋糕,而在于和世界各国相比,我国的蛋糕也就是经济总量太小了,可供分配的国民收入太有限。所以要通过改变收入分配机制,实现高速经济增长。后来我们又发现,在社会主义初级阶段,仅仅依靠改变劳动报酬的分配,还不能够从根本上满足高速经济增长所要求的改善效率和优化资源配置,因此党的十四大明确提出,要把建立社会主义市场经济作为我国经济体制改革的目标。在此之后,我国的资本市场、劳动市场、技术市场等都逐渐发展起来,建立和发展了以公有制为主体的,多种经济成分并存的社会主义市场经济。相应地,分配方式和传统的计划经济体制已经有了很大的区别,根据现阶段社会和经济发展的实际情况,我国实行了以按劳分配为主体、多种分配方式并存的分配制度。事实证明,这一改革对于促进当时的经济增长、提高国家的综合实力具有重要的意义。如果没有20世纪90年代中期以后的市场化改革以及社会主义市场经济的建立和发展,我们就不可能在进入新世纪后获得如此巨大的发展,使我们能够有今天这样的综合国力和国际地位。

在新的中国特色社会主义所有制和分配制度下,公有制和按劳分配仍然是国民收入分配的主体,在我国目前的居民可支配收入中,80%以上是劳动报酬,市场经济的效率原则或资源配置方式也得到了进一步的加强。与促进经济增长关系更加密切、市场需求更大、供给相对短缺的生产要素的价格上升较快,而市场需要一般、供给相对充裕的生产要素的价格则上升较慢。而高速增长过程中,市场对于资本、科技、管理的需求更大,供给则相对短缺,一般劳动力的供给则相对充裕,这就导致资本回报、高级科技和管理人员的薪酬水平提升得更快,这样,在实现高速经济增长、全社会福利都得到提升的同时,收入分配差距也扩大化了。对于这样一种收入分配差异的扩大化,必须放在发展的背景上考察,而不能就差异而谈差异。然后在这个基础上,考虑如何在保持经济发展的基础上,进一步改善收入分配格局。应该看到,这种扩大化是在增长即增量的基础上发生的,是对新创造国民收入的分配,如果没有增长即不形成新的国民收入,那么这种收入分配的格局也不会发生大的变化。当然,如果我国能够在转轨过程中,更加及时和科学地调整收入分配关系,我国的经济增长有可能发展得更好。但是就一般情形而言,一个国家在市场化和经济高速增长同时发生时,收入分配差异将会有所扩大,这是经济发展的一般规律。① 在地区经济发展时,我们也存在着类似的问题,这就是在生产力和经济发展水平较低的情况下,不是集中财力物力重点突破,而是各个

---

① Kuznets, S., "Economic growth and income inequality", *The American Economic Review*, 1955, 1—28.

地区同时发展,结果却是有限的资源不能很好地利用。改革之后,邓小平提出一部分地区先富起来,并在政策条件上对一些发展条件较好的地区尤其是沿海一些对外开放条件较好的地区实行了优惠,让它们先行先试。其结果是,以沿海开放城市为代表的一部分地区先富了起来,其他地区的发展虽然慢于这些地区,但和改革开放之前相比,这些地区(包括欠发达地区)经济增长的成就仍然是巨大的。

(二)如何看待一部分人、一部分地区先富起来

简单地从减少"两级分化"的观点看,一些人先富起来、一些地区先富起来的做法在短期里似乎扩大了收入分配差距。但是从长远来看,如果不打破旧的均衡,仍然把人力资源和财力物力在劳动者和地区间平均分配,而不考虑生产者、劳动者、各个地区之间对经济发展贡献上的差异,并且脱离社会发展的实际只强调人们对经济发展的贡献而不注重他们应该享有的回报,其结果很可能就是"共同贫穷"。邓小平指出:"搞社会主义,一定要使生产力发达,贫穷不是社会主义。我们坚持社会主义,要建设对资本主义具有优越性的社会主义,首先必须摆脱贫穷。现在虽说我们也在搞社会主义,但事实上不够格。只有到了下世纪中叶,达到了中等发达国家的水平,才能说真地搞了社会主义,才能理直气壮地说社会主义优于资本主义。"①我国当时的问题是,到底是抱着计划经济的"理论教条"不放,还是敢于创新,大胆地让一部分地区先富起来,然后再带动其他地区,最后是整个国家的共同富裕,这是一次思想领域的重要革命。事实上,这种思想革命在整个国际共产主义运动史上不断地发生,1847年,恩格斯在《共产主义原理》中指出:"大工业使所有文明国家的社会发展大致相同,以致在所有这些国家,资产阶级和无产阶级都成了社会上两个起决定作用的阶级,它们之间的斗争成了当前的主要斗争。因此,共产主义革命将不仅仅是一个国家的革命,而是将在一切文明国家里,至少在英国、美国、法国、德国同时发生的革命。"② 19世纪70年代,马克思在分析巴黎公社的教训时,认为它失败的原因之一是由于"在一切主要中心,如柏林、马德里以及其他地方,没有同时爆发同巴黎无产阶级斗争的高水平相适应的伟大的革命运动。"③他们认为社会主义革命是国际的事业,将在一切资本主义国家发生,至少在主要资本主义国家同时发生才能取得胜利。而列宁则提出"经济和政治发展的不平衡是资本主义的绝对规律。由此就应得出结论:社会主义可能首先在少数甚至在单独一个资本主义国家内获得胜利。"④正是在新的思想理论的指导下,

---

① 邓小平,"社会主义必须摆脱贫穷",载《邓小平文选》第3卷。北京:人民出版社,1993,第225页。
② 《马克思恩格斯选集》第2版第1卷。北京:人民出版社,1995,第241页。
③ 《马克思恩格斯全集》第1版第18卷。北京:人民出版社,1964,第180页。
④ 《列宁选集》第3版第2卷。北京:人民出版社,1995,第554页。

"十月革命"才取得了胜利,建立了第一个共产党领导的社会主义国家——苏联。中国的革命先驱经过长期和艰难的探索,在苏联和共产国际的帮助下建立了中国共产党,以马克思主义作为中国革命新的指导思想,凝聚了一代又一代中国人在这个思想指导下为中国的繁荣富强而奋斗。但是马克思主义为中国提供的是一套科学的世界观和方法论,而不应该是具体的教条。从夺取政权来看,中国走的是一条长期的农村包围城市,最后夺取城市建立国家政权的道路,而不是像俄国当年那样在中心城市发生革命暴动,全面夺取政权。同样的,在建设社会主义的道路上,中国的情况和苏联也有很大不同,同样不能照抄照搬苏联的理论和实践,更不用说在一百多年前的马克思恩格斯的著作中找到现成的答案了。正因为如此,中国共产党在成立了半个多世纪后,在成功地带领中国人民取得新民主主义革命的胜利和对中国经济的社会主义改造和建设之后,要再次带领中国人民进行改革和开放这样一次新的伟大革命,使中国取得了历史上最大的经济发展和社会进步。

而在苏联,虽然在社会主义发展的前期和中期,经济上取得很大的进步,一度成为直接和美国对立的"超级大国"。但是到了后来,僵化的经济和社会体制越来越不能适应经济发展和不断提高的人民物质和精神生活的需要,而最后推出的改革措施又严重脱离苏联的实际情况,最后导致苏联的解体,这是国际共产主义运动中最沉痛的教训。[1] 苏联解体的痛心之处不仅仅是共产党丢失了政权,如果其他政党能做得更好,那也是对人民有利的。但问题恰恰在于,苏联解体之后,它的主要继承者——俄罗斯的状况变得更坏,无论是综合国力、人民生活和国际地位都在退步。这更加说明一个革命的政党如果不能顺应历史发展的潮流,影响的不但是自身的执政地位,而且还会使人民的利益受到重大损失。

我国根据自己的实际情况,经过了三十多年的改革和发展,通过建设有中国特色的社会主义尤其是通过对传统所有制和分配关系的改革,使得社会主义焕发出新的生机,由一个低收入国家发展成一个上中等收入国家,再向高收入国家迈进。这充分说明制度创新对于经济发展的重要意义。我国的综合国力得到增强,人民生活显著改善,成为对世界经济增长贡献最大的国家。在外向型经济的发展中,中国经济已经与全球经济融为一体,成为引导世界经济的主要力量,与世界主要经济体之间建立了新型合作关系。而中国人民一百多年来盼望的现代化,在可以看得见的将来就会成为现实。这说明中国共产党带领全国人民走的改革开放的道路是正确的,在发展过程中让一部分人先富起来、一部分地区先富起来的策

---

[1] 许新、潘德礼、陈联璧、姜毅,《超级大国的崩溃——苏联解体原因探析》。北京:社会科学文献出版社,2001 年。

略是正确的。事实上,并不存在着绝对公平的收入分配标准,脱离各个时期的具体实际来抽象地谈收入分配是没有意义的。当然,在迅速的发展过程中,我国也会出现各种矛盾和问题,如由于制度建设、法制建设与民主监督还不完善,出现了腐败和违纪,极少数人通过权钱交易获得大量灰色收入,虽然这些收入在整个国民收入中只占很小的比例,但却造成很坏的影响。党和国家推动的反腐倡廉和依法治国,就是要从制度上解决这些问题。但是在另外一方面,我们不能把这些腐败现象的出现和我国收入分配格局在经济增长中的演化画等号,腐败收入和正当的高收入是性质完全不同的两种收入,不能因为出现了个别的腐败现象就否定整个改革开放以来我国在收入分配改革上取得的成就。①

(三)从一部分人先富起来到共同富裕

"一部分人、一部分地区先富起来"是我们发展生产力、不断改善和提高人民的收入和生活水平的重要手段和发展策略,而不是我们的目的,这一点邓小平当年就讲得非常清楚。"一部分人、一部分地区先富起来",为的是要带动全体人民共同富裕。"先富起来"是我们的阶段性目标,而"共同富裕"则是有中国特色社会主义的最重要的核心目标和价值取向。从改革开放初期到现在,"先富起来"一直在我国经济发展中发挥着重要作用,那么现在则是全面地把"先富起来"这一阶段性目标过渡和发展为"共同富裕"的时候了。从公平的角度看,经济增长到了一定的阶段,全体人民应该共享发展成果;从效率的角度看,改善中低收入家庭的收入及其支出,有利于进一步拉动经济增长。这是我国现阶段经济发展的必要选择。

使全体人民共同分享我国长期经济增长的成果,不仅是社会主义核心价值观的集中体现,也是现阶段经济发展的要求。长期以来,为了建设繁荣富强的社会主义国家,我国人民艰苦奋斗,放弃了很多个人和家庭的利益。在计划经济年代,为了推动我国的工业化,国家通过工农业产品剪刀差及农业税等手段增加积累,广大农民做出了很大的贡献;而在城市和工业领域,国家则强调先生产后生活,城市居民尤其是工人生活的改善也是相当缓慢的。改革开放后,在农村家庭联产承包责任制实施之后,我国农村的温饱问题基本上得到的解决,但在那之后,农村经济的发展开始放缓,除了一些大城市周边的乡镇经济通过发展非农产业有比较大的发展外,大多数农村地区的人均收入水平的增长低于城市。农村就像一个大水库,容纳着大量的剩余劳动力,在保持着我国社会经济稳定的同时,又为城市的发

---

① 有一种观点认为腐败是资产阶级对无产阶级政党的腐蚀,是新形势下阶级斗争的反映。但是在事实上,即使在发达或成熟的资本主义国家,代表资产阶级的政党甚至是政府也是不能容忍腐败的。我国应该比资本主义国家的政党或者政府做得更好,这就要依法治国。民主和法制建设完善了,腐败这样的寻租行为也就失去了生存的条件。

展源源不断地输送着低成本的劳动力,形成"二元化"经济结构下的"人口红利"。这其实是我国农村对我国经济增长和现代化进程的最大贡献。在城市,由于传统的所有制体制不能满足现代经济发展的要求,我国从20世纪90年代中期开始对原有国有企业进行改造,大批缺乏市场竞争能力的企业被关停并转,保留下来的国有企业(如国有大型商业银行等)也对原来的职工队伍进行了大规模的调整,形成了大量的下岗职工,国家对这些职工中的相当一部分实行了买断工龄鼓励其自主就业的政策,但他们中的很多人(如机械制造、纺织行业的职工)由于缺少新的技能又在再就业过程中遇到了重重困难,现在的生活仍然很困难。他们其实也为国家的发展做出了贡献。现在我国的很多大企业都按照国际标准制订了高管的薪酬标准,因为是国际化的大企业,使用的是国际一流的管理人才,为企业创造了国际一流的利润,当然有理由按照国际标准和国际通用作法(股权激励等)支付薪酬。但是,如果工人或普通职工也按照国际标准支付薪酬,那么企业还有能力为高管支付那么高的薪酬吗? 公平的概念会随着历史、价值观、不同社会群体的利益改变而改变,但是从分配格局上看,随着经济增长及经济发展水平的提高,收入分配应该更加均等化同时减少甚至消灭贫困,这是世界发展的共同趋势,社会主义社会更应该如此。因此,减少或消灭贫困以及缩小收入分配差别,应该成为现阶段我国经济工作中的重要任务。

2014年10月,习近平同志在对扶贫开发工作的重要批示中指出:"消除贫困,改善民生,逐步实现全体人民共同富裕,是社会主义的本质要求。改革开放以来,我国扶贫开发取得了举世瞩目的成就,为人类减贫事业做出了巨大贡献。全面建成小康社会,最艰巨最繁重的任务在贫困地区。全党全社会要继续共同努力,形成扶贫开发工作强大合力。"[①]从党的十八大到中国共产党成立一百周年,是我国全面建成小康社会的最后冲刺时期,也是我国从上中等收入国家进入高收入国家的转折时期,从总体来看,在经过三十多年的高速增长后,我国的贫困现象已经有了根本的改变,1978—2010年,参考国际扶贫标准制订的我国贫困标准(1986年年人均收入206元,2008年年底为1 196元,2011年年底为2 300元),近半数中国人摆脱了贫困,6亿多人摆脱了贫困,被世界银行称为"迄今人类历史上最快速度的大规模减贫"。但是,少数地方、少数人口的贫困问题仍然还没有解决,我国仍有8 000多万贫困人口。[②] 这是我国全面建成小康社会的短板,应该成为我国当前经济工作中的一个重点。这些贫困人口,有些散布在一般地区和一般人群中,需要各地根据实际情况,调整当地的扶贫政策。还有一些特困地区的贫困问题受当

---

① 参见新华社北京2014年10月17日电,《习近平:继续共同努力 形成扶贫开发工作强大合力》。
② "人类减贫史上的伟大实践——党中央关心扶贫开发工作纪实",《人民日报》,2014年10月17日。

地特殊的自然条件、经济和社会发展等方面的影响,中短期政策很难见效,那么,按照我国目前的国力,也完全有能力通过扶贫补助的方式,使他们的收入水平达到2 300元的贫困标准以上。如果8 249万贫困人口每人补助2 300元,大约为2 000亿元(事实上不用这么多,如对于年收入1 300元的人,只需要补助1 000元就可以了),不到我国2012年GDP总量的0.4%,为2012年国家财政支出的1.5%左右,虽然我国或世界的贫困标准有可能进一步提高,但由于我国的经济发展水平还将迅速提高,支付这些扶贫补助也是完全没有问题的。

改善收入分配不是回到平均分配而是使收入分配更加公平和更加合理,这既包括宏观收入分配的改善,也包括微观收入的改善(参见第二章)。在市场经济条件下,劳动报酬的定价受到供需条件变化的影响。2008年以后,我国的劳动力价格尤其是普通劳动力的价格在市场上是上升的,并在一定程度上导致成本推进的通货膨胀。但是市场上靠供需关系影响的劳动力价格有限,而且经常滞后于经济增长。所以,在高速经济增长中经济出现的一种现象是当宏观经济运行情况较好的时候,企业会用更多的资金进行投资而不是改善人力资本,但劳动者对提高薪酬的潜在需求实际上在增强,到了经济景气后期,劳动者的工资开始上升,企业的劳动成本也开始提高,但这时宏观经济却可能出现下行,成本推进尤其是劳动成本上升的通货膨胀与企业经营的市场环境恶化交织在一起,严重影响到企业的发展。从表面上看,企业在景气时期对维持低劳动成本有利于企业的短期发展和扩张,但是从长期看却可能给企业的稳定发展带来压力。依靠市场来对劳动力定价,对企业本身来说是灵活的,但就整个劳动力市场而言却可能是发展滞后的,因此对劳动力市场在微观上应该积极放开,但在宏观上应该有政府的适度干预,如调整最低工资标准、调整国家公职人员薪酬标准以及利用税收等经济杠杆,都应该更加积极。而国民收入的宏观分配,就更需要政府本身的作为,市场能够发挥的作用更加有限。

从我国现阶段的实际情况看,改善收入分配的主要手段应该依靠提高劳动报酬尤其是中低收入的普通劳动者的劳动报酬。改革开放以后,我国劳动者报酬逐年增加,这是一个不容否定的客观事实。但是另一方面,在新增的国民收入中,更多的收入被转为资本等其他生产要素的报酬,而劳动报酬所占的比重在不断降低;在劳动报酬中,高收入人群的收入增长快于中低收入人群的收入,由此导致收入分配差距的扩大化。而要改变收入分配差距,当然要对原有高收入者的收入进行调节,如目前对国有大型企业高管的年薪调整就属于这一类,但从整体上说,改变收入分配格局主要是靠发展,也就是在新增的国民收入中,应该有更多的部分用于增加低收入人群的劳动报酬,由此推动国民收入及国民可支配收入中劳动报酬的比重提升。这样,资本和其他生产要素的报酬所占的比重就会降低。在城市,要提高企业中劳动者的劳动报酬;而在农村,要继续推动剩余劳动力向非农产业的转移,使非农劳动报酬在农村居民收入中的比例更高,同时使得留下来的农业劳动力有可能开展规模经营。另一方面,从世界各国的经验看,由于农村特别是农业的劳动生产率提高较为缓慢(第一产业的增长率明显低于第二产业和第三产业),因此在一定程度上需要通过农产品价格的逐步上升以及适度的农业补贴来补偿农民的收入。

(四) 收入分配与经济增长

如果从生产过程看,这种收入分配格局的变化必然导致生产要素价格的上升继而导致整个生产成本的上升,由此增加经济增长的难度。改革开放以后,我国商品在国际市场上具有强大竞争力的一个基本原因,就是我国在生产要素上的比较优势,尤其是劳动力价格的比较优势,很多人说的我们在高速经济增长中借助的人口红利,说的也是这个意思。如果较大幅度地改善收入分配,那么我国的竞争优势和企业的生产经营活力还能保持吗?对这个问题我们必须有一个正确的认识。首先,经济增长和收入分配是一个事物的两个方面。经济增长是以GDP度量的经济总量的相对扩张程度。而从GDP的成本或国民收入初次分配结构来看,它分为四部分,即劳动报酬、生产税净额、营业盈余和固定资本损耗(折旧)。劳动报酬是劳动所得,生产税净额为政府所得,营业盈余和固定资本损耗为企业(资本)所得,初次分配虽然还要经过再分配调整后,才能真正形成收入分配的最终格局并形成最终支出,但这种调整是有限的,从总体上看,初次分配已经基本上决定了整个国民收入分配的格局。在经济增长过程中,GDP的成本结构或初次分配的格局是会变化的,在经济起飞阶段(即最初的加速经济增长阶段),收入分配尤其是初次分配会向资本倾斜,资本可能会获得较高的报酬率,这样有利于国家增加实体投资和迅速扩大生产能力,这也是现在很多地方尤其是欠发达地区高度重视招商引资和吸收资本以改变落后面貌的原因。但是,如果在资本的扩张已经达到一定规模时,矛盾已经不是生产能力不足而是过剩,这时候经济增长的矛盾就不是供给不足,而是有支付能力的消费需求不足。在这种情况下,改善中低收入劳动者的报酬有利于增加消费需求,消化过剩的生产能力,客观上是促进经济增长的。其次,低劳动报酬所造成的比较优势,在经济发展水平提高之后必然要改变,因为经济发展的重要目标就是要改善人民的收入和生活。低收入是经济不发达的标志,也是发展中国家现代化进程中阶段性的比较优势,正是这个优势造成了向新兴国家转化中的发展中国家的高增长,现在高增长已经实现了,那么这个优势必然会减弱。问题在于我们失去旧的优势后,如何创造和利用新的优势来保持我们的持续增长,这是我们需要在新时期重点解决的问题。所以我们才提出要通过持续的体制创新(深化改革)和技术创新来不断获得经济增长的新动力。最后,从我国目前的情况看,改善收入分配格局、缩小收入分配差异的条件是具备的,对大多数企业而言,企业的发展是建立在科技不断进步、经营管理不断改善的基础上的,而不是简单地依赖于低劳动成本的优势。广东等省份的大量事实也证明,依靠低劳动成本而发展的企业很难实现可持续发展。"两个同步"和"两个提高"不会影响经济增长,相反,在现阶段,如果居民可支配收入的增长适度地高于经济增长,人民生活得到更多的改善,反而有可能在整体上更多地拉动消费需求。前一段时间,我国经济的增长高于居民可支配收入的增长,那么现在适度地调整两者增长之间的关系,正是对失衡的收入分配关系的调节。如果说改革开放后的前三十年我们更加注重耕耘,那么现在,我们已经开始进入收获的季节。

在收入分配格局发生较大变化并导致企业用工成本提高的情况下,企业的利润空间(反映为 GDP 中的营业盈余和资金流量表中的企业用于投资的可支配收入的相对规模)必然是缩小的,而另一方面,为了应对日益增加的劳动成本,企业必然要增加研发投入或更新技术以加强企业的生存和发展能力,由此导致通过投资进行的企业规模扩张受到影响。而从宏观上看,就会反映为以增加投入为特征扩大再生产逐渐地被以技术进步为特点的现代经济发展所替代。在这种形势下,以扩大积累和增加投资为特征的高速增长必然向最终需求均衡发展的中高速增长转化。

六、从经济增长到经济社会全面发展

(一)改革开放推动了中国经济增长,为实现中华民族的伟大复兴创造了物质基础

到改革开放初期,经过新中国成立后三十年的发展,中国已经建立了与以往任何时期不同的社会制度与经济体制。新制度使中国发生了前所未有的跨越,从根本上改变了旧中国社会不公、阶级对立的状态,这是全中国人民的选择。这样一个制度的建立和发展事实上为中国后来的高速经济增长奠定了社会基础、思想基础和物质基础。如果没有新中国的建立,中国在四分五裂、列强侵略、思想混乱和社会腐败的状态下,社会和经济的发展还不知道要停顿和徘徊多久。新中国通过社会主义改造建立了生产资料公有制、分配制度和福利制度,推动了当时的社会经济发展。但是另一方面,我们在探索建立社会主义富强国家的道路上也走过一些弯路,一些传统的经济体制逐渐不适应中国经济社会发展的需要,由促进经济发展的积极因素逐渐转变为影响甚至阻碍经济发展的消极因素。通过一系列实践的检验后,社会经济发展向我们提出了新的问题:从大的发展方向上看,党和国家的工作重点应该以经济建设为中心,还是有其他的中心?从配置资源的方式上看,是坚持苏联式的计划经济还是根据中国的实际情况在社会主义制度下发展市场经济?从所有制和分配方式上看,是坚持原来的国有和集体所有体制以及相

应的分配制度,还是承认在社会主义初级阶段应该实行公有制为主体、多种经济成分并存和按劳分配为主、多种分配方式并存,由此促进生产力的发展?十一届三中全会之后,邓小平明确提出:"搞社会主义,一定要使生产力发达,贫穷不是社会主义。我们坚持社会主义,要建设对资本主义具有优越性的社会主义,首先必须摆脱贫穷。现在虽说我们也在搞社会主义,但事实上不够格。只有到了下世纪中叶,达到了中等发达国家的水平,才能说真地搞了社会主义,才能理直气壮地说社会主义优于资本主义。"①这就进一步明确了社会主义的发展方向,就是摆脱贫穷,发展生产力。那么,生产力是否发达以什么为标准呢?在当时的历史条件下,邓小平提出了 GNP 的标准,后来,随着国际标准的变化,这一指标又被调整为 GDP。这两个指标反映的基本思想是一致的,就是用国际标准来计量和反映中国的经济总量、增长及进行国际比较。邓小平说:"总的来说,我们确定的目标不高。从一九八一年开始到本世纪末,花二十年的时间,翻两番,达到小康水平,就是年国民生产总值人均八百到一千美元。在这个基础上,再花五十年的时间,再翻两番,达到人均四千美元。那意味着什么?就是说,到下一个世纪中叶,我们可以达到中等发达国家的水平。如果达到这一步,第一是完成了一项非常艰巨的、很不容易的任务;第二是真正对人类做出了贡献;第三,就更加能够体现社会主义制度的优越性。我们实行的是社会主义的分配制度,我们的人均四千美元不同于资本主义国家的人均四千美元。特别是中国人口多,如果那时十五亿人口,人均达到四千美元,年国民生产总值就达到六万亿美元,属于世界前列。这不但是给占世界总人口四分之三的第三世界走出了一条路,更重要的是向人类表明,社会主义是必由之路,社会主义优于资本主义。"②在当时的情况下,我们首要的任务就是要推动经济加速增长,改变贫穷面貌,同时在相当长的一段时间里保持高增长,实现我们的赶超目标。但是事实证明,在传统的计划体制、所有制体制和分配体制下,我们很难实现和保持这种高增长,因此必须对内实行经济体制改革,对外实行对外开放,以不断地释放潜在的发展能力,并在这一基础上实现规模扩张和技术进步,通过不断地提高生产效率(时间效率、投入产出效率和生产要素效率)来实现这种增长。因此,中国的改革开放和高速经济增长实际上是一个事物的两个方面,经济增长目标提出在先,而改革开放紧随其后,没有改革开放为中国经济增长提供源源不断的新动力,中国不可能创造增长奇迹。改革开放后中国的高速经济增长是社会主义制度下的一次伟大的实践,它是在社会主义计划经济建立之后,再通过由计划经济向市场经济转轨来提高体制效率实现的,这是中国和一般的发

---

① 邓小平:"社会主义必须摆脱贫穷",载《邓小平文选》第 3 卷第 225 页。
② 同上。

展中国家向新兴国家发展时所不同的地方。新中国成立后的前三十年,我们在革命和建设中取得了很多成就,但在探索过程中也付出了一些代价,走了一些弯路,为我们后来的发展探索了道路、积累了经验,使我们能够在改革开放后的建设和发展中有更加明确的发展方向,取得更好的成绩。这实际上也是我们的宝贵财富。除中国内地外,中国香港地区、台湾地区以及新加坡,通过自己的努力也使当地的经济有了很大的发展,现在的人均 GDP 或 GNI 都远远高于我们,但是那些地方的经济规模相对较小,可以通过吸引外资和参加国际分工,在短时期内使经济发展水平得到迅速提升,而中国内地拥有 13 亿人口,不可能完全依赖国际资本和国际市场从根本上改变自己的面貌,主要还是要依靠自己的力量,通过建立完整而又强大的、独立自主的、同时又积极融入全球经济的国民经济体系,来全面地提升综合国力。我们探索的这一条具有中国特色的社会主义道路,现在已经被实践证明是一条能够积极推动中国生产力发展的正确道路。

(二) 从经济增长到经济、社会和环境可持续发展

如果从经济增长本身看,1981 年我国按当年价格计算的 GDP 为 1 941 亿美元①,按不变价格计算,2013 年的 GDP 总量为当年的 21.37 倍,也就是说,如果不考虑价格和汇率变动因素,按 1981 年的标准计算,我国 2013 年的 GDP 为 41 480 万亿美元,人均 GDP 为 3 063 美元,应该说大大超出了当年的预期。6 万亿美元的经济总量和 4 000 美元的人均 GDP 目标已经不再遥远,到 21 世纪中叶,在新中国成立一百周年的时候,我国的经济总量和人均 GDP 将会大大超出邓小平当年的预期。但是现在的情况已经和改革开放初期有很大的不同,改革开放初期,我们是把工作的重点转移到经济建设上来,再通过改革让已经开始出现僵化的体制重新充满活力,加速经济增长,以摆脱贫穷的面貌。实现和保持高速经济增长是当时我国经济发展中最重要的目标。而现在的情况是,经过改革开放后三十多年的高速经济增长,我国的经济发展水平已经显著提高,经济总量已经位居世界前列,在不久的将来还有可能超过美国成为世界上最大的经济体。在新的历史发展阶段,我国仍然要保持较快的经济增长,但是其他经济发展目标(就业、价格总水平、优化资源配置、国际收支均衡、收入分配等)的重要性大大提升了,这些方面的改善又会反过来影响经济增长,关系到我国的经济发展是否能保持可持续性。而从更广泛的意义看,一个国家的发展不仅仅是经济发展,还要包括社会、环境等各个方面的发展。当然,经济增长和社会发展之间的相关关系是非常明显的。如联合国发布的人类发展指数(Human Development Index),通过人口预期寿命、教育情况和按购买力平价计算的人均 GNI 这三个方面的综合,来反映各个国家人口、经济和

---

① 参见世界银行数据库,http://data.worldbank.org/indicator/NY.GDP.MKTP.CD? page=6。

社会的全面发展情况,它的计算结果和各个国家的人均 GNI 或人均 GDP 是高度相关的。也有个别的案例,如中国香港的人均 GDP 很高,但是与其他发展水平相近的国家和地区相比,它的人口受教育程度却较低,其原因在于当地的非高学历人口或劳动力,也能够取得较好的收入,影响了总体教育水平的提升。一个国家或地区如果只注重经济增长而轻视全面发展,那么它的发展必定是不均衡的,长远发展也会受到影响。我国在改革开放初期,提出了建设小康社会的建设目标,但那时小康社会的含义是笼统的,主要还是和 GDP 挂钩,反映为"三步走"的发展战略。而随着我国经济社会的发展,全面建设小康社会的标准更加具体化了。在党的十六大上,全面建设小康社会的目标包含了经济建设和人民生活、政治和社会、教育科学文化、生态环境建设和可持续发展等多个方面。党的十八大提出了全面建成小康社会的时间表(2020 年),并且对全面建成小康社会提出了新要求,包括了经济持续健康发展、人民民主不断扩大和依法治国取得重要进展、文化软实力显著增强、人民生活水平全面提高以及资源节约型、环境友好型社会建设取得重大进展等多方面的具体要求。按照这个时间表,我们现在所剩的时间已经不多了,但是所要完成的工作却很多。全面建成小康社会的新要求中,数量指标主要是关于经济增长和居民收入增长的指标,其他方面的指标基本上是以质量指标的方法确定的,如环境友好社会建设取得重大进展这一目标,就没有提出具体的数量规定。虽然没有提出具体的数量目标,但是它的主观标准和客观标准仍然是存在的,只不过在没有明显地反映出来之前,并未引起人们的足够重视。近些年来,北京、华北甚至整个中国的雾霾天数明显增加,使人们更加深刻地直接感受和认识到环境保护的重要性。在北京举办 APEC 会议期间,政府强制采取的一些环保措施,虽然直接影响到北京及周边地区的群众生活和一部分企业的生产,但是大多数人对当时的空气污染的改善结果是认可的。这说明改善环境虽然可能牺牲掉一些经济增长,但人民群众是认可和支持的。

　　用通俗的话说,GDP 实际上就是一个经济体当年创造的全部收入(也就是钱),大家(劳动者、企业和政府)通过国内生产和出口得到了钱之后(当然,还要扣除或加上通过税收和转移支付等再分配的部分),用来购买各种货物和服务,以满足家庭生活、企业再生产和社会发展等方面的需求。钱多当然是一件好事,钱越多能办的事情也越多,可以生活得更好,同时还能为未来的发展创造条件。当然,这个钱不是一般意义上由中央银行发行或供应的钱,它是一个国家或地区用货币衡量的一段时间内产生的所有的国民收入。这种国民收入的不断增加就是经济增长。因此,可以简单地说,经济增长就是要通过生产活动创造更多的价值,使大家更有钱,有更强的支付能力,能买到更多的东西。其实到了这里,问题就提出来了。一个家庭、一个社会、一个国家有钱就够了吗?是否需要其他方面的发展?

这是人们不断争论而又一直在试图找到明确答案的问题。对于一个家庭而言,创造财富首先要满足基本生活的需求,然后要满足发展和享受生活的需求。对于一个国家而言,应该鼓励生产者和劳动者共同努力去创造和积累财富,满足全体人民不断提高的物质生活、精神文明、社会进步等各个层次和方面的需求。因此在经济发展水平比较低的时候,一个国家发展的重点就应该是增加经济总量,更好地满足人们基本生活和经济发展的需要,而随着经济发展水平和综合国力的提高,应该更多地考虑如何实现全面发展,提高整个国家和全体人民的整体福利。这种全面发展可能要以放弃一部分的经济增长为代价,如可能需要把一部分原来用于基础设施投资的钱用来发展文化事业,并不增加 GDP 或者说只创造了较少的 GDP,但却是社会发展中所必需的。那么我们就要衡量到底把钱用到什么地方更加合理。从全面建成小康社会的要求看,对于社会发展的投入应该有一个较大幅度的增加,用于鼓励经济增长的投入就会相应减少。在这种情况下,适度地将经济增长目标下调 2—3 个百分点,使高速增长过渡到中高速增长,既可以保证实现我国的经济增长目标(2010—2020 年经济总量再翻一番),又可以满足其他方面经济发展和社会、环境等方面不断增加的需求,这是符合全面建成小康社会的整体发展战略的。

第四节 工业化进程中的产业结构升级与经济增长新常态

一个国家的现代化通常是由工业化带动的。在工业化进程中,大量的现代科学技术以及体现这种技术进步的现代装备应用于生产领域尤其是制造业中,导致劳动生产率及整个生产效率得到全面和迅速的提升,带动了整个经济迅速现代化。而随着一个国家工业化进程的推进,产业结构也在不断升级。从工业化阶段和三次产业增长的关系看,如果一个国家的工业化进程是连续的,可以把它分成三个大的时期,即工业化的前期、中期和后期。不同时期各大产业的增长具有不同的特征。在工业化前期,工业开始出现加速增长,工业及整个第二产业的增长明显快于第一产业和第三产业;在工业化中期,第二产业仍然保持着领先的增长,但是第二产业的增长要求第三产业提供更多的支持,如建筑业(属于第二产业)必须在房地产业(属于第三产业)的支持下才能得到更好的发展,这时候第三产业的增长率也会加快,和第二产业在增长率上的差别将会明显缩小;而在工业化后期,由于专业化分工的进一步发展和最终消费对服务需求的提升,第三产业的发展将会超过第二产业,成为国民经济的主导部门。第二产业的增长率将会放缓,但仍然会保持较快的增长。不同产业部门增长率的变化将导致国民经济的产业结构发生变化,因此产业结构的高度及其变化实际上说明了工业化进程所处的阶段。[①]
从长期发展上看,我国的工业化进程也经历了一般市场经济国家工业化的历程。但我国的工业化又有其特殊性,它是伴随着由计划经济向市场经济转轨这样一个市场化改革所发生的。产业结构的形成和产品定价也经历了由行政指令向市场导向的变化,产业结构变化又有一些自身的特点。从产业结构长期的演进看,从新中国成立以前甚至更早以前一直到改革开放初期的工业化进程,属于我国工业化前期。在这一时期,我国逐渐建立了自己的工业体系,但发展水平仍然很低,与世界先进水平存在着很大的差距。从改革开放到21世纪的前10年,属于我国工业化中期。在这一时期,我国通过市场化改革加速工业化进程,并在此基础上实现了长达三十多年的高速经济增长,超越世界各国成为全球最大的制造业中心。但是从产业结构以及在这个基础上形成的就业结构和最终需求结构看,仍然处于由发展中国家向新兴工业化国家的阶段,产业结构与工业化国家之间还存在着较大的差距。在2010年前后,我国逐渐步入了工业化后期。进入这一新的经济发展阶段后,我国的工业和整个第二产业仍然在发展,但由于专业化分工的发展和最终需求的升级,第三产业开始成为增长最快的生产部门,代替第二产业成为国民经济中的主导部门。由于第二产业的增长率在这一阶段开始放缓,从而导致整个国民经济的潜在和长期的增长率有所回落。与此同时,我国产业结构的升级进一步加快,并带动就业结构的迅速升级,最终形成与发达国家相接近的产业结构(第三产业在国民经济中占60%以上,第二产业占30%左右,第三产业占5%左右),这就标志着我国完成了基本工业化。按照我国实现工业化目标的总体规划,预计到2020年前后实现全面小康目标的同时,基本实现工业化。[②] 在此之后,我国将会进入后工业化阶段,经济增长还会进一步放缓。因此,当前"新常态"下的经济增长在由高速经济增长向中高速增长转化,这是我国工业化发展到一定阶段、产业结构提升到一定高度的结果,有其历史的必然性。产业结构的加速升级是我国经济增长的新趋势,也是进入"新常态"的重要影响因素,应根据这一发展调整和改善我们的宏观调控和管理。

一、我国的工业化进程及产业结构升级

(一) 改革开放以前的工业化进程

从新中国成立初期甚至更早以前直到改革开放前,是我国的工业化前期。虽然很早以前,我国已经启动工业发展(如晚清的洋务运动和民国初期的实业救国),但直到新中国成立以前,我国始终处于内忧外患之中,工业化并没有得到真

---

① 刘伟,《工业化进程中的产业结构研究》。北京:中国人民大学出版社,1995年。
② 参见中国共产党第十七、十八次党代会决议。

正的推进。新中国成立后,我国开始了大规模的工业建设。20世纪50年代的第一个五年计划期间,我国在苏联的支持下建设了156项重点工程,为新中国的工业化提供了一个新的起点。然后我国用了二十多年的时间,逐步建立和发展起独立自主的工业和国民经济体系,初步改变了我国的落后面貌。至改革开放之前,我国已经建立了自己的能源基地、钢铁基地等一系列大型工业基础,能够自力更生地生产汽车、火车、轮船、飞机,造出了"两弹一星",这些进步是巨大的。我国目前的大型国有或国有控股工业企业,大多是由那时的企业发展而来的,至今仍然在资产、主营业务等方面占据半壁江山(2013年国有及国有控股企业在企业单位数中所占的比重为8.5%,在资产总额中占的比重为66.2%,主营业务收入中占的比重为43.9%,而在利润总额中所占的比重为42.1%)。这一时期的工业化为改革开放后的新一轮工业化和高速经济增长奠定了发展基础。

在这一时期,由于内部和外部的原因,我们的工业发展走的是"独立自主"的路线,没有加入全球分工与合作体系,基本上属于自我封闭的经济,当然也就不能与世界各国分享科技和经济发展的成果,工业化进程实际上是在低水平上推进的。虽然规模上得到了很大的扩张,但技术装备水平和工业产品的制造长期停留在苏联援建时甚至是新中国成立前的水平上。不能说没有技术进步,但是在一般技术水平上,与西方发达国家之间的差距在扩大。我国那时的工业化,在很多情况下是以牺牲农业和第三产业的发展为代价的。农业部门在交纳农业税支持工业发展的同时,还要通过"工农业产业剪刀差"来支持工业部门的积累;而在第三产业的发展上,无论是属于现代服务业的金融、通信、交通运输等服务,还是属于传统服务业的批发零售、居民服务业,和工业部门的发展相比都存在着严重的滞后。其原因一方面在计划安排上,对于服务业的投入严重不足;另一方面则是对居民和社会提供的服务,很多都是以福利分配的方式实现的,无法在统计上得到反映,同时也调动不了有关服务部门发展的积极性。这样,在供给领域,生产活动就不能得到足够的生产性服务的支持;在最终需求领域,则是服务消费增长缓慢。更重要的是计划经济的体制背景,从根本上限制了与市场机制相关的服务业成长的可能。由于工业发展在供给和需求两端缺乏服务业的支持和拉动,工业本身的发展也受到影响。

从统计数字上看,我国1978年第一、第二和第三产业占GDP的比重分别为28.2%、47.9%和23.9%,看起来第二产业所占的比重已经很高,工业化进程已经推进到相当高的阶段,但事实上,第二产业的这种较高比重受到两方面因素的影响:一是过度强调"工业为主导",工业发展和其他方面已经脱节,国民经济的比例关系实际上已经严重失调,20世纪90年代出现的大批国有企业倒闭,实际上就是这种失调的最终结果;二是在"工农业产品剪刀差"和大量服务活动非市场化的制度安排下,第一产业和第三产业的规模实际上是被低估的。产业结构高度存在着"虚高"。①

(二)改革开放后的工业化进程及产业结构变化

改革开放初期到 2010 年前后,是我国工业化的中期。之所以说它是中期,是因为从这一时期开始,我国对内实行经济体制改革,通过各种改革尤其是后来的市场化改革,极大地提高了我国工业和整个经济的增长效率,对外则高度重视对外开放,使我国重新融入全球经济体系,使我国和世界各国在装备水平、技术水平及经济管理水平之间的差距明显缩小,从而实现了工业化加速和高速经济增长。再具体细分,可以根据我国产业发展和结构变化的特点,把 20 世纪 80 年代前后称为调整期(属于工业化中前期),把 90 年代前后称为转折期(属于中中期),而把进入 21 世纪后的前 10 年称为快速发展期(属于中后期)。在实际经济活动中,工业化的进程是逐步推进的,很难找到严格的时点界限,但我们可以通过这种大致的划分,发现各个不同时期和不同发展阶段上我国产业结构变化的特点。

在经过长达三十多年的市场化改革和高速经济增长之后,改革开放初期那种产业结构扭曲和数据失真的现象已经得到显著的改善。首先是在经济体制上,社会主义市场经济逐渐建立和发展起来,95% 以上的商品和服务已经由市场定价,而过去很多以福利分配形式提供的居民和社会服务也进入了市场,而根据这些价格计算的经济总量和各个部门、行业的规模,已经能够比较客观地反映现实供需关系;其次是在经济增长中,虽然仍存在着各种各样的经济结构失衡,但在市场的约束下经济失衡的程度是在不断改善的,工业化中前期和中中期由于价格体制改革和经济过热所导致的严重通货膨胀以及经济动荡已经不再出现,经济运行相对平稳,因此得到的经济总量和部门、行业数据,基本上反映了所处的发展时期或阶段的经济发展水平和结构;最后是我国的国民经济核算尤其是 GDP 核算,在近些年来已经取得了很大的进展,2004 年以来,我国已经连续进行了三次大规模的全国经济普查,并根据普查得到的数据对快报 GDP 核算数据以及时间序列进行了修订,统计数据的准确性在不断提高。因此,根据新的统计数据所反映出来的结构关系来判断我国工业化所处的阶段也就更为客观。

改革开放之后,我国进入新一轮现代化和工业化进程。工业仍然是经济增长的重点,但我们已经不是简单地通过加大对工业的投入来实现经济增长,而是通过计划经济向市场经济的转轨,更多地利用市场手段来刺激经济,更多地利用市场手段来配置资源,实现和保持高速经济增长。在新的条件下,我国的工业或第二产业不再脱离其他产业单独发展,而形成了互为促进的关系。首先是在改革开

---

① 刘伟、张辉,"我国经济增长中的产业结构问题",《中国高校社会科学》,2013 年 1 月。

放后,对农村的经济体制进行了深刻的改革,调整了农产品的价格,全面地促进了农业发展。其次又在这个基础上,在第二产业和第三产业的发展间形成良性互动,这才真正推动了我国的工业化和现代化进程。在改革开放后三十多年的工业化进程中,从实物量上看,以工业为主的第二产业的增长略高于第三产业(1978—2013年,工业增加值年均增长率为11.24%,第二产业为11.20%,第三产业为10.73%);但从价值量上看则相反,第三产业增加值占GDP比重由1978年的23.9%提高到2013年的46.9%,提高了23%,而第二产业增加值占GDP比重则由47.9%下降为43.7%。这是因为在迅速的工业化过程中,尤其是在工业化的中前期,由于工业部门尤其是制造业部门具有较高的劳动生产率和平均利润,吸引着大量资源(尤其是资本和现代科技)流入这一部门,新产品、新技术和新应用在不断出现,形成一部分企业的超额利润,并吸引着更多的企业加入相关的生产领域,带动了相应产品和企业的迅速发展;另一方面,随着其他企业的迅速参加,个别产品和企业短期的超额利润被迅速稀释,产品价格会相对甚至是绝对下降,导致平均利润的下降。在产出迅速增加而竞争又较为充分时,无论是成本推动还是需求拉动的通胀压力,都要明显小于第三产业以及第一产业。从按现行价格计算的增长率看,第二产业这种价格上的低增长甚至是负增长抵消了按固定价格计算的较高增长,使得其所占的比重和第三产业相比,反而是下降的。至于第一产业,虽然产品的价格上涨幅度更大,但由于其增长率大大低于第二产业和第三产业,从20世纪80年代中期开始,它的比重就是不断下降的,这是工业化进程所带来的必然结果。

表3.8列出的是三大产业增长率和占比的变化。从长期增长看,这一时期的年平均经济增长率是10.06%,是我国经济增长的高速增长期。而在不同的阶段中,增长率有所不同,20世纪80年代是9.28%,90年代是10.43%,21世纪的前10年是10.48%。每一个10年都比上一个10年快,可以说是加速的经济增长。

表3.8 1980—2010年中国三大产业增长率和占比的变化

	国内生产总值	第一产业	第二产业	第三产业
1980年占比(%)	100	30.2	48.2	21.6
年均增长率(%,1980—1990)	9.28	6.19	9.49	12.22
1990年占比(%)	100	27.1	41.3	31.5
年均增长率(%,1990—2000)	10.43	3.81	13.53	10.20
2000年占比(%)	100	15.1	45.9	39.0
年均增长率(%,2000—2010)	10.48	4.22	11.45	11.21
2010年占比(%)	100	10.1	46.7	43.2
年均增长率(%,1980—2010)	10.06	4.74	11.48	11.21

资料来源:根据《中国统计年鉴(2014)》中有关数据整理。

在不同的阶段,各个产业的增长及其结构变化各有特点。

第一个阶段属于对改革开放前"虚高度"的修正,所以这一时期第二产业的增长率在这三个 10 年中是最低的,与之相对应的是,第一产业和第三产业的增长率则是这三个 10 年中最高的。这一时期的实践已经表明,工业化进程的推动不一定只能靠工业和第二产业本身的发展,协调的产业部门关系有时反而能更好地推动第二产业和整个经济的增长。在这一时期,农业增加值的占比下降了 3%,第二产业占比下降了 7%,而第三产业占比上升了 10%!这是改革开放后我国第三产业结构变化最大的 10 年。当然,这一变化中除了经济增长的因素外,还有价格调整的因素在起作用,这一时期我国进行了价格体制改革的探索,通胀的幅度很大(尤其是在 1984—1988 年期间,有的年份通胀甚至达到 2 位数的水平),形成这种通胀固然有经济过热的原因,但同时也有价格改革方面的原因,即在价格总水平的上涨中,调节各种商品和服务间的比价关系。通过这一时期的改革,我国价格扭曲的现象有了一定的改善。应该说,通过各个产业增长率的变化和调整,我国产业结构的"虚高度"矛盾有了明显的改善,国民经济内三大产业的比例关系更为合理。在工业部门内部,耐用消费品部门得到了很大的发展,而军工等过去投入过多的部门得到了调整,内部结构也更加合理。

第二个阶段,工业以及第二产业部门在新的基础上重新获得了快速发展。1990—2000 年,第二产业的年均增长率提高到 13.53%,比上一个 10 年提高 4% 左右,而第一产业和第三产业的年均增长率都回落了 2 个百分点以上。第一产业的增长开始进入平稳期,而第二产业的增长率则重新超过第三产业。这一期间,第一产业的比重大幅下降,降低了 12 个百分点,而第二产业的比重重新上升,提高了 4.6 个百分点,第三产业继续提升,上升了 7.5 个百分点。同样,由于价格因素,虽然第二产业部门的增长率高于第三产业,但其比重上升的程度反而低于第三产业。在这一阶段,我国高速经济增长的动力主要来自区域间的非均衡增长,沿海开放城市(上一个 10 年对外开放并取得超常规发展的只有几个经济特区)取得了超常规的发展,首先实现了"先富起来",在对当地经济增长做出贡献的同时,也有力地带动了我国经济增长。而从动态上看,这一时期的经济增长率属于前高后低,1992—1994 年,经济增长率为 14% 左右,而 1998—2000 年则在 8% 左右,波动性很大。也是这一时期,我国开始了以建立社会主义市场经济体系为目标的深刻的经济体制改革。以国有企业改革和民营企业发展为特征的现代企业制度的建立以及整个社会主义市场经济的建立和发展,虽然使我们经历了阵痛,但计划经济下供给和需求扭曲的现象已经得到了根本性的改变。企业的生产和经营活动由整个计划经济体制的一个活动环节,变成了面向市场的经济行为。因此,把这一时期定位为发展期是合适的,它是社会主义市场经济体制尤其是这一体系中的现代企业制度全面建立和发展的时期,同时又是我国在市场经济基础上实现加速工业化的起步时期。如果说在上一个 10 年中,我国产业结构的调整还是通过更加合理地安排国民经济计划来实现的,那么在这一个时期尤其是后期,市场已经开始成为配置资源的力量。

第三个阶段,我国经历了实现现代化前的再一次的加速工业化过程。这一期间,我国进入工业化进程的中后期。[①] 2003 年,在经历了市场化改革、周期性调整以及宏观经济政策刺激后,第二产业的增长率重新突破 10%,我国进入新一轮加速的工业化进程,发展势头之猛,持续时间之长,都是改革开放以来少见的。第二产业的增长率不断在递增,2007 年达到 15%。在金融危机冲击下,2008 和 2009 年虽然有所回落,但仍然分别达到 9.9%,2010 年又重新上升为 12.3%。这 10 年的年均增长率为 11.45%,虽然比上一个 10 年有所回落,但仍然高于第三产业(11.21%)。高速的经济增长必然伴随着通胀的压力,但是从总体上看,这一阶段的通胀仍然在可控的范围内,没有对宏观经济和人民生活造成严重的冲击。工业和整个第二产业在这一时期的空前发展,使我国成为全球新的和最大的制造业中心,工业和第二产业的生产规模超越世界上的全部国家成为世界第一。在这个 10 年中,第二产业和第三产业的相互关系出现了一些变化,两大产业之间的依赖关系在增强,增长率非常接近,这和前两个 10 年有明显的不同。从三大产业的比重关系上看,第一产业增加值占 GDP 比重在下降,而第二产业和第三产业在上升。从具体数值上看,在年均增长率相近的情况下,第二产业的比重仅上升了 0.8%,第三产业则上升了 4.2%,说明第二产业产品的相对价格水平在下降,而第三产业在上升,但第二产业仍然是占比最大的产业部门。

从供需关系上看,这种增长率和占比的反向变化反映了第三产业的相对需求大于第二产业,而第二产业的相对供给大于第三产业。这也就解释了为什么在经过高速增长后进入调整阶段时,第二产业的产能过剩会明显地高于第三产业。在高速增长中,由价格信号反映的供求关系事实上已经要求第二产业放慢增长,以实现整个国民经济的均衡发展。但实际情况却是工业领域的投资还在不断加大。2008 年全球金融危机前后,我国的工业发展本来应该进入调整,2007 年和 2008 年在通胀的压力下,政府已经开始进行宏观紧缩,如 2008 年年初提出的"双防"(一防经济过热,二防通胀)。但是全球金融危机爆发后,为避免经济增长受到严重的冲击,我们对经济采取了强刺激政策,强刺激的主要内容是扩大投资,而投资主要是依赖第二产业(工业和建筑业)提供产品,由此导致第二产业的重新提速。

---

① 刘伟、张辉,"中国产业结构高度与工业化进程和地区差异的考察",《经济学动态》,2008 年第 11 期。

2009—2011年,我国第二产业的增长率分别为9.9%、12.3%和10.3%,而第三产业的增长率则分别为9.6%、9.8%和9.4%,第二产业的增长率分别高于第三产业0.3、2.5和0.9个百分点,这样,在遏制经济增长率下降的同时,我们的产业结构实际上是恶化的。这是我们在特殊条件下做的一种两难选择,其实是把短期矛盾转化成长期矛盾。我国的煤炭、电力、钢铁、水泥等重要生产资料的产能在当时其实已经过剩,但我们还在加大这一方面的投资,形成了更多的生产能力。2011年前后,我国在宏观调控上实行了"择机退出",让市场在资源配置上发挥主导甚至是决定性的作用。这时产能过剩的矛盾开始突出地显现出来,第二产业的增长率出现回落,2012—2014年,第二产业的增长率重新回落到第三产业以下,分别为7.9%、7.8%和7.3%,低于第三产业的增长率0.2、0.5和0.8个百分点,各年的差距是不断扩大的。这种回落既是对前一时期(工业化进程中后期)对工业领域过度投资和增长的纠正,也反映了在新的时期(工业化进程后期),对工业及整个第二产业的需求的潜力在回落,导致工业的增长率出现下降。从总体来看,第三个阶段的整个国民经济以及三大产业的增长率与三十年的长期年均增长率最为接近,而且各个产业和经济增长的波动性较小。虽然在后期出现了产能过剩和经济失衡,许多工业企业在经营中遇到了困难,但相比较而言,这是我国经济增长和发展的最好时期。随着经济发展水平的不断提高,我国开始进入工业化后期。

二、亚洲金融危机和全球金融危机后的经济调整的差别

在2010年前后,一些关键性经济指标的变化,反映出经过改革开放后的长期经济增长和经济发展,中国经济上了一个新的台阶。在占世界贸易的总量上看,中国先后超过德国(2009年)和美国(2013年),在货物出口总额和货物进出口总额方面成为世界第一,占世界贸易的比重达到10%以上;在经济总量上看,中国的GDP超过日本(2010年),成为仅次于美国的世界第二大经济体,2013年中国GDP占全球的比重已经达到12.2%;在经济发展水平上看,2010年的人均GNI跨越了世界银行下中等收入和上中等收入国家的分界线,成为上中等收入国家。虽然近三年来(2012—2014年)中国的GDP增长率有所回落,由高速增长转为中高速经济增长,但由于中国现在的基数已经很大,每增加一个百分点增加的具体数额很高,在世界经济中的地位还在不断提高。2010年中国的GDP刚刚超过日本,但是到了2013年,由于两国经济增长上的差距,再加上汇率变化,日本的GDP仅为中国的52.3%,或者说,中国的GDP已经是日本的1.88倍。从这些国际比较的结果看,经过改革开放和高速经济增长,中国无论是在工业化还是现代化的道路上,取得的成就都是巨大的。中国所处的发展阶段和过去已经完全不同,产业发展上所走的道路也会和过去有很大的不同。

2013年，我国第三产业增加值占GDP比重（46.9%）首次超过了第二产业（43.7%），成为国民经济中最大的产业部门。在增长率上，第三产业也开始超过第二产业，成为带动经济增长和实现充分就业的主要力量。这种标志性的变化实际上表明我国已经进入了工业化的后期。① 根据国家统计局最新公布的统计数据，2014年我国的GDP增长率为7.4%，第一、第二和第三产业增加值的增长率分别为4.1%、7.3%和8.1%，第三产业仍然是对经济增长贡献最大的产业部门。三大产业增加值占GDP比重分别为9.2%、42.6%和48.2%，产业结构又得到进一步提升。我们必须看到，由于我国已经进入新的发展阶段，所实现经济增长的路径也会和过去不同。1997年亚洲金融危机之后，通过市场化改革和实施积极的宏观经济政策，在经济结构得到调整和优化后，推动我国经济进入新一轮以加速工业发展为特征的经济增长。但是现在这种情况已经不可能再出现。和亚洲金融危机前后相比，虽然在前期经济增长和投资过热等影响因素方面存在着共同点，但体制背景、发展阶段和外部环境都发生了很大的变化。

　　第一，体制背景已经发生了很大的变化。亚洲金融危机前后正是我国建立和发展以股份制为核心的现代企业制度的关键时期，工业领域正是改革的重点。在改革过程中，第三产业中的很多国有大型企业都保留了下来，如金融、航空、铁路、公路、通信等，有些还通过股份制改革、上市得到了更大的发展，但大批国有工业企业则因经营管理落后和产品脱离市场而无法继续生存和发展，被关停并转。这并不是因为这些行业不需要发展了，而是那些企业已经无法适应新形势的要求，我们必须培育新的企业群体（如经过改造的国有企业、民营经济、三资企业等）在未来的工业化过程中担任主要角色。这种改革、调整和重新发展需要有一个过程，从而导致以工业为主的第二产业首先经历一个增长回落的过程，然后再重新加速。但现在的情况是，经过世纪之交的市场化改革，新的企业制度已经在我国逐步建立和发展起来，虽然仍然存在着各级政府对经济增长甚至是企业活动的干预，也存在着国有大型企业在一些领域的垄断，但是从总体上看，政府和企业间的直接行政关系已经发生深刻改变，以公有制为主体、多种经济成分（民营经济、外资、股份经济以及个体经济）共存的市场体系和市场竞争已经建立起来。国有经济无论是在企业数量上还是在产出和资产的规模上，占国民经济的比重都比以前有明显的降低，整个市场竞争是相对充分的。根据第三次经济普查的数据结果，在第二产业和第三产业中，国有企业占全部企业法人单位数的比重仅为1.37%。在工业部门中，如果以国有及国有控股企业和私营工业企业的合计数为总体，虽

---

① 黄群慧等人也持这一观点，参见"中国经济已经进入工业化后期，正面临着产能过剩、转型升级、第三次工业革命三大挑战"，中新社北京2014年12月28日。

然国有和国有控股企业在政策上仍然能得到更多的政策支持(如银行贷款方面的支持等),但从总体上看,企业的生存和发展主要依赖于自身的努力。在这种情况下,虽然由于过度的行政干预以及企业生产活动中的盲目性,有可能导致一部分行业和企业偏离市场需求而过度发展,从而出现产业结构的失衡,但这种失衡是在市场制度下发生的,风险和亏损要由企业自身来承担。它的扩大会受到企业风险意识的制约,对民营企业尤其如此。这也是现阶段产业结构失衡尤其是工业部门的产能过剩确实导致一部分企业和行业经营困难,但没有也不可能像20世纪90年代末那样出现大面积企业倒闭和破产的基本原因。在深化体制改革和新的宏观调控中,由于政府"择机退出"和鼓励市场作为资源配置的决定性力量,可能会对一些企业尤其是前一阶段扩张幅度太大而风险控制又不够的企业,在融资、规范经营等方面形成一定的压力,也可能会有一些企业无法继续生存而倒闭,但这种动荡将远小于20世纪90年代末。整个国民经济对于这种动态的承受力也在提升,宏观层面的失业率并无大的攀升,微观层面企业亏损占主营业务收入的比重反而比前期高速增长时有所下降。① 在经济调整之后,工业部门的增长率有可能出现一些回升,但最终的发展还是要取决于市场的需求。

第二,从国内最终需求上看,对工业产品的需求从增长率看已经开始出现递减。改革开放后,我国的工业化首先是由消费升级拉动的,从传统的"老三件"(手表、缝纫机和自行车)到"新三件"(电视机、冰箱和洗衣机),之后又经历了电脑、空调、移动电话等的发展和普及。到了亚洲金融危机前后,这些耐用消费品的生产已经达到了相当规模,在激烈的市场竞争中已经开始出现一定程度的产能过剩。当时我国面临的情况是:一方面旧的经济增长点已经减弱;另一方面新的经济增长点还没有培育起来,这就形成了一个暂时的调整时期。虽然短期看来存在着严重的相对产能过剩,但从工业化进程上看,与先进国家耐用消费品的发展水平和规模相比,我国最多只能说进行了一半,即处于工业化进程的中期。从消费水平上看,由于收入和体制方面的原因,私人轿车和居民住宅方面的有支付能力的需求还没有培育起来。从规模上看,只有一部分人先富了起来,耐用消费品的普及其实还有很大的潜力。这说明我国的工业发展仍然具有巨大的空间,仍然具备高速增长(10%以上)的条件。但是现在的情况已经有很大不同,从20世纪末开始,随着居民家庭收入的提高和住宅商品化的改革,我国迎来了改革开放后的第三轮大的消费升级,即私人轿车的普及和居住消费的激增。② 以这一次升级为重要经济增长点的新一轮加速工业化过程,如果从1998年亚洲金融危机后我

---

① 刘伟,"我国经济增长及失衡的新变化和新特征",《经济学动态》,2014年第3期。
② 在国民经济核算中,居民家庭购买住宅属于投资行为,但居民使用住宅的活动则属于消费活动。

国的经济调整和市场化改革算起的话,到现在已经经历了15年左右。从增长上看,这两个领域的发展已经从爆发式的增长转为比较平缓的正常增长。虽然对这两个领域的价格总水平的变化和增长前景现在仍然存在着很多争论(尤其是对房地产领域发展前景的争论),但无论是实际增长还是由于供给短缺所造成的价格上涨,都在明显趋缓甚至下降(如私人轿车的价格)。如果说过去我国和发达国家、新兴工业化国家之间的差别,明显体现在消费层次上的差别(如在改革开放前欧美国家的私人汽车已经普及,但我国仍然停留在"老三件"上),那么到了现在,这种消费层次上的差别已经很小。耐用消费品的增长主要依靠每一类消费品的消费群体的扩大而不是依靠消费升级,耐用消费品厂商之间的竞争日益激烈,这必然导致工业以及整个第三产业的增速放缓,并由此导致为这些产品提供支持的基础工业部门(如能源、钢铁、材料、建材等)生产和投资活动的放缓。

第三,出口已经从高速增长转为常规增长。亚洲金融危机前后,我国的出口受到很大的冲击,为了维护周边国家和地区的利益,我国还承诺人民币不贬值,外向型经济受到了进一步的影响。但是当时我国发展外向型产业的长期比较优势仍然是存在的,我国在国际市场上所占的份额仍然很低,这些国家的经济波动对我国产品能否进入它们的市场影响有限,关键是能不能在国际市场上,尤其是欧美市场提供更有竞争力的产品来替代同类产品。在这一方面我国是有比较优势的,当这些国家的经济下滑时,居民家庭收入减少,可能会选择更多的物美价廉的我国商品,而经济上升时,则可能因为收入改善而加大对我国商品的消费。加入WTO以后,我国出口商品在国际上所受到的政策性歧视大为减少,再加上我国商品的竞争优势,我国外向型经济的发展经历了一个前所未有的黄金时期。2003年以后,连续多年出口增长率在30%以上,使我国迅速成为新的全球制造业中心,不仅对世界经济格局产生了重要的影响,也极大地拉动了国内第二产业和整个经济的增长。按照WTO公布的数据,2009年,我国的出口货物总额超过了德国位居世界第一;2013年,进出口货物总额(4.16万亿美元)超过美国(3.91万亿美元)位居世界第一,占世界货物贸易总额的比重由2003年的5.5%上升到2013年的11%,翻了一番。

我们在为过去的发展而自豪的同时,对未来的前景就不能这么乐观。在历史上,由于贸易保护主义和列强对于市场的划分,很少有国家能达到这么高的市场占有率,国际市场对我国商品的接受程度,可以说已经接近饱和。在外向型经济发展到这种规模时,对外而言,出口的继续增长将受到国际市场容量的限制,世界各国经济环境和政策的变化也都会影响出口的增长;对内而言,在迅速扩张的过程中,我国发展外向型经济的一些比较优势正在逐步减弱(如劳动力成本、土地的使用费用、能源和资源的价格等),而新的优势(出口产品国内产业链的延长、技术创新、装备出口、对外直接投资等)还在培育,这必然导致我国未来一段时间出口商品的年均增长率放缓。出口对于我国制造业和整个第二产业的发展还将不断做出贡献,但幅度已经不会那么大,而且从贡献的途径看,主要是通过在出口产品中提高增加值所占的比重,而不是简单的数量扩张。

第四,从工业化进程上看,随着我国进入工业化后期,经济发展的阶段性也决定了我国第二产业的增长将相对放缓而第三产业的增长将相对加快。这种变化是伴随着一个国家工业化进程的不断推进而发生的。从规模上看,2010年我国按汇率计算①的第二产业增加值就已经超过美国居世界第一(见表3.9)②,而制造业的规模则高于美国10%以上,但GDP总额只相当于美国的40.3%。2013年,美国的GDP比2010年增加了2.2万亿美元,达到16.8万亿美元,而我国则达到9.2万亿美元,相当于美国的55.1%,提高了约15个百分点。我国第二产业增加值现在已经在4万亿美元以上,超出美国的幅度已经在30%以上,高于除美国和日本(GDP为4.9万亿美元)以外的世界上所有国家的GDP(德国为3.7万亿美元,法国为2.8万亿美元,英国为2.7万亿美元,巴西为2.2万亿美元)。从总的经济规模上看,我国与美国之间的差距,不在于工业发展落后(农业的规模也超过了美国),而在于第三产业还没有发展起来。2010年我国的第三产业增加值占GDP比重仅为美国的21%,这是我国三次产业的合计数(即GDP)低于美国的主要影响因素。从动态比较上看,从改革开放到现在,我国第二产业增加值的比重从来没有低于过40%,但是在以工业立国的日本,1955年其第二产业增加值的比重仅为33.7%,在经过以工业化为特征的高速经济增长后,到1970年,第二产业增加值的比重才达到43.1%,然后就开始下调,2010年这一比重已经下降到25.2%。③ 第二产业在国民经济中的比重在高速经济增长后逐渐下降,是日本完成工业化的重要标志。我国现在的制造业和整个第二产业的发展,和日本40年前的类似之处在于经过多年的高速增长成为全球新的制造业中心后,外部需求开始趋缓;不同之处在于我国潜在的巨大内需还可能在一个较长的时期内使经济以较快的速度增长。这就决定了我国现阶段第二产业增长率的回落反映的不仅仅是周期性的波动,同时也反映着一种发展趋势,即随着我国工业化进程进入后期,第二产业的高速增长将转为中高速增长,但不会出现停滞。

---

① 世界银行进行国际比较时所使用的三年平均汇率。
② 各国 GDP 数据为世界银行数据,http://data.worldbank.org/indicator/NY.GDP.MKTP.CD。
③ http://www.stat.go.jp/english/data/handbook/c0117.htm#c03。

表 3.9 中国与美国 2010 年三大产业增加值规模与结构的比较

	增加值（万亿美元）		中国占美国的比例(%)	构成（%）	
	中国	美国		中国	美国
国内生产总值	5.9	14.6	40.3	100	100
第一产业	0.6	0.2	370.0	10.1	1.1
第二产业	2.7	2.7	101.1	46.7	18.6
工业	2.4	2.2	106.9	40.0	15.1
采矿业	0.3	0.2	131.4	5.2	1.6
制造业	1.9	1.7	111.8	32.5	11.7
电力、燃气及水的生产和供应业	0.1	0.3	52.8	2.4	1.8
建筑业	0.4	0.5	76.5	6.6	3.5
第三产业	2.5	11.7	21.7	43.2	80.3
交通运输、仓储和邮政业	0.3	0.4	68.6	4.8	2.8
信息传输、计算机服务和软件业	0.1	0.6	20.7	2.2	4.3
批发、零售业、住宿和餐饮业	0.6	2.1	30.5	10.9	14.4
金融和房地产	0.6	3.0	21.2	10.9	20.7
以上部门小计	1.7	6.2	27.5	28.8	42.2

资料来源：中国的结构数据来自《中国统计年鉴 2014》中国内生产总值行业数据，美国结构数据来自美国商务部经济分析局 NIPA 数据官方网站。为便于比较，对两国第三产业中的一些行业进行了归并。两个国家的 GDP 数据为世界银行公布的国际比较官方数据。

第五，可持续发展对我国经济发展提出了新的要求。在 2003 年开始的我国新一轮加速工业化进程中，对能源和自然资源高度依赖的重化工业得到了迅速发展。在这一期间，能源供给和环境保护成为我们经济发展中面临的一个重大难题。如果说，在以往的各个发展时期，我国的经济增长是如何更好地把国内外的各种资源利用起来，通过扩大在生产领域中的投入促进经济增长，那么到了现在，保护和改善环境则成为我们在经济发展中更加要重视的问题。近几年来，随着一些大城市环境污染（尤其表现在雾霾上）的加重，为各级政府敲响了警钟。其实，即使在雾霾还没有出现的时候，我国工业化进程所带来的环境问题就已经非常严重了，只是人们还没有普遍认识到它的严重性。在新的条件下，如何控制高耗能高污染产业的发展，但又不影响我国的经济增长和人民生活的改善，已经成为新时期经济增长中要解决的新矛盾。对于某些地方而言，现在的发展问题已经不是工业增加值如何增长，GDP 增长了多少个百分点，而是如何解决环境恶化对人民群众和社会发展带来的伤害。在这种情况下，工业发展尤其是重化工业的发展就不能再走原来的老路，而要着重解决环境保护与经济增长的矛盾，在环境不再恶化并不断改善的情况下实现经济增长。

这些体制背景和发展阶段以及由此带来的发展难题上的差别,实际上标志着我国的工业化进程进入了一个新的发展阶段,即工业化后期。在我们由工业化中后期向后期过渡时,我们会遇到一些震荡,但由于社会主义市场经济体制已经建立并且经历了较长时间的发展,这种震荡对我国现阶段经济增长的冲击将明显小于20世纪末。同时,新的发展阶段也决定了在我国的经济增长条件尤其是经济结构失衡得到改善后,经济发展所走的道路将明显地不同于以往。虽然经济增长率有可能出现一定的回升,但由于工业增长的放缓体现的是长期趋势而不是短期回落,经济增长率不会重新再回到从前。从整个国民经济的发展方式上看,要通过深化体制改革即加强制度创新来推动技术创新,从而使我国的经济增长由更多地依赖于增加投入改变为更多地通过经营管理进步和科学技术进步来实现。而从主导产业的带动上看,将必然由第二产业带动转化为第三产业带动。这正是由我国经济增长的阶段性所决定的。所以,我国现阶段的经济增长,将会开始一个新的过程,而不是重复过去走过的道路。

三、第三产业与现阶段我国经济增长

按照我国三次产业的分类,第一产业主要是农业生产部门,为社会提供农业和相关产品,而第二产业包括工业和建筑业,为社会提供工业品和建筑产品。这些产品都是以直接的物质形态所表现出来的。而第三产业的生产活动,则主要反映为提供生产和生活服务。在国民经济三大产业部门中,第三产业最为复杂。如按照国家统计局2003年的《三次产业划分规定》,第一产业下的二级行业只有农林牧渔业,第二产业下的二级行业只有工业和建筑业(工业中再分为采矿业、制造业以及电力、燃气及水的生产和供应业),但第三产业下的二级行业(或部门)则达到14个,包含交通运输、仓储和邮政业,信息传输、计算机服务和软件业,批发和零售业,住宿和餐饮业,金融业,房地产,租赁和商务服务业,科学研究、技术服务和地质勘查业,水利、环境和公共设施管理业,居民服务和其他服务业,教育,卫生、社会保障和社会福利业,文化、体育和娱乐业以及公共管理和社会组织。可以看出,第三产业所提供的服务非常广泛,既包含对生产部门的服务(对农产品的运输和销售),也包含对居民部门的服务(将最终产品提供给居民家庭)。随着经济的发展和专业化分工,实物产品生产部门的一部分功能会不断地从原来的企业或部门中分离出来,生产的产业链将被不断延伸,生产效率得到提高。而第三产业在国民经济中的地位也越来越重要。如居民住宅的建设,本来主要属于建筑业(建设和装修)和工业(建筑材料)即第二产业的生产活动成果,但随着房地产业的发展,开发商、金融机构、设计部门和销售部门在这一生产活动中的作用越来越大,在增加值中所占的份额也越来越大。现在许多居民住宅项目的建设,所创造的第三产业增加值都超过了第二产业。还有一类服务是服务部门为满足各种最

终需求所提供的服务,包括为社会提供的公共服务和为居民提供的消费服务。当居民收入水平提高时,外出就餐、旅游、文化娱乐等消费必然得到提升;随着科技进步,居民家庭电视、通信、互联网服务等方面的支出逐渐形成并且在不断发展;储蓄的增加使理财方面的需求不断增加;教育医疗方面的支出也在增加,等等。随着经济增长和居民收入的增加,居民的服务消费在家庭消费中所占的比重会越来越大。发达国家的恩格尔系数之所以低(很多国家在10%以下),不是因为购买汽车、电视机等耐用消费品的比重大,而在于房租(购买住房也要估算房租支出)、物业管理、社会服务和家庭服务方面的支出高。还有一部分服务属于公共消费,如国家在医疗、教育、国防、行政等社会服务方面的支出,随着一个国家的经济发展,这方面的支出也会不断地扩大。

(一)从 GDP 核算的发展看第三产业在我国经济增长中的重要性

在改革开放后的国民经济核算或 GDP 核算的实践中,如何完善第三产业的统计,以得到更加准确和系统的统计数据,一直是统计改革的重点。我国的农业、工业和建筑业统计进行得比较早,在改革开放以前就有了一定的基础,随着经济体制改革又得到了进一步完善,问题相对较少。而第三产业统计,则是在改革开放后随着我国的经济总量统计由物质产品平衡表体系(MPS)向新国民经济核算体系(SNA)的转化而建立和发展起来的,缺乏原来的统计基础,再加上第三产业本身发展的复杂性,使得政府统计部门不得不花费很多的时间、在国家支持下进行大量的投入来改善这一方面的工作。服务业核算的复杂性主要体现在三个主要方面:一是新的服务业态在不断地产生,如改革开放后资本市场的发展、近年来互联网服务(如网上购物)的发展等,都属于新生事物,如何把这些新的活动所创造的价值客观地反映出来,是我们不断要解决的问题。二是第三产业属于最为活跃的生产部门。根据第三次全国经济普查的结果,在第二产业和第三产业的所有产业单位中,第三产业的比重在77.9%以上,而在这两个产业的有证照个体经营户中,第三产业的比重达到了94.3%。大量的小企业和个体经营者,是我国经济活动中最为活跃的力量,每日甚至每时都在发生着变化,及时地追踪和反映它们的经济活动成果,始终是统计部门所面临的难题。三是在我国由计划体制向市场体制转轨的过程中,我们面对的统计对象具有复杂性。随着市场经济的发展,许多原先由国家、企业或事业单位包下来的各种支出,现在也市场化了。如在计划经济条件下,国有单位的干部职工居住在单位的住房里只要缴纳很少的房租,在工资收入中只占很小的比例,而在住房商品化改革后,不但住房不再由单位分配,需要自己购买,而且在居住中得到的各种服务也需要付费(如物业费、取暖费、停车费、通信费、有线电视费等),这些支出目前在城市居民家庭(尤其是年轻居民家庭)支出中所占的比重相当高。这些支出一方面反映了经济发展和社会进步后,居民家庭的整体生活水平在提高(如停车与通信支出的增加),另一方面也体现了在市场化改革后,一些本来由单位或社会无偿提供的服务逐渐转化为有偿服务(居住、部分的教育和医疗服务等)。如何客观地反映这些服务的价值,也是相当复杂的。还有一些服务,如对于居民家庭居住自有住房,在 GDP 核算中应该按照国际标准来统计一项估算的自有住房的租金服务,这些服务没有明码标价,但必须反映在我国的第三产业增加值中,如何估算这些服务的价值,也面临着相当多的困难。从总体上看,我国的第三产业规模长期存在着低估的现象:在早期,主要是一些按照国际标准应该计入第三产业的部分由于体制或其他方面的原因,没有在第三产业中反映出来;到了现在,主要是因为新兴业态与中小民营企业的迅速发展,我们的统计工作存在着滞后的现象。克服这些矛盾的一个最重要途径,就是通过全面的经济普查得到大量的基础数据,检验经常性统计的准确性。在进入 21 世纪后我国定期开展的三次全国经济普查,为改善国民经济核算尤其是第三产业统计数据的质量,做出了积极的贡献。

第一次经济普查(2004 年)后,我国调整后的 2004 年 GDP 总量达到 15.99 万亿元,比年快报核算数多了 2.3 万亿元,增加了 16.8%。而在多出来的 2.3 万亿元中,第三产业的数值为 2.13 万亿元,占 93%。第三产业占 GDP 比重由原来的 31.9%上升到 40.7%。第二次全国经济普查(2008 年)后,调整后的 2008 年 GDP 总量达到 31.4 万亿元,比年快报核算数多了 1.3 万亿元,增加了 4.4%。而在多出来的 1.3 亿元中,第三产业的数值为 1.1 万亿,占 81%。第三产业占 GDP 比重由原来的 40.1 上升为 41.8%。而在最新开展的第三次全国经济普查后,2013 年调整后的 GDP 总量数据增加了 3.4%。在多出来的 GDP 中,第三产业所占的比重为 71.4%。第三产业占 GDP 比重由原来的 46.1%上升到 46.9%。从历次调整的结果看,第三产业的调整幅度都是最大的,第三产业增加值调整额占整个 GDP 调整额的比重也是最大的,但是调整的相对幅度在不断降低。在三次全国经济普查中,第三产业的比重分别提高了 8.8、1.7 和 0.8 个百分点,调整的幅度在迅速递减,这说明随着大规模的全国经济普查的不断发展,我国的 GDP 核算尤其是第三产业核算得到的统计数据的准确性在不断提高。"十二五"规划提出要将服务业即第三产业的比重再提高 4 个百分点①,即年均提高 0.8 个百分点,而从最新的数据结果看,"十二五"期间(2010—2015 年)服务业增加值占比的提高幅度平均在 1 个百分点以上,超出了预期目标。

(二) 从经济发展的阶段性看"新常态"下第三产业对于经济增长的意义

从不同产业发展的变化看,进入工业化后期以后,第三产业成为经济增长的主导力量。在前面的分析中,我们主要分析了第二产业的增长为什么在这一时期

---

① "国民经济和社会发展第十二个五年规划纲要",新华社北京 2011 年 3 月 16 日。

可能出现减速,除了产业本身的供需发生了变化,还有专业化分工和经济发展阶段所提出的客观要求。而现阶段第三产业在我国经济增长中的地位的提升,至少有以下几方面的重要原因。

第一,长期形成的第二产业的生产活动成果中,相当大的一部分开始大规模地转化为第三产业的生产条件,从而促进了第三产业的大发展。从20世纪90年代开始,我国开始加强基础设施建设的力度。如果说过去我国改善国民经济的综合生产能力,主要是通过加大制造业、采掘业等方面的投资,那么到了这一时期,基础设施建设则成为我国投资的重点。1998年亚洲金融危机后,我国实施积极的财政政策刺激投资增长,中央政府进行的投资几乎都在基础设施建设方面。基础设施投资中最重要的就是交通、运输、通信等方面的投资,如铁路、高速公路、机场、互联网建设等,这些方面的投资数额巨大,对经济增长的拉动也大。在投资和建设过程中,所进行的生产活动主要体现为工业和建筑业的生产成果,如使用了大量的钢材、水泥和机械设备,同时又需要建筑企业的生产活动。这些投资和建设一旦完成,形成各种基础设施后,那么工业和建筑业的活动就基本上结束了,而这些基础设施的应用则属于第三产业创造价值的过程。虽然说我国的基础设施建设还要大力发展,但建设的高潮可以说已经过去(在每年新增的国民收入中,用于基础设施投资的比重会逐渐降低),我国当前发展中的主要问题已经不再是基础设施严重不足,而是已经建成的基础设施如何更好地发挥作用,如怎样通过提高货物和旅客的运输,改善运输部门和基础设施管理部门的经济效益,同时通过这种服务形成更加有效的产业布局以及改善广大居民的生活水平(如促进旅游业的发展等)。这种在工业化进程的不同发展阶段上生产活动重点的变化(前期的建设要着重改善生产条件,后期的发展则要让投资成果更加有效地发挥作用),决定了我们产业发展的重点也会发生变化。

第二,从外向型经济的发展看,我国已经开始由商品输出大国向资本输出大国转变,这将改善服务收入在外向型经济中所占的比重。虽然在货物出口和贸易总额方面,我国已经是世界第一,但是如果比较中美两国的国际收支平衡表,在货物和服务的进出口方面,现在我们仍然低于美国。其中的原因在于我国的服务出口规模较小,在全部出口中所占的比重中较低。但这种情况正在迅速改变。最近几年,特别是全球金融危机以后,我国的对外直接投资迅速增加,目前已经成为世界上对外直接投资规模最大的国家之一。① 这种对外投资最终发展的结果,是积

---

① "根据商务部消息,2014年我国对外直接投资首次突破千亿美元,达到1 029亿美元,为世界第三位,接近了实际使用外资的数量(1 196亿美元),预计不久就可能超过引进外资的数量,成为资本净输出国"。中新网北京1月21日电。

极带动我国的对外承包工程、劳务输出及设备出口,并在国际收支平衡表的经常收支项下形成更多的服务收入,在改善我国国际收支结构的同时,也扩大了外向型经济发展中服务所占的比重。

第三,现阶段实现可持续的经济增长,关键是要以广义技术进步(包括制度创新和技术创新)来提高经济增长质量,这就对第三产业的发展提出了更高的要求,进而促进了第三产业的发展。在新的经济发展阶段,通过投资扩张来带动经济增长的传统方法,已经越来越不能适应现阶段我国经济增长的需要。我国现在经济发展中的主要矛盾不是产能不足而是相对过剩,除了前期盲目投资形成的高耗能高污染的重复建设外,相当大的一个问题是第三产业的发展(如金融、运输、商业、对外贸易等)与工业的发展不相适应,配套不足,这不仅表现为第三产业在规模上仍需要更大的扩张,而且还表现为创新不足,国家现在所重视的自由贸易区、"一带一路"、互联网经济等,几乎都属于第三产业方面的创新和建设。而技术创新尤其是高科技的发展,也属于第三产业的发展。第二产业仍然需要发展,但是第三产业的发展在当前更为重要。

第四,第三产业吸纳就业的能力强,反过来,我国的劳动力供给又为第三产业的发展提供了有力的支持。1978—2013年,我国第二产业的就业人数由6 945万增加到2.32亿,增加了1.62亿,而第三产业的就业人数则从4 890万增加到了2.96亿,增加了2.47亿。从目前的情况看,虽然每年新增的劳动力在逐渐减少,但是第一产业的劳动力仍然人数众多,2013年我国第一产业劳动力仍然有2.42亿人,占全部就业人口的比重达到31.4%。按照世界各国工业化的一般经验,当一个国家的工业化进程基本完成后,三大产业的就业结构会趋同于产业(增加值)结构。而我国目前第一产业的增加值比重已经在10%以下,但就业比重仍然在30%以上,这说明随着工业化的继续推进,至少还要有20%左右的农村劳动力转移到非农产业,如果实现了这一点,我们也就达到了完成工业化的目标。2003年以来,随着新一轮加速工业化进程,我国第二产业的就业一直在稳步增加,人数由2003年的1.59亿增加到2013年的2.32亿,所占的比重由21.6%上升到30.1%,提高了8.5个百分点;而在此期间,第三产业的就业人数从2.16亿增加到2.96亿,增加了8 000万,比重由29.3%增加到38.5%,提高了9.2个百分点,比第二产业所吸纳的就业人数还要多。从目前的情况看,第二产业的增长率在放缓,吸纳劳动力的能力在降低;另外,由于劳动力成本的提高,更多的劳动密集型企业向资本和技术密集型企业转化,也就是说,更多的企业正设法用机器代替人,在扩大生产能力的同时,降低单位产品的劳动成本。在人口红利减少的情况下,第二产业吸收新增就业的能力可能减少得更快。但第三产业的情况就不同了,它天然具备吸纳就业的能力,因为服务性生产的特点就是通过人来直接提供各种生产和生活服务。21世纪初,我国经济增长得很快,但是每增长一个百分点所能够增加的就业是下降的。① 近三年来,我国的经济增长率虽然出现了回落,但就业形势一直较好,每年城镇新增就业都在1 000万人以上(2014年为1 322万人),每增长一个百分点所带动的就业达到178万人,其中的一个重要原因就是第三产业的较好增长为改善就业提供了有力的支持。完成工业化后,就业结构会接近于产业结构(即增加值结构)。我国现阶段两者之间还存在着较大的差别,2013年三大产业增加值占GDP的比重分别为9.4%、43.7%和46.9%,而三大产业的就业人数占全部就业人数的比重分别为31.4%、30.1%和38.5%,这说明我国的城镇化进程仍然落后于工业化进程,而到了工业化后期,这种结构上的差距会迅速缩小,最终会和工业化国家一样达到基本接近的程度,这实际上就是完成工业化的一个标志。从现在的情况看,我们有可能再用10—20年的时间完成这一进程。在这一期间,不断地改善就业将是我国经济发展的重要目标,而第三产业的增长将为我们实现就业发展目标创造条件。

第五,我国正处于全面建成小康社会的最后发展阶段,在这一时期人民生活将得到显著的改善,而居民家庭现阶段消费水平的提升主要体现为所消费的服务在数量和质量的提升。在工业化中期和中后期,投资和出口拉动是经济增长的主要动力。在这一时期所进行的大量投资,虽然对当时人民的收入及消费造成一定的影响,但对未来的经济增长却有长期的基础作用。而在"新常态"下,也就是逐渐进入工业化后期之后,我国的投资规模仍然很大,但增速有所放缓,每年新增的国民收入中,将有更大的部分用于改善民生,这既是全面建成小康社会的要求,也是经济发展到一定水平后最终需求结构必然发生的变化。而在现在的经济发展水平上,居民消费水平之间的差别并不体现在对第一、第二产业物质产品的消费上,而体现在所分享的服务上。② 我国各个地区、各个城市之间的差别,在很大程度上也体现为教育、医疗、文化、交通等方面公共服务上的差别。因此,现阶段全面提升全体中国人民的生活水平和生活质量,关键已经不是温饱和耐用消费品的使用,而在于改善公共和家庭的服务。这就要求政府加大在公共消费领域的投入和产出,同时促进居民服务业的发展,越是发展落后的地区,越是要强化这方面的发展,这不仅有利于中小城市的发展及当地居民的生活,同时也会避免大量人口向个别公共服务发展较好的地方过度聚集,从而推动我国的城镇化进程。对于服

---

① 2004年4月28日,时任国家发改委副主任朱之鑫在一次会议上说:"上世纪80年代,我国GDP每增长1%,可增加约240万个就业岗位,而现在只能增加100万个,就业弹性明显下降。"参见《国家发改委:经济增长对促进就业作用明显弱化》,新华社北京4月28日电。

② 正如前面所分析的,居民住宅的购买虽然也是居民支出的重要组成部分,但属于投资行为。而居住则是对服务的消费,租房就直接计算房租,自有住房则要估算租金支出。

务活动需求的扩大,必然要求供给领域创造或提供更多的服务,由此导致服务业的更大发展。

第六,从体制转轨进程看,我国的改革已走过三十多年的历史,社会主义市场经济体制建设已进入攻坚阶段,即以社会主义市场经济为目标,以公有制为主体、多种所有制经济长期共同发展为基本制度,以市场机制在资源配置中起决定性作用,以规范科学的政府宏观调控作为重要前提的改革开放进入全面深化的新阶段,与之相适应的一系列与社会主义市场经济体制相适应的现代服务业将获得进一步的发展,如现代金融、贸易、商业、保险、信息等,与发达国家的历史不同,资本主义发达国家大都是先进行"商业革命",然后展开"产业革命",在产业革命之前,伴随着资产阶级革命和资本主义生产方式的建立,与市场机制相适应的一系列必要的服务部门已经获得了先行成长,其服务业的比重已经达到很高水准,远远超过工业制造业,主要原因是它们在制度上先进行市场化,之后再推动工业化,在工业化阶段突出结构特征在于工业制造业的比重大幅上升,而服务业的比重在工业化期初到期末基本不变,但进入后工业化之后,服务业超越其他产业的发展并成为主导产业。我国则是工业化与市场化双重转轨同时推动,即发展和体制双重转轨并行,在工业化初期并不存在较完备的市场机制,相关服务业并不占领先比重。在双重转轨的过程中,我国第三产业的发展同时获得来自发展(工业化深入)和体制(改革深化)的动力,伴随双重转轨的深入和加速,第三产业在工业化后期和市场加速攻坚期必然会进一步加速发展。①

从以上分析中可以看出,在现阶段的经济增长中,第三产业的地位得到提高,并不是一种调整时期的权宜之计,而是我国经济发展到一定阶段的必然结果,或者说是进入工业化后期之后,我国经济增长所呈现出来的一种新的常态,而产业结构的升级则是进入这种"新常态"最重要的影响因素。所以,我们要改变传统的看待经济增长的思维方式,不能一看到工业增加值增长率降下来、用电量增长率降下来就断言我国经济出了大问题,甚至可能出现停滞,必须重新再搞大规模的总量刺激。这必然导致在已经发生产能过剩的基础上再制造"虚拉动",形成更大的产能过剩。我国经济增长的主流或者基本面是健康的,或者说在新阶段面临新失衡开始新的再平衡过程,否则就不能解释为什么在就业、居民收入、国际收支平衡、克服通货膨胀、提高资源配置的效率等方面我们能取得那么大的进步。

---

① 刘伟、杨云龙,"工业化与市场化:中国第三次产业发展的双重历史使命",《经济研究》,1992年第12期。

四、小结

本节通过对我国工业化进程中各个阶段产业结构的变化及其特征进行总结，指出现阶段我国正由工业化进程的中后期进入工业化后期，国民经济的主导产业将会由第二产业转变为第三产业。这种转变的主要特征是：首先，第三产业的增长率将超过第二产业，带动整个经济增长；其次，第三产业的比重在超过第二产业后，份额会继续加大，而第二产业的份额将会继续缩小。这种变化是我国经济发展到达一定阶段的必然结果，对未来的经济增长和发展方式、就业和人民生活都会带来显著的影响。

我国的现代化进程实际上就是实现工业化的过程。从长期发展看，我国的工业化进程可以分为三个阶段：第一阶段，工业化前期，从新中国成立初期甚至更早到改革开放以前，其产业结构变化的特点是工业及整个第二产业的发展开始加速，增长率领先，在国民经济中的比重加大。第二阶段，工业化中期，从改革开放后到现在，产业结构的特点是工业及整个第二产业的发展带动经济增长，但需要得到第三产业的配合，第二产业的年均增长率略高于第三产业。具体地看，这一时期又可以分为中前期（20世纪80年代前后）、中中期（90年代前后）和中后期（进入21世纪后的前10年前后），各个具体时期的产业结构变化又有着不同的特点，中前期属于对前期的"虚高度"的修正，中中期则是在合理化的基础上重新加速工业增长，并通过市场化改革引导产业的布局和发展，中后期则是在市场经济的基础上进一步加速工业化，在三大产业的相互配合中获得迅速发展。第三阶段，工业化后期，第三产业的增长率将领先于其他产业，且比重不断增加，这种产业结构的变化也会反映在就业结构上，使就业结构逐渐向产业结构收敛。这实际上就是工业化带动城镇化的过程。当产业结构趋于稳定后，就业结构会趋近于产业结构，这就标志着我国完成了工业化进程。从发展趋势看，这一进程将需要10—20年的时间。在这一期间，我国仍然有可能以比较高的速度保持经济增长。

自2011年前后我国积极的宏观经济政策"择机退出"后，市场成为经济增长中配置资源的主要力量，经济增长之所以出现间断性的回落（即从原来的年均增长10%左右回落到现在的7.5%左右），固然有经济周期方面的原因，但更主要的是由于工业化进入新的阶段导致各个产业增长之间的关系发生了变化。由于服务业即时消费的特征，它抵抗经济周期的能力比较强，在我国又存在着巨大的潜在需求，所以增长率可以保持相对稳定；工业及整个第二产业在新阶段中仍然能保持较好的增长（如在比较长的时期里保持7%以上的增长率），但由于种种缘由，再高的增长率就比较难维持了；第一产业仍然可以保持4%左右的经济增长。这样综合来看,我国在未来比较长的一个时间里(5—10年)里保持7%左右的年均经济增长是有可能的。这将为我们全面建成小康社会、实现建党一百年时的奋斗目标提供支持。目前我国经济增长正处于产业结构升级以及优化各种经济结构的关键时期,政府首先应该通过改善政府职能,让市场机制充分地发挥作用,尤其是要通过简政放权充分发挥市场本身的创新能力,使整个经济尤其是第三产业的发展更有活力,然后在这个基础上改善宏观调控,为改善经济增长和实现产业结构的不断升级创造条件。

第五节 从最终需求变化看中国经济增长

一、从投入产出流量看最终需求的增长和结构变化

生产领域的活动是为最终需求即国民收入的最终使用而服务的。在本节中,我们将从对我国投入产出表的最终需求分析开始,研究我国最终需求结构的发展变化趋势以及由此可能对我国经济带来的影响。

我们分别根据2002年和2010年的投入产出表列出了这两个年份国民经济部门(或行业)所提供的最终需求。在表3.10中,国民经济部门的分类被细化了,如第二产业中的采矿业、电力、热力及水的生产和供应业、制造业、建筑业被分开了,制造业本身还被具体细化成很多细部门。在指标部分,一共列出了四个大的指标,即最终使用(国民经济的最终需求,具体还可以分为最终消费、资本形成和出口)①、进口、其他和总产出。这个表只是投入产出表的一个部分,国民经济活动中的中间消耗部分没有反映出来。这里的"其他"项,是由于用不同的方法(生产法、支出法等)来核算各个经济总量和流量②时所出现的统计误差,属于技术调整,没有实际的经济意义,总产出中一般只占很小的比例。我们要通过这些指标(即流量)分析各个国民经济部门的各种指标及相互关系的变化趋势。

---

① 这里的国民收入的最终使用,反映的是一个经济体的全部最终需求,它是从"最终使用"角度观察的经济总量。从供给方看,它既包括一个经济体在国内生产的货物和服务,也包括进口。如果从生产的数量上看,一个国家的GDP必须从最终使用中扣除进口,但从使用结构上看,由于进口的产品可能用于消费,可能用于投资,也可能用于再出口,因此把它列入供给方后再分析最终使用的方向,将能够更好地反映国民收入的支出结构。

② 流量和存量是国民经济核算的两个基本概念。流量是一个时期指标,是对一个时期内发生的经济或其他活动的累计,如人口出生数、GDP等;存量是一个时点指标,它反映在一个具体时点上经济或其他活动所达到的规模数,如年末人口数、固定资本总量等。

表 3.10　2002 年和 2010 年我国投入产出最终需求流量变化分析

产出	最终使用				进口	其他	总产出
	最终消费支出	资本形成总额	出口	最终使用合计			
2010 年流量（亿元）							
	(1)	(2)	(3)	(4)	(5)	(6)	(7)
中间投入合计	196 686	193 604	111 911	502 201	101 515	2 963	1 252 645
农、林、牧、渔业	12 668	3 781	845	17 294	4 103	2 217	69 320
采矿业	137	1 019	534	1 690	17 581	-1 844	48 639
食品、饮料制造及烟草制品业	27 881	1 260	2 208	31 349	2 426	2 555	67 432
纺织、服装及皮革产品制造业	8 797	695	14 786	24 278	1 723	632	56 772
其他制造业	3 898	3 448	6 687	14 034	5 052	-195	49 495
电力、热力及水的生产和供应业	4 656	15	79	4 750	19	-1 585	47 731
炼焦、燃气及石油加工业	1 373	-39	817	2 151	2 084	-1 342	30 149
化学工业	3 346	1 165	9 442	13 953	11 882	-1 319	93 251
非金属矿物制品业	310	434	1 902	2 645	575	-1 355	40 064
金属产品制造业	486	1 647	7 110	9 244	5 845	-2 432	106 579
机械设备制造业	10 862	68 825	49 292	128 979	42 538	4 070	234 574
建筑业	1 248	96 268	981	98 498	343	725	102 343
运输邮电业	8 786	3 773	4 447	17 006	2 003	-1 334	66 134
批发零售贸易、住宿和餐饮业	16 473	2 896	7 444	26 814	755	1 460	64 694
房地产业、租赁和商务服务业	18 312	7 464	4 288	30 064	2 493	1 793	51 895
金融业	6 201	0	207	6 408	215	1 080	32 287
其他服务业	71 254	953	840	73 046	1 877	-162	91 286
2002 年流量（亿元）							
	(1)	(2)	(3)	(4)	(5)	(6)	(7)
中间投入合计	71 691	45 565	30 944	148 201	26 943	601	313 431
农、林、牧、渔业	10 628	1 105	474	12 207	681	714	28 579
采矿业	285	192	448	926	1 669	469	10 317
食品、饮料制造及烟草制品业	7 174	270	894	8 337	527	538	14 481
纺织、服装及皮革产品制造业	3 231	13	5 495	8 739	1 630	376	15 635
其他制造业	1 327	402	2 080	3 810	888	209	13 892
电力、热力及水的生产和供应业	1 274	0	51	1 326	11	-265	8 478
炼焦、燃气及石油加工业	292	-35	263	520	521	155	6 448
化学工业	1 448	243	2 176	3 868	3 588	259	21 573
非金属矿物制品业	560	-147	418	831	198	-76	5 805
金属产品制造业	393	318	1 527	2 238	2 267	287	21 365

(续表)

产出	最终使用				进口	其他	总产出
	最终消费支出	资本形成总额	出口	最终使用合计			
机械设备制造业	2 952	13 326	10 445	26 723	12 982	132	44 432
建筑业	0	27 275	105	27 380	80	-1 009	28 133
运输邮电业	2 077	240	1 452	3 769	292	209	14 606
批发零售贸易、住宿和餐饮业	6 269	1 093	2 888	10 250	4	-87	24 291
房地产业、租赁和商务服务业	5 596	1 143	1 004	7 743	772	171	17 331
金融业	1 480	0	22	1 502	276	-220	7 314
其他服务业	26 705	126	1 203	28 033	558	-1 261	30 751

	2002—2010年年均增长率(%)						
	(1)	(2)	(3)	(4)	(5)	(6)	(7)
中间投入合计	13.4	19.8	17.4	16.5	18.0	22.1	18.9
农、林、牧、渔业	2.2	16.6	7.5	4.5	25.2	15.2	11.7
采矿业	-8.8	23.2	2.2	7.8	34.2	—	21.4
食品、饮料制造及烟草制品业	18.5	21.2	12.0	18.0	21.0	21.5	21.2
纺织、服装及皮革产品制造业	13.3	64.4	13.2	13.6	0.7	6.7	17.5
其他制造业	14.4	30.8	15.7	17.7	24.3	—	17.2
电力、热力及水的生产和供应业	17.6	—	5.7	17.3	6.8	25.1	24.1
炼焦、燃气及石油加工业	21.4	1.4	15.2	19.4	18.9	—	21.3
化学工业	11.0	21.6	20.1	17.4	16.1	—	20.1
非金属矿物制品业	-7.1	—	20.9	15.6	14.3	43.3	27.3
金属产品制造业	2.7	22.8	21.2	19.4	12.6	—	22.2
机械设备制造业	17.7	22.8	21.4	21.7	16.0	53.5	23.1
建筑业	—	17.1	32.2	17.4	20.0	—	17.5
运输邮电业	19.8	41.1	15.0	20.7	27.2	—	20.8
批发零售贸易、住宿和餐饮业	12.8	13.0	12.6	12.8	92.5	—	13.0
房地产业、租赁和商务服务业	16.0	26.4	19.9	18.5	15.8	34.1	14.7
金融业	19.6	—	32.3	19.9	-3.1	—	20.4
其他服务业	13.1	28.8	-4.4	12.7	16.4	-22.6	14.6

资料来源:根据《中国统计年鉴(2007)》(2002年投入产出表)和《中国统计年鉴(2013)》(2010年投入产出表)中的有关数据整理及分析。

表3.10中的中间投入合计,指的是国民经济各个部门的合计数。严格地说在这里应该称为最终需求合计数,但考虑到这个表和投入产出表的其他分流量表之间的关系,"统计年鉴"中把它们称作"中间投入合计"。表中数据反映出以下变化:

第一,由于国民收入最终使用的各个组成部分的增长情况不同,导致国民经济的最终需求结构发生了显著的变化。2002年,在我国的国民收入最终使用中,消费、投资和出口所占的比重分别为48.37%、30.74%和20.88%,2010年它们的比重则分别为 39.16%、38.55% 和 22.28%，最终消费（包括居民最终消费和政府最终消费）所占的比重明显下降（近 10 个百分点），投资所占的比重明显上升（近 8 个百分点），而出口的比重则是略有提高（2 个百分点左右）。这种结构变动上的差别受两方面因素的影响，即各项使用的实际增长率和价格变动两方面的影响。由于我们引用的这两个投入产出表（2002 年和 2010 年）是按照现行价格编制的，所以已经包含了这两方面的因素。虽然到了 2010 年，就最终使用的各个部分所占的比重排序而言，仍然是消费、投资和出口，但是这些比重的数值发生了明显的变化，资本形成总额和最终消费支出的占比之间的差额，原来高达 18 个百分点，而现在只有 0.6 个百分点。在表 3.11 中可以看到，在新增的所有国民收入最终使用中，各个部分增量所占的比重分别为 35.3%、41.8% 和 22.9%。这也就是说，在国民经济新增的最终产品中，最大的部分是用于投资的，这就导致了投资和消费在最终使用中的差距不断缩小。至于出口，虽然在 2002—2007 年期间有较快的增长，但是全球金融危机以后，它的增长明显放慢，所以它在最终需求中的占比只有少量的增加。尽管如此，它的比重也是提高的，只有消费所占的比重在明显降低，从原先的 48.4% 下降到 39.2%，下降了 9 个百分点以上。

表 3.11　2002 年和 2010 年我国三大最终需求占最终使用比重的变化

	最终消费支出	资本形成总额	出口	最终使用合计
2010 年最终需求合计（亿元）	196 686	193 604	111 911	502 201
2010 年各项目占比（%）	39.2	38.6	22.3	100
2002 年最终需求合计（亿元）	71 691	45 565	30 944	148 201
2002 年各项目占比（%）	48.4	30.7	20.9	100
2010 年比 2002 年增加（亿元）	124 995	148 039	80 967	354 000
各项目增量占比（%）	35.3	41.8	22.9	100

第二，这一期间整个国民经济的最终需求保持了高速增长，但由于不同部门的增长率不同，导致最终需求结构上的变化。表 3.12 重新列出了表 3.10 第三部分第一行的内容，从中可以看出，在最终需求的三大组成部分中，投资的增长率最高，出口次之，消费最低。

表 3.12　2002—2010 年国民收入最终使用增长情况（按现行价格计算）

	最终消费	资本形成	出口	最终使用合计
2002—2010 年年均增长率	13.4	19.8	17.4	16.5

资料来源：表 3.10 第三部分第一行。

可以看到，"最终使用合计"的年均增长率为 16.5%，这一年均增长率和 GDP

的年均增长率相近(以现价 GDP 计算得出的年均名义增长率为 16.25%,该差别的原因在于最终使用合计中没有扣除进口)。具体地看,投资和出口的年均增长率都高出平均水平,而消费则低于平均水平。从国内总需求来看,这一阶段我国投资需求的增长明显快于消费需求,这反映了我国 21 世纪以来加速的工业化进程对投资的依赖性是增加的,即通过增加积累和投资,推进工业化进程,由此实现由投资和出口拉动的高速增长。相比较而言,这一阶段的消费需求(包括居民需求和政府需求)由于收入预期、社会保障、消费潮流等多方面因素的影响,增长明显滞后。这其中的基本原因就是在前面所分析过的,在国民收入的分配和再分配中,政府、企业所占的比重在增加,而居民部门的收入在减少;而在居民部门内部,收入分配差距也在扩大化。而政府、企业和高收入人群,更加倾向于在每年的新增收入中把更多的部分转化为投资,来获得更多的发展或取得更多的收益。而低收入居民的消费倾向虽然高,但收入增加却相对缓慢,由此导致在总需求中,投资的增长远远快于消费。这里的原因当然是和我国经济发展中的 GDP 导向有关,如果不是这样的话,那么收入分配就不会长期地向资本倾斜,从而使投资的部分不断扩张。从短期和长期经济增长的关系上看,短期的投资是为长期增长服务的,因为投资从本身的定义而言,就是购买可以多年使用的固定资产为生产活动提供服务(居民购买的房屋似乎是为生活服务的,但在经济统计中,它也被定义为居民从事的生产性活动,其生产性收入体现为房租,而居民家庭自己使用的住房也要计算"估算的房租收入"并计入 GDP 中),所以一个社会的储蓄和投资行为经常被看作通过延后的消费来提高居民收入及国民收入的使用效率。对发展中国家而言,增加积累和投资来实现加速的经济增长,往往是实现现代化的必经之路。而许多中国人到海外创业,第一步往往都是节衣缩食积累资金,再通过投资扩大生产,最后取得事业的成功。但是个体创业和整个国民经济的发展之间仍然存在着差别的,这就是个体创业不考虑积累和消费之间的比例关系,只要市场上有人购买产品,营业额能够弥补成本并带来利润,企业的生产就可以不断地延续下去,但作为一个完整的经济体则不行,还必须在整个经济范围内考虑如何实现产品的使用价值和价值,这也是马克思为什么在《资本论》中讨论了个别厂商的生产行为后,还要对整个社会的再生产活动进行研究的原因。马克思在《资本论》第二卷第三篇对再生产理论的研究中提出两大部类相互关系的学说,分析的就是积累、投资和消费的关系。当然,当今世界的经济活动远比那时候复杂得多,但是马克思当时提出的一些基本原则仍然是适用的。这就是当投资扩展到一定的阶段,超出一个社会消费所能接受的程度,经济活动就可能出现不可持续的现象。①

---

① 马克思,"社会总资本的再生产和流通",载《资本论》第二卷第三篇人民出版社,1975 年。

在表 3.10 第三部分和表 3.12 中所计算的增长率都是以人民币计算的名义增长率。我们再根据其他相关的数据资料,来估计一下这三个领域中实际增长的情况。表 3.13 列出了 2003—2010 年居民消费价格指数和固定资产投资指数,得到的年平均价格增长率分别是 2.7% 和 3.1%,如果按照"名义指数=实际指数×价格指数"的关系,那么最终消费的实际增长大约为 113.4%/102.7% − 1 = 10.4%,资本形成的实际增长约为 119.8%/103.1% − 1 = 16.2%。

出口的情况还要复杂一点,因为我国的进出口数据主要来源于海关数据,而海关数据和国民经济核算数据有两点重要的不同:第一是海关数据由美元而不是人民币计价,国民经济核算或 GDP 中的进出口是用人民币计价的;第二是海关数据主要反映的是货物的进出口,而国民经济核算数据中反映的是货物和服务的进出口。我们假设出口产品的价格变化是和国内产品同步的,即在 2.7% 和 3.1% 之间,取 2.9%,那么实际增长大约为 117.4%/102.9% − 1 = 14.1%。而用美元计算,这一时期我国货物的出口年均增长率为 21.8%。这也就是说,汇率提升、价格因素以及统计口径对出口的影响达到了 7.7%。

表 3.13 2003—2010 年居民消费价格指数和固定资产投资价格指数

年份	居民消费价格指数	固定资产投资价格指数
2003	101.2	102.2
2004	103.9	105.6
2005	101.8	101.6
2006	101.5	101.5
2007	104.8	103.9
2008	105.9	108.9
2009	99.3	97.6
2010	103.3	103.6
2003—2010 年均指数	102.7	103.1

资料来源:《中国统计年鉴(2013)》。

从三方面的推算得到的实际增长看,消费、投资和出口分别是 10.4%、16.2% 和 14.1%,基于这样的增长率,那么按照表 3.10 反映的最终需求构成,最终需求实际年均增长至少也在 13% 以上[1],至少高于由生产法 GDP 所得到的同期实际增长(10.93%)2 个百分点,这说明我国需求方的价格指数可能存在一定程度的低估。我国公布的消费者价格指数与固定资产投资指数,如果要和国民经济核算或

---

[1] 如果按拉氏公式(即按基期构成加权),总最终需求的年均增长率为 113.57%,如果按派氏公式(即按报告期构成加权),年均增长率为 112.95%,两者的算术平均数为 113.26%。

GDP核算的数据之间实现衔接,至少还要提高2个百分点。也就是说,这一期间的上述两个指数的年均增长可能不是3%左右,而很有可能是在4%以上。在世界各国,3%左右的价格增长属于正常的价格增长,而与之相适应的经济增长率通常不会太快,而我国在2002—2010年的增长属于高速经济增长,或者说属于偏热的经济增长,在这种情况下通常很难保持3%左右的价格总水平上涨幅度。从生产方统计所反映的结果已经说明了这一点(GDP价格平减指数年均上涨4.8%),因此,如何使我国的价格指数编制与国民经济核算账户之间保持衔接,是我们在统计工作中应该加强研究的问题。如果最终消费价格指数上调到平均水平即4.8%,那么这一期间最终消费的实际增长将为113.4%/104.8% −1 = 8.2%,和我国居民家庭收支调查所得的结果将更为接近。而通过类似的调整(假设这一时期资本形成总额的一般价格水平年均上涨5.2%),资本形成总额的年均实际增长大约为13.9%(119.8%/105.2% −1),比最终消费的实际增长高5.7个百分点。这就能够较好地解释在国内总需求中,价格和物量两方面的影响对固定资本形成所占比重所发生的变化的影响。

第三,外向型经济的发展对我国的经济增长具有重要意义。这一时期我国外向型经济发展所取得的成就是突出的,按人民币计算年均增长在17%以上,按美元计算则在20%以上,而同期全球出口总额的年均增长率大约在9%左右[①],我国的增长率比世界平均水平高出10个百分点左右。应该说,在21世纪到来之后的新的经济增长周期中,我国的企业抓住了外向型经济的发展机遇。国内经济虽然出现了一些问题,但从长远的角度看,还是可以通过不断深化改革来逐渐解决的。但就国际发展而言,一旦失去了一个重大的历史机遇,那么将要花很多年的努力才能重新达到发展目标。从这个意义上看,进入21世纪后,我们抓住有利时机、大力发展外向型经济的决策是正确的。表3.10中有关数据的计算表明,2010年在我国制造业提供的最终产品中,用于最终消费的部分仅占26.6%,用于资本形成的部分占33.5%,而用于出口的比重则高达39.9%。这说明我国的经济增长,尤其是第二产业及制造业的增长,对国际市场具有高度的依赖性,这也是全球金融危机及经济衰退之后,我国的经济增长会受到严重冲击的重要原因。这其实已经对我国外向型经济的可持续发展提出了挑战,一方面是我国的工业化和国际化进程促进了第二产业及制造业的迅速发展;另一方面,随着我国成为上中等收入国家,生产要素方面的比较优势在减弱。这样,要保持外向型经济的发展持续地

---

① 2000—2010年世界出口总量年均增长9.12%,参见WTO,STATISTICS: INTERNATIONAL TRADE STATISTICS 2011,Table I.8 Leading exporters and importers in world merchandise trade, 2010; INTERNATIONAL TRADE STATISTICS 2001,Table I.5 Leading exporters and importers in world merchandise trade, 2000。

对我国经济增长做出贡献,就必须考虑这一领域中发展方式的转变,不仅需要出口数量的继续扩张(包括增加对发达国家和新兴国家的出口),更需要出口产品和生产过程的质量提高(包括产品使用性能的提高和单位产品所包含的增加值的提高)。

第四,我国在这一期间总产出的年均增长高于最终使用,说明在国民经济的全部产品或是总产品中,用于中间投入(或称为中间使用,反映为其他生产部门的成本)所占的比重在提升。在表3.14中重新列出了表3.10中各个行业最终需求的增长率,便于我们分析各个行业在最终需求中的地位。从表中可以看出,2002—2010年,整个国民经济的总产出的名义年均增长率为18.9%,而最终使用的名义年均增长率为16.5%。这实际上意味着在全部产品中,越来越多的部分被用于中间投入。在这些部门中,有些部门由于其本身的生产性质,所提供的最终需求的比重较小,如采矿业的总产出虽然增长很快(从增速上高于整个国民经济平均水平2.5个百分点,说明了我国经济中总产出的增长对国内自然资源的依赖性较高,同时单位产品对矿产资源的消耗是增加的),但是其作为最终使用的产品的增长却相对较慢(只增长了7.8%),居民家庭对矿业产品的直接需求甚至还是下降的(降低了8.8%)。但一般而言,各个国民经济行业的总产出和最终需求之间应保持相应的速度,而从技术进步和转变经济发展方式的角度看,总产出的增长应该慢于最终需求的增长,这样才能在能源和自然资源对经济增长的约束不断增加的情况下,实现可持续的发展。

表3.14 2002—2010年国民经济行业最终需求和总产出年均增长率 单位:%

	最终消费支出	资本形成总额	出口	最终使用合计	总产出
中间投入合计	13.4	19.8	17.4	16.5	18.9
非金属矿物制品业	-7.1	—	20.9	15.6	27.3
电力、热力及水的生产和供应业	17.6	—	5.7	17.3	24.1
机械设备制造业	17.7	22.8	21.4	21.7	23.1
金属产品制造业	2.7	22.8	21.2	19.4	22.2
采矿业	-8.8	23.2	2.2	7.8	21.4
炼焦、燃气及石油加工业	21.4	1.4	15.2	19.4	21.3
食品、饮料制造及烟草制品业	18.5	21.2	12.0	18.0	21.2
运输邮电业	19.8	41.1	15.0	20.7	20.8
金融业	19.6	—	32.3	19.9	20.4

(续表)

	最终消费支出	资本形成总额	出口	最终使用合计	总产出
化学工业	11.0	21.6	20.1	17.4	20.1
纺织、服装及皮革产品制造业	13.3	64.4	13.2	13.6	17.5
建筑业	—	17.1	32.2	17.4	17.5
其他制造业	14.4	30.8	15.7	17.7	17.2
房地产业、租赁和商务服务业	16.0	26.4	19.9	18.5	14.7
其他服务业	13.1	28.8	-4.4	12.7	14.6
批发零售贸易、住宿和餐饮业	12.8	13.0	12.6	12.8	13.0
农、林、牧、渔业	2.2	16.6	7.5	4.5	11.7

资料来源：表3.10第三部分。

从表3.14中可以观察到，实际情况是只有一个行业（房地产业、租赁和商务服务业）的最终需求的增长是高于总产出的增长的，其他行业都是总产出增长得更快。此外，从结构上看，对自然资源和能源依赖偏大的行业尤其是制造业的较快发展，也是造成我国中间消耗增长较快的重要原因。从表3.14可以看到，如果以总产品的年均增长率排序，在这一阶段增长最快的前五个行业分别为非金属矿物制品业（27.3%），电力、热力及水的生产和供应业（24.1%），机械设备制造业（23.1%），金属产品制造业（22.2%），采矿业（21.4%）、炼焦、燃气及石油加工业（21.3%），它们都是对能源和自然资源依赖度较高的行业，其增长率都在21%以上，表3.15列出了2010年各个国民经济行业的产品在最终使用中所占的比重。从表中可以看出，机械设备制造业在最终使用中所占的份额为最大，达到25.7%，在出口和资本形成总额中所占的比重也相当大。从表3.14中可以看到，这一行业的总产出的年均增长率（23.1%）高于最终使用（21.7%），说明这个部门的总产出中，用做中间投入的比率在提高。由于机械设备制造业在国民经济中所占的比重在迅速提高，它本身对能源和自然资源直接和间接的依赖性较高，这当然会对整个国民经济的中间消耗的比重产生影响。在最终需求中比重占第二位的是建筑业，占比达19.6%。两者的不同之处在于：机械制造业之所以在全部最终使用中所占的比重大，是因为出口和投资拉动的共同结果，其中出口产品占整个国民经济出口的44%，资本形成的比重为35.5%；而建筑业在最终需求中的比重大，主要是由于它对资本形成总额的贡献大，所占的比重达到了49.7%。这两个行业对我国资本形成总额的贡献，占比在85%以上；而对于最终使用合计的贡献，也在45%以上。

表 3.15 2010 年各国民经济行业占最终使用的比重   单位:%

	最终消费支出	资本形成总额	出口	最终使用合计
中间投入合计	100	100	100	100
机械设备制造业	5.5	35.5	44.0	25.7
建筑业	0.6	49.7	0.9	19.6
其他服务业	36.2	0.5	0.8	14.5
食品、饮料制造及烟草制品业	14.2	0.7	2.0	6.2
房地产业、租赁和商务服务业	9.3	3.9	3.8	6.0
批发零售贸易、住宿和餐饮业	8.4	1.5	6.7	5.3
纺织、服装及皮革产品制造业	4.5	0.4	13.2	4.8
农、林、牧、渔业	6.4	2.0	0.8	3.4
运输邮电业	4.5	1.9	4.0	3.4
其他制造业	2.0	1.8	6.0	2.8
化学工业	1.7	0.6	8.4	2.8
金属产品制造业	0.2	0.9	6.4	1.8
金融业	3.2	0.0	0.2	1.3
电力、热力及水的生产和供应业	2.4	0.0	0.1	0.9
非金属矿物制品业	0.2	0.2	1.7	0.5
炼焦、燃气及石油加工业	0.7	(0.0)	0.7	0.4
采矿业	0.1	0.5	0.5	0.3

资料来源:根据表 3.10 中的数据整理。

第五,将 2010 年各个行业在最终产出中的占比与 2002 年(表 3.16)相比较,可以看出随着 21 世纪前 10 年的高速增长,我国的最终需求结构比较明显地向着生产性扩张(而不是消费性扩张)的方向发展。2002 年占比前三位的行业(其他服务业、建筑业和机械设备制造业)在最终使用中的比重是接近的,都在 18% 左右。但是到了 2010 年,不仅排序反了过来(前三位为机械设备制造业、建筑业和其他服务业),而且比重发生了很大的变化,其他服务业的比重下降了 4.4 个百分点,建筑业的比重提高了 1.1 个百分点,而机械设备制造业的比重则提高了 7.7 个百分点!这种制造业和建筑业的发展,说明这一时期的经济增长实际上是在行业非均衡发展的基础上实现的,而造成这种非均衡发展的原因是短期内投资和出口的迅速扩张。而且经过一段时间的发展,各个产业间的动态投入产出关系也相应地建立和发展了起来,这种技术关系是为长期发展服务的,即假定投资和出口仍然会在较长时期保持扩张,为生产这些投资品和出口产品而进行的投资也是为长期发展所服务的(即投资者准备通过较长的时期来收回投资及得到回报),但在事实上,这种投资和出口的需求所带来的景气只能维持有限的一段时间,一旦投资和出口的需求放缓,经济增长马上就会受到影响,出现大量过剩的产能。如果这时

表 3.16 2002 年各国民经济行业占最终使用的比重 单位:%

	最终消费支出	资本形成总额	出口	最终使用合计
中间投入合计	100	100	100	100
其他服务业	37.3	0.3	3.9	18.9
建筑业	0.0	59.9	0.3	18.5
机械设备制造业	4.1	29.2	33.8	18.0
农、林、牧、渔业	14.8	2.4	1.5	8.2
批发零售贸易、住宿和餐饮业	8.7	2.4	9.3	6.9
纺织、服装及皮革产品制造业	4.5	0.0	17.8	5.9
食品、饮料制造及烟草制品业	10.0	0.6	2.9	5.6
房地产业、租赁和商务服务业	7.8	2.5	3.2	5.2
化学工业	2.0	0.5	7.0	2.6
其他制造业	1.9	0.9	6.7	2.6
运输邮电业	2.9	0.5	4.7	2.5
金属产品制造业	0.5	0.7	4.9	1.5
金融业	2.1	0.0	0.1	1.0
电力、热力及水的生产和供应业	1.8	0.0	0.2	0.9
采矿业	0.4	0.4	1.4	0.6
非金属矿物制品业	0.8	-0.3	1.4	0.6
炼焦、燃气及石油加工业	0.4	-0.1	0.8	0.4

资料来源:根据表 3.10 中的数据整理。

候不采取刺激政策(主要是刺激投资,因为国际市场的波动是无法控制的),经济增长率就会回落,但如果采取了结构刺激政策,可能会掩盖短期的需求过剩,把矛盾激化的时点向后推延,但由于比例失衡,这种需求也是不可能持续的。这就从行业的供给和需求的关系上解释了为什么我国经济增长会进入"新常态"即中高速经济增长,关键在于机械设备制造业的供给在短期景气中发生了过度扩张,由此导致其本身及大量相关产业的产能过剩,使得我国不得不放慢经济增长,让长期的有支付能力的需求(尤其是消费需求)成长起来,使供求和需求在新的基础上实现均衡。

第六,传统的最终消费需求结构已经发生了很大的变化,对服务业的消费在全部消费需求中的比重已经越来越大。表 3.17 对表 3.15 和表 3.16 中的最终消费(包括居民最终消费支出和政府最终消费支出)进行了重新排序。从表 3.17 中可以看出,改革开放以来,我国的最终消费结构已经发生了很大的变化。服务性消费在全部消费支出中的比重已经在 50% 以上。其中占比最大的是其他服务业,虽然 2010 年的占比要略低于 2002 年,降低了 0.9 个百分点,但比重仍然达到了 36.2%,它包括信息服务、政府服务等多方面的内容,而政府最终消费无疑是这一项中占比最大的部分（从《中国统计年鉴》中可以查到,2010年,政府最终消费支出占全部最终消费支出的比重为27.3%,它既包含了按国际惯例计算的由国家工作人员薪酬来计量的政府服务,也包含了政府提供的由市场定价或非市场定价具有公共福利性质的服务）。房地产业、租赁和商务服务业在2010年代替批发零售贸易、住宿和餐饮业,成为第二大服务提供者,所占的比重提高了1.5个百分点,这种趋势还将延续下去。运输邮电业、金融业的比重也有明显的提升,提高了1个百分点以上。从整体上看,2010年服务部门提供的最终消费占全部最终消费的比重已经达到61.5%,比2002年的58.8%提高了2.7%个百分点。而实物产品生产部门提供的最重消费,比重变化较大的行业首先是农业部门,2002年它直接为最终消费所提供的产品占比为14.8%,但2010年则下降到6.4%,下降了8个百分点左右。对应地,食品、饮料制造及烟草制品业的比重则从10%提高到14.2%,上升了4.2个百分点。这说明随着经济发展水平的提高和城市化的推进,农产品的加工产业链已经延长,人们生活中的食品消费越来越多地由直接的消费农业产品转化为工业制成品。另一个比重变化较大的是机械设备制造业,它是提供耐用消费品的部门,但是可以在表3.17中看到,尽管我国近些年来耐用消费品的发展尤其是轿车的发展非常迅速,但是这一行业在最终消费中的占比仅提高了1.4个百分点,即由4.1%提高到5.5%。随着我国耐用消费品的发展进入平稳期,预计这一比重有可能出现回落。因此,在现阶段改善消费,不仅要注重增加实物产品的消费,更需要考虑如何为社会提供更多更好的服务。服务业在最终消费中占主导地位的现象,并不是今天才发生的,而是早在进入21世纪以前就已经发生了这种转变。但是在实际工作中,无论是在宏观调控中,还是在宏观经济统计中,对如何鼓励最终消费以及检验这种鼓励政策的成果,在很多情况下认识都是模糊的。正因为这样,我们在《中国经济增长报告2014——深化经济改革与适度经济增长》中,着重讨论了以"社会消费品零售总额"来反映和调控消费所存在的严重缺陷。通过对投入产出表的动态比较,可以明显地发现我国最终消费的长期变化趋势,但问题在于投入产出表的编制主要是为中长期发展服务的,短期的动态监控和分析还是要依靠GDP核算提供的快报数据。因此,尽快地建立、发展和完善我国的支出法GDP季度核算,是提高我国宏观调控水平的关键。

表3.17　2002年和2010年各国民经济行业占最终消费的比重　　单位:%

按2010年各行业所占比重排序	2002年	2010年
中间投入合计	100	100
其他服务业	37.3	36.2
食品、饮料制造及烟草制品业	10.0	14.2

(续表)

按2010年各行业所占比重排序	2002年	2010年
房地产业、租赁和商务服务业	7.8	9.3
批发零售贸易、住宿和餐饮业	8.7	8.4
农、林、牧、渔业	14.8	6.4
机械设备制造业	4.1	5.5
纺织、服装及皮革产品制造业	4.5	4.5
运输邮电业	2.9	4.5
金融业	2.1	3.2
电力、热力及水的生产和供应业	1.8	2.4
其他制造业	1.9	2.0
化学工业	2.0	1.7
炼焦、燃气及石油加工业	0.4	0.7
建筑业	0.0	0.6
金属产品制造业	0.5	0.2
非金属矿物制品业	0.8	0.2
采矿业	0.4	0.1

资料来源：根据表3.10中的数据整理。

二、从支出法GDP看最终需求的增长和结构变化

（一）对支出法GDP在宏观调控中的重大意义的再讨论

投入产出表提供的数据是相对完备的，使我们可以按照国民经济的行业分类，从投入到产出、从初次投入到最终使用等各个方面对国民经济的运行开展静态和动态的分析，但由于投入产出表的编制需要大量的基础数据，所以各国在统计实践中都是每隔几年（如五年）才编制一次。由此得到的数据可以对经济活动进行比较深入的研究，但在及时性方面通常不能满足即时分析的需要，因此，在国民经济核算体系中，投入产出分析是作为这个核算的一个组成部分融入这个体系的，它与GDP核算（或者称为国民收入核算）结合在一起，分别满足近期、中期和长期分析的需要。

从我国目前宏观调控的实践看，目标主要体现在经济增长率上，而反映这一经济增长率的GDP指标主要是以生产法来统计的。生产法GDP有它的优点，就是它能够较快地利用改革开放前已有的统计工作基础（工农业总产值统计、国民收入统计等），把原来计划体制下的物质产品统计体系转轨到市场经济国家普遍使用的国民经济核算体系上来。同时，由于生产法统计的GDP可以比较便利地进行分地区核算，也满足了对各个地方进行统计评比或者横向比较的需要。但是生产法GDP也存在着问题，它只反映了经济总量和三大产业增加值的增长。三大产业增加值及其变化发生在供给领域，很难被宏观调控这样的短期需求管理所影

响,事实上,我们的宏观调控中,从来没有对三大产业的发展提出具体的调控目标,调控的目标是最终需求,即出口、投资和消费,如鼓励出口、刺激或抑制投资、扩大或引导消费等。但是在统计实践中,在反映投资和消费时,我国的改革却是滞后的,直到现在,我们在反映投资和消费的动态时,采用的还是计划经济时代的指标,即"全社会固定资产投资"和"社会消费品零售总额"。这两个指标在实际工作中的严重缺陷,我们已经反复深入地进行了讨论①,尤其要重申的是,由于这两个指标之间不存在可比性,所以我们在实施宏观调控时,无从观察我们的消费增长与投资之间是否匹配,最后可能导致由小的偏差发展成大的失衡。而在大多数市场经济国家,宏观调控的具体目标是支出法 GDP 及其构成,宏观调控或政府干预不仅要干预总量(即 GDP),也要干预分量(固定资本形成、居民最终消费支出、政府最终消费支出、货物和服务的进出口),这样,政府的干预不仅影响了总量,也影响着结构。但我们在长期的"赶超"进程中,注重的一直是总量而不是分量,大家对 GDP 增长率增加或减少一两个百分点非常在意,但是对于投资和消费的关系发生了哪些具体的变化则关心不足,这也是我们的需求结构逐渐恶化的重要原因,使我们现在不得不回过头来重新解决这一矛盾。我国并不是没有支出法 GDP 核算,而是这一核算仍然属于年度核算而没有扩展为季度核算,同时也缺乏按照不变价格计算的投资、消费以及整个支出法 GDP 的增长率。这样一来,在宏观调控中,我们就无法从需求的角度掌握足够的反映各种变化的信息,也无法客观地了解宏观政策的实施结果。我国要真正实现优化经济结构的目标,没有好的经济政策是不行的,但好的经济政策必须建立在反映客观实际的宏观指标上,脱离了这个基础,仅凭部分个案来对宏观经济运行做出判断,所实施的政策往往是有偏误的。因此,国民经济核算制度的改革,尤其是推动支出法 GDP 核算的改革,对改善宏观调控和宏观经济治理具有重大的意义。

(二) 国内总需求结构变化的三个阶段

从前面利用投入产出表数据进行分析的结果看,2002—2010 年,我国支出法 GDP 中的最终消费的年均实际增长率大约为 8.2%,资本形成总额的年均实际增长率大约为 13.9%,显著地高于最终消费的实际增长。这是在我国国内总需求中资本形成总额(其主要部分为固定资本形成)所占的比重不断提高的主要原因。除此之外,价格因素也对最终需求的结构有影响。由于资本品与消费品相比相对短缺,其上涨程度也比消费品大,反映为固定资产投资指数的年均增长率高于消费者价格指数,由这两方面因素的共同作用,导致了按现行价格计算的支出法

---

① 刘伟主编,《中国经济增长报告 2014——深化经济改革与适度经济增长》。北京:北京大学出版社,2014 年。

GDP 中资本形成所占的比例在最近十多年里迅速攀升。在表 3.18 中,我们将支出法 GDP 中的最终消费支出和资本形成总额之和定义为国内总需求,并通过计算这两个指标占国内总需求的比重来分析我国最终需求的发展变化趋势。

表 3.18　1978—2013 年我国国内总需求构成

年份	最终消费支出 (亿元) (1)	资本形成总额 (亿元) (2)	国内总需求 (亿元) (3)=(1)+(2)	最终消费支出占 国内总需求的比重 (%) (4)=(1)/(3)	资本形成总额占 国内总需求的比重 (%) (5)=(2)/(3)
1978	2 239.1	1 377.9	3 617.0	61.9	38.1
1980	3 007.9	1 599.7	4 607.6	65.3	34.7
1985	5 986.3	3 457.5	9 443.8	63.4	36.6
1990	12 090.5	6 747.0	18 837.5	64.2	35.8
1991	14 091.9	7 868.0	21 959.9	64.2	35.8
1992	17 203.3	10 086.3	27 289.6	63.0	37.0
1993	21 899.9	15 717.7	37 617.6	58.2	41.8
1994	29 242.2	20 341.1	49 583.3	59.0	41.0
1995	36 748.2	25 470.1	62 218.3	59.1	40.9
1996	43 919.5	28 784.9	72 704.4	60.4	39.6
1997	48 140.6	29 968.0	78 108.6	61.6	38.4
1998	51 588.2	31 314.2	82 902.4	62.2	37.8
1999	55 636.9	32 951.5	88 588.4	62.8	37.2
2000	61 516.0	34 842.8	96 358.8	63.8	36.2
2001	66 933.9	39 769.4	106 703.3	62.7	37.3
2002	71 816.9	45 565.0	117 381.5	61.2	38.8
2003	77 685.5	55 963.0	133 648.5	58.1	41.9
2004	87 552.6	69 168.4	156 721.0	55.9	44.1
2005	99 357.5	77 856.8	177 214.4	56.1	43.9
2006	113 103.8	92 954.1	206 057.9	54.9	45.1
2007	132 232.9	110 943.2	243 176.1	54.4	45.6
2008	153 422.5	138 325.3	291 747.8	52.6	47.4
2009	169 274.8	164 463.2	333 738.0	50.7	49.3
2010	194 115.0	193 603.9	387 718.9	50.1	49.9
2011	232 111.5	228 344.3	460 455.8	50.4	49.6
2012	261 832.8	252 773.2	514 606.1	50.9	49.1
2013	292 165.6	280 356.1	572 521.7	51.0	49.0

资料来源:根据《中国统计年鉴(2014)》中的有关数据计算。

具体地看,可以把改革开放后我国国内需求结构的变化分成三大阶段进行分析。

改革开放后,我国实现了由低收入国家向下中等收入国家(1998 年)、由下中等收入国家向上中等收入(2010年)国家的转变,现在正经历着由上中等收入国家向高收入国家的发展阶段。在这三个不同的发展阶段中,投资和消费的比重也显现出不同的特征。在低收入阶段,我国改变了过去那种背离实际需要的高积累或高投资倾向,通过消费拉动经济增长,从而实现了由低收入向下中等收入的过渡。在这一期间,我国实现了"经济起飞"即加速了经济增长,但和一般发展中国家不同的是,在这一加速过程中,国内总需求结构中反映出来的变化趋势是消费比重的扩大。这和改革开放初期在产业结构变化中所反映出来的克服"虚高度"的原因是类似的,高增长必须由高投资来拉动,这是很多人的共识,扩大积累来增加投资最后推进经济增长,不仅在发展中国家,甚至在发达国家也是用来刺激经济增长的方法。但是在我国则不然,由于在计划经济下,投资的增长早已超出了必要的限度,不但影响到人民生活的改善,而且因为这些投资缺乏消费的支持而形成浪费,这也属于一种"虚高度",所以当时我国的"拨乱反正",并不仅仅体现在思想领域里,也体现在经济生活中,从供给领域看是对虚高的工业发展进行调整,从需求领域看是对虚高的投资进行调整,这才真正为高速经济增长创造了条件。1978—1998年,我国最终消费占国内总支出的比重虽然有所起伏,但是从总的趋势上看是上升的,尤其是在改革开放后的初期,该比重提高得更多,由1978年的61.9%提高到64.2%,提高了2.3个百分点。而从20世纪90年代邓小平南方讲话后,我国开始了新一轮加速的经济增长,投资迅速增长,导致消费比重有所下降,但在最低的1994年,消费的比重仍然达到了59.0%,而随着经济增长步入调整阶段,投资的比重又开始重新下降而消费比重重新上升,1998年消费的比重又重新上升到62.2%,比1978年高出0.3个百分点。因此用投资比重不断加大来解释我国改革开放后的长期经济增长是不成立的,在20世纪80年代,我们正是降低了投资在国内总需求中的比重,才实现了高速经济增长;而在90年代初期,投资虽然加快并导致投资的比重提升,但是后来又重新降了下去。这说明我国的长期增长,在更多的时期是通过投资和消费的均衡发展而实现的,而每当经济增长加速导致投资比重提升时,随后都会发生经济调整,迫使这一比重下降,国民经济才会重新进入一个新的平稳运行的周期。

在由下中等收入向上中等收入发展的期间,我国经历了一个加速工业化和城镇化的发展阶段。在这一期间,从生产方看,我国的第二产业尤其是制造业得到了迅速的发展,而从最终需求方看,是投资的比重在迅速提高。也就是说,在内需方面,这一时期拉动经济增长的主要需求是投资。而从需求和供给的关系上看,投资的增长和制造业的发展正好对应起来。而在成为上中等收入国家后,或者说,进入了由上中等收入国家向高收入国家发展的时期后,我国的生产结构和最终需求结构都开始发生新的变化。在生产方,体现为第三产业代替第二产业,成为经济增长中的主导产业；而在需求方，则体现为投资增速在逐渐放缓，最终消费（包括政府和居民消费的商品和服务）则开始逐渐提升。1998—2010年，我国的投资占国内总需求的比重迅速提高，从37.8%上升到49.9%，或者说投资在国内总需求中的比重已经占了接近一半，这里固然有随着我国经济发展水平的提升而造成的居民需求变化方面的原因（典型的进步是新建居民住宅成为固定资产形成中的重要内容），大规模的基础设施建设和企业投资也是这一时期发展的客观需要，但是从消费和投资的数量比例关系来看，已经开始出现扭曲。世界上任何国家或经济体，在加速工业化和高速经济增长的过程中，都没有出现过这么高的投资比例。这种现象的出现，既有发展上的原因，也有我国特定的体制背景，由政府主导的经济增长在带动我国加速工业化进程的同时，也带来了产业结构和需求结构失衡等一系列矛盾，客观上要求我国的经济结构进行一轮新的调整。

2010年成为上中等收入国家后，我国进入了全面建成小康社会的攻坚阶段，同时，也开始了由上中等收入国家向高收入国家发展的阶段。按照世界各国经济发展的一般规律，这一阶段往往都会出现投资比重下降、消费比重上升的情况，而我国的投资比重较高，需求结构的调整就会更强烈。因此从2010年起，我国的投资比重开始下降，虽然下降得比较缓慢，但已经反映出这一发展趋势。我国的经济发展虽然具有自身的特色，但从最终需求变化的长期趋势来看，和世界各国所走的道路也应该是类似的。

（三）国际经验

表3.19列出的是日本20世纪50年代中期到20世纪末期的最终消费占比和资本形成占比的时间序列。从表中可以看出，日本在高速经济增长的过程中，其资本形成占国内总需求的比重也是不断提高的，但由于其市场化程度较高，提高的程度受到了限制。1955—1970年，在15年的时间里，把资本形成总额占国内总需求的比重从23.8%提高到接近39.5%，虽然最高水平仅比我国1978年的水平高出1个百分点，但是提高的程度相当大，在15个百分点以上。从1970年开始，日本逐渐走出高速增长阶段，资本形成总额的占比就开始逐渐降低，而人民生活开始得到较多的改善，表现为在经济增长的成果中更多的部分转化为消费，从而导致需求结构中消费比重的上升，1998年已经超过70%。在世界上大多数高收入发达国家中，这一比重都在这个水平上。虽然30%左右的投资比重看起来比我国现在的水平低得多，但是由于发达国家的经济发展水平高，人均GDP高，所以人均投资水平还是相当高的。在世界各国的发展进程中，都存在着这样的共同规律，这就是在工业化进程及高增长过程中，积累率和投资率都会逐步提高，但随着经济发展水平到达一定阶段后，劳动者提高收入和生活水平的要求会越来越强烈，因此导致社会分配结构的变化及消费比重的上升。从这一点看，我国在改善民生

方面(或者说是居民消费和政府消费)其实还有比经济增长更大的发展空间,这就是我们可以适度地放缓投资增长,让过去十多年里形成的基础设施和产能更加充分地发挥作用,把更多的力量放在鼓励消费增长上。让投资增速放缓,并不是不要投资,事实上,由于现在我国的经济规模已经相当大,投资规模也已经相当大,即使投资增长的速度慢一点,但增长的量仍然还是相当大的。当投资(资本形成)的增长慢于消费(居民消费和政府消费)时,最终消费支出的比重就会逐渐地提高,我国经济增长中的一系列矛盾(如民生问题、产能过剩等)都有可能得到缓解。

表3.19　1955—1998年日本国内总需求构成　　单位:%

年份	最终消费支出占国内总需求的比重	资本形成总额占国内总需求的比重
1955	76.2	23.8
1956	73.3	26.7
1957	69.8	30.2
1958	72.9	27.1
1959	71.0	29.0
1960	67.0	33.0
1961	63.7	36.3
1962	65.7	34.3
1963	66.5	33.5
1964	65.5	34.5
1965	67.7	32.3
1966	67.1	32.9
1967	64.6	35.4
1968	62.8	37.2
1969	61.8	38.2
1970	60.5	39.5
1971	63.2	36.8
1972	63.6	36.4
1973	61.9	38.1
1974	63.0	37.0
1975	67.2	32.8
1976	67.9	32.1
1977	68.6	31.4
1978	68.5	31.5
1979	67.8	32.2
1980	68.0	32.0

（续表）

年份	最终消费支出占国内总需求的比重	资本形成总额占国内总需求的比重
1985	70.9	29.1
1990	67.5	32.5
1995	71.0	29.0
1998	72.7	27.3

资料来源：日本内阁府经济社会综合研究所国民经济计算部「国民经济计算报告（长期溯及主要系列 昭和30年～平成10年）」。

三、为什么经济增长下行但经济发展仍然稳健

2008年全球金融危机后，我国的经济增长出现了回落，即使在宏观刺激政策下，年均经济增长率还是比前一段时间（2003—2007年）低了1个百分点。2008—2011年的GDP增长率分别为：9.6%、9.2%、10.4%、9.3%，平均增长率约在9.5%左右，已经比前一时期的年均增长率下降了1个百分点以上。但由于这种高增长是在宏观刺激政策下（尤其是投资刺激政策下）实现的，而积累和消费之间的关系已经出现明显扭曲的现象，再企图通过投资拉动增长，只能使结构性矛盾越来越严重，这种高速增长是不可持续的。事实上，在这种表面的高增长下，我国经济和社会发展中的矛盾越来尖锐，一方面，居民收入、房价、通货膨胀、环境和社会保障等一系列人民群众关心的问题需要解决；另一方面，我们的经济增长面临进一步下行（即增长率回落）的压力。如果要改善居民收入，就要在生产领域提高劳动者报酬，也就提高了企业的生产成本，在增加企业的经营压力的同时，也就推动了成本推动的通货膨胀；如果想控制房价上涨，就必须减少投资刺激政策的力度，但一旦减少了刺激，地方政府的土地收入、房地产企业的利润以及和房地产发展相关的建筑业、制造业的发展都会受到影响。其他领域的问题也都面临着这样的两难选择。而且在过去十多年的经济发展中，由于持续的景气，企业、地方政府的风险意识开始放松，经济建设中对"金融杠杆"的使用不断加大，这就加大了我国经济增长中潜在的系统性风险。如果不继续刺激经济，那么经济活动中的一部分资金链就有可能断裂，出现一系列的微观问题，但如果继续刺激经济，短期的矛盾可能被暂时掩盖，但经济活动的系统性风险将会越来越大。在这种背景下，在2010年和2011年前后，中央政府最终做出了抉择，这就是让宏观刺激政策"择机退出"，让市场在配置资源方面发挥决定性的作用。在采取"择机退出"政策之后，中央政府又推出了一系列深化经济体制改革的举措，这实际上是把对经济活动的短期干预转变为加强市场主体在经济活动中的地位，提高长期经济增长的效率。在这一政策出台后，我国的经济增长率随之出现了回落，2012年和2013年，我国的经济增长率回落至7.7%，比2011年回落了1.6个百分点；而2014年则回落至

7.4%，比 2011 年回落了 1.9 个百分点。这一期间的年均经济增长率在 7.6% 左右，和改革开放到 2011 年的长期年均经济增长率（10% 左右）相比，大约回落了 2.5 个百分点。在前面的分析中，我们已经指出这种经济增长率的间断式回落，既是解决我国当前经济和社会发展中各种矛盾的需要，也是我国经济发展到一定阶段的必然反映，所以未来我国的短期经济增长率有可能出现回升，但从长期发展来看，则已经进入了另一个新的发展时期。

  经济增长进入"新常态"后，我国的经济增长率下了一个台阶，这必然对在上一个经济周期中（2003—2010 年）依赖于高增长和高投资来生存和发展的一些企业甚至是行业（如钢铁、煤炭、水泥、玻璃等）形成压力，如果这些企业和行业依赖于银行信贷或其他金融机构的高杠杆实行扩张，那么其所遇到的困难就会更大。再加上我国目前环境保护方面的压力，在微观层面上，这些企业和行业的生存和发展正面临着考验，也对一些地方的经济发展带来了困难。但是从总体上看，尤其是从宏观层面上看，我国的经济和社会发展情况是在好转。通货膨胀的压力减轻了（CPI 上涨幅度只有 2%），人民的收入改善了（居民人均可支配收入的增长超过经济增长），就业情况在继续改善（2014 年城镇新增就业 1 322 万人），国际收支明显改善（收支更加平衡），资源配置和环境得到进一步改善。可以说，在经济发展的六大目标中，有五个目标是改善的，而经济增长率虽然有所回落，但从国际标准上看，仍然属于高增长，尤其是在我国这样大的经济总量的基础上，仍然实现 7% 以上的经济增长，这在世界历史上是不曾发生的。这说明，在选择"择机退出"后，我们实际上是以放弃一部分局部利益，获得了更大的整体利益；以放弃一部分短期发展，改善了长期发展的条件；在牺牲一部分企业甚至是地方政府的利益的同时，使广大人民群众获得了更多的实惠。而在适度经济增长的情况下，我们可以集中精力，解决长期经济增长中出现和积累的各种矛盾，尤其是经济增长和人民群众利益的改善不相适应的矛盾，使我国未来的经济增长和经济发展能够取得更大的成果。

  很长一段时期里，我国一直把经济增长作为检验各级政府执政能力的重要指标，这是有客观和历史的原因的。这种政绩观在我国迅速的现代化进程中，促进了经济增长和经济发展，使我国的综合国力、人民生活和国际地位在不长的时期里有了显著的变化，在世界上创造了"中国奇迹"，这种进步是任何人都无法否认的。但是，随着我国在高速经济增长中所进行的由计划经济向市场经济的转轨，传统的由政府主导的经济增长已经越来越不能适应新时期经济和社会发展的要求，经济增长与经济和社会发展之间的矛盾开始显现。在新的条件下，如何转变政府职能，进一步通过深化经济体制改革完善我国的社会主义市场经济，并通过有中国特色的市场经济更好地配置资源，实现更有效率的经济增长，已经成为我们在新的经济发展阶段中要解决的问题。因此,党的十八大提出了在2010—2020年实现GDP再翻一番的经济增长目标的同时,要在建党一百年前后全面建成小康社会,并且在十八届三中全会和四中全会分别提出了要深化经济体制改革和依法治国,这就使我国未来的经济社会发展有了新的目标和发展模式,即通过进一步完善市场经济和市场秩序,尤其是通过民主与法制的建设来完善社会主义市场经济体系,然后在社会主义市场经济的主导下,实现资本配置的不断优化,提高我国经济增长的效率,促进经济、社会、资源和环境的可持续发展。从现在的情况看,这一方面的努力已经取得了明显的效果,虽然经济增长率有所回落,但整个经济的效率和福利是在不断改善的。投资增速出现了回落,但经济增长率没有出现大的波动。虽然在由旧的发展模式向新的发展模式转化中一些企业、一些地区的增长和发展受到了影响,如山西、河北等资源和重工大省在这种转化中经济发展都承受了很大的压力,但是从整体上看,经济发展的情况是改善的,一些新兴业态有了比较大的发展(如互联网产业),大多数企业、行业和地区在转轨中所遇到的困难也是能够克服的。从居民、企业和政府的关系看,投资增长的减少将使部分企业的发展受到一定影响,也可能会影响政府的收入,但是对居民的影响则相对较小,再加上劳动力市场建立后,我国劳动力的自由流动程度已经大大提升,个别企业的发展困难对整体就业的冲击是有限的。在这种情况下,政府又加强了改善民生方面的举措,在经济增长出现小幅下跌时,居民的收入和消费的平均水平反而是提升的。所以经济增长的这种"新常态",是受到人民群众的拥护和支持的。好的经济增长不能只体现在数字中或者资本收益的账户中,更重要的是让人民群众获得实实在在的好处,而在"新常态"下的经济增长中,我们看到了这一点。

如果对"新常态"下的经济增长有一个客观的判断,就能更好地理解我国现阶段实施稳健的宏观经济政策的必要性。为了减轻企业的经营负担和在国际收支改善的情况下仍然保持货币供给的稳定性①,适度地降低利率和调整存款保证金是应该的,但是重新通过刺激投资来实现经济增长率的回升,显然不是一个好的解决方案。那样将造成我国国内总需求中,已经扭曲的投资和消费关系重新恶化,导致更加严峻的结构矛盾,这是不符合我国现阶段经济和社会发展要求的。当然,我国经济中这种投资和消费关系之间的扭曲,要在短期内得到根本的改善是有难度的,和改善环境一样,都要经过一个长期的过程。在这一过程中,如果经济增长继续下行,超过了我们所能容忍的限度,或者说,影响到我们实现长期发展

---

① 前些年,由于国际收支的顺差,外汇占款成为我国货币供应投放的主要来源,随着国际收支的改善,这一部分顺差造成的货币投放在减少,所以采取必要的手段,以保持经济活动中必要的货币供给。

目标,那么在体制创新因素还不能充分发挥作用的情况下,必要的政府干预仍然是必要的。但是很显然,新的宏观调控不能再以经济结构(包括产业结构、收入分配结构、最终需求结构等)的恶化为代价,而应该通过进一步减轻企业负担、加强民生支出等手段,在结构优化中促进经济增长。

第四章 能源、环境与可持续发展

第一节 生活能源消费与经济增长

在现代社会,能源是城乡居民不可或缺的生活资料,与居民生活息息相关的空调、暖气、电灯、电视、燃气灶、小轿车等都需要使用能源。2012年中国城乡居民生活能源消费量约为4亿吨标准煤,占当年终端能源消费量的11.5%,同时占当年能源消费总量的11%。由此可见,生活能源消费是能源消费总量的重要组成部分。随着城镇化的推进和经济发展水平的进一步提高,生活能源消费的需求还将进一步增加。而在现有研究文献中,特别是关于经济增长与能源消费的关系的研究中,一般都使用能源消费总量作为解释变量或者被解释变量,并没有区分出生产部门能源消费和生活部门能源消费。实际上,如果说生产部门能源消费的需求直接取决于经济增长,包括总量、结构及经济增长过程中的能源利用效率和能源价格变化等(Fisher-Vadan et al.,2004);那么,生活部门的能源消费需求的决定因素则具有显著差异,包括人口、城镇化、收入水平、气温和能源价格等(Reiss and White,2005)。因此,经济增长中生活部门的能源消费问题是一个需要单独研究的领域,而不能笼统地纳入能源消费总量中。中国幅员辽阔,各地区之间的自然资源禀赋、经济发展水平、气候水文条件等各不相同,这决定了不同地区的生活用能方式和能源消费水平也必然存在较大差异。本节分析中国省际生活能源消费的地区差异,包括生活能源消费量和生活能源消费结构两个方面,并从中探索影响生活能源消费地区差异的因素。

国际上对居民能源消费的研究主要从宏观和微观两个角度展开,宏观方面主要以国家和地区居民能源消费为研究对象,分析收入、价格、人口等因素对居民能源消费的影响。比如,Nesbakken(1999)分析了1993—1995年期间挪威能源价格对家用取暖设备及居民能源消费量的影响,发现价格影响显著,并且高收入家庭对能源价格比低收入家庭更敏感。Lenzen(2006)分析了澳大利亚、丹麦、巴西、印度、日本等国家庭能耗变化的原因,发现居民能源消费变化的规律不符合库兹涅兹假说,即随着居民消费支出的增加,居民能源消费持续增加,并没有出现拐点;从国际上看,居民能源需求与家庭收入并没有统一的关系。Alberini(2011)基于美国50个大城市区1997—2007年的面板数据,研究了影响居民电力、天然气需求的因素,得出无论是长期还是短期内,能源价格都是一个强相关因素。

微观方面主要通过问卷调查研究家庭能源消费行为。比如，Brounen(2012)从节约资源的视角出发研究了居民能源消费行为，在超过300 000户荷兰家庭的样本数据基础上，得出结论：居民天然气消费主要由居住特征决定，如房屋建筑年份、建筑类型等；而电力消费更多的是由家庭因素决定，如收入、家庭成员年龄构成等。Chen(2013)通过对杭州调查数据分析居民能源消费，发现居民的年龄构成比收入因素更具有影响力。

国内关于居民生活能源消费的研究主要分为两大类：一是分析和解释生活能源消费的时间序列变化特征，如陈讯(2008)结合需求因素分析，应用协整分析方法验证了实际消费支出因素在影响生活能源需求的因素中处于支配地位，城市化的进程和能源消费结构的变动对生活能源消费的影响较小。秦翊(2013)区分了居民能源直接消费和间接消费，并通过投入产出法计算出居民间接能源消费是直接能源消费的两倍以上。通过Divisia分解法(LMDI)对居民生活能源消费的因素进行分解，得出人口、经济水平、能源效率和能源结构等因素影响居民直接能耗，其中收入因素的贡献最大。

二是对特定区域生活能源问题的研究。国内文献中有很大一部分集中于农村生活能源的研究，如韩昀(2012)、徐晓刚(2008)等分析了中国农村地区生活能源消费及其结构变化，认为收入水平、能源特性等决定了农户生活能源水平和结构。娄博杰(2008)、张妮妮(2011)研究了农村居民对生活能源消费的选择行为，结果表明家庭财富、资源可获性及教育程度等家庭特征是决定中国能源消费水平和结构变化的主要影响因素。李国柱(2007)从农村生活能源的视角探索了区域可持续发展问题，并进一步提出农村生活能源生态经济系统的优化模式。此外，张海鹏(2010)就林区的家庭生活能源消费进行了研究。张馨(2013)基于城乡居民家庭的问卷调查，采用线性支出系统模型，对黄土高原西部地区家庭的生活能源消费进行了实证分析，结果表明城镇居民的能源需求高于农村居民。李光全(2010)对中国农村生活能源消费现状及区域差异进行了分析探讨，认为农村生活能源消费水平区域差异显著，呈现出以华北-西南地区为轴线向两边逐渐递减的趋势，属于人口-经济指向型布局。秦翊(2013)利用省级区域的动态面板模型，分析各区域居民能耗结构之间差异的原因，证明居民收入和前期消费的影响显著，提高能源效率需要改变居民能源消费的不良习惯。

综合国内外关于生活能源消费的研究发现，对省际生活能源消费的差异的研究是非常缺乏的。其中，秦翊(2013)涉及了该问题，但是该文献只考虑了GDP的因素，没有考虑城镇化、人口和气候条件等因素的影响。本节综合考虑国内学者对生活能源消费需求影响因素的探索，并运用省际生活用能数据进行验证。

一、生活能源消费量的地区差异及其影响因素

2011年[①]全国[②]除浙江、西藏和宁夏之外的28个省(市、自治区)的生活能源消费量的平均值为1 396万吨标准煤。其中,生活能源消费量超过2 000万吨标准煤的省(市、自治区)有7个,分别是广东(3 685万吨)、河南(2 536万吨)、河北(2 499万吨)、四川(2 395万吨)、山东(2 117万吨)、湖南(2 098万吨)和黑龙江(2 011万吨)。生活能源消费量低于1 000万吨的省(市、自治区)有9个,分别是海南(130万吨)、青海(201万吨)、重庆(513万吨)、甘肃(662万吨)、江西(710万吨)、天津(756万吨)、吉林(796万吨)、广西(879万吨)和新疆(973万吨)。如图4.1所示,各地区生活能源消费量存在较大的差异。

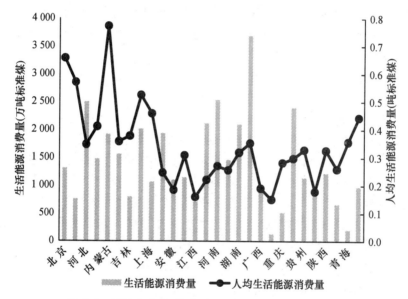

图4.1 2011年各省市、自治区(人均)生活能源消费量
资料来源:各省统计年鉴,能源消费量采用发电煤耗计算法,人口数为年中人口数。

那么,是什么因素导致这种差异呢?首先是人口,在生活能源消费量超过2 000万吨标准煤的7个省区中,除了黑龙江,其他6个省都是中国的人口大省;而生活能源消费量小于500万吨的海南和青海的人口数都在1 000万以下。计算各省(市、自治区)生活能源消费量与年中人口数的相关系数为0.83。这一方面说明了各地区生活能源消费量的差异与人口数的不同高度相关,另一方面也说明了影

---

① 由于2012年生活能源消费量数据缺失的省份较多,本节在分析生活能源消费量的地区差异及其影响因素时采用2011年的省际截面数据。
② 指中国大陆,不包括香港、澳门和台湾地区。

响生活能源消费量地区差异的还有其他因素。

生活能源消费量是人口数与人均生活能源消费量的乘积,从简单的数学推导看,除了人口数,另一个影响生活能源消费量地区差异的变量是人均生活能源消费量。观察图4.1可以发现,人均生活能源消费量在不同地区间存在着较大的差异,并且人均生活能源消费量的地区排序与生活能源消费量的地区排序也存在着较大的差异。比如,广东的生活能源消费量排名全国第一,但其人均能源消费量却仅略高于平均水平。2011年28个省(市、自治区)的人均能源消费量平均为343千克标准煤。其中,人均生活能源消费量高于500千克标准煤的省(市、自治区)有4个,分别是内蒙古(773千克)、北京(656千克)、天津(570千克)和黑龙江(525千克);人均生活能源消费量低于200千克标准煤的省(市、自治区)有5个,分别是海南(149千克)、江西(159千克)、云南(178千克)、安徽(184千克)和广西(190千克)。

那么,是什么因素决定了一个地区的人均生活能源消费量?或者说,是什么因素导致人均生活能源消费量的地区差异呢?

一是经济发展水平。一个地区的经济发展水平越高,其居民的收入水平和生活水平也就相应地越高,因此可能消费更多的电力、汽油等能源。比如,人均能源消费量较高省(市、自治区)中的北京、天津、上海和内蒙古等都是经济发展水平较高的地区;而人均能源消费量较低的海南、江西、云南、安徽和广西都是经济发展水平较低的地区。用人均地区生产总值表示一个地区的经济发展水平,计算其与人均能源消费量的相关系数为0.62。这表明一个地区人均能源消费量的大小在很大程度上是由该地区的经济发展水平决定的。

二是城镇化水平。城镇居民和农村居民对能源的利用方式和消费水平有着较大的差异,城镇的能源供应系统相对比较完善,包括电力供应、热力供应、天然气和煤气管道等,这使得城镇居民可以享受到清洁、方便、全面的能源服务,相比之下,农村居民仍主要依靠传统的能源获取和利用方式,能源需求低于城镇居民。伴随着城镇化进程,农村人口移居城镇后,将以电力、天然气等更清洁的能源替代煤炭、木材等传统能源。比如,2011年中国农村人均生活能源消费量为0.23吨标准煤,而城镇人均生活能源消费量为0.33吨标准煤,后者比前者高43.5%。以2011年各地区人均生活能源消费量和城镇化率做统计检验,两者存在显著的正相关关系,相关系数为0.57。

三是能源价格水平或者能源使用成本。能源使用成本是影响居民生活能源需求的又一重要因素,根据经济学中的基本供求原理,在其他条件保持不变的情况下,价格上升会导致需求减少,因此如果能源使用成本上升,人们生活能源消费的经济负担加大,生活能源消费量则会减少。中国幅员辽阔,资源条件差异明显,这决定了各地区能源使用成本也有所差别。通常,在能源资源丰富的地区(如山西、内蒙古和新疆等),其能源使用成本较低,人均能源消费量就会相应地较高。因此,本节用各地区煤炭资源储量来衡量能源使用成本的差异。

四是气候条件。气候条件也是影响生活能源消费的重要因素,主要涉及供热和制冷的用能需求。在夏季,天气炎热的地区具有更大的空调制冷需求;而在冬季,天气寒冷的地区具有更大的供热需求,这就需要消耗更多的能源。比如黑龙江,其人均能源消费量居全国第四名,这在很大程度上是由其气候特征决定的。

综合上面的分析,我们可以建立如下生活能源需求模型:

$$\text{REC} = \beta_0 + \beta_1 \text{POP} + \beta_2 \text{GDPP} + \beta_3 \text{URB} + \beta_4 \text{RES} + \beta_5 \text{TEMP1} + \beta_6 \text{TEMP8} + \varepsilon, \quad (4.1)$$

其中,REC 代表生活能源消费量;POP 代表年中人口数;GDPP 代表人均地区生产总值,衡量一个地区的经济发展水平;URB 代表城镇化率;RES 代表煤炭资源储量,衡量一个地区的能源资源禀赋及能源使用成本;TEMP1 代表 1 月平均气温,TEMP8 代表 8 月平均气温,衡量一个地区的气候条件;ε 为误差项。运用 2011 年截面数据对上述生活能源需求模型进行验证,结果如表 4.1 所示:

表 4.1 生活能源需求模型回归结果

	模型 1	模型 2	模型 3	模型 4	模型 5	模型 6	模型 7
C	-104.10	-475.61	-484.64	-225.03	-232.03	-592.59	-792.43
	(245.82)	(588.56)	(372.38)	(243.54)	(232.13)	(800.4)	(793.35)
POP	0.25	0.26	0.26	0.26	0.27	0.27	0.27
	(0.03)***	(0.03)***	(0.03)***	(0.03)***	(0.03)***	(0.03)***	(0.03)***
GDPP	0.01	0.00		0.01	0.01	0.01	0.01
	(0.00)**	(0.01)		(0.00)**	(0.00)**	(0.00)*	(0.00)*
URB		13.56	13.93				
		(19.47)	(5.85)**				
RES				0.87			0.68
				(0.47)*			(0.47)
TEMP1					-19.73	-22.91	-20.93
					(8.31)**	(10.81)**	(10.64)*
TEMP8						15.72	21.19
						(33.35)	(32.78)
R^2	0.74	0.74	0.74	0.77	0.79	0.79	0.81
调整后的 R^2	0.71	0.71	0.72	0.74	0.76	0.75	0.76

注:***,**,* 分别表示在 1%、5%、10% 的统计水平上显著。

根据前面的理论分析,人口数量和生活能源消费量高度相关;同时,一个地区的经济发展水平越高，可能消费更多的能源。因此，在基本的回归模型中（模型1），考虑人口和人均GDP两个变量。回归结果显示，POP和GDPP分别在1%和5%的显著性水平上为正，调整后的R^2为0.71，说明基本模型能较好地解释各省（市、自治区）生活能源消费量的差异。

模型2在基本回归模型的基础上加入了城镇化率因素，结果显示GDPP和URB均不显著。究其原因，GDPP和URB存在多重共线性，两者高度相关（相关系数为0.95）。实际上，城镇化与人均GDP都用以衡量一个地区经济发展水平[①]，在模型中不应重复考虑。模型3选择人口和城镇化率作为解释变量，结果显示URB在5%的水平上显著为正，说明城镇化率对生活能源消费具有正向作用，城镇化率越高的地区，其生活能源消费量也越大。

模型4在模型1的基础上增加了煤炭资源储量（RES），主要考察能源使用成本对生活能源消费的影响。由于难以找到一个统一的指标来衡量能源使用成本，本节用煤炭资源储量来间接反映能源的使用成本，这种衡量只是近似的。模型4的回归结果中RES的系数为正，并且在10%的水平上是显著的，基本上能够验证在能源资源丰富的地区，人均能源消费量也就会相应地较高。

模型5和模型6分别在基本模型的基础上增加1月平均气温和1月、8月平均气温。TEMP1的系数通过了5%的显著性水平检验，这说明在冬季，天气寒冷的地区具有更大的供热需求，这就需要消耗更多的能源，与前面的理论假说相符。TEMP8的系数为正，但是并不显著，其可能的原因在于夏季生活用能主要是空调等降暑设备，而这些设备的使用量又与当地居民的收入水平有关。一个很明显的例子就是在长江以南的地区，尽管夏季高温难耐，但由于居民收入水平较低，大部分农村及部分城镇居民为节省电费依然选择传统意义上的电扇、蒲扇等方式降暑。

综合所有变量的模型7的回归结果与前几个模型基本一致。可以看到，人口、人均GDP、煤炭资源量、1月平均气温和8月平均气温的系数都符合之前的理论假说。但是煤炭资源储量和8月平均气温的系数没有通过检验，其中8月平均气温系数不显著在模型6中已经解释，而煤炭资源储量不显著的可能原因与中国的能源价格形成机制有关。在能源领域，价格很大程度上受政府行政干预，如电价是统一由国务院物价行政主管部门或者其授权的部门进行管理，实行政府定价。这使得能源价格无法客观地反映各地能源资源的稀缺程度，因此也影响了其

[①] 城镇化与人均GDP正如一个硬币的两面，从不同层面反映了一个地区的经济发展水平。换言之，并不是城镇化推动人均GDP的提高，也不是人均GDP的提高推动城镇化，两者是经济发展水平提高在不同层面的体现。

对各地的生活能源消费量的作用。

二、生活能源消费结构的地区差异及其影响因素

生活能源消费品种繁多,包括煤炭、焦炭、汽油、柴油、天然气、液化石油气、煤制气、电力和热力等,生活能源消费的地区差异不仅体现在数量上,在消费结构上也各不相同。我们可以分别用电力消费和汽油消费占生活能源消费的比重作为代表性的指标来衡量全国各地区生活能源消费结构的差异,如图4.2所示。

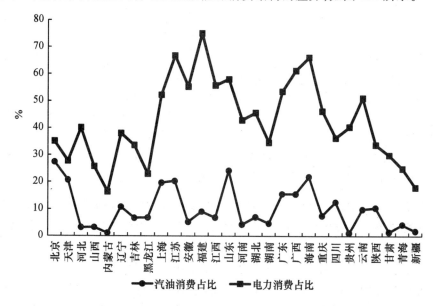

图4.2 2011年各省(市、自治区)电力、汽油消费占比

资料来源:生活能源消费量来自各省的统计年鉴;电力和汽油消费量根据《中国能源统计年鉴(2012)》中地区能源平衡表中的实物量计算得到。其中,电力消费量采用发电煤耗计算法折算为标准煤,根据《中国能源统计年鉴(2012)》的数据折算标准为3.1714万吨标准煤/亿千瓦时;汽油消费量根据10 300千卡/千克的热值标准折算成标准煤。

图4.2显示,各地区生活能源消费结构存在较大差异。从电力消费占比看,2011年28个省(市、自治区)电力消费占生活能源消费的比重平均值为42%,其中福建(75%)、江苏(67%)、海南(66%)和广西(61%)的电力消费占比超过60%;而内蒙古(16%)、新疆(18%)、黑龙江(23%)、青海(25%)、山西(26%)和天津(28%)的电力消费占比则低于30%。从汽油消费占比看,2011年28个省(市、自治区)汽油消费占生活能源消费的比重平均值为10%,其中北京(27%)、山东(24%)、海南(22%)和江苏(20%)的汽油消费占比均超过20%;而贵州(1%)、内蒙古(1%)、甘肃(1%)和新疆(2%)均在2%以下。

为了分析生活能源消费结构地区差异的影响因素,本节选取生活能源总量相近的北京、安徽、福建、贵州、陕西五个地区进行对比(见表4.2)。

表4.2 五地区生活能源消费情况对比

	北京	安徽	福建	贵州	陕西
生活用能总量(万吨标准煤)	1 305.8	1 095.9	1 142.1	1 138.9	1 218.2
其中:					
煤炭(万吨)	279.6	226.0	94.2	685.3	254.5
汽油(万吨)	243.5	39.2	70.6	8.7	86.5
液化石油气(万吨)	21.2	41.7	42.1	9.6	22.0
天然气(亿立方米)	10.5	8.0	5.3	0.1	13.8
热力(万吨标准煤)	99.3	71.0	0.0	0.0	92.1
电力(亿千瓦时)	144.7	191.6	270.4	145.1	130.0
人均GDP(元/人)	81 647	25 661	47 377	16 413	33 464
1月平均气温(摄氏度)	-4.5	0.3	8.0	-1.5	-2.8
人均煤炭储量(吨/人)	18.9	134.0	11.6	169.1	287.8

资料来源:《中国能源统计年鉴(2012)》及各省统计年鉴。

如表4.2所示,生活能源消费量相近的地区在煤炭、汽油、燃气、热力和电力等终端能源消费品种的消费量上出现了较大差异,并由此产生了生活能源消费结构差异。究其原因:

一是经济发展发水平的差异。比如,北京和陕西在煤炭、燃气、热力和电力等能源品种方面的消费量都相差不大,主要的差别集中在汽油的消费量上。导致这种差别的主要原因是两个地区的经济发展水平不同,北京的人均GDP是陕西的近2.5倍。通常,随着经济发展水平的提高,家庭用汽车日益普及,汽油消费也将会提高。因此,经济发展水平的差异是影响汽油消费进而影响生活能源消费结构的一个很重要的因素。

二是气候条件的差异。中国陆地区域从海南三亚北纬18°跨越到最北端漠河北纬53°,包含了热带季风气候、亚热带季风气候、温带季风气候、温带大陆性气候和青藏高原高寒气候等多种气候带。夏季南北方温差不大,冬季南北温差却超过50℃,气温上的差别显而易见。而气候上的不同又造成了生活用能的差异。比如,为了解决冬季取暖问题,中国秦岭—淮河以北的城市(陕西北部、河南北部、山东、河北、北京、天津、山西、甘肃、青海、宁夏、内蒙古、新疆大部分、黑龙江、吉林、辽宁等),都建有全城规模的暖气管道网络,由政府或政府指定的公司运营,在冬季提供集中供暖服务。因此,气候因素无疑是影响生活能源消费结构一个非常重要的因素。以北京和福建为例,福建地处东南沿海,而北京则位于华北平原东北部,两地冬季气温差异十分明显,1月北京和福建的平均气温分别为-4.5℃和

8℃,这导致在北京的生活能源消费中有近100万吨标准煤的热力消费,而福建的热力消费量为0。

三是能源资源条件的差异。地区资源储量也是影响生活用能结构的重要因素。在煤炭资源丰富的地区,人们能够更加便捷地以相对较低的价格获取煤炭以满足取暖、炊事、照明的需求,相应的其他品种的能源消费就会更低。比如,福建和贵州两个地区的生活能源消费量非常接近,但是两个地区生活能源所消费的煤炭量具有显著的差异,导致这种差异的原因在很大程度上是其煤炭资源条件的差异。

综上所述,影响生活能源消费结构地区差异的主要因素包括:经济发展水平、气候条件和能源资源条件。为了进一步验证这些因素的影响,分别构建电力消费占比和汽油消费占比的模型如下:

$$\text{ELERATIO} = \beta_0 + \beta_1 \text{GDPP} + \beta_2 \text{COALP} + \beta_3 \text{TEMP1} + \varepsilon, \quad (4.2)$$

$$\text{OILRATIO} = \beta_0 + \beta_1 \text{GDPP} + \beta_2 \text{COALP} + \beta_3 \text{TEMP1} + \varepsilon, \quad (4.3)$$

其中,ELERATIO、OILRATIO分别表示电力消费和汽油消费在生活能源消费量中的比重,COALP表示人均煤炭资源储量,其他变量的含义与式(4.1)相同。运用2011年的截面数据进行回归,结果如下:

$$\text{ELERATIO} = 0.46 - 0.00008\text{COALP} + 0.01\text{TEMP1} + 0.0000005\text{GDPP},$$
$$(0.04)^{***} \quad (0.00004)^{*} \quad (0.002)^{***} \quad (0.000001) \quad (4.4)$$
$$R^2 = 0.65,$$

$$\text{OILRATIO} = 0.01 + 0.000003\text{GDPP} - 0.00004\text{COALP} + 0.003\text{TEMP1},$$
$$(0.01) \quad (0.000003)^{***} \quad (0.00002)^{*} \quad (0.001)^{**} \quad (4.5)$$
$$R^2 = 0.64.$$

从回归方程的结果来看,影响电力消费在生活能源消费中占比的主要因素包括1月平均气温和人均煤炭储量,而人均GDP对电力消费占比的影响不显著。在煤炭资源丰富的地区,煤炭较低的使用成本使得人们更愿意使用煤炭资源,煤炭使用比重的提高间接导致电力比重的偏低。对于气温,通常在气温较低的北方地区,其生活能源消费中有一个重要组成部分就是热力,这会间接导致其电力消费比重较低,而在南方地区电力消费比重总体上较高。

影响汽油消费在生活能源消费中占比的主要因素有人均GDP、人均煤炭储量和1月平均气温。人均GDP对汽油消费的影响是显而易见的;虽然气温的高低不会直接造成生活能源消费中汽油消费的多少,但是1月平均气温低的地区以燃煤、热力等方式供暖供热,这使得煤炭占比更高,反过来造成汽油等其他能源品种消费占比偏低;而煤炭资源条件对汽油消费占比的影响机制也类似,在煤炭资源较为丰富的地区,其煤炭消费比重通常也就较高,这也间接导致了汽油消费占比较低,正如其导致电力消费占比较低一样。

三、生活能源消费与经济增长

鉴于生活用能在能源消费总量中占有一席之地,本节深入剖析了中国各地区生活能源消费的差异及其影响因素,包括生活能源消费量的地区差异和生活能源消费结构的地区差异。在生活能源消费量方面,主要影响因素包括人口、经济发展水平、能源资源禀赋和气候条件等。通常,人口大省的生活用能消费量也会较大,如广东、河南、河北、四川、山东与湖南等地区,既是人口大省同时也是生活用能大省。经济发展水平、能源资源禀赋和气候条件主要影响人均生活用能量的大小。经济发展水平越高的地区其人均生活用能量通常也较多,如北京、天津、上海等地区;能源资源越丰富的地区其人均生活用量也通常较多,如内蒙古、新疆和山西等地区;以1月平均气温代表的气候条件对人均生活用能量也具有显著的影响,特别是冬天供暖需求量大的地区其人均生活用能量也相对较大,如东北三省等地区。

生活能源消费结构方面,主要影响因素包括经济发展水平、能源资源禀赋和气候条件。本节用电力消费量占居民生活用能量的比重和汽油消费占居民生活用能量的比重作为代表性指标来反映各地区生活能源消费结构的差异。实证结果表明,经济发展水平对汽油消费占比具有显著的正影响,一个地区发展水平越高,其居民汽车拥有量和汽油消费量及其占生活能源消费量的比重也就越大;而经济发展水平对电力消费占比没有显著的影响。煤炭资源的丰富程度与电力消费占比和汽油消费占比均呈负相关关系,其原因在于煤炭资源丰裕的地区煤炭消费占比也会相应地较高,这就会间接降低电力消费占比和汽油消费占比。此外,以1月平均气温为代表的气候条件对能源消费结构也具有显著的影响,其机理在于冬季气温越低的地区其供暖需求就越大,这会提高其生活能源消费中热力消费的占比,同时相应地降低电力消费占比和汽油消费占比。

第二节 经济发展方式转型的定量测度与分析:能源与环境

改革开放三十多年来,中国经济以其持续高速的增长态势令世界瞩目,被誉为"中国的奇迹"(林毅夫等,1999)。但与此同时,关于中国经济发展的质量却受到普遍的质疑,并由此引发了对"转变经济发展方式"和"提升经济发展质量"的广泛讨论和研究,进而上升到国家意志和政策实践。2006年"十一五"规划提出要"全面落实科学发展观","必须加快转变经济增长方式";2011年"十二五"规划提出"十二五"时期是"加快转变经济发展方式的攻坚时期";2012年党的十八大报告中进一步明确了加快转变经济发展方式是"关系我国发展全局的战略抉择",要求"加快形成新的经济发展方式,把推动发展的立足点转到提高质量和效益上来"。那么,如何评估经济发展方式转型的实践效果呢？这就要求对一个国家或地区的经济发展方式进行定量测度。

总体上看,关于转变经济发展方式、提升经济发展质量的讨论和研究包括三个层面的内容(林卫斌等,2012)。第一个层面集中探讨中国经济增长的效率问题,认为长期以来中国经济增长主要依靠劳动和资本等生产要素的投入,是"要素积累型"和"粗放型"的增长方式。所以,转变经济发展方式就是要更多地依靠技术进步和要素生产效率的提高,走"TFP 增进型""集约型"的增长道路(林毅夫、苏剑,2007;吴敬琏,2005)。在这一层面上,宏观经济学中的经济增长理论和经济增长核算方法为我们提供了一个有用的分析工具:把一个国家或地区在某一时期的经济增长率分解为要素投入(劳动力、资本和土地等)的增长率和全要素生产率(TFP)的增长率,然后通过计算全要素生产率和各要素投入的变动对经济增长的贡献率来衡量一个经济体在某一特定时期的经济发展方式。比如,Chow 和 Lin 根据 1978—1998 年的数据估计中国经济增长的资本贡献率为 66%,而全要素生产率和劳动投入的贡献率分别为 28% 和 6%(Chow and Lin, 2002);王小鲁在生产要素中考虑了人力资本,并运用 1979—1999 年的数据估计中国经济增长中资本、全要素生产率、劳动力和人力资本的贡献率分别为 61%、18%、10% 和 11%(王小鲁,2000);同样考虑人力资本要素,Wang 和 Yao 估计 1978—1999 年资本、全要素生产率、劳动力和人力资本的贡献率分别为 48%、25%、16% 和 11%(Wang and Yao, 2003)。上面的研究从投入产出效率层面定量地测度了中国经济发展方式,即经济增长主要由资本的投入推动。

第二个层面集中探讨中国经济发展中的分配问题。研究者发现,在经济高速增长的同时劳动收入占比和居民收入占比却双双下降,居民收入水平的增幅远远低于 GDP 的增幅(白重恩、钱震杰,2009;李稻葵等,2009)。从这一层面看,转变经济发展方式在于实现"包容性增长"(Inclusive Growth),公平合理地分享经济增长的成果(杜志雄等,2010)。已有研究文献中也提出了一些很好的定量测度方法,包括收入分配的基尼系数和经济增长中的劳动收入占比等指标。比如,李实的研究表明,中国收入分配的基尼系数从 1982 年的 0.30 上升到 2002 年的 0.45,2007 年已到达 0.48,这反映了收入差距的持续扩大(李实,2007,2012);白重恩和钱震杰运用 GDP 收入法核算数据,计算了 1978 年以来中国国民收入中的劳动收入份额,发现其在 1978—1995 年的十多年间基本保持不变,但自 1995 年以来却趋于下降,由 1995 年的 59% 逐年下降到 2006 年的 47%(白重恩、钱震杰,2009)。这些研究从收入分配的角度很好地测度了中国经济的发展方式,可以看出,在经济发展过程中收入分配差距在扩大,尤其是劳动者没能同步共享经济增长的成果,所以不是一种"包容性的增长"。

第三个层面集中讨论中国经济发展中的资源环境问题，认为长期以来中国经济增长呈现出"高投入、高耗能、高污染和低效率"的粗放型特征，特别是21世纪以来，重化工业加速发展，消耗了大量的能源资源并导致了严重的环境污染与生态破坏，资源的支撑力和环境的承载力受到极大的威胁与挑战。从这一层面看，转变经济发展方式在于构建资源节约与环境友好的生产方式，实现经济的"绿色发展"（胡鞍钢，2010）。如何定量测度经济发展方式绿色转型的效果，研究者也进行了广泛的探索。经济学家和统计学家尝试通过在GDP中扣除环境污染的成本来测算"绿色GDP"，并据此衡量经济增长过程中对自然资源的消耗程度和生态环境的污染程度。比如，1994年美国商务部公布了扩展的国民收入账户，用来统计石油、天然气和煤炭等自然资源和环境对国民收入的贡献。但是由于资源消耗和环境污染的外部成本涉及人的主观价值判断，难以被准确地货币化，把资源、环境要素纳入国民经济核算体系的绿色GDP账户并没能真正建立起来。另外，部分研究者尝试构建"指数"作为综合性的指标进行量化衡量。比如，李晓西等通过传统的建立指标体系和权重的指数构建方法，测算了中国各省（市、自治区）的绿色发展指数，并试图以此综合衡量各地区的经济发展方式（李晓西等，2010）。当然，该研究在指标选取和权重设定上存在较强的主观色彩。此外，其所测算的绿色发展指数侧重于各省（市、自治区）的相对排序，而不是衡量整个国家经济发展方式转型的效果。

综上所述，在已有的研究文献中，对第一个层面和第二个层面的经济发展方式转变的定量测度已经相对成熟，而对第三个层面经济发展方式的测度还有待进一步探索，这也是本节研究的出发点。本节研究包括以下内容：一是提出一种测度经济发展方式转型效果的方法，运用数据包络分析方法求解各时期经济发展的绿色前沿，并运用绿色前沿的变化来衡量经济发展方式转型的效果；二是通过分析各地区经济绿色发展程度相对于绿色前沿的收敛性论证用绿色前沿的变化来测度全国经济发展方式转型效果的合理性；三是运用Malmquist指数分析各省（市、自治区）经济发展方式转型进展的差异。最后在这些研究的基础上得到了本节的结论。

一、全国经济发展方式转型效果的测度与分析

（一）测度方法

通常，一个经济体由不同的地区组成，令y_i代表地区i的地区生产总值。从能源环境的视角看，评价一个地区的经济发展方式主要看该地区在创造GDP的过程中消耗了多少能源资源、排放了多少环境污染物，或者说其经济发展在多大程度上依赖于能源消耗和环境污染。能源消耗和环境污染综合强度越低的地区其经济的绿色发展程度就越高。用x_{1i}代表地区i在创造GDP的过程中的

能源消费量,用 x_{2i} 代表所排放的环境污染物的数量,这样,$\dfrac{x_{1i}}{y_i}$ 和 $\dfrac{x_{2i}}{y_i}$ 就分别代表地区 i 的能耗强度和排放强度,即该地区生产单位 GDP 所需消耗的能源和所产生的环境污染物排放量。在二维①坐标系中画出各地区的能耗强度和排放强度,如图4.3所示:

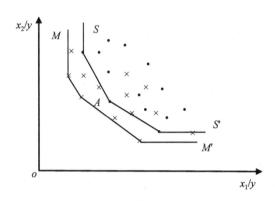

图 4.3 经济发展的绿色前沿

注:• 代表 t 期能耗强度和排放强度的组合散点;× 代表 $t+1$ 期能耗强度和排放强度的组合散点。

针对图 4.3 中 $(x_1/y, x_2/y)$ 的组合散点,我们可以运用由 Farrell(1957)、Charnes,Cooper 和 Rhodes(1978)、Burley(1980)、Lovell(1994)等研究发展起来的数据包络分析方法(DEA)求出一条曲线 SS',使得坐标系中的所有散点都在曲线的右侧。我们称曲线 SS' 为该经济体的"绿色前沿"(Green Frontier),因为它代表生产单位地区生产总值所需能源和环境污染物排放的最少量的组合,代表最优的能源环境综合效率。加入时间变量,如果说运用一个经济体中各地区 t 期经济增长过程中的能耗量和环境污染物排放量的数据可以包络出绿色前沿 SS',那么,运用该经济体中各地区 $t+1$ 期的数据同样可以包络出另外一条曲线 MM'(如图 4.3 所示),代表该经济体在 $t+1$ 期的绿色前沿。这样,就可以运用不同时期绿色前沿的变化来衡量该经济体的经济发展方式转型的效果。

那么,如何定量测度不同时期绿色前沿的变化呢?假定一个经济体中第 i 个地区在 t 期生产单位地区生产总值所消耗的能源和所产生的环境污染物排放量组合为图 4.4 中的 B 点,而在 $t+1$ 期的能耗强度和排放强度的组合为 B' 点。相对于 t 期的绿色前沿,该地区在 t 期生产单位 GDP 所需要消耗的能源和所排放的环境

---

① 实际上,在创造 GDP 的过程中所消耗的能源资源和所排放的环境污染物是多样的,二维坐标系只是一个形象的示意。

污染物从 A 点增加到 B 点。这样，OA/OB 的值实际上就可以衡量该地区相对于绿色前沿 SS' 的绿色发展程度，我们将其定义为"绿色指数"（Green Index，GI）。GI 的取值范围在 0 和 1 之间，B 点离绿色前沿越远，该地区的经济发展的绿色指数就越低，反之，B 点越靠近绿色指数，则该地区经济发展的绿色指数就越高。同样的，可以用 OC/OB 的值来衡量第 i 个地区相对于 $t+1$ 期的绿色前沿 MM' 的经济发展绿色指数。对比上述两个绿色指数，我们可以发现，能耗强度和排放强度的组合点并没有发生变化，始终保持在 B 点，而使得绿色指数从 OA/OB 下降到 OC/OB 的原因在于绿色前沿从 t 期的 SS' 移动到了 $t+1$ 期的 MM'，或者说衡量的标准发生了变化。这样，我们就可以用这两个绿色指数的比值来衡量从 t 期到 $t+1$ 期该经济体绿色前沿的变化，即 OA/OC。绿色前沿变化越大，OA/OC 的值就越大；如果绿色前沿没有发生任何变化，则 OA/OC 的值为 1。

当然，OA/OC 只是用第 i 个地区在 t 期的能耗强度和排放强度组合点来衡量绿色前沿的变化。而从第 i 个地区在 $t+1$ 期的能耗强度和排放强度组合来看，绿色前沿的变化则体现为 OA'/OC'（如图 4.4 所示）。为了更全面地测度绿色前沿的变化，我们可以用这两个衡量距离的数据的几何平均值来构造指数 L，即 $L = \left[\dfrac{OA}{OC} \times \dfrac{OA'}{OC'} \right]^{\frac{1}{2}}$。$L$ 越大表示绿色前沿的变化越大，也就意味着经济发展方式转型的效果越明显。

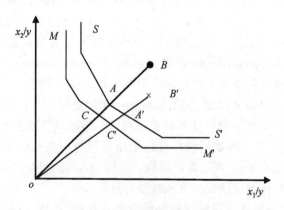

图 4.4 绿色前沿变化的测度

下面，我们用数学表达式阐述上面的思路。假定一个经济体有 n 个地区，在生产过程中消耗 k_1 种能源、排放出 k_2 种环境污染物，且 $k_1 + k_2 = k$。用 n 维向量 Y 代表各地区生产总值，用 $k \times n$ 矩阵 X 代表能源消费耗和环境污染物的排放量。

这样,第 i 个地区的绿色指数可以通过求解如下线性规划问题来测度[①]:

$$\begin{aligned}
&\min_{\theta,\boldsymbol{\lambda}} \theta, \\
&st \quad \boldsymbol{Y\lambda} \geqslant y_i, \\
&\quad\quad \boldsymbol{X\lambda} \leqslant \theta x_i, \\
&\quad\quad \sum_{j=1}^{n} \lambda_j = 1, \\
&\quad\quad \boldsymbol{\lambda} \geqslant 0,
\end{aligned} \quad (4.6)$$

其中,$\boldsymbol{\lambda}$ 是 n 维向量,$\boldsymbol{\lambda} = (\lambda_1, \lambda_1, \cdots, \lambda_n)'$。

上述规划问题的本质是:对于产量 y_i,最少的能源消耗量和环境污染物排放量的组合为 $\boldsymbol{X\lambda}$,即绿色前沿;而 θ 则是衡量第 i 个地区实际的能源消耗量和环境污染物排放量与绿色前沿的差距的常量。因此,上述规划问题所求得的 $(\boldsymbol{Y\lambda}, \boldsymbol{X\lambda})$ 和 θ 分别代表第 i 个地区所对应的绿色前沿上的点和第 i 个地区的绿色指数 GI,分别对应图 4.4 中的 A 点和 OA/OB。

对上述规划问题求解 n 次,就可以得出该经济体的绿色前沿和每个地区经济增长的绿色指数。加入时间维度,并运用面板数据进行如下式(4.7)到式(4.10)的线性规划:

$$\begin{aligned}
&d^t(x_t, y_t) = \min_{\theta,\boldsymbol{\lambda}} \theta, \\
&st \quad \boldsymbol{Y_t\lambda} \geqslant y_{it}, \\
&\quad\quad \boldsymbol{X_t\lambda} \leqslant \theta x_{it}, \\
&\quad\quad \sum_{j=1}^{n} \lambda_j = 1, \\
&\quad\quad \boldsymbol{\lambda} \geqslant 0.
\end{aligned} \quad (4.7)$$

$$\begin{aligned}
&d^{t+1}(x_t, y_t) = \min_{\theta,\boldsymbol{\lambda}} \theta, \\
&st \quad \boldsymbol{Y_{t+1}\lambda} \geqslant y_{it}, \\
&\quad\quad \boldsymbol{X_{t+1}\lambda} \leqslant \theta x_{it}, \\
&\quad\quad \sum_{j=1}^{n} \lambda_j = 1, \\
&\quad\quad \boldsymbol{\lambda} \geqslant 0.
\end{aligned} \quad (4.8)$$

[①] Coelli, T. J., "A Multi-Stage Methodology for the Solution of Orientated DEA Models", mimeo, Centre for Efficiency and Productivity Analysis, University of New England, Armidale, 1997.

$$d^t(x_{t+1}, y_{t+1}) = \min_{\theta,\lambda} \theta,$$
$$st \quad Y_t\lambda \geq y_{i,t+1},$$
$$X_t\lambda \leq \theta x_{i,t+1},$$
$$\sum_{j=1}^n \lambda_j = 1,$$
$$\lambda \geq 0.$$
(4.9)

$$d^{t+1}(x_{t+1}, y_{t+1}) = \min_{\theta,\lambda} \theta,$$
$$st \quad Y_{t+1}\lambda \geq y_{i,t+1},$$
$$X_{t+1}\lambda \leq \theta x_{i,t+1},$$
$$\sum_{j=1}^n \lambda_j = 1,$$
$$\lambda \geq 0.$$
(4.10)

在上述规划中,式(4.7)代表用 t 期的数据所包络出的绿色前沿以及相对于该绿色前沿第 i 个地区在 t 期的绿色指数,对应于图4.4中的 OA/OB;式(4.8)代表用 $t+1$ 期的数据所包络出的绿色前沿以及相对于该绿色前沿第 i 个地区在 t 期的绿色指数,对应于 OC/OB;式(4.9)代表用 t 期的数据所包络出的绿色前沿以及相对于该绿色前沿第 i 个地区在 $t+1$ 期的绿色指数,对应于 OA'/OB';式(4.10)代表用 $t+1$ 期的数据所包络出的绿色前沿以及相对于该绿色前沿第 i 个地区在 $t+1$ 期的绿色指数,对应于 OC'/OB'。这样,

$$L = \left[\frac{d^t(x_t, y_t)}{d^{t+1}(x_t, y_t)} \times \frac{d^t(x_{t+1}, y_{t+1})}{d^{t+1}(x_{t+1}, y_{t+1})}\right]^{\frac{1}{2}},$$
(4.11)

其中,

$$\frac{d^t(x_t, y_t)}{d^{t+1}(x_t, y_t)} = \frac{OA/OB}{OC/OB} = OA/OC,$$
(4.12)

$$\frac{d^t(x_{t+1}, y_{t+1})}{d^{t+1}(x_{t+1}, y_{t+1})} = \frac{OA'/OB'}{OC'/OB'} = OA'/OC'.$$
(4.13)

(二) 测度结果

为定量测度中国经济发展方式转型的效果,本节选择全国除西藏和港澳台之外的30个省、市、自治区2006—2012年的面板数据做数据包络分析。为了使不同年份的生产总值具有可比性,我们统一按照2010年不变价格来计算各年的GDP,数据来源于历年统计年鉴。对于能源消耗,采用的是能源消费总量。事实上,能源消费包括煤炭、石油和天然气等多种品种,本节采用综合能源消费总量而没有

采用各种能源品种消费量的主要原因是考虑到各省之间二次能源(主要是电力)的输入和输出。比如,山西的煤电外输,计入其煤炭消费但不计入其综合能源消费。因此,综合能源消费更能准确地反映一个地区的实际能源消费量。对于环境污染物排放的指标,本节选择的主要环境污染物包括《中国环境统计年鉴》所统计的"二氧化硫排放量""烟尘排放量""粉尘排放量""化学需氧量排放量"和"氨氮排放量"。在具体应用时,由于从2011年开始,《中国环境统计年鉴》将"烟尘排放量"和"粉尘排放量"合并为"烟(粉)尘排放量",为了统一标准,将各年的烟尘和粉尘均做加总处理。因此,这四种主要环境污染物排放量作为衡量环境污染的主要指标,与能源投入一起作为投入变量。另外,在污染物排放量上只考虑生产过程中产生的污染物,而居民生活过程中所产生的污染物不计算在内。这与能源消费稍有不同,主要原因在于居民生活污染物排放是非生产过程中所必然会产生的,这其中涉及其他因素,如生活习惯、城乡差别等,因此用生产过程中污染物的排放更能反映 GDP 生产过程中污染物的排放情况。表 4.3 给出了软件 DEAP 2.1①测算的结果:

表 4.3 绿色前沿的变化趋势(2006—2012)

	2006 年	2007 年	2008 年	2009 年	2010 年	2011 年	2012 年
北京	1.491	1.31	1.355	1.084	1.152	1.018	1.168
天津	1.057	1.076	1.084	1.061	1.042	1.075	1.050
河北	1.057	1.076	1.084	1.061	1.042	1.075	1.050
山西	1.057	1.076	1.084	1.061	1.042	1.075	1.050
内蒙古	1.057	1.076	1.084	1.061	1.042	1.075	1.050
辽宁	1.057	1.076	1.084	1.061	1.042	1.075	1.050
吉林	1.057	1.076	1.084	1.061	1.042	1.075	1.050
黑龙江	1.057	1.076	1.084	1.061	1.042	1.075	1.050
上海	1.248	1.286	1.241	1.071	1.045	1.166	1.050
江苏	1.057	1.076	1.084	1.061	1.042	1.075	1.050
浙江	1.057	1.076	1.084	1.061	1.042	1.075	1.050
安徽	1.057	1.076	1.084	1.061	1.042	1.075	1.050
福建	1.057	1.076	1.084	1.061	1.042	1.075	1.050
江西	1.057	1.076	1.084	1.061	1.042	1.075	1.050
山东	1.057	1.076	1.084	1.061	1.042	1.075	1.050
河南	1.057	1.076	1.084	1.061	1.042	1.075	1.050
湖北	1.057	1.076	1.084	1.061	1.042	1.075	1.050
湖南	1.057	1.076	1.084	1.061	1.042	1.075	1.050

---

① 由新英格兰大学(UNE)效率与生产率分析中心(CEPA)的 T. J. Coelli 开发。

（续表）

	2006年	2007年	2008年	2009年	2010年	2011年	2012年
广东	1.057	1.076	1.084	1.061	1.042	1.075	1.050
广西	1.057	1.076	1.084	1.061	1.042	1.075	1.050
海南	1.057	1.076	1.084	1.061	1.042	1.075	1.050
重庆	1.057	1.076	1.084	1.061	1.042	1.075	1.050
四川	1.057	1.076	1.084	1.061	1.042	1.075	1.050
贵州	1.057	1.076	1.084	1.061	1.042	1.075	1.050
云南	1.057	1.076	1.084	1.061	1.042	1.075	1.050
陕西	1.057	1.076	1.084	1.061	1.042	1.075	1.050
甘肃	1.057	1.076	1.084	1.061	1.042	1.075	1.050
青海	1.057	1.076	1.084	1.061	1.042	1.075	1.050
宁夏	1.057	1.076	1.084	1.061	1.042	1.075	1.050
新疆	1.057	1.076	1.084	1.061	1.042	1.075	1.050

如表4.3所示，除了北京和上海，用其他各地区数据测算的绿色前沿的变化指数（即前面所构建的指数）都是一样的。这是因为北京和上海至少在某些年份处于绿色前沿，即从能源环境视角看，这两个地区的经济发展方式是最优的。剔除这两个特殊地区，我们选用各地区相同的值来衡量中国经济发展方式转型的效果，如图4.5所示。

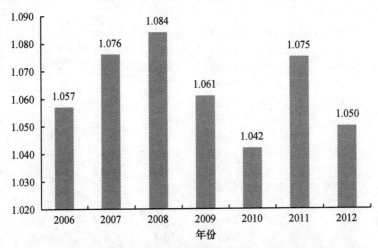

图4.5 经济发展方式转型效果的测度（2006—2012）

图4.5表明，2006年以来中国经济发展方式转型取得了一定的效果。从"十一五"开始，中国对节能减排的重视上升到一个新的高度，在"十一五"规划中明确提出两个约束性指标："到2010年全国单位国内生产总值能耗要比2005年下降

20%左右,主要污染物排放总量要减少10%",并采取一系列组合政策措施推动节能减排和经济发展方式转型。从实践效果看,2006年以来各年经济发展方式转型均取得了不同程度的进展。其中,2008年的效果最为明显,而2010年经济发展方式转型的进展最慢。这与我们的直觉是相符的,因为2008年遭遇了全球金融危机以及由此引发的全球经济衰退,中国经济增速放缓,特别是重工业发展受阻,能源消费出现大幅度下滑①,使得绿色前沿发生较大幅度的变化。面对全球金融危机和经济衰退,中国政府采取了以"四万亿"为标志的一系列稳定经济增长的扩张性财政政策和货币政策,到2010年经济增速重回10%以上,但同时也带来了一些高耗能、高污染行业的反弹,因此能源消费也出现较大幅度的回升,这直接影响了当年经济发展方式转型的进展。

另外,"十一五"期间年均经济发展方式转型的进展幅度为6.4%,而"十二五"前两年的年均进展幅度为6.2%,总体上看经济发展方式转型的效果是趋于缓慢的。这一方面表明随着产业结构调整和节能减排的深入,经济发展方式转型的难度会逐步提高②,另一方面也反映了"十二五"前两年经济发展方式转型的进展不够理想。

二、各地区经济发展方式的收敛性分析

在运用中国各地区能耗强度和污染物排放强度的组合包络出各地区经济发展过程中的绿色前沿,并通过衡量不同时期绿色前沿的变化来定量测度经济发展方式转型的效果时,由于绿色前沿代表的是每一时期经济发展方式绿色程度最高的地区,所以用绿色前沿的变化来测度全国经济发展方式转型的效果可能会存在偏差。比如,如果绿色前沿没有发生变化,而其他地区的能耗强度与污染物排放强度组合向绿色前沿收敛,在这样的情况下,用绿色前沿的变化来测度会低估全国经济发展方式转型的效果;相反,如果绿色前沿发生较大变化,而其他地区的能耗强度和污染物排放组合点保持不变,在这样的情况下,用绿色前沿来测度会高估全国经济发展方式转型的效果。由此可见,用绿色前沿的变化来测度全国经济发展方式转型效果要求其他地区的经济发展方式相对于绿色前沿没有出现较大程度的收敛性或者分散性,否则会影响测度的有效性与合理性。因此,我们需要分析不同时期各地区经济发展方式相对于绿色前沿的收敛性问题。

实际上,第 i 个地区在 t 期相对于绿色前沿的距离就是其绿色指数,如图4.4中 B 点的相对绿色指数为 $\frac{OA}{OB} = d^t(x_t, y_t)$,该地区在 $t+1$ 期的相对绿色指数为

---

① 由2007年的8.4%下降到2008年的3.9%,下降幅度超过50%。
② 比如,"十一五"规划中提出的能耗强度下降目标为20%,而"十二五"规划中能耗强度下降的目标则下调为16%。

$\frac{OC'}{OB'} = d^{t+1}(x_{t+1}, y_{t+1})$。那么,该地区在不同时期相对于绿色前沿的收敛性就可以用如下相对绿色指数的变化来衡量:

$$R \equiv \frac{d^{t+1}(x_{t+1}, y_{t+1})}{d^{t}(x_{t}, y_{t})}. \tag{4.14}$$

式(4.14)中的 R 即图4.4中 $\frac{OC'/OB'}{OA/OB}$。如果 R 大于1,表明该地区的经济发展方式更加靠近绿色前沿,与经济发展方式先进地区的差距缩小;反之,如果 R 小于1,表明该地区的经济发展方式更加远离绿色前沿,与经济发展方式先进地区的差距拉大。

表4.4所列的2006—2012年各地区相对绿色指数的测算结果表明,在30个省(市、自治区)中,北京始终处于绿色前沿,其相对绿色指数始终保持不变,各年度的 R 为1。这表明从能源环境视角看,北京的经济发展方式始终处于全国领先地位。"十一五"期间,除北京外的其他29个省(市、自治区)的 R 的平均值都小于1,这说明这些地区都不同程度地远离绿色前沿,换句话说,其他地区经济发展方式与北京的差距在拉大,特别是广西、海南和新疆等地区。经济发展方式差距拉大的局面在"十二五"前两年得到一定的改观。"十二五"前两年,吉林、黑龙江、广西三个地区的 R 的平均值大于1,这意味着这些地区的经济发展方式与北京的差距在缩小;而其他26个省(市、自治区)的经济发展方式与北京的差距则继续拉大,特别是新疆地区的 R 的平均值只有0.882。

表4.4 各地区相对绿色指数的变化趋势(2006—2012)

	2006年	2007年	2008年	2009年	2010年	"十一五"年均	2011年	2012年	"十二五"年均
北京	1.000	1.000	1.000	1.000	1.000	1.000	1.000	1.000	1.000
天津	0.985	0.978	0.991	1.002	0.971	0.985	0.972	1.004	0.988
河北	0.977	0.969	0.985	0.992	0.994	0.983	0.967	1.018	0.992
山西	0.965	0.974	0.996	1.000	1.013	0.989	0.965	0.994	0.979
内蒙古	0.971	0.973	0.985	1.012	0.897	0.967	0.950	1.016	0.982
辽宁	0.981	0.969	0.972	0.993	1.000	0.983	0.963	1.007	0.985
吉林	0.979	0.973	0.972	1.004	1.013	0.988	0.965	1.075	1.019
黑龙江	0.978	0.970	0.969	1.001	1.008	0.985	0.969	1.265	1.107
上海	0.967	1.034	0.885	1.125	0.893	0.977	0.850	1.015	0.929
江苏	0.980	0.971	0.980	0.993	0.995	0.984	0.965	1.003	0.984
浙江	0.981	0.971	0.977	0.996	0.991	0.983	0.960	1.014	0.987
安徽	0.980	0.970	0.967	0.996	1.008	0.984	0.970	0.994	0.982
福建	0.977	0.964	0.958	0.980	0.994	0.975	0.962	1.011	0.986

(续表)

	2006年	2007年	2008年	2009年	2010年	"十一五"年均	2011年	2012年	"十二五"年均
江西	0.977	0.971	0.980	0.987	1.001	0.983	0.960	1.012	0.986
山东	0.980	0.974	0.986	0.997	1.004	0.988	0.967	0.998	0.982
河南	0.975	0.970	0.972	1.004	0.995	0.983	0.968	1.023	0.995
湖北	0.977	0.969	0.989	1.002	0.998	0.987	0.967	0.994	0.980
湖南	0.979	0.973	0.989	0.993	0.985	0.984	0.966	1.023	0.994
广东	0.975	0.960	0.964	0.984	0.978	0.972	0.977	1.007	0.992
广西	0.971	0.962	0.961	0.986	0.902	0.956	1.045	0.995	1.020
海南	0.957	0.938	0.948	0.970	1.010	0.964	0.885	0.986	0.934
重庆	0.979	0.973	0.971	0.997	1.005	0.985	0.968	1.025	0.996
四川	0.977	0.973	0.961	1.001	1.008	0.984	0.972	1.026	0.999
贵州	0.975	0.969	0.986	0.983	1.002	0.983	0.965	0.993	0.979
云南	0.961	0.968	0.969	0.988	0.998	0.977	0.962	0.984	0.973
陕西	0.980	0.974	0.981	0.987	0.996	0.984	0.964	0.953	0.958
甘肃	0.972	0.969	0.971	1.014	0.993	0.984	0.955	0.994	0.974
青海	0.941	0.959	0.963	1.007	1.012	0.976	0.851	0.967	0.907
宁夏	0.956	0.963	0.990	1.005	0.988	0.980	0.814	1.113	0.952
新疆	0.956	0.959	0.953	0.957	0.963	0.958	0.870	0.895	0.882

总体上看,2006年以来每一年各地区 R 的平均值都在 $[0.95,1]$ 之内,这说明其他地区的经济发展方式相对于绿色前沿来说并没有发生显著的分散性。这就意味着我们用绿色前沿的变化来测度全国经济发展方式转型的效果总体上是合理的,尽管存在一定程度的高估。

三、经济发展方式转型效果的地区差异

通过前面的分析我们知道,一个经济体中某个地区经济发展绿色指数的变化主要体现在两个方面:一是该经济体绿色前沿的变化,二是该地区相对于绿色前沿的相对绿色指数的变化。换言之,我们可以用 $L \times R$ 来表示各地区经济发展方式转型的效果,令:

$$M \equiv L \times R$$

$$= \left[\frac{d^t(x_t,y_t)}{d^{t+1}(x_t,y_t)} \times \frac{d^t(x_{t+1},y_{t+1})}{d^{t+1}(x_{t+1},y_{t+1})} \right]^{\frac{1}{2}} \times \frac{d^{t+1}(x_{t+1},y_{t+1})}{d^t(x_t,y_t)}$$

$$= \left[\frac{d^t(x_{t+1},y_{t+1})}{d^t(x_t,y_t)} \times \frac{d^{t+1}(x_{t+1},y_{t+1})}{d^{t+1}(x_t,y_t)} \right]^{\frac{1}{2}}. \tag{4.15}$$

式(4.15)中的 M 即数据包络分析方法中的 Malmquist 指数。对比 $d^t(x_t,y_t)$ 和 $d^t(x_{t+1},y_{t+1})$,$d^{t+1}(x_t,y_t)$ 和 $d^{t+1}(x_{t+1},y_{t+1})$,这两组比较均代表绿色前沿不变的

条件下由于能源消耗量和环境污染物排放量的变化所引起的绿色指数的不同。

对应于图4.4中的 $\left[\dfrac{OA'/OB'}{OA/OB} \times \dfrac{OC'/OB'}{OC/OB}\right]^{\frac{1}{2}}$，这实际上就是某一地区 $t+1$ 期相对于 t 期的经济发展方式转型进展的测度。表4.5报告了各地区2006年以来绿色指数的变化，即经济发展方式转型的效果。

表4.5　各地区经济发展方式转型的效果（2006—2012）

	2006年	2007年	2008年	2009年	2010年	"十一五"年均	2011年	2012年	"十二五"年均
北京	1.491	1.310	1.355	1.084	1.152	1.270	1.018	1.168	1.090
天津	1.041	1.052	1.074	1.064	1.011	1.048	1.044	1.054	1.049
河北	1.032	1.042	1.068	1.053	1.036	1.046	1.039	1.069	1.054
山西	1.020	1.047	1.080	1.061	1.056	1.053	1.037	1.043	1.040
内蒙古	1.026	1.047	1.067	1.074	0.934	1.028	1.021	1.066	1.043
辽宁	1.037	1.042	1.054	1.053	1.042	1.046	1.035	1.058	1.046
吉林	1.035	1.046	1.053	1.066	1.056	1.051	1.037	1.129	1.082
黑龙江	1.034	1.043	1.051	1.062	1.050	1.048	1.041	1.328	1.176
上海	1.206	1.330	1.098	1.205	0.933	1.146	0.991	1.066	1.028
江苏	1.036	1.044	1.062	1.054	1.037	1.047	1.037	1.053	1.045
浙江	1.037	1.044	1.059	1.057	1.033	1.046	1.031	1.065	1.048
安徽	1.035	1.043	1.048	1.057	1.050	1.047	1.042	1.043	1.042
福建	1.033	1.037	1.039	1.040	1.035	1.037	1.034	1.061	1.047
江西	1.033	1.044	1.063	1.047	1.043	1.046	1.032	1.063	1.047
山东	1.036	1.047	1.069	1.058	1.046	1.051	1.040	1.048	1.044
河南	1.031	1.043	1.054	1.065	1.036	1.046	1.040	1.074	1.057
湖北	1.033	1.043	1.072	1.064	1.040	1.050	1.039	1.044	1.041
湖南	1.035	1.046	1.072	1.054	1.027	1.047	1.039	1.074	1.056
广东	1.030	1.033	1.045	1.045	1.019	1.034	1.050	1.057	1.053
广西	1.026	1.034	1.041	1.046	0.940	1.017	1.123	1.044	1.083
海南	1.011	1.008	1.027	1.029	1.052	1.025	0.951	1.035	0.992
重庆	1.035	1.046	1.052	1.058	1.048	1.048	1.040	1.076	1.058
四川	1.033	1.046	1.042	1.062	1.050	1.047	1.045	1.077	1.061
贵州	1.031	1.042	1.068	1.043	1.044	1.046	1.037	1.042	1.039
云南	1.015	1.041	1.050	1.048	1.040	1.039	1.034	1.033	1.033
陕西	1.035	1.048	1.063	1.048	1.038	1.046	1.036	1.000	1.018
甘肃	1.027	1.042	1.052	1.076	1.035	1.046	1.026	1.043	1.034
青海	0.994	1.031	1.043	1.069	1.054	1.038	0.914	1.016	0.964
宁夏	1.010	1.036	1.073	1.067	1.030	1.043	0.875	1.169	1.011
新疆	1.011	1.032	1.033	1.015	1.004	1.019	0.935	0.939	0.937

观察表4.5可以发现，各地区经济发展方式转型的进展在不同年份均存在一定的差异。"十一五"期间，北京和上海的经济发展方式转型的效果最为明显，而广西和新疆等地区经济发展方式转型的进展则较为滞后；"十二五"前两年，黑龙江和北京等地区的经济发展方式转型效果相对较好，而新疆、青海和海南这三个

地区的 M 指数小于1,意味着这三个地区的经济发展方式转型不仅没有取得积极进展,反而出现倒退现象,节能减排形势较为严峻。从各年来看,大部分地区的经济发展方式转型均取得了积极进展,但也有个别地区出现倒退现象,如2006年的青海,2010年的内蒙古、上海和广西,2011年的上海、海南、青海、宁夏和新疆,2012年的新疆。

图4.6给出了2006—2012年各地区 M 指数平均值的排序,也是各地区经济发展方式转型效果的排序。总体上看,北京、上海和黑龙江等地区经济发展方式转型的效果较为显著,而新疆、海南和青海等地区的经济发展方式转型则较为滞后。北京和上海作为东部发达地区,2006年以来在国家大力推进节能减排战略的背景下,积极推进经济发展的绿色转型,取得了显著的成效。但是需要指出的是,

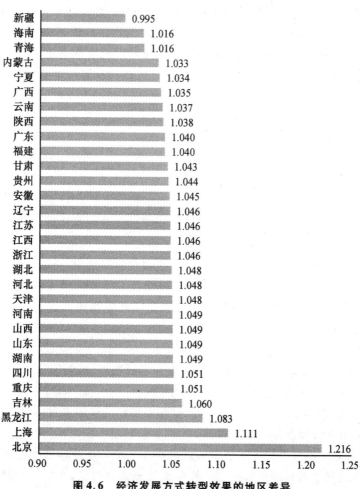

图4.6　经济发展方式转型效果的地区差异

在国民经济生产中工业仍占相当比重的上海,在全球金融危机后经济复苏的过程中,2010年和2011年连续两年出现经济发展绿色指数降低的现象,这说明作为东部经济发达地区的上海,也仍旧没有完全探索出一条可持续的经济发展绿色转型之道。新疆和青海等西部地区处于工业化加快推进的发展阶段,经济发展的动力主要来自重化工业,面临着发展与绿色的权衡取舍问题,经济发展绿色转型的压力较大。黑龙江作为老工业基地和国家重要的能源、原材料生产基地,其经济发展方式的粗放特征比较明显,这可能是其经济发展方式转型速度较为显著的主要原因;而海南等东部地区,由于其本身原来的绿色经济发展基础较好,所以显得其经济发展方式转型的进展较慢。

四、结论

转变经济发展方式、提升经济发展的质量和效益主要包括三个层面:第一个层面是改变"要素积累型""粗放型"的增长方式,走"TFP增进型"和"集约型"的增长道路,这一层面的经济发展方式转型的效果可以通过全要素生产率的变化来衡量;第二个层面是改变收入差距扩大的趋势,实现共享经济发展成果的"包容性增长",这一层面的经济发展方式转型的效果可以通过基尼系数、劳动收入占比等指标来衡量;第三个层面是改变依赖资源消耗和环境污染的发展方式,实现绿色发展,这一层面的经济发展方式转型的效果尚缺乏一个较好的衡量指标。基于此,本节选取中国除西藏和港澳台之外的30个省、市、自治区2006—2012年经济发展过程中的能源消耗量和环境污染物排放量的面板数据,运用数据包络分析方法求解出各年度中国经济发展的绿色前沿,即在创造单位GDP的过程中消耗最少量的能源,排放最少量的环境污染物。然后用绿色前沿的变化来衡量全国经济发展方式转型的效果。收敛性分析表明各地区相对于绿色前沿的距离有所扩大,但是平均来看,其他地区的经济发展方式相对于绿色前沿来说并没有发生显著的分散性。这说明用绿色前沿的变化来测度全国经济发展方式转型的效果尽管存在一定程度的高估,但总体上是合理的。除了全国经济发展方式转型的效果测度外,本节还运用反映各地区绿色指数变化的Malmquist指数来测度不同地区经济发展方式转型的快慢。测算的基本结论如下:

首先,2006年以来经济发展方式转型取得积极进展,但各年效果不同。其中,2008年的效果最为显著,而2010年的进展最慢。"十一五"期间年均经济发展方式转型的进展幅度为6.4%,而"十二五"前两年的年均进展幅度为6.2%,总体上看经济发展方式转型的效果趋于缓慢。

其次,各地区经济发展方式转型的进展存在一定的差异。总体上看,在"十一五"期间,北京和上海的经济发展方式转型的效果最为明显,而广西和新疆等地区则进展较为滞后;在"十二五"前两年,黑龙江和北京等地区的经济发展方式转型效果相对较好,而新疆、青海和海南则出现一定程度的倒退现象。

最后,北京的经济发展方式始终处于全国领先地位。"十一五"期间,除北京外的其他29个省(市、自治区)的经济发展方式与北京的差距在拉大,特别是广西、海南和新疆等地区。"十二五"前两年,吉林、黑龙江、广西等三个地区的经济发展方式与北京的差距在缩小;而其他26个省(市、自治区)的经济发展方式与北京的差距则继续拉大,特别是新疆的经济发展方式转型的形势比较严峻。

综合上述测算结果,可以发现中国经济发展方式转型的形势仍然不容乐观。一方面,东部发达地区仍没有完全探索出一条可持续的经济发展绿色转型之道,经济发展的绿色指数没有得到持续的提高,而是出现反复;另一方面,西部地区面临着发展与绿色的两难抉择,经济发展的资源环境约束日趋严峻,经济发展方式转型面临较大压力。

第五章　对中国城镇化的研究

第一节　城镇化进程与服务业的发展①

在世界各国近代和现代的发展历史上,一个国家的城镇化,往往是伴随着工业化的进程推进的。在这一过程中,人均国民收入往往会得到较大的提升。1800年以后,伴随着各国的工业化和城镇化,人均国民收入首先在英国,随后在德国、美国和日本等国家大幅度增加,这是人类历史上的新现象。自20世纪60年代以来,全球城镇化进程进一步加速;世界平均的城镇化水平从1960年的不足35%,增长到目前的近55%。在过去的60年内,世界经济总量和人均收入同时实现了显著的增长。根据PWT 8.0的数据,以2005年不变美元计算,在1950—2011年的61年内,世界经济总量由5万亿美元增长到72万亿美元,这对应着4.5%的年均增长率。同期世界人口总量由13亿增长到67亿,这对应着2.7%的年均增长率。这意味着,在这61年内,人均收入以平均每年1.8%的速度增加,2011年世界人均收入水平是1950年的5.4倍。

根据麦迪森(2008)提供的历史数据,1820—1952年,我国没有超越Lucas(2004)所估算的长期以来人类农业社会所处的人均收入水平。根据麦迪森提供的数据,我国1952年的GDP大约比1890年多出了50%,但产出的增加被人口的增长所抵消,人均收入没有大幅度增加。新中国成立初期,我国城镇人口占总人口的10.64%,到1978年我国城镇化率上升为17.92%。可以看出,这一期间我国的城镇化水平虽然有所提高,但推进得比较缓慢,人民收入在这一时期也有一定的改善,但是按照世界银行的一般标准,我国仍然属于低收入国家。改革开放后,我国城镇化率有明显的提高,2013年的城镇化率已经达到53.73%,比1978年提高了35.81%,大约每年增加1个百分点。在此期间,我国的人均国民收入迅速增加,由一个低收入国家发展为下中等收入国家(1998年),然后发展为上中等收入国家(2010年),现在正向着高收入国家发展。

党的十八大报告提出,促进工业化、信息化、城镇化、农业现代化同步发展,要求必须以改善需求结构、优化产业结构、促进区域协调发展、推进城镇化为重点,

---

① 本节研究受全国统计科学研究计划项目(2013LZ55)资助,蔡志洲、李心愉、董明月、张汝飞、程海森参加了本课题的研究。

着力解决制约经济持续健康发展的重大结构性问题。着眼长远、注重质量、全面加快城镇化步伐,已经成为经济结构战略性调整的关键环节之一,这也是全面建成小康社会的重要基础。这既是深化改革开放、加快转变经济发展方式的攻坚时期,也是推动服务业大发展的重要时期。加快发展服务业是推进经济结构调整、产业结构优化升级的重大任务,是适应对外开放新形势、提升综合国力的有效途径,是适应城镇化发展的趋势和要求,也是扩大就业、满足人民群众日益增长的物质文化生活需要的内在要求。

一、国内外对城镇化与服务业相互关系的研究

国外研究城镇化与服务业互动发展关系的文献分别从以下三个角度入手:

第一,劳动力流动角度。刘易斯(1954)在《无限劳动力供给下的经济发展》中提出了发展中国家传统农业与现代工业并存的"二元经济结构"。他认为在二元经济中,传统部门的生产是为了满足本国的基本生存需要,且可以提供大量剩余劳动力;现代部门的生产是为了获得利润,在利润最大化原则下需要更多的劳动力。因此,劳动力会在两个部门之间流动,该国经济将持续增长直到各部门中都不存在剩余劳动力。刘易斯认为,传统部门与现代部门之间的工资差额可以吸引劳动力的转移,从而解决农业富余劳动力的问题。同时,国家也将在这一劳动力流动的过程中逐渐实现工业化和城镇化。Signalman(1978)采用动态分析法研究了完成工业化的国家在1920—1970年劳动力流动的过程,发现这些国家的劳动力主要流向非农业部门,大部分转移到第三产业,从而得出结论:因为城镇化进程中所建立的基础设施为服务业发展提供了便利条件,所以城镇化发展是服务业增长的重要原因。Araki(1997)进行定量分析的研究结果显示:城镇化率与服务业就业人口数量占该地区就业人口总数的比例存在相关关系,且城镇化发展水平的提高能对服务业就业人口的比重起到一定的促进作用。Messina(2004)为研究城镇化与第三产业发展的互动关系,以OECD中部分国家的经济发展指标为样本数据,研究发现城镇化所处的发展阶段、政府部门规模等都与国家第三产业的就业比例存在正相关关系,因此提高城镇化的发展水平、扩大政府等公共服务部门的规模可以有效促进第三产业的发展,提高服务业的劳动力吸纳能力。Chang(2006)对中国城镇化发展与经济增长的内在关系进行了研究,认为城镇化进程带动了非农产业的发展,同时也使第三产业吸收了大量的农村富余劳动力。农村人口的生活方式是自给自足,其对第三产业的需求比较小;而城市人口以交换为主,故其对运输、餐饮、金融等第三产业的需求较大。因此,我国城镇化水平的提高能够促进第三产业的大力发展。

第二,产业结构变化角度。20世纪40年代,"配第一克拉克定理"说明随着经济的发展和人均国民收入的提高,产业结构逐渐由第一产业为主转变为第二、第三产业为主；劳动力从农业向非农产业转移，导致第一产业的就业人口数量逐渐减少，而第二、第三产业的就业人口比重不断上升。1970年库兹涅茨在"配第一克拉克定理"的基础上，研究了57个国家的产业结构变化与劳动力分布结构，再一次证明了"配第一克拉克定理"。国松久弥（1971）认为：一个国家或地区的城镇化进程伴随着第二、第三产业的不断聚集，随着世界一些发达国家逐渐实现工业现代化，第二产业对城镇化发展的促进作用正在逐渐减弱，而第三产业对城镇化的促进作用在不断增强。Tiffen（2003）运用第一、第二、第三产业"三部门模型"研究非洲近撒哈拉地区的城镇化发展水平、第一产业发展情况和人口收入增长三者之间的相关关系。结果表示，模型中的三次产业相互促进：农村富余劳动力向城镇的迁移可以带动第二、第三产业快速发展，而第二、第三产业的发展又能够进一步吸收第一产业转移的剩余劳动力，社会经济发展形成良性循环。

第三，城镇规模角度。Daniels等（1991）采用定量分析的研究方法分析了美国不同规模的城镇服务业的发展路径，相关数据显示城镇化进程中形成的区域性市场是服务业发展的基础，城镇化水平的逐渐提高可以加快服务业在城镇的扩张。Harris（1995）对城市在印度经济发展中所起的作用进行了研究，认为城市是交通运输的枢纽和商品货物流通中转的集散地，具有辐射效应和扩散效应，同时也是服务业中金融、运输、餐饮等行业的载体，因此城市的发展在印度经济中起到至关重要的作用。Riddle（1986）以国民收入水平在中等以上且已实现工业化的国家为例，收集了1981年的截面数据，得出这些工业化国家的城镇化率与服务业生产总值占国内生产总值的比重呈显著正相关关系的结论，证明了"服务业是促进其他部门增长的过程产业"。Black和Henderson（1999）研究了规模不同的城市的主导产业类型，结果表明：从城市规模和城镇化水平可以看出该城市第二、第三产业的发展情况，以金融、保险、教育等现代服务业为主导的城市其城市，规模较大；而以制造业为主的城市，则其城市规模相对较小。因此Black和Henderson认为服务业对城镇化发展的推动力更大。

国内对于这一相互关系的研究主要从以下两个角度入手：

第一，产业结构演进与城镇化互动关系角度。近些年来，国内学者对城镇化与产业结构互动关系的研究越来越丰富。于春晖和余典范（2003）提出提高产业竞争力的关键在于产业结构的优化调整，而产业结构调整过程中必然伴随着城镇化水平的提升，城镇化的发展会促进产业结构演进。崔平军和陆震（2007）对产业结构变迁与城镇化关系进行了理论综述，一致认为城镇化发展在推动产业结构变迁的同时，产业结构调整又会反哺城镇化，两者的发展存在一致性。苏雪串（2002）认为产业结构优化调整是我国经济发展的主线，只有加快城镇化的发展才能实现产业结构的升级。陈勇军（2007）提出产业结构不合理会导致工业发展迟缓以及服务业滞后,不利于就业结构,会抑制城镇化的发展。杨文举(2007)认为我国城镇化与产业结构发展存在不协调,并且提出要改革户籍制度,增加城镇基础设施投资,引进和吸收先进技术,优化投资环境,加快发展服务业等对策建议。樊千和邱晖(2013)认为城镇化影响产业结构的调整主要通过集聚效应,而产业结构促进城镇化主要通过带动要素流动、优化城市功能等。陈其林(2000)研究得出长期以来我国三次产业结构存在严重的偏差,抑制经济快速发展,认为加快城镇化发展是纠正产业结构偏差的主要手段。张魁伟(2004)论证了产业结构演进过程中,城镇化与三次产业的发展关系。

不少学者实证检验了产业结构与城镇化的互动关系,戴永安和陈才(2010)在分析产业结构升级与城镇化进程互动关系的理论基础上,采用1952—2007年东北地区产业结构升级与城镇化的相关指标数据,运用误差修正模型与协整检验等实证方法进行分析,得出东北地区工业部门对城镇化发展的推动作用远小于服务业部门,但三者之间存在稳定的长期协整关系,运用格兰杰因果检验得出,城镇化是产业结构升级的原因,却没有得出产业结构升级是城镇化发展的原因。王可侠(2012)采用苏、浙、皖、赣四个省市的数据,从城镇化发展与产业结构演变的角度入手,分析城镇化发展的内在规律,比较城镇化发展、工业化升级与产业结构调整的速度差距,探讨三者之间的互动关系。分析得出当代社会经济增长的主线是城镇化、产业结构与工业化三者不断调整并相互促进的过程,任何一方的快速增长都会促进其他两方的发展。

第二,服务业与城镇化相互关系角度。李健英(2002)研究发展中国家与发达国家在城镇化进程的差异性,得出在发展中国家城镇化水平与工业化水平表现出非同步性,城镇化往往滞后于工业化水平。在发达国家工业化发展与城镇化表现出高度相关性。其认为若要形成城镇化、工业化与服务业的良性互动,必须尽快破除城乡二元结构,统一城乡劳动力市场,加快产业结构优化升级,大力发展城市服务业。刘耀彬和王启仿(2004)指出现阶段我国服务业发展滞后是城镇化水平偏低的主要原因,必须充分发挥产业间的联动效应,建立高效的集聚机制,促进非农产业快速发展才能有效地提升城镇化水平。马鹏和李文秀(2010)认为城镇化对第三产业有明显的促进作用,但城镇化的不同发展阶段对第三产业内部行业的影响不同。高敏(2006)认为当前我国城镇化与服务业的协调关系正在不断改善,但阻碍我国城镇化进程的重要因素是社会服务业的总供给不足。

从实证分析角度看,江小涓和李辉(2004)建立多元回归模型实证检验我国城镇化水平、收入水平、消费结构等影响因素对服务业水平的影响,分析认为城镇化水平对服务业增加值比重有重要的影响。台冰(2007)通过实证分析得出我国服务业与城镇化存在稳定的因果关系,且服务业对城镇化的推动作用有滞后性,提出在推进城镇化发展时不能忽视服务业的发展,特定地区经济的增长要因地制宜,各产业对城镇化的促进作用取决于该产业能否社会、自然和经济和谐发展。曾国平(2008)实证检验了我国东部、中部、西部三个地区城镇化与服务业的关系,得出城镇化与服务业关系具有明显的区域差异性。曾桂珍和曾润忠(2012)采用省际面板数据对服务业与城镇化的关系进行实证检验,得出东部、西部和中部地区服务业与城镇化之间有稳定的促进关系,且长期内东部和西部两者之间互为格兰杰因果关系,中部仅存在城镇化对服务业的单向格兰杰关系。短期内东部与中部地区两者互为格兰杰因果关系,西部仅存在城镇化对服务业的单向因果关系。顾乃华(2011)基于省市制度互动的视角,使用全国23个省(市、自治区)、252个城市样本数据,通过构造二层数据模型进行实证分析,得出在我国经济转型时期,城镇化是决定服务业发展比重与速度的关键因素。城市在利用城镇化促进服务业增长的背后,城市所在省的政策和制度起着重要的调节作用,因此制度变迁在各个省之间的不均衡分布将成为城市服务业发展不均衡的生成机制。

从服务业集聚角度看,郭文杰(2007)认为城镇化的发展极大地促进了服务业的发展,服务业发展带来的集聚效应减少了城市内交易费用,促进服务业的发展必须加快产业就业结构升级,使服务业吸收更多的劳动力。陈立泰和侯娟娟(2012)采用1997—2009年30个省(市、自治区)的面板数据,从集聚角度在构建城镇化与服务业集聚联立方程模型的基础上,使用了滞后两期的内生变量值作为滞后变量,内生变量选取城镇化水平与服务业集聚程度,外生变量选取市场规模、知识外溢程度、政府对经济的干预能力、国家对外开放程度、经济发展水平、工业化水平、基础设施投资等。实证分析得出服务业的集聚会对城镇化的发展产生了明显的推动作用。而城镇化不能显著地促进服务业集聚,并认为不显著的主要原因是我国城镇化水平偏低、城镇化的发展缺乏产业支撑以及服务业基础薄弱。同时市场规模、政府对经济的干预能力、政府对外开放水平会显著地促进服务业的集聚。

二、我国城镇化对服务业的影响测度

本节将通过建立多水平生产函数,研究不同地区的城镇化进程与服务业规模报酬情况进行研究。

(一) 多水平生产函数

在经济领域中生产函数被广泛使用,其可以较好地反映生产过程中投入与产出的关系,具体含义表现为在特定的生产技术条件下,生产过程中生产要素的投入量与产品产出量之间的数量关系,这种数量关系可以用函数表示。其一般形式为:$Y = f(A, K, L, \cdots)$,其中Y为产出量,A、K、L分别为技术、资本、劳动等投入要素。较多的研究者在此基础上对生产函数进行了扩展研究,基本形式均建立在一定的经济理论基础之上,事实上是用数学公式,对现实中发生在生产过程中投入要素与产出量之间的技术关系进行拟合,是对生产过程中量的关系的描述。然而生产函数并非理论的直接推导结果,而是经验的产物,是将数据通过反复拟合、检验、修正后得到的,换言之在生产函数的应用中一定要重视数据自身的特征结构。

经济、社会研究中的一个共同点是存在着分级结构,这种特殊的结构自然而然地使由其所产生的数据呈现分级或多水平结构。在我国,就存在着国家、大区域、省(市、自治区)、地区、县和乡这样的多水平结构,全国可分为东、中、西三大区域,每个区域又包含着不同的省(市、自治区),而在省(市、自治区)中又有着市、县、乡的行政划分,因此不同的级别可视为存在不同的水平结构,由此汇总产生的数据就是多水平数据。

多水平生产函数,就是在应用生产函数(无论是哪种函数形式)进行分析时,充分考虑所引入变量自身具有的层次结构水平。以两水平 C-D 生产函数[①]为例,其主体形式为:$Y'_{it} = A'_i + \alpha_i L'_{it} + \beta_i K'_{it} + e_{it}$,$i$ 与 t 分别代表着不同水平,在此基础上引入其他相关变量 X_1、X_2、X_3…进行分析时,必须进行变量的水平分析,即变量在哪个水平上存在影响且较大,通过反复拟合、检验、修正后得到的多水平生产函数才可以进行下一步的经济分析。

(二) 变量数据选取说明

我们将利用 31 个省(市、自治区)1998—2012 年的数据建立多水平 C-D 生产函数,分析城镇化对服务业发展的影响。以下是各变量的含义:

1. 产出 Y

由服务业增加值(现价)和服务业增加值指数(上年 = 100),计算出服务业增加值(不变价),用以表示服务业产出。

2. 劳动力 L

劳动力要素数值用服务业从业人员数表示。这两个指标数据来源于历年《中国统计年鉴》和《第三产业统计年鉴》。

3. 城镇化率平均水平 C

我国城镇化水平在时间层面上各省(市、自治区)的发展速度差异不大,尤其是在短期内(以 2006—2012 年为例),各省(市、自治区)年均发展速度差异小于 0.1,但在城镇化率这一指标上,各省(市、自治区)之间存在着较大的差异。因此本节利用 2006—2012 年各地区城镇化率的均值作为衡量各地区城镇化平均水平的指标(参见表 5.1)。

[①] 程海森、石磊,"多水平 C-D 生产函数模型及其参数异质性研究",《统计与决策》,2010 年第 9 期。

表 5.1　2006—2012 年各地区城镇化率均值 C 的数值表　　　单位:%

地区	C	地区	C	地区	C
北京	85.30	浙江	59.47	海南	48.90
天津	78.41	安徽	41.82	重庆	51.66
河北	42.85	福建	53.26	四川	38.79
山西	46.73	江西	42.90	贵州	31.41
内蒙古	53.39	山东	48.84	云南	34.27
辽宁	61.48	河南	37.43	西藏	24.44
吉林	53.30	湖北	47.76	陕西	44.06
黑龙江	55.32	湖南	42.79	甘肃	34.19
上海	88.93	广东	64.71	青海	42.92
江苏	57.16	广西	39.08	宁夏	46.64
新疆	41.02				

资料来源:历年《中国人口和就业统计年鉴》。

4. 资本存量

对于资本投入要素,选取固定资本存量作为衡量标准,本节采用目前广泛应用的永续盘存法[①],其基本公式为:

$$K_{it} = I_{it}/P_{it} + K_{it-1}(1-\delta), \quad (5.1)$$

其中,i、t 分别表示地区、年份,式(5.1)中共涉及四个变量数据的估算选取:(1)基年资本存量 K_{it-1} 的确定,已有研究对基年的选取一般分为 1952 年或 1978 年两类。本节采用张军等(2004)以 1952 年为基期的方法,估算到 1998 年省际资本存量(采用固定资产投资中重庆与四川的比值对 1998 年四川资本存量进行分离,由 30 个省份转化为 31 个省份)作为初始资本存量估计值,估算 1999—2012 年 31 个省份的资本存量(部分数据如表 5.2 所示)。其理由是:在永续盘存法的意义下,如果基年的选择越早,那么基年资本存量估计的误差对后续年份的影响就会越小。(2)当年投资 I_{it} 用固定资本形成代替,1993 年以后的统计年鉴上公布的"固定资本形成总额"可以被视作未扣除折旧的投资指标。(3)折算指数采用固定资产投资指数,其中广东、海南、西藏中缺失的数据,用三个地区服务业增加值指数代替,其余在历年《中国固定资产统计年鉴》中获得。(4)折旧率 δ 采用张军等(2003)估算的全国固定资本形成总额的经济折旧率 9.6%。

---

① 戈德史密斯(Goldsmith)于 1951 年开创。

表 5.2　各地区部分年份资本存量 K 的估算数值表　　　　单位：亿元

省份名称	1999 年	2002 年	2005 年	2008 年	2011 年
北京	4 745.83	8 030.67	13 137.75	19 887.14	28 769.02
天津	1 686.56	3 476.11	6 460.12	12 148.58	26 560.81
河北	3 870.01	8 404.96	15 406.03	28 463.56	51 362.63
山西	1 693.78	3 294.24	6 409.41	12 316.70	25 229.91
内蒙古	1 092.19	2 320.84	6 824.10	16 598.23	36 284.01
辽宁	1 733.25	5 242.93	11 763.76	25 147.81	48 370.05
吉林	1 147.44	2 790.66	5 604.47	15 010.43	30 890.45
黑龙江	1 795.53	4 172.95	7 151.14	12 912.56	24 509.86
上海	5 107.16	9 596.88	15 667.38	24 760.96	35 667.73
江苏	6 522.28	14 360.15	29 326.55	52 512.32	93 902.82
浙江	4 084.10	10 485.28	22 263.82	37 287.42	59 490.63
安徽	1 303.53	3 762.86	7 657.59	14 544.77	27 072.51
福建	1 942.36	5 048.03	9 710.42	18 824.04	34 231.73
江西	1 126.42	2 888.81	6 468.47	12 221.23	21 926.73
山东	6 352.93	14 577.95	29 429.87	54 301.25	95 957.81
河南	3 483.25	7 562.96	14 661.83	32 066.11	65 945.43
湖北	2 088.81	5 867.79	10 538.07	19 332.47	36 709.12
湖南	1 861.67	4 716.92	8 926.27	17 512.57	35 633.41
广东	5 629.92	13 638.39	26 358.66	45 664.02	78 763.28
广西	1 294.63	2 989.01	5 799.60	12 051.46	29 531.85
海南	395.31	868.32	1 472.32	2 534.14	5 007.61
重庆	1 224.18	3 003.81	6 364.28	11 414.00	20 549.80
四川	2 817.53	6 370.61	11 695.79	21 777.74	40 315.94
贵州	766.08	2 117.24	3 922.88	6 573.10	11 716.26
云南	808.97	2 691.87	5 623.82	10 299.89	21 500.07
西藏	111.30	238.42	558.88	1 071.27	2 009.13
陕西	1 571.11	3 559.90	7 136.42	14 149.20	28 502.67
甘肃	1 024.13	1 879.17	3 218.63	5 658.93	10 087.88
青海	255.74	733.84	1 412.01	2 316.27	4 560.10
宁夏	257.56	719.67	1 548.77	2 928.67	5 960.91
新疆	1 296.77	2 959.35	5 556.21	9 356.16	15 455.56

（三）建模分析

1. 建模必要性判定

对 C-D 函数 $Y = A \cdot K^{\beta} \cdot L^{\alpha}$ 两边同时取对数变形为：

$$\log(Y) = \log(A) + \beta\log(K) + \alpha\log(L). \tag{5.2}$$

由于数据结构分为省份和时间两个维度,因此我们试图建立两水平的模型进行影响分析。首先对服务业增加值计算组内相关系数 ICC,检验是否存在组内相关。如果数据集的 ICC 或组间方差统计不显著(无统计学意义),则可对该数据集进行多元回归模型分析,而不需要多水平模型分析;反之,如果统计显著,则应该考虑对其进行多水平模型分析。① 建立截距模型(又称空模型或无条件均值模型):

$$\text{Level one}: \log(Y)_{it} = \gamma_{0i} + e_{it}, \tag{5.3}$$

$$\text{Level two}: \gamma_{0i} = \gamma_{00} + u_{0i}, \tag{5.4}$$

其中,$i = 1,2,\cdots,31$,$t = 1,2,\cdots,14$ 分别表示地区、年份。该模型的水平 1 和水平 2 均没有解释性变量,$e_{it} \sim N(0,\sigma^2)$ 为相互独立的水平 1 残差,$u_{0i} \sim N(0,\sigma_{u0}^2)$ 为相互独立的截距项水平 2 残差,$\text{Cov}(u_{0i},e_{it}) = 0$,综合两个函数得到一个具有随机效应的方差分析模型:

$$\log(Y)_{it} = \gamma_{00} + u_{0i} + e_{it}, \tag{5.5}$$

其中,γ_{00} 是固定效应部分,表示总截距,代表 $\log(Y)_{it}$ 的总均值;$u_{0i} + e_{it}$ 是随机效应部分;σ^2 表示省内方差或个体水平方差,σ_{u0}^2 则表示省间方差。由 RIGLS(限制迭代广义最小二乘估计方法,具体理论这里不做详细介绍)估计可得 $\hat{\gamma}_{00} = 7.3124$,$\hat{\sigma}^2 = 0.3859$($p$-value $= 0.0000$),$\hat{\sigma}_{u0}^2 = 0.9341$($p$-value $= 0.0004$),两者均统计显著,表明服务业增加值的初始水平在各省之间有着显著不同,且存在显著的对象内变异。$\text{ICC} = \hat{\sigma}_{u0}^2/(\hat{\sigma}_{u0}^2 + \hat{\sigma}^2) = 0.7077$,表示 70.77% 的总变异是由省间的异质性引起的。由于各指标均统计显著,因此可以推断 ICC 是统计显著的,从而需要进行多水平模型分析。

2. 最佳模型的确定

具体的模型形式需要经过反复拟合、检验、修正后才可得到,本节采用各自模型的 $D = -2\ln(\text{likelihood})$ 统计量作为比较模型优劣的评价参数,通过其差值大小的显著性来检验模型的改进,其根据是在大样本情形,$-2\ln(\text{likelihood})$ 服从自由度为 q 的 χ^2 分布,其中 q 对应于比较模型涉及的参数个数差。比较最优模型的形式如下:

$$\text{Level one}: \log Y_{it} = \log A + \alpha_i \log L_{it} + \beta_i \log K_{it} + e_{it}, \tag{5.6}$$

$$\text{Level two}: \alpha_i = \alpha_0 + \alpha_1 C_i + u_{0i}, \quad \beta_i = \beta_0 + u_{1i}, \tag{5.7}$$

其中,$e_{it} \sim N(0,\sigma^2)$ 为独立的水平 1 残差,$u_{0i} \sim N(0,\sigma_{u0}^2)$、$u_{1i} \sim N(0,\sigma_{u1}^2)$ 分别为独立的水平 2 残差,$\text{Cov}(u_{0i},u_{1i}) = \sigma_{u01}$,不同水平的残差间相互独立。在劳动力

---

① 王济川、谢海义、姜宝法,《多层统计分析模型》。北京:高等教育出版社,2008 年。

弹性系数随机化的过程中,加入了水平 2 的影响变量 C_i(表示各省城镇化的平均水平),其综合模型为:

$$\log Y_{it} = \log A + \alpha_0 \log L_{it} + \alpha_1 C_i \log L_{it} + \beta_0 \log K_{it} + e_{it} + u_{0i} \log L_{it} + u_{1i} \log K_{it}, \quad (5.8)$$

其中,$\log A + \alpha_0 \log L_{it} + \alpha_1 C_i \log L_{it} + \beta_0 \log K_{it}$ 为固定效应,$e_{it} + u_{0i} \log L_{it} + u_{1i} \log K_{it}$ 为随机效应。该模型有如下的解释:A 是全国技术水平均值的粗略估计;α_i 是服务业劳动力弹性系数,其随 C_i 的变化而变化,α_0 是服务业劳动力弹性系数的平均值,表示在其他变量不变的情况下,全国服务业劳动力的弹性系数均值;α_1 表示平均城镇化水平与服务业劳动力投入的交互效应;β_i 表示水平 1 的服务业资本弹性系数受水平 2 单位变化的影响,即每个省的服务业资本弹性系数不同;β_0 是服务业资本投入弹性系数的平均值;u_{0i} 表示各省的服务业劳动力投入弹性系数估计值与全国水平均值的差异;u_{1i} 表示各省资本弹性系数与全国水平均值的差异。RIGLS 的估计结果如下(在 0.05 的水平下显著):

$$\log Y_{it} = -0.2889 + 0.3903 \log L_{it} + 0.0026 C_i \log L_{it} + 0.5056 \log K_{it}. \quad (5.9)$$

如表 5.3 所示,模型中的参数估计均统计显著(显著水平为 0.05)。其中,$\hat{\sigma}^2 = 0.0013$($p\text{-}value < 0.0001$)表示误差项的方差估计(估计值越小越好);$\hat{\sigma}^2_{u0} = 0.0219$($p\text{-}value = 0.0004$)表示在不同城镇化水平下,劳动力要素弹性在各省之间

表 5.3 参数估计表

参数	RIGLS 估计	$p\text{-}value$
固定效应参数		
$\log \hat{A}$	-0.2889	0.0047
$\hat{\alpha}_0$	0.3903	<0.001
$\hat{\alpha}_1$	0.0025	<0.001
$\hat{\beta}_0$	0.5056	<0.001
随机效应参数		
Level two:		
σ^2_{u0}	0.0219	-0.0001
σ_{u01}	-0.0151	0.0003
σ^2_{u1}	0.0106	0.0005
level one:		
σ^2	0.0013	<0.0001
2log(likelihood)	-410.971	

差异的波动性；$\hat{\sigma}_{u1}^2 = 0.0106(p\text{-}value = 0.0005)$表示资本要素弹性在各省之间差异的波动性；$\hat{\sigma}_{u01} = -0.0151(p\text{-}value = 0.0003)$表示在不同城镇化水平下，劳动力和资本两要素呈现负相关关系，即说明两要素呈现出一定的替代效应。

三、结论

由模型可得服务业多水平C-D生产函数的形式如下：

$$Y_{it} = 0.5142 L_{it}^{0.3903+0.0025C_i} K_{it}^{0.5056}. \tag{5.10}$$

资本要素弹性系数$\beta = 0.334$，劳动力要素弹性系数则是一个变量，是随C_i（各省城镇化的平均水平）变化而变化的，其形式为：$\alpha_i = 0.3903 + 0.0025C_i$。对于生产函数而言，讨论规模报酬变动是考量$\alpha + \beta$的数值，当$\alpha + \beta > 1$时规模报酬递增，当$\alpha + \beta < 1$时规模报酬递减，当$\alpha + \beta = 1$时规模报酬不变。在本结论中规模报酬的判定具有函数形式：$\alpha_i + \beta = 0.8959 + 0.0025C_i$，由此可以计算我国1999—2012年期间，在城镇化水平不断提高的影响下，各地区服务业发展规模报酬的详细数值（见表5.4）。

表5.4 各地区规模报酬估算数值表

地区	规模报酬	地区	规模报酬	地区	规模报酬
西藏	0.96	湖南	1.00	福建	1.03
贵州	0.97	青海	1.00	内蒙古	1.03
云南	0.98	河北	1.00	吉林	1.03
甘肃	0.98	陕西	1.00	黑龙江	1.03
河南	0.99	宁夏	1.01	江苏	1.04
四川	0.99	山西	1.01	浙江	1.04
广西	0.99	湖北	1.01	辽宁	1.05
新疆	1.00	山东	1.02	广东	1.06
安徽	1.00	海南	1.02	天津	1.09
江西	1.00	重庆	1.02	北京	1.11
上海	1.12				

属于服务业规模报酬递增的地区有17个，其程度从大到小的排序为：上海、北京、天津、广东、辽宁、浙江、江苏、黑龙江、吉林、内蒙古、福建、重庆、海南、山东、湖北、山西、宁夏；而陕西、河北、青海、湖南、江西、安徽、新疆则属于服务业规模报酬不变的地区；西藏、贵州、云南、甘肃、河南、四川、广西属于规模报酬递减的地区。

从以上分析中可以看出，我国的城镇化进程对于服务业的发展存在着明显的相关关系,而且这种关系和地区的经济发展水平及城镇化进程是密切相关的,一个地区的经济发展水平越高,其城镇化水平也越高,对服务业发展的需求也就越大。服务业规模报酬递增的地区大多在我国的东部和北部,属于我国的沿海和经济较发达地区;而规模报酬不变的地区主要分布于我国的中西部地区,属于经济发展中等水平地区;而规模报酬递减的地区则属于经济发展相对落后地区,城镇化水平较低,服务业的发展也相对滞后,低水平的城镇化尚不能对服务业的发展形成有力的拉动。图 5.1 反映的是我国 2012 年的城镇化分布情况。截至 2012 年年底,我国总人口为 135 404 万人,其中城镇人口 71 182 万人,城镇化率为 52.6%,而全国 31 个省(市、自治区)中,只有上海、北京、天津等 13 个地区超过了国家整体城镇化水平,新疆、四川、广西、河南、云南、甘肃、贵州和西藏不及上海的一半水平。城镇化水平在地区间存在着较大的差异,决定了服务业的规模报酬也存在着差距,这反映出我国经济发展的非均衡性,但同时也反映出经济发展仍然存在着巨大的潜力,尤其是经济发展水平和城镇化水平较低的地区,无论是从产业结构升级还是从经济增长的潜力来看,都存在着很大的空间。

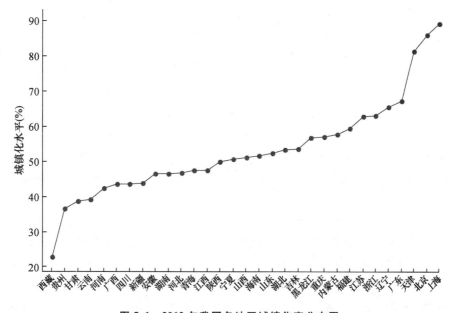

图 5.1 2012 年我国各地区城镇化率分布图

第二节 对城镇化的新认识:人口转型的视角

一、引言

城镇在经济发展中占据中心的位置,Lucas(1988,pp.38—39)对此现象原因的解释是出于人力资本的作用。持有具有互补性知识的个体在城镇聚集在一起相互影响有助于提高生产率。持相同观点的学者包括:Jacobs(1969,1984)、Henderson(1988)、Rauch(1993)和Glaeser等(1992)等。本节考察以城镇为中心的经济发展、以人口转型(Demographic Transition)为特征的经济发展、以人力资本为核心的经济发展三者之间的联系。

发达国家的情况表明,在一个以城镇为中心的经济发展过程中,人力资本达到较高的水平与人口较大幅度增长,两者不太可能同时出现。对于这种人口质量与人口数量之间的替代关系,Barro和Becker(1989)提出了一种解释:相对于孩子的数量,孩子的质量是每个孩子所得到的父母关怀的时间和所得到的资源。给定有限的时间和资源,父母在孩子质量与数量之间须做出取舍。当提升孩子质量的回报高于增加孩子数量的回报,家庭的孩子数量开始下降。Lucas(2004)认为,提升孩子质量所带来的回报是人力资本的回报。

城镇化过程中可能出现两种取舍情况:一是减少孩子数量,通过增加每个孩子的资源投入,提高每个孩子人力资本的水平;二是使孩子的人力资本处于较低水平,将有限的资源用于增加孩子的数量。

除了人口质量与人口数量之间的替代效应之外,城镇化还能通过收入效应影响家庭生育决策,比如,当城镇经济的高科技成分增加,收入增加会强化收入效应,使家庭多生孩子;由于人口增长是由收入效应拉动的,此时人口增速慢于收入增速,对应的是城镇化的良性发展。城镇化的良性发展,还需要城镇政府提供有利于提高人力资本回报、有利于提高城镇经济发展的公共产品。

在良性的城镇化过程中,上述替代效应、收入效应、政府的公共产品服务、外部规模经济(Romer,1986)和知识溢出(Lucas,1988)都较好地发挥作用。Henderson(2003)考察部分国家的情况发现,城镇化与人均GDP(对数)之间的相关系数为0.85。Boustan等(2013)发现,在1800—2000年这200年间,美国城镇相对农村的工资溢价非常稳定,保持在15%—40%之间。城镇化有利于交流并体现出知识的溢出效应;Charlot和Duranton(2004)发现工人通过交流外部性发生的溢出效应对工资的影响为13%—22%。

非洲和拉美一些国家的城镇化结果却相反,上述替代效应、收入效应、政府的公共产品服务、外部规模经济(Romer,1986)和知识溢出(Lucas,1988)没有发挥积极的作用。Poelhekke(2008)通过对非洲和拉美一些国家1980年以来的数据分析发现,这些国家的城镇化演进与经济增长之间呈负相关关系。根据Fay和Opal(2000,p.2),非洲国家1970—1995年平均的城镇化增速为每年5%,而期间人均收入却每年下降0.66%。直到20世纪末,非洲城镇人口中的三分之二没有正式的住房,这些人口的交通、饮水、卫生设施、电力和医疗均无法得到很好的保障。

伴随着恶劣的居住环境和日益增加的贫困状况,犯罪成为主要问题。Fay 和 Opal (2000,p.4)还发现,在为期 5 年的 187 个收入负增长案例中,有 183 个案例在经济负增长的同时城镇在继续扩大。

本节的创新在于从避免马尔萨斯式人口增长的人口转型视角考察城镇化。人类历史在 1800 年以前的收入增长都被马尔萨斯式人口增长所抵消,导致人均收入长期处于较低水平。1800 年以来,越来越多的国家经历了以镇为中心的经济增长,成功地避免了马尔萨斯式人口增长。这一现象是如何在城镇化过程中得以实现的,本节首次将城镇化与人口转型联系在一起,考察良性的城镇化导致人口增速慢于收入增速的影响途径。

传统的人口转型理论和城镇化理论都强调人力资本。但是由于没有将城镇化与人口转型放在一个框架内,对于城镇化通过何种人力资本作用渠道避免马尔萨斯式人口增长,文献缺乏论述。Lee(2003)在其关于人口转型的权威文献综述中未提及城镇化。Benhabib、Spiegel 和 Henderson 在《经济增长手册》的相关章节中也仅分别考察了人力资本和城镇化对经济增长的重要性,但均未将人力资本与城镇化联系起来。Black 和 Henderson(1999)尽管指出了人力资本对城镇化的影响,但其假设人口增长是外生的,并未从人口转型的角度来分析城镇化问题。

与本节视角最接近的是 Lucas(2004),Lucas 在研究中系统地阐述了人口转型对理解现代经济增长的重要性,对本节的影响在于生育率不再被当作固定不变的外生变量,而是作为研究人口转型最重要的被解释变量。Lucas(2004)也一如既往地强调人力资本的重要性,本节在重视人力资本①这一点上,与 Lucas(2004)是一致的。

本节与 Lucas(2004)相比,突破在于,将城镇化所特有的外部性、溢出效应及公共产品供给问题,引入人口转型的研究,丰富了原来仅仅基于人力资本替代效应的人口转型研究框架,引入了人力资本收入效应对人口转型的影响及城镇公共产品将溢出效应内部化对人口转型的影响。

与本节经验分析的结论最接近的是 Eichengreen 等(2013),他们发现,接受中等教育和高等教育人口比重高、出口中高科技产品比重高的经济体,收入增速放缓的可能性小。本节的结论与他们的不尽相同,但是他们对中等教育指标和出口中高科技产品比重的重视都影响了本节的研究,并且本节也得出了有关城镇化与中等教育指标和出口中高科技产品比重交互影响的有意义的结论。

---

① 我国学者是重视人力资本的。近代学者严复笃信国家的竞争表现为国民素质的竞争,将人才的培养乃至教育改革的实行看作社会变革的关键和救国的根本,强调提高全体国民的综合素质。严复认为,妇女的自强与独立,与国家的未来密切相关,必须给予妇女平等接受教育的机会。胡园园(2012)发现,我国西部 12 个省(市、自治区)女性人力资本存量远低于中部和东部的女性人力资本存量。

二、城镇化对人口转型影响渠道的经验分析

(一) 相关的历史数据

生产力增长是长期以来存在的现象,总会出现一些发明和创新提高了生产效率。18世纪、19世纪、20世纪前50年、1950—2011年的世界产出年均增长率分别为0.3%、1%、2%和4.5%。但是,在1800年以前,所有经济体的人均收入都未出现显著增长,人口增长抵消了经济总量的增长,使得人均收入保持在较低的水平。

1800年以后,伴随着各国的城镇化,人均收入首先在英国,随后在德国、美国和日本等国家的大幅度增加是历史上的新现象。自20世纪60年代以来,全球城镇化进程不断加速,世界平均城镇化水平从1960年的不足35%,增加到目前的近55%。在过去的60年内,世界经济总量和人均收入同时实现了显著的增长。根据PWT 8.0的数据,以2005年不变美元计算,在1950—2011年的61年内,世界经济总量由5万亿美元增长为72万亿美元,这对应着4.5%的年均增长率。同期世界人口总量由13亿增长为67亿,这对应着2.7%的年均增长率。这意味着,在这61年内,人均收入以平均每年1.8%的速度增加,2011年世界人均收入水平是1950年的5.4倍。

根据麦迪森历史数据可以将我国人均收入回溯到1820年。1820—1952年,我国没有超越Lucas(2004)认为长期以来人类农业社会所处的人均收入水平。根据麦迪森(2008),我国1952年的GDP大约比1890年增加了50%,但产出的增加被人口的增长所抵消,人均收入没有大幅度增加。

我国1949年城镇人口占总人口的10.64%,到1978年我国城镇化率上升为17.92%。自新中国成立到1978年期间,根据统计数据,我国人均收入出现了一定的增长;1952—1978年,我国人口的年均增长率为2%,同期,我国的总产出年均增加4.8%,人均收入增加2.8%。

1978年以来,我国城镇化率有明显的提高,到2013年,城镇化率已经达到53.73%。同期,我国人均收入增速明显加快。1978—2011年,我国人口的年均增长率为1%,同期,我国的总产出年均增加7%,人均收入增加6%。

(二) 跨国数据描述

各经济体各变量取2011年人口增速由生育率与死亡率决定,本节用生育率(fertility)来代表人口转型。生育率的定义为每位妇女生孩子的数量;样本中各经济体生育率的平均值为2.93,最小值为1.2,最大值为7.58。城镇化(urban)的定义是城镇人口占总人口的比重;样本中各经济体城镇人口占总人口比重的平均值为55.94%,最小值为12.2%,最大值为100%。妇女性别平等指标(femaleq)由世界银行提供,该指标已标准化,在0和1之间;数值越大,说明该经济体的性别平等程度越高。样本中各经济体CPIA性别平等指标的平均值为0.49,最小值为0.2,

最大值为0.8。世界银行 CPIA 可持续环境政策指标(envir)的平均值为0.43,最小值为0.2,最大值为0.6;该指标越高,说明政策越有利于可持续环境的发展。中等教育指中学教育或职业教育,包括初中、高中和对应的职业教育;样本中各经济体中等教育入学率(senrol)的平均值为56.6%,最小值为15.9%,最大值为100%。高等教育指大学教育或对等的高等院校教育;样本中各经济体高等教育入学率(tenrol)的平均值为14.4%,最小值为0.8%,最大值为61.1%。人均 GDP 按购买力平价法计算,采用2005年可比价格,单位是国际元(美元);样本中各经济体人均 GDP 的平均值为11 936美元,最小值为364美元,最大值为71 900美元。作为各经济体收入差距的指标,样本中各经济体基尼系数的平均值为40.15,最小值为24.70,最大值为65.80。WDI 数据库提供了153个经济体的观察值。作为收入差距的另一替代指标,10%最高收入人口的收入份额与10%最低收入人口的收入份额之比(highlow)出现在回归中,由于数据缺乏,样本数降为34个,平均值为17.85,最小值为5.99,最大值为98.60。经验分析中还用到了出口制造业产品中高科技产品所占的比重(hightech),样本数同样为34个经济体,平均值为7.27%,最小值为0.08%,最大值为41.70%。表5.5给出了数据的描述性统计量,各变量取2011年数据。

表5.5 数据描述性统计

	观察值	平均值	标准差	最小值	最大值
基尼系数	153	40.15	9.25	24.70	65.80
人均 GDP(2005 年不变价格,国际元)	153	11 936	13 538	364	71 900
城镇人口占总人口比重(%)	153	55.94	22.50	12.20	100.00
高等教育入学率(%)	69	14.40	13.60	0.80	61.10
中等教育入学率(%)	68	56.60	25.60	15.90	100.00
世界银行 CPIA 性别平等指标(已标准化,在0与1之间)	69	0.49	0.14	0.20	0.80
世界银行 CPIA 可持续环境政策指标(在0与1之间)	68	0.43	0.10	0.20	0.60
10%最高收入人口的收入份额/10%最低收入人口的收入份额	34	17.85	21.48	5.99	98.60
出口制造业产品中高科技产品的比重(%)	34	7.27	9.24	0.08	41.70
生育率(每位妇女生孩子的数量)	153	2.93	1.50	1.20	7.58

资料来源:WDI(World Development Inlicator)数据库。①

---

① WDI 数据库各国的最新数据到2011年为止。如某经济体2011年数据缺失,本表采用与2011年接近(比如,2010年)的数据来代替。

图 5.2 中的横轴是各经济体 2011 年的城镇化程度,纵轴是各经济体 2011 年的生育率水平。图 5.2 显示,城镇化程度高的国家,不存在超高生育率的观察值。比如,当城镇化率超过 80% 时,就不再存在生育率超过 4 的观察值。

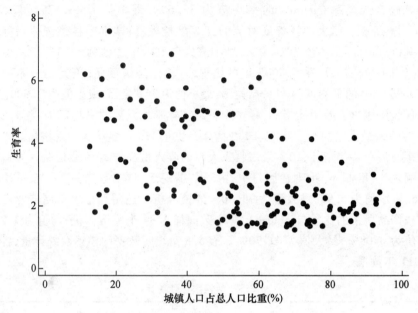

图 5.2 人口转型指标(生育率)与城镇化指标的关系
资料来源:WDI 数据库。

用 153 个经济体的城镇化指标和收入差距指标解释各国之间人均 GDP 的差距,结果显示,城镇化指标和收入差距指标前面的系数均在 0.01 的水平上显著。基尼系数每下降 1 个百分点,人均收入将提高 317 美元。城镇化率每增加 1 个百分点,人均收入将提高 382 美元。用 153 个经济体的城镇化和收入差距来解释生育率,结果显示,这两个指标均在 0.01 的水平上显著。基尼系数每下降 1 个百分点,每位妇女生孩子的数量将平均下降 0.03;城镇化率每增加 1 个百分点,每位妇女生孩子的数量将平均下降 0.04。

OECD(1998,p.58)比较了经合组织各国家 30—44 岁男女收入在 1995 年的情况。就妇女而言,大学毕业的妇女收入比高中毕业的妇女收入高 61%,没有高中毕业的妇女收入比高中毕业的妇女收入低 23%。男女性别并未对其收入带来很大的差异。

三、城镇化对人口转型的影响渠道

在城镇化过程中,避免马尔萨斯式人口增长,生育率是关键,所以计量模型中的被解释变量选择生育率。假设检验涉及的解释变量包括城镇化,城镇化与教育、妇女发展和经济科技含量的交互项,控制变量包括收入差距、城镇化与收入差距的交互项、城镇化与可持续环境政策变量的交互项。教育、妇女发展和经济科技含量变量分别为中等或高等教育入学率、世界银行 CPIA 性别平等指标、出口制造业产品中高科技产品所占的比重。城镇化的指标为城镇人口占总人口比重。

收入差距指标包括两类:一是基尼系数;二是 10% 最高收入人口的收入份额与 10% 最低收入人口的收入份额之比。控制变量还包括世界银行 CPIA 可持续环境政策指数。

计量模型构建如下:

$$\text{fertility}_i = \text{const.} + \alpha_1 \times \text{urban}_i + \alpha_2 \begin{matrix} \text{senrol}_i \times \text{urban}_i \\ \text{tenrol}_i \times \text{urban}_i \end{matrix} + \alpha_3 \times \text{femaleq}_i \times \text{urban}_i$$
$$+ \alpha_4 \times \text{hightech}_i \times \text{urban}_i + \alpha_5 \times \text{control}_i + \varepsilon_i, \qquad (5.11)$$

其中,i 代表第 i 个经济体。

回归分析中检验以下三个假设:

假设1 中等教育或高等教育入学率增加,城镇化对生育率的负向影响增强,即 $\alpha_2 < 0$。

中等教育或高等教育入学率高,人力资本投资多。一方面,城镇化过程中人力资本投资具有溢出效应,会提高人力资本回报;另一方面,入学率增加反映城镇里与中等教育或高等教育相关的公共产品供给较为充足,在教育方面的公共产品支出将城镇人力资本投资溢出效应内部化,有利于进一步提高人力资本回报。上述两方面的影响,使得人口质量与人口数量的替代效应向人口质量倾斜,这意味着入学率增加,城镇化对生育率的负向影响会增强。

假设2 男女越平等,城镇化对生育率的负向影响增强,即 $\alpha_3 < 0$。

一方面,不同性别之间越平等,对妇女而言,人力资本投资的回报越高。在城镇化过程中,人力资本投资溢出效应进一步提高妇女人力资本回报,妇女生育的机会成本增加。另一方面,性别平等水平较高也反映了城镇里与此相关的公共产品供给较为充足,在妇女发展方面的公共产品支出将城镇人力资本投资溢出效应内部化,有利于进一步提高妇女人力资本回报。上述两方面的影响意味着妇女受到的歧视越少,城镇化对生育率的负向影响会增强。

假设3 出口制造品中高科技产品的份额增加,城镇化对生育率的正向影响增强,即 $\alpha_4 > 0$。

一方面,城镇制造业出口中高科技产品较多,经济结构较为合理,对城镇非出口部门带来正向的溢出效应,使得城镇人均收入较高。收入效应使得家庭可以在提高孩子质量的同时,适度增加孩子数量。另一方面,城镇制造业出口中高科技产品较多也反映了城镇里与生产率提升、贸易便利化(如交通物流基础设施等)相关的公共产品供给较为充足,在生产率提升、贸易便利化发展方面的公共产品支出将城镇经济结构合理的溢出效应内部化,有利于进一步提高人均收入。上述两方面的影响意味着城镇制造业出口中高科技产品越多,城镇化对生育率的正向影响会增强。

在表5.6的回归结果中,增加新的变量(各经济体中等教育入学率、高等教育入学率、性别平等指数等),有些经济体数据缺失,这导致样本数变化。在数据处理过程中,解释变量均经过量纲标准化处理。

表5.6第(1)列采用153个经济体的数据。基尼系数前面的估计系数为0.03,显著水平为0.01;城镇化指标前的估计系数为-0.04,显著水平为0.01。

表5.6第(2)列在第(1)列解释变量的基础上,增加了城镇化指标和高等教育入学率指标的交互项与城镇化指标和性别平等指标的交互项。结果显示,收入差距指标基尼系数前面的系数变得不显著,原因是收入差距指标与第(2)列中加入的高等教育指标、性别平等指标相关,而后两个指标(与城镇化指标交互之后)对生育率显示出更加显著的影响。考虑了高等教育指标和性别平等指数之后,第(2)列中的城镇化系数符号由第(1)列的负变为正,且在0.01的水平上显著。第(1)列中城镇化对生育率的负面影响,在第(2)列(和随后的各列)中均被归因于与城镇化相关的教育和性别平等因素。在第(2)列中,城镇化与高等教育入学率和性别平等指数交互项前面的系数显著为负,说明高等教育入学率越高,性别平等程度越高,则生育率越低。这表明城镇化之所以能够带来人口转型所需要的生育率下降,教育和性别平等状况比城镇化自身更重要,这两个指标可以认为是城镇化影响人口转型的渠道。性别平等指数在回归中显著,说明妇女生育率下降与城镇化过程中性别歧视的减少有关。

第(3)列在第(2)列的解释变量基础上,增加了城镇化与中等教育入学率的交互项。结果显示,该交互项前面的系数在0.01的水平上显著,且符号为负。同时包括中等教育和高等教育两个交互项的结果,是城镇化与高等教育入学率的交互项变得不再显著。这表明,城镇化之所以能够带来生育率下降,中等教育的普及程度比高等教育的普及程度更具有解释力,城镇化所带动的中等教育普及可以认为是城镇化影响人口转型的重要渠道。

第(4)列和第(5)列在回归中加入了城镇化与基尼系数的交互项,第(5)列还加入了城镇化与可持续环境政策指数的交互项。这两个回归结果表明:城镇化与中等教育入学率的交互项显著地(均在0.05的水平上显著)有利于降低生育率,城镇化与高等教育入学率的解释力不显著、城镇化与性别平等指数交互项可以显著地(均在0.01的水平上显著)解释生育率下降。城镇化与可持续环境政策指数的交互项在 0.1 的显著水平上对生育率增加有解释力。① 城镇化、收入差距以及两者的交互项对生育率的解释力变得不显著。

表 5.6 关于城镇化影响生育率渠道的经验分析结果

	(1)	(2)	(3)	(4)	(5)	(6)	(7)
基尼系数	0.03***	0.008	0.01	-0.03	-0.02		0.03
	(0.01)	(0.02)	(0.02)	(0.04)	(0.04)		(0.09)
城镇人口占总人口比重(%)	-0.04***	0.05***	0.06***	0.02	0.01	0.09	0.10
	(0.01)	(0.02)	(0.02)	(0.05)	(0.05)	(0.07)	(0.10)
城镇人口占总人口比重(%)×基尼系数				0.11	0.07		-0.02
				(0.11)	(0.11)		(0.17)
10%最高收入人口的收入份额/10%最低收入人口收入份额						0.002	
						(0.04)	
城镇化率×10%最高收入人口的收入份额/10%最低收入人口的收入份额						-0.00005	
						(0.0007)	
城镇人口占总人口比重(%)×中等教育入学率(%)			-0.05**	-0.04**	-0.05**	-0.06**	-0.06*
			(0.02)	(0.02)	(0.02)	(0.03)	(0.03)
城镇人口占总人口比重(%)×高等教育入学率(%)		-0.07**	-0.03	-0.02	-0.01	-0.03	-0.02
		(0.03)	(0.03)	(0.03)	(0.03)	(0.03)	(0.03)
城镇人口占总人口比重(%)×性别平等指数(在0与1之间)		-0.10***	-0.08***	-0.08***	-0.11***	-0.13*	-0.13*
		(0.03)	(0.03)	(0.03)	(0.04)	(0.07)	(0.07)
城镇人口占总人口比重(%)×可持续环境政策指数(在0与1之间)					0.08*	0.06	0.05
					(0.04)	(0.09)	(0.09)
城镇人口占总人口比重(%)×出口制造业产品中高科技产品的比重(%)						0.10*	0.09**
						(0.05)	(0.04)
常数项	3.76***	4.02***	3.84***	5.49***	5.08***	3.43***	2.46
	(0.56)	(0.88)	(0.94)	(2.01)	(1.99)	(1.12)	(3.59)
观察值	153	69	68	68	68	34	34
R^2	0.34	0.42	0.45	0.46	0.49	0.56	0.56

注:括号内为稳健标准差,***、**、*分别代表 0.01、0.05 和 0.1 显著水平。

---

① 表 5.6 第(5)列的结果表明人口生育率除了受人口质量与人口数量之间替代关系的影响之外,还受政府在可持续环境方面提供的公共产品的影响。较好的可持续环境政策,能带来较好的环境,提高人的幸福感,使得人们对未来的幸福具有较好的预期,这会增加生育率。城镇政府在类似幸福导向的政策上提供较好的公共产品,是将城镇居民幸福的溢出效应内部化,此类政策放松了制约人口数量的幸福感约束。换言之,在一个恶劣的自然环境中,人的幸福感会下降,会由此减少对未来幸福感的预期,导致生育率下降。这与人口质量与数量之间的替代关系不同,更像政策提供的公共产品带来了宽松的"收入效应",使得不降低人口质量的情况下,人口数量增加成为可能。但是,在第(6)列和第(7)列中,可持续环境政策的系数变得不显著,说明上述结论缺乏稳健性。

第(6)列和第(7)列在回归中继续加入城镇化与制造业出口高科技比重的交互项,并在第(6)列采用了不同的收入差距指标(10%最高收入人口的收入份额与10%最低收入人口的收入份额之比)。中等教育入学率和性别平等指数与城镇化的交互项的系数都显著为负,可持续环境政策指数与城镇化交互项的系数变得不显著,制造业出口中高科技产品的比重的系数始终是显著为正,假设3通过了检验。收入差距项、收入差距与城镇化交互项、城镇化率项前面的系数均不显著。根据第(7)列的估计结果,取各解释变量的均值,得出以下结论:城镇化率提高1个百分点,自身使生育率增加0.1,通过中等教育入学率、性别平等和出口高科技产品所导致的生育率变化分别为 -0.038、-0.0715 和 0.0065,汇总后城镇化对生育率的平均综合影响为生育率下降0.003。

表5.6中有关城镇化与中等教育入学率的交互项、城镇化与性别平等指数的交互项、城镇化与出口制造业产品中高科技比重的交互项前面系数的显著性和符号的方向性是稳健的。当采用不同的收入差距指标时,上述结论也是稳健的。

城镇化与高等教育入学率的交互项不显著,说明假设1中有关高等教育入学率的内容没有通过检验,而有关中等教育入学率的内容通过了检验。假设2也通过了检验。

由于数据缺失导致样本过小,本节无法采用面板数据模型研究各经济体自身在人口转型指标动态变化方面的差异,难以区分不同时点上不同经济体城镇化特征对人口转型指标的差异性影响。

四、城镇化过程中公共产品供给的稀缺性

公共产品不限指某一类特定的消费品——个人消费该产品不会减少或限制其他人对该产品的消费,而是包括更广泛的含义。比如,棚户区改造工程中清除棚户区的破旧住房,给居住在附近的非棚户区居民带来了正向的外部性,在此意义上讲,政府拆除棚户区提供了一个公共产品。非洲和拉美一些国家城镇化过程中的教训说明,避免马尔萨斯式人口增长、摆脱"中等收入陷阱"、脱离人均收入持续处于温饱水平状态、发挥城镇化在人口质量对人口数量的替代效应和收入效应、外部规模经济(Romer,1986)和知识溢出(Lucas,1988)效应,这些均需要城镇政府有所作为。

不成功的城镇化过程中,城镇政府无法提供有利于人力资本投资、经济结构优化的公共产品,无法使教育、人的发展和经济结构调整都在一个具有正向外部性的城镇环境当中进行。

在公共产品需求的价格弹性相对政府其他服务需求的价格弹性较小时,城镇政府有动力减少这些公共产品的供给,提高这些公共产品的价格。① 因此,非洲和

---

① 本节附录给出了这一命题的证明。

拉美一些国家的城镇化不成功并非例外；非洲和拉美一些国家的城镇政府无法提供有利于人力资本投资、经济结构调整的公共产品，归因于公共产品的价格过高。如果任由城镇政府自由选择，城镇公共产品的供给很可能会过少，会出现一种缺乏治理、政府不作为的城镇化。当前我国的城镇化处于一个十字路口，我们希望未来能避免出现城镇政府无法提供必要公共产品的城镇化发展困境。

五、我国与日本相关问题的比较研究

我国与日本同处亚洲，具有长久的历史渊源和相接近的文化背景。日本的人口转型和城镇化的情况可作为我国参照的案例。以下分析考察我国与日本在城镇化指标、人口转型特征与人力资本指标之间的相关度。

（一）人均收入与城镇化的正相关

图5.3左上图说明，我国与日本城镇化指标与人均收入指标之间均存在正相关关系。将人均收入分解为总产出与人口数据加以分析，PWT数据库提供了可以比较的数据。我国于1968年达到日本2010年的人均收入水平。1968—2011年期间，日本产出年均增长率为3.7%，延续了1950—1968年9.3%的高速增长。1968—2011年，日本人口年均增长率为0.5%，而1950—1968年日本人口年均增长率为1.1%基础上。1968—2011年，日本人均收入年均增长率为3.2%。

日本产出增长是1885年以来持续出现的现象。根据Palgrave国际历史统计，1885—1944年期间，日本的年均产出增速为2.9%；1890—1944年，人口年均增速为1.2%。1868年日本明治维新改革以后，出现了一种日本历史上从未出现过的新现象——新现象不是技术进步本身，而是产出的增加并未伴随人口的相应增加，即人口转型。

图5.3左上图横轴的零点对应日本的1968年和我国的2010年，两国的人均GDP相等。左上图右边的纵轴给出人均GDP水平。在第二次世界大战后1945—1968年这23年期间，日本的人均收入增长与我国2010年之前的23年（1987—2010）的增长态势基本相同。这23年间，日本的增速还略快些，因为1987年我国人均收入比1945年日本人均收入高出30%。具体比较横轴零点左边18年的数据，1987—2010年的我国与1950—1968年的日本相比，产出增速分别为7.7%和9.3%，人口增速分别为0.7%和1.1%，人均收入增速分别为7%和8.2%。一般认为，日本人均收入在第二次世界大战后的增速是所有经济体中最突出的（Lucas，2004）。

本节用城镇人口占总人口的比重代表城镇化程度，日本数据来自WDI数据库，我国数据来自WIND数据库。图5.6左上图还给出了横轴零点年份附近我国和日本的城镇化程度对比，代表我国城镇化水平的曲线显著低于代表日本城镇化水平的曲线。1968年日本的城镇化水平已经达到70.3%，我国2010年的城镇化

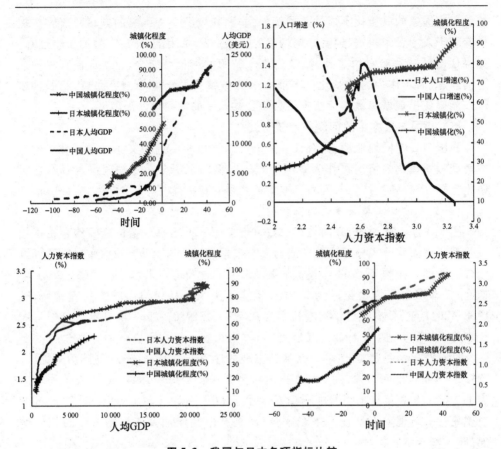

图5.3 我国与日本各项指标比较

注:左上图与右下图横轴0点对应日本的1968年和我国的2010年,即两国人均GDP相等的年份。人均GDP(1990年国际元)来自麦迪森历史数据,人力资本指数来自Penn World Table,人口增速和城镇化指标(城镇人口占总人口比重)来自WDI数据库。

率为51.27%。

(二)城镇化指标、人口转型指标与人力资本指标之间的相关性

图5.6右上图的横轴是人力资本指数,数据来源是PWT数据库,编制方法是根据Barro和Lee(2012)与Psacharopoulos(1993)基于入学年数与教育回报的人力资本研究。该指数越高,人力资本存量越大。

图5.6右上图显示:(1)伴随着人力资本积累的增加,我国和日本的城镇化与人口增速呈反向关系。(2)在城镇化过程中,我国和日本的人力资本积累越多,人口增速越低。

随着我国城镇化水平的提高,我国的人口增速与人力资本水平之间也出现了

显著的负相关关系。处于与我国相当的人力资本水平时,日本的人口增速较我国的增速更高,这与我国自1978年以来实现的计划生育政策有关。

(三)城镇化与人力资本积累之间的差距

图5.6左下图的横轴是人均GDP。根据日本的情况,随着人力资本积累增加和城镇化水平提高,日本人均GDP水平持续提高。图5.6左下图显示,我国的人力资本水平已经与日本1968年的水平相当,但城镇化水平滞后于日本1968年的水平。相对日本目前的情况,似乎我国与日本的人力资本差距略小于我国与日本在城镇化水平方面的差距,但这并不意味着我国人力资本方面的状况较为乐观。

图5.6右下图横轴的零点对应日本的1968年和我国的2010年。根据日本人力资本存量的发展状况,在未来的40—50年内,我国的人力资本存量在目前的基础上还有显著的增加空间。从日本城镇化的发展来看,城镇化也非持续地"高歌猛进",在达到70%以上的水平之后,在大约20年的时间内保持了比较稳定的城镇化水平。日本在最近的十多年内,城镇化水平由不到80%的水平快速提升到90%左右。

以上对比分析的结论是:我国的城镇化水平低于日本同等人均收入情况下的城镇化水平,但是,我国近二十年来的城镇化速度非常快,而且出现了城镇化速度快于人力资本增速的情况。这意味着,一方面,我国城镇化还有较大的空间;另一方面,我国城镇化不能过度超前于人力资本的积累,城镇化速度应与人力资本增速相当。

六、结论与政策建议

城镇化是一个远比造路盖楼复杂的系统工程,城镇化既是一个巨大的挑战,也是一个机遇。在城镇化的诸多挑战当中,避免马尔萨斯式人口增长、实现人口转型处于核心的地位。实际上,不仅城镇化,任何经济活动都一样:如果不能在收入增长的同时,避免马尔萨斯式人口增长、实现人口转型,这种经济活动就算不上成功。从这个意义上讲,从人口转型角度来考察城镇化是必然的,也是至关重要的一种分析视角;从人口转型角度对城镇化的考察,可能超出了城镇化的内容限制,对其他经济活动的分析均具有一定的借鉴意义。

从方法上讲,人口转型研究有其独特的方法。比如,对人口质量和人口数量之间替代效应和收入效应的重视,对生育年龄阶段妇女发展状况的重视,对有利于人力资本投资、妇女发展、经济结构调整的公共产品供给的重视。城镇化研究也有其独特的方法。比如,对人力资本、外部规模效应、信息溢出效应、知识溢出效应以及城镇政府提供公共产品将溢出效应内部化的重视等。可见,从人口转型角度考察城镇化,可以将两者关注的内容结合起来,在方法上互通。这也是本节的特色。比如,将人口转型研究中对教育、妇女发展的重视引入城镇化的研究,将城镇化中对溢出效应和公共产品的重视引入人口转型研究等。

鉴于我国人口基数庞大，人力资本积累水平较低，当前最迫切需要关注的问题并非人口的绝对数量，而是人口质量和人力资本水平的提高，如何在保持人口质量的情况下在一个溢出效应良性循环的城镇环境中适度地增加人口，使人口增速小于收入增速。

对比非洲和拉美一些国家城镇化的教训，可以得出如下结论：就政策建议而言，城镇政府提供有利于人力资本投资、妇女发展和经济结构调整的公共产品，是至关重要的。而当城镇居民公共产品需求的价格弹性较小时，城镇政府利益最大化的选择是减少公共产品的供给，提高公共产品的价格。城镇政府这么做不利于发挥城镇公共产品在人力资本投资、人的发展和经济发展方面的溢出效应，不利于城镇避免人口质量不高、人力资本投资不足、人口质量得不到保证情况下人口数量却在持续增加的困境。解决公共产品提供不足问题的途径是促使城镇政府将城镇公共产品在人力资本投资、人的发展和经济发展方面的溢出效应内部化。这需要对城镇政府的考核采用一个既注重收入增长，同时以人为本的、重视人的幸福的、足够将各种外部性包容在内的政绩考核体系。党的十八届三中全会报告指出，要推进国家治理体系和治理能力现代化。这样的政绩考核体系应该是现代化的国家治理体系的重要组成部分，反映的是我国政府治理能力现代化的程度。

增加人口数量固然有助于延续人口红利，使得我国低成本的优势能够保持，但最终还是需要生产率的提高来提升人均收入。以往通过人口增长获取人口红利、依靠低成本获取收入的做法，反映了城镇政府对GDP的过度重视，对人口质量和人口转型的重要性缺乏理解。在这种思维的支配下，我国城镇化过程中已经出现了一些公共产品提供不足的现象。比如，城镇低收入人群的居住环境恶劣、缺少提高自身收入的有效途径、缺少平等的教育机会和就业机会、人力资本投资回报低导致孩子辍学外出打工、犯罪现象有所增加的现象比较突出。城镇政府如果在公共产品提供方面不作为，我国的城镇化就有可能向非洲和拉美一些国家不成功的城镇化方向演变。非洲和拉美一些国家的城镇化本质上就是一种政府不作为、不治理的城镇化。

从人口转型角度出发，不仅收入增长要超前于城镇化的速度，更重要的是人力资本积累、人口质量的提升要超前于城镇化的速度。而从政策建议角度看，城镇政府提供有利于人力资本投资、人的发展、经济结构升级的公共产品更是要超前于城镇化的速度，这要求国家治理体系和治理能力现代化的程度要超前于城镇化的速度。我国城镇化的未来究竟是走发达国家的道路，还是走非洲和拉美一些国家的道路，关键在于城镇化过程中，如何促进有利于人力资本投资，有利于城镇经济发展的正向溢出效应发挥作用。为使得人口结构更加合理,调整我国人口计划生育政策是正确的。强调提高人口质量,并不必然意味着人口数量的减少,更不是采取强制的措施限制人口。

附录

以下模型考察城镇政府公共产品供给稀缺的机理和原因。

(一) 对城镇公共产品的马歇尔需求函数

假定城镇政府可以提供两类服务:一类是正向外部性较低、与一般性城镇政府性消费相对应的服务(简称为城镇政府消费性服务),如购买公车、制服、建设城镇政府办公大楼,城镇居民对此类城镇政府服务也有一定的需求;另一类是有利于人力资本积累、经济结构优化的将城镇化溢出效应内部化的公共产品(简称为正向公共产品)。两类活动之间具有替代性,价格分别为 R 和 τ。个人效用来自对城镇政府消费性服务 m、正向公共产品 c 和休闲 l。

个人效用函数采取对数形式:

$$u(c,m,l) = \alpha \ln c + \gamma \ln m + (1 - \alpha - \gamma)\ln l. \tag{A.1}$$

约束条件为:

$$mR + c\tau + l = T, \tag{A.2}$$

其中,资源约束的总量为 T。

个人对城镇政府消费性服务、正向公共产品和休闲的马歇尔需求函数分别为

$$c(\tau,R) = \frac{\alpha T}{\tau}, \tag{A.3}$$

$$m(\tau,R) = \frac{\gamma T}{R}, \tag{A.4}$$

$$l(\tau,R) = (1 - \alpha - \gamma)T. \tag{A.5}$$

(二) Ramsey 政策问题

以下内容借鉴 Mulligan 和 Sala-i-Martin(1997)。个人的间接效用函数来自用马歇尔需求函数代替效用函数中的城镇政府消费性服务 c、正向公共产品 m 和休闲 l:

$$V(\tau,R) = u(c(\tau,R),m(\tau,R),l(\tau,R)). \tag{A.6}$$

Ramsey 最优政策问题是最大化式(A.5),约束条件是城镇政府收入大于支出 g,

$$G(\tau,R) = \tau c(\tau,R) + Rm(\tau,R) \geq g > 0. \tag{A.7}$$

根据 Varian(1992, p.106)的 Roy 等式,

$$\frac{V_R}{V_\tau} = \frac{-\dfrac{V_R}{V_T}}{-\dfrac{V_\tau}{V_T}} = \frac{m}{c}, \qquad (A.8)$$

其中,W_X 代表函数 W 对 X 求偏导。

Ramsey 最优政策问题满足

$$\underbrace{\frac{m}{c}}_{\frac{V_R}{V_\tau}} = \underbrace{\frac{\tau c_R + R m_R + m}{c + \tau c_\tau + R m_\tau}}_{\frac{G_R}{G_\tau}}. \qquad (A.9)$$

城镇化过程中,正向公共产品供给不足,对应的是正向公共产品价格定价过高。在图 5.4 中,正向公共产品定价过高意味着间接效应函数与城镇政府约束线相交于正向公共产品价格轴,或者意味着间接效应函数与城镇政府约束线相交对应于正向公共产品价格无穷大。以下分两种情况讨论正向公共产品价格过高出现的条件。图 5.4 假定城镇政府消费性服务的最低价格为 1。

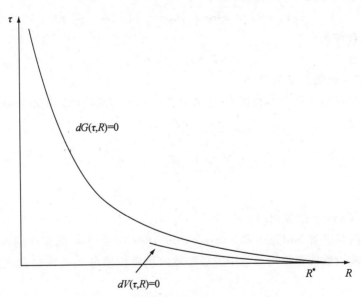

图 5.4 正向公共产品价格过高的情况

1. $R^* < \infty$

假定城镇政府在 Laffer 曲线的上升阶段,即式(A.9)的 $G_R > 0, G_\tau > 0$。如果式(A.9)左边小于右边,间接效用函数的斜率(城镇政府消费性服务价格和正向公共产品价格的替代率)小于城镇政府约束线的斜率(城镇政府消费性服务价格和正向公共产品价格之间的转换率)时,如图 5.4 所示,反映最优解的交点处于正向公共产品价格轴上,城镇政府提供正向公共产品的价格会非常高,而提供城镇政府消费性服务的价格会非常低。

2. $R^* \to \infty$

图 5.4 假设城镇政府约束线与正向公共产品价格轴相交,如果前者无限地趋近于正向公共产品价格轴,则在式(A.9)左边小于右边的情况下,最优的正向公共产品价格 R^* 为无穷大。

当 $R^* \to \infty$ 时,存在一个最小的正向公共产品供给量 m^*,为维持 $G_R > 0$,必须满足

$$0 > \frac{R^*}{m^*} \frac{\partial m^*}{\partial R^*} > -1, \quad (A.10)$$

正向公共产品的价格弹性为负,绝对值小于 1。

3. 正向公共产品需求的价格弹性

$R^* \to \infty$ 成立,需要满足

$$\left.\frac{V_R}{V_\tau}\right|_{R^* \to \infty} = \left.\frac{m}{c}\right|_{R^* \to \infty} < \left.\frac{G_R}{G_\tau}\right|_{R^* \to \infty} = \left.\frac{\tau c_R + R m_R + m}{c + \tau c_\tau + R m_\tau}\right|_{R^* \to \infty}. \quad (A.11)$$

对式(A.11)的理解如下:如图 5.4 所示,效用无差异曲线在 $(R^*,1)$ 的斜率为:

$$\left.-\frac{\mathrm{d}\tau}{\mathrm{d}R}\right|_{R=R^*} = \frac{V_R}{V_\tau}. \quad (A.12)$$

城镇政府约束收入无差异曲线在 $(R^*,1)$ 的斜率为:

$$\left.-\frac{\mathrm{d}\tau}{\mathrm{d}R}\right|_{R=R^*} = \frac{G_R}{G_\tau}. \quad (A.13)$$

为使得 $R^* \to \infty$,式(A.11)需要成立。令

$$\eta_m = \frac{\partial m}{\partial R} \frac{R}{m}, \quad \eta_c = \frac{\partial c}{\partial \tau} \frac{\tau}{c}, \quad (A.14)$$

则正向公共产品需求的价格弹性 $\eta_m|_{R=R^*}$ 绝对值越小,越有利于式(A.11)成立。

在式(A.1)给出的对数效用函数情况下,

$$\frac{\partial c(\tau,R)}{\partial R} = 0, \quad \frac{\partial m(\tau,R)}{\partial \tau} = 0, \quad (A.15)$$

$$\frac{\partial c(\tau,R)}{\partial \tau} = -\frac{\alpha T}{\tau^2} < 0, \quad (A.16)$$

$$\frac{\partial m(\tau,R)}{\partial R} = -\frac{\gamma T}{R^2} < 0. \quad (A.17)$$

这样,式(A.1)简化为:

$$\eta_m = -\frac{\gamma T}{Rm} > \eta_c = -\frac{\alpha T}{c\tau}. \tag{A.18}$$

当正向公共产品需求价格弹性的绝对值小于城镇政府消费性服务需求价格弹性的绝对值时,正向公共产品相对城镇政府消费性服务的相对价格会趋高,导致正向公共产品的均衡水平下降。

第六章 对我国农业转移人口的消费特点及其群体差异的研究

第一节 农业转移人口家庭消费的总体特点及主要影响因素

本章依据2013年国家卫生和计划生育委员会(以下简称国家卫生计生委)关于八城市流动人口动态监测的调查数据,分析了农业转移人口的总体消费特点,并分析了收入等因素对于农业转移人口消费的影响。考虑到农业转移人口存在"城市干活、回老家花钱"的现象,本节特别分析了农业转移人口家庭收入和消费支出的跨地域特征,以期更加全面地研究农业转移人口的消费情况。

一、农业转移人口家庭收入水平及地域来源结构

(一)农业转移人口家庭收入水平总体较高,外出务工是主要收入来源

1. 农业转移人口在流入地收入水平稳步增长

近年来,随着最低工资标准的上升和劳动力供求关系的转变,农业转移人口在流入地的收入呈现较快增长态势,人均月收入从2010年的1 847元提高到2012年的3 196元。① 根据2013年国家卫生计生委流动人口司对八城市流动人口动态监测调查数据,2012年农业转移人口在流入地家庭月收入均值为6 245元。② 按收入分组来看,其中超过1/3的农业转移人口在流入地的家庭月收入达到4 001—6 000元,收入水平在2 001—4 000元和6 001—9 999元的各占1/5左右,在2 000元以下的仅占5%,农业转移人口在流入地家庭月收入超过10 000元的占11%(见表6.1)。

表6.1 农业转移人口在流入地月收入情况

月收入水平(元)	数量(人)	占比(%)
2 000及以下	790	5
2 001—4 000	4 676	28
4 001—6 000	5 862	35
6 001—9 999	3 539	21
10 000及以上	1 897	11
合计	16 764	100
缺失	114	

---

① 数据来源于历年《中国流动人口发展报告》。
② 按照各收入分组人数权重进行加权平均,下同。

2. 农业转移人口在老家的年收入低于全国农村居民家庭年收入水平

调查结果显示,2012年农业转移人口在老家的家庭年收入均值为19 628元,是2012年全国农村居民家庭年均收入(30 875元)的63%。

3. 农业转移人口家庭年总收入水平较高

农业转移人口每年在城市务工的时间按10个月算,其家庭年总收入为10个月的务工收入与其家庭在老家的年收入之和。计算结果表明,农业转移人口家庭年总收入均值达到81 334元,其中,近7成的农业转移人口家庭年总收入超过6万元,大大超过全国农村居民家庭年均收入(见表6.2)。

表6.2 农业转移人口家庭年总收入情况

年收入水平(元)	数量(人)	占比(%)
35 000及以下	1 151	8
35 001—60 000	4 911	33
60 001—100 000	5 895	40
100 001—299 999	2 620	18
300 000及以上	187	1
合计	14 764	100
缺失	2 114	

4. 流入地务工收入成为农业转移人口家庭收入的主要来源

调查结果表明,农业转移人口家庭年总收入均值为81 334元,其中外出务工收入(即家庭在流入地年收入)均值为62 450元,占家庭年总收入的76%;在老家的年收入均值为19 628元,占家庭年总收入的24%。这表明,农业转移人口家庭在流入地的务工收入成为其家庭年总收入的主要来源。

(二)农业转移人口家庭在流入地年收入要低于当地城镇居民家庭,但家庭总收入略高于城镇居民家庭

根据六省市普查统计数据,以及各地统计公报,2012年上海等六省市[①]城镇居民家庭年均可支配收入为72 796元,农村居民家庭年均总收入为30 528元。

2012年农业转移人口家庭在流入地的年收入均值(62 450元)比六省市城镇居民家庭年均可支配收入低10 346元,比六省市农村居民家庭年收入均值高31 922元。

但农业转移人口家庭年总收入均值(81 334)元比六省市城镇居民家庭平均可支配收入高8 538元,比六省市农村居民家庭年收入均值高50 806元(见表6.3)。

---

① 由于八城市中苏州、无锡属于江苏省,西安、咸阳属于陕西省,所以采用六省市数据。

表 6.3　2012 年六省市城乡居民家庭收入情况　　　　　　　　单位:元

地区	城镇居民家庭年均可支配收入	农村居民家庭年收入均值
上海	101 273.76	41 240.37
江苏	83 392.37	36 972.06
湖北	58 767.64	26 695.81
湖南	61 611.91	26 337.60
陕西	55 981.80	20 401.02
福建	75 748.50	31 495.72
平均值	72 796.00	30 523.76

（三）不同农业转移人口群体的收入水平存在明显差异

从四类群体的家庭在流入地的年收入均值来看,最高的是举家外出农业转移人口,为 70 480 元;第二是第一代农业转移人口,为 64 400 元;第三是 80 后农业转移人口,为 61 980 元;最低的是 90 后农业转移人口,为 42 930 元。从四类群体的家庭在老家的年收入均值来看,最高的是 90 后农业转移人口,为 23 764 元;第二是 80 后农业转移人口,为 19 907 元;第三是第一代农业转移人口,为 14 623 元;最低的是举家外出农业转移人口,为 13 828 元。从四类群体的家庭年总收入均值来看,最高的也是举家外出农业转移人口,为 83 645 元;第二是 80 后农业转移人口,为 81 525 元;第三是第一代农业转移人口,为 78 474 元;最低的是 90 后农业转移人口,为 66 626 元(见表 6.4)。

表 6.4　不同农业转移人口群体的收入水平　　　　　　　　　　单位:元

群体	流入地年收入均值	老家年收入均值	家庭年总收入
举家外出农业转移人口	70 480	13 828	83 645
第一代农业转移人口	64 400	14 623	78 474
80 后农业转移人口	61 980	19 907	81 525
90 后农业转移人口	42 930	23 764	66 626
农业转移人口	62 450	19 268	81 334

举家外出农业转移人口家庭在流入地年收入和家庭年总收入均明显高于其他群体,其在老家的年收入则最低。90 后农业转移人口由于缺乏工作经验,以及尚未成家等原因,家庭在流入地收入水平明显低于其他农业转移人口。

二、农业转移人口家庭消费支出水平及地域结构

（一）农业转移人口家庭的消费水平不断提高,并以在流入地消费为主

1. 农业转移人口在流入地消费支出水平不断提高

近年来,随着收入水平和物价水平的上升,农业转移人口在流入地的消费水

平呈现较快的增长态势,从 2010 年的人均月支出 799 元提高到 2012 年的 1 155 元。① 调查结果显示,2012 年八城市农业转移人口在流入地家庭月支出均值为 2 706 元。按消费分组来看,其中超过 3/4 的农业转移人口在流入地月支出在 3 000 元以下,其中近 5 成月支出水平为 1 000—2 000 元;月支出在 3 001—4 999 元和 5 000 元以上的占比分别为 13% 和 11%(见表 6.5)。

表 6.5 农业转移人口家庭在流入地月支出情况

月消费支出(元)	数量(人)	占比(%)
1 000 及以下	2 087	12
1 001—2 000	6 160	37
2 001—3 000	4 500	27
3 001—4 999	2 247	13
5 000 及以上	1 803	11
合计	16 797	100
缺失	81	

2. 农业转移人口家庭在老家的年消费支出是全国农村居民家庭年均消费支出的一半

调查结果显示,2012 年农业转移人口家庭在老家的年消费支出均值为 12 139 元,是全国农村居民家庭年均消费支出(23 041 元)的 53%。

3. 农业转移人口家庭年总消费支出水平已经不低

2012 年,农业转移人口家庭年总消费支出均值为 38 862 元,其中超过一半的家庭年总消费支出在 3 万元以上(见表 6.6)。

表 6.6 农业转移人口家庭年总消费支出情况

年消费支出(元)	数量(人)	占比(%)
15 000 及以下	1 042	7
15 001—30 000	5 726	38
30 001—50 000	5 395	36
50 001—99 999	2 258	15
100 000 及以上	472	4
合计	14 893	100
缺失	1 985	

---

① 数据来源于历年《中国流动人口发展报告》。

4. 农业转移人口在流入地的消费支出已超过其在老家的消费支出

调查结果表明,农业转移人口家庭年总消费支出均值为38 862元①,其中家庭在流入地年消费支出均值为27 060元,占家庭年总消费支出的70%;在老家的年消费支出均值为12 139元,占家庭年总消费支出的30%。这表明,农业转移人口在流入地的消费支出已高于在老家的消费支出。由于城市生活成本的提高,以及农业转移人口发展意愿的变化,农业转移人口"城市干活,回家花钱"的状况已发生改变。

(二) 农业转移人口家庭在流入地消费水平及总消费水平都低于流入地城镇居民家庭

根据六省市普查统计数据,以及各地统计公报,2012年上海等六省市城镇居民家庭年消费支出均值为48 959元,农村居民家庭年消费支出均值为22 773元(见表6.7)。

表6.7 2012年六省市城乡居民家庭消费支出情况   单位:元

地区	城镇居民家庭年支出	农村居民家庭年支出
上海	66 157.56	28 667.52
江苏	52 898.25	26 224.65
湖北	40 878.72	19 471.80
湖南	42 220.01	20 779.80
陕西	41 399.10	18 107.10
福建	50 201.10	23 390.32
平均值	48 959.12	22 773.53

农业转移人口家庭在流入地年消费支出均值为27 060元,比六省市城镇居民家庭年消费支出均值低21 899元,比六省市农村居民家庭年消费支出均值高4 287元。农业转移人口家庭年总消费支出均值为38 862元,比六省市城镇居民家庭年消费支出均值低10 097元;比六省市农村居民家庭年消费支出均值高16 089元。

这表明,随着农业转移人口收入水平的提高,其家庭消费支出水平显著上升,但与流入地城镇居民相比,农业转移人口的消费能力仍然较弱。

(三) 不同农业转移人口群体的消费支出水平存在明显差异

从四类群体的家庭在流入地的年消费支出均值来看,最高的是举家外出农业转移人口,为33 410元;第二是第一代农业转移人口,为28 620元;第三是80后农业转移人口,为27 630元;最低的是90后农业转移人口,为18 820元。从四类群

---

① 家庭年总消费由流入地消费和老家消费加总获得,由于存在调查缺失值,家庭年总消费均值不完全等于流入地消费、老家消费的均值之和。

体的家庭在老家的年消费支出均值来看,最高的是90后农业转移人口,为13 279元;第二是80后农业转移人口,为11 825元;第三是第一代农业转移人口,为10 144元;最低的是举家外出农业转移人口,为8 418元。从四类群体的家庭年总消费支出均值来看,最高的是举家外出农业转移人口,为41 393元;第二是80后农业转移人口,为39 104元;第三是第一代农业转移人口,为38 469元;最低的是90后农业转移人口,为32 044元(见表6.8)。

表6.8 不同农业转移人口群众的消费支出水平　　　单位:元

群体	流入地年消费支出均值	老家年消费支出均值	家庭年总消费支出均值
举家外出农业转移人口	33 410	8 418	41 393
第一代农业转移人口	28 620	10 144	38 469
80后农业转移人口	27 630	11 825	39 104
90后农业转移人口	18 820	13 279	32 044
农业转移人口	27 060	12 139	38 862

由于举家外出农业转移人口在流入地的家庭人口较多,其在流入地的消费支出和家庭年总消费支出水平明显高于其他群体,其在老家的消费支出水平则低于其他群体。90后农业转移人口由于大部分尚未成立家庭,收入水平较低,所以其支出水平也明显低于其他农业转移人口。

三、农业转移人口家庭消费倾向

(一)农业转移人口家庭在老家的消费倾向明显高于流入地

调查数据表明,农业转移人口家庭在流入地、老家的消费倾向及家庭总消费倾向分别是0.494、0.877和0.531。由于农业转移人口,特别是未举家外出的农业转移人口,要承担老家的父母养老、子女教育、医疗等支出,负担较重;而在流入地的主要支出是生活必需品,负担较轻。因此,农业转移人口在老家的消费倾向要高于其在流入地的消费倾向和家庭总消费倾向。

(二)农业转移人口家庭在流入地的消费倾向缓慢上升

根据2011—2013年流动人口动态监测数据,2010年、2011年、2012年农业转移人口在流入地家庭平均消费倾向分别为0.47、0.46、0.49,总体呈缓慢上升态势。

(三)农业转移人口家庭消费倾向明显低于流入地农村和城镇居民家庭消费倾向

由于收入不稳定、社会保障不完备等原因,农业转移人口必须提高储蓄,加强自我保障,所以其消费倾向总体较低。调查表明,农业转移人口家庭总消费倾向(0.531)比六省市的农村居民家庭消费倾向(0.76)和城镇居民家庭消费倾向

(0.68)都要低(见表 6.9)。

表 6.9　六省市城镇居民、农村居民家庭消费倾向

地区	城镇居民家庭消费倾向	农村居民家庭消费倾向
上海	0.65	0.70
江苏	0.63	0.71
湖北	0.70	0.73
湖南	0.69	0.79
陕西	0.74	0.89
福建	0.66	0.74
平均值	0.68	0.76

（四）农业转移人口群体之间的消费倾向存在差异

从四类群体的流入地平均消费倾向来看,最高的是举家外出农业转移人口,为 0.534;第二是第一代农业转移人口,为 0.495;第三是 90 后农业转移人口,为 0.494;最低的是 80 后农业转移人口,为 0.493。从四类群体的老家平均消费倾向来看,最高的是第一代农业转移人口,为 1.103;第二是举家外出农业转移人口,为 0.822;第三是 80 后农业转移人口,为 0.734;最低的是 90 后农业转移人口,为 0.683。从四类群体的总平均消费倾向来看,最高的是举家外出农业转移人口,为 0.552;第二是第一代农业转移人口,为 0.544;第三是 80 后农业转移人口,为 0.521;最低的是 90 后农业转移人口,为 0.520(见表 6.10)。

表 6.10　不同农业转移人口群体的消费倾向情况

	流入地平均消费倾向	老家平均消费倾向	总的平均消费倾向
举家外出农业转移人口	0.534	0.822	0.552
第一代农业转移人口	0.495	1.103	0.544
80 后农业转移人口	0.493	0.734	0.521
90 后农业转移人口	0.494	0.683	0.520
农业转移人口	0.494	0.877	0.531

由于举家外出农业转移人口的收入水平较高,在流入地的支出刚性较大,因此相比其他群体,其在流入地的消费倾向最高,总的消费倾向也最高。第一代农业转移人口由于在老家的负担较重,其在老家的消费倾向最高。

四、农业转移人口家庭消费支出结构

（一）农业转移人口家庭消费支出结构仍具有"生存型"和"顾家型"的特点

农业转移人口在流入地的消费支出中,主要是食品支出和寄回老家支出,其

次为房租支出。其中,食品支出和房租支出合计超过其家庭在流入地支出的一半(见表6.11)。

表6.11 农业转移人口的消费支出结构① 单位:%

消费类别	占家庭流入地消费支出的比重	占家庭年总消费支出的比重
本地食品支出	39	35
本地房租支出	18	15
本地用于学习、培训、教育支出	12	8
本地交通、通信费	11	9
本地医疗支出	3	1.9
本地请客送礼支出	5	3
寄回老家	42	30

(二)不同农业转移人口群体的消费结构存在差异

从各个农业转移人口群体的消费构成来看,食品支出、寄回老家的钱(物)和房租均为主要消费;其次是教育和交通、通信支出等。第一代农业转移人口寄回老家的钱(物)最多,举家外出农业转移人口最低。新生代农业转移人口用于本人及配偶的教育支出高于举家外出与第一代农业转移人口(见表6.12)。

表6.12 不同农业转移人口群体的消费支出占家庭总消费支出比例的情况

群体	食品支出	房租	用于学习、培训、教育的支出		交通、通信费支出	本地医疗相关支出		请客送礼支出	寄回老家的钱(物)
			本人及配偶	子女		本人	其他成员		
举家外出农业转移人口	34.20	18.81	1.80	12.06	7.95	1.27	2.55	4.04	17.32
第一代农业转移人口	32.19	16.88	1.45	10.33	7.72	1.21	1.88	3.8	28.38
80后农业转移人口	30.41	16.86	2.25	6.71	7.63	1.13	1.82	3.6	25.87
90后农业转移人口	27.49	12.47	2.77	1.74	7.03	0.61	0.82	2.52	23.32

① 由于样本统计数据存在一定偏差,并存在缺失值,所以各项支出占比之和并不等于100%。

五、影响农业转移人口家庭消费支出的主要因素

（一）收入是影响农业转移人口家庭消费支出的重要因素

农业转移人口收入水平对其在流入地消费和家庭全年消费均具有显著影响。对比分析农业转移人口在流入地各收入水平的支出发现，随着收入水平的提高，农业转移人口在流入地的消费支出明显增加，月收入在2 000元以下的农业转移人口家庭在流入地支出分别为月收入在2 001—4 000元、4 001—6 000元、6 001—9 999元以及10 000元及以上农业转移人口支出的72%、50%、40%以及22%（见表6.13）。

表6.13　农业转移人口在流入地收入对支出的影响　　　　　　单位：元

本地月收入	流入地月消费均值
2 000及以下	12 590
2 001—4 000	17 250
4 001—6 000	24 730
6 001—9 999	31 460
10 000及以上	56 440

家庭年总消费支出也是如此。家庭年总收入在35 000元以下的农业转移人口家庭，其年总消费支出分别为其他各收入水平家庭年总消费支出的70%、52%、30%以及17%（见表6.14）。

表6.14　家庭年总收入对消费支出的影响　　　　　　单位：元

年收入	家庭年总消费支出均值
35 000及以下	19 668
35 001—60 000	28 220
60 001—100 000	38 054
100 001—299 999	64 307
300 000及以上	111 447

（二）农业转移人口家庭购买住房后支出水平明显提高

从住房情况来看，已购商品房和政策性保障房的农业转移人口在流入地的月支出及其家庭全年总支出均值明显高于其他性质住房的农业转移人口（见表6.15）。

表 6.15 住房性质对消费支出的影响　　　　　　　　　　　　　　单位:元

现住房性质	流入地消费支出均值	家庭年总消费支出均值
租住单位/雇主房	20 850	36 441
租住私房	26 860	37 067
政府提供廉租房	24 080	35 696
政府提供公租房	24 800	36 075
单位/雇主提供免费住房	16 940	36 209
已购政策性保障房	36 940	41 100
已购商品房	45 060	55 078
借住房	29 210	43 559
就业场所	34 280	44 627
自建房	31 810	45 328
其他非正规居所	25 930	33 370

（三）职业的稳定性与家庭消费支出水平明显正相关

调查显示,职业为国家机关、党群组织、企事业单位负责人,专业技术人员,公务员、办事人员和有关人员的农业转移人口,其在流入地的消费支出水平及家庭总消费支出水平均明显高于其他职业的农业转移人口(见表6.16)。

表 6.16 职业对消费支出的影响　　　　　　　　　　　　　　单位:元

职业	流入地消费支出均值	家庭年总消费支出均值
国家机关、党群组织、企事业单位负责人	41 530	54 500
专业技术人员	31 440	46 748
公务员、办事人员和有关人员	36 320	55 057
经商	39 820	48 034
商贩	30 050	38 061
餐饮	27 260	37 089
家政	26 610	32 433
保洁	23 480	32 078
保安	19 910	34 435
装修	2 879	40 280
其他商业、服务业人员	27 850	40 315
农、林、牧、渔、水利业生产人员	23 510	31 012
生产	19 910	33 882
运输	28 430	37 344
建筑	27 610	42 209
其他生产、运输设备操作人员及有关人员	22 090	34 412
无固定职业	23 320	31 953
其他	32 900	45 203

（四）社保情况的差异对农业转移人口家庭支出水平有着显著影响

通过比较分析农业转移人口在流入地参加社保的情况，可以看出，参加城镇养老保险、城镇职工医保、城镇居民养老保险、商业医保、生育保险或住房公积金的农业转移人口，其无论在流入地的消费支出水平，还是家庭年总消费支出水平，均显著高于未参加有关保险的农业转移人口。而是否参加工伤保险和失业保险对于农业转移人口的支出水平没有明显影响（见表6.17）。

表6.17　本地社会保障情况对消费支出的影响　　　　　　　　　　单位：元

本地社会保障类型	流入地消费支出均值		家庭年总消费支出均值	
	参加	未参加	参加	未参加
城镇养老保险	28 320	26 690	40 575	38 294
城镇职工医保	27 270	27 070	39 692	38 571
城镇居民医保	33 340	26 980	49 059	38 629
商业医保	34 010	26 790	46 856	38 546
工伤保险	25 860	27 740	39 390	38 738
失业保险	28 190	26 840	40 772	38 372
生育保险	28 680	26 870	40 622	38 663
住房公积金	31 130	26 660	43 517	38 148

这表明，城镇养老保险、城镇职工医保、城镇居民医保险、商业医保、生育保险以及住房公积金等社会保障政策对农业转移人口的消费预期有着明显的影响。

（五）在流入地时间越长，农业转移人口的支出水平越高

农业转移人口的支出水平随着在流入地持续工作时间的增加而增长。分析表明，在流入地持续工作居住1年以内的农业转移人口的流入地消费支出均值分别为1—3年、4—5年、5年以上的80%、71%、66%，其家庭年总消费支出为分别为其他群体的92%、85%、83%（见表6.18）。

表6.18　流入地居住时间对消费支出的影响　　　　　　　　　　单位：元

居住时间	流入地消费支出均值	家庭年总消费支出均值
1年以内	20 290	35 114
1—3年	25 330	37 387
4—5年	28 510	40 216
5年以上	30 690	41 277

（六）雇员的支出水平明显低于雇主及其他就业身份的农业转移人口

雇员在流入地消费支出水平最低，均值为22 710元，其家庭年总消费支出均值为36 266元。雇主的消费支出水平最高，在流入地以及家庭年总消费支出分别

为雇员的 1.85 倍和 1.48 倍。自营劳动者及家庭帮工在流入地消费支出分别比雇员高出 47% 和 67%，家庭年总消费支出则分别高出 18% 和 32%（见表 6.19）。

表 6.19　就业身份对消费支出的影响　　　　　　　　　　　单位：元

就业身份	流入地消费支出均值	家庭年总消费支出均值
雇员	22 710	36 266
雇主	42 220	51 963
自营劳动者	33 480	41 798
家庭帮工	38 010	46 590

（七）不同年龄段的农业转移人口支出水平存在明显差异

由于子女教育、家庭规模等因素，20 世纪 70 年代和 80 年代出生的农业转移人口的流入地以及家庭年总消费支出水平明显高于 70 年之前出生的农业转移人口，而 90 后农业转移人口的绝对支出水平则是最低的（见表 6.20）。

表 6.20　农业转移人口出生时间对消费支出的影响　　　　　单位：元

出生时间	流入地消费支出均值	家庭年总消费支出均值
20 世纪 70 年代以前	27 560	39 127
20 世纪 70—80 年代	29 330	39 486
20 世纪 80—90 年代	28 390	40 510
20 世纪 90 年代以后	18 540	32 942

六、本节小结

农业转移人口家庭在流入地的年收入要低于当地城镇居民家庭，家庭年总收入已略高于当地城镇居民家庭。调查数据显示，2012 年农业转移人口家庭在流入地的年收入均值为 62 450 元，低于流入地城镇居民家庭年均可支配收入（72 796 元）；但加上其在老家的收入后，家庭年总收入均值达到 81 334 元，高于流入地城镇居民家庭年均可支配收入。

但由于消费倾向较低，农业转移人口家庭在流入地的消费水平、总消费水平都低于流入地城镇居民家庭。调查表明，2012 年农业转移人口家庭在流入地的消费倾向、总消费倾向分别是 0.494 和 0.531，低于流入地城镇居民家庭消费倾向（0.68）。当年农业转移人口家庭在流入地年消费支出均值为 27 060 元，低于流入地城镇居民家庭年均消费支出（48 959 元）；家庭年总消费支出均值为 38 862 元，仍低于流入地城镇居民家庭年均消费支出。

农业转移人口家庭收入及消费具有较强的跨地域特征。调查表明，农业转移人口家庭总收入中，外出务工收入的贡献还在提高，2012 年占比已达 76%。同时，在其家庭总消费支出中,在流入地的消费平均已占到70%,农业转移人口"城市干活,回家花钱"的状况已发生改变。

农业转移人口家庭支出结构仍具有"生存型"和"顾家型"的特点。受城市食品价格、住房成本上涨等因素的影响,食品和房租支出成为农业转移人口在流入地最主要的消费,也是其家庭年消费支出的重要组成部分。同时,除了举家外出农业转移人口家庭外,其他群体的农业转移人口寄回老家的钱(物)均占有最高的比例(超过40%)。

分析表明,收入、住房、社保等是影响农业转移人口家庭消费支出水平的重要因素。收入增长、购买住房、更稳定的工作、完善的社会保障、更高的文化程度、更长的工作经历,都能明显地促进农业转移人口家庭消费支出的增长。

第二节 农业转移人口家庭消费特点的群体差异

由于不同群体的农业转移人口在年龄、迁移类型等方面不同,其收入、消费的特点也存在差异,本节重点对举家外出、第一代、80后和90后这四类农业转移人口的消费特点及其影响因素进行分析。

一、举家外出农业转移人口家庭消费特点及主要影响因素

(一)家庭在流入地收入与当地城镇居民相当,总收入高于城镇居民家庭

举家外出农业转移人口家庭在流入地的年收入均值为70 480元,略低于流入地城镇居民家庭年均收入水平(72 796元);在老家的年收入均值为13 828元;家庭年总收入均值为83 645元,高于流入地城镇居民家庭年均收入水平。其中,在流入地的收入占家庭总收入的84.3%。

举家外出农业转移人口家庭在流入地年收入、年总收入分别比全样本农业转移人口的家庭平均水平(62 450元、81 334元)高12.9%、2.8%;举家外出农业转移人口家庭在老家的年收入比全样本农业转移人口家庭的平均水平(19 268元)低28.2%。这主要是因为举家外出农业转移人口拖家带口,在流入地工作时间也较长,有一定的物质基础和人脉积累,因此其家庭在流入地年收入和年总收入最多,而在老家的收入相对较少。

在四类群体中,举家外出农业转移人口家庭在流入地年收入、年总收入都最高,比在流入地年收入排第二的第一代农业转移人口家庭(64 400元)高9.4%,比年总收入排第二的80后农业转移人口家庭(81 525元)高2.6%;举家外出农业转移人口家庭在老家年收入最低,是排名第一的90后农业转移人口家庭(23 764元)的58.2%。

（二）家庭在流入地消费支出和总消费支出均低于流入地城镇居民家庭，但高于其他三类群体

举家外出农业转移人口家庭在流入地年消费支出均值为33 410元，低于流入地城镇居民家庭平均消费水平(48 959元)；在老家的年消费支出均值为8 418元；家庭年总消费支出均值为41 393元，仍低于流入地城镇居民家庭平均消费水平。其中，在流入地的消费支出占总消费支出的80.7%。

举家外出农业转移人口家庭在流入地年消费支出、年总消费支出分别比全样本农业转移人口家庭的平均水平(27 060元、38 862元)高23.5%、6.5%；举家外出农业转移人口家庭在老家的年消费支出比全样本农业转移人口家庭的平均水平(12 139元)低30.7%。这主要因为举家外出农业转移人口拖家带口，除了日常开支外，子女接受教育等相关支出也很多，因此在流入地的消费支出最多，而在老家的消费支出较低。

在四类群体中，举家外出农业转移人口家庭在流入地年消费支出、年总消费支出都最高，比在流入地年消费支出排第二的第一代农业转移人口家庭(28 620元)高16.7%，比年总消费支出排第二的80后农业转移人口家庭(39 104元)高5.9%；举家外出农业转移人口家庭在老家的年消费支出最低，是排名第一的90后农业转移人口家庭(10 144元)的63.4%。

（三）家庭在流入地的消费倾向和总消费倾向都低于流入地城镇居民家庭，但高于其他三类群体

举家外出农业转移人口家庭在流入地的平均消费倾向为0.534，低于流入地城镇居民家庭平均消费倾向(0.68)；在老家的平均消费倾向为0.822；总消费倾向平均为0.552，仍低于流入地城镇居民家庭平均消费倾向。相比之下，举家外出农业转移人口家庭的流入地消费倾向和总消费倾向均高于全样本农业转移人口的平均水平，在老家的消费倾向则低于平均水平。在四类群体中，举家外出农业转移人口家庭在流入地消费倾向和总消费倾向都是最高的，在老家的消费倾向则排名第二，仅比第一代农业转移人口低。

（四）家庭消费支出以食品和住房为主，教育支出相对较高

从举家外出农业转移人口的消费结构来看，家庭食品支出占流入地消费支出的比例最多，达到42.03%，略低于全样本农业转移人口的平均水平，占总消费支出的比例为34.20%；房租占流入地消费支出的比例为22.87%，占总消费支出的比例为18.81%；用于学习、培训、教育的支出(含本人及配偶、子女)占流入地消费支出的比例为17.65%，远高于全样本农业转移人口的平均水平，占总消费支出比例为13.86%；交通、通信费占流入地消费支出的比例为9.94%，占总消费支出的比例为7.95%；寄回老家的钱(物)占流入地消费支出的比例为23.80%，占总

消费支出的比例为17.32%,明显低于八城市全部农业转移人口的平均水平,主要原因在于举家外出农业转移人口全家都在流入地,寄回老家的钱(物)自然较少(见表6.21)。

表6.21 举家外出农业转移人口家庭中不同消费支出的占比情况　　　　单位:%

比例	食品支出	房租	用于学习、培训、教育的支出		家庭交通、通信费支出	本地医疗相关支出		请客送礼支出	寄回老家的钱(物)
			本人及配偶	子女		本人	其他成员		
占家庭流入地消费支出的比例	42.03	22.87	2.64	15.01	9.94	1.66	3.29	5.25	23.80
占家庭总消费支出的比例	34.20	18.81	1.80	12.06	7.95	1.27	2.55	4.04	17.32

(五)收入、职业、学历、居住时间是影响家庭消费支出的主要因素

1. 收入是影响举家外出农业转移人口消费的重要因素

与影响全样本农业转移人口消费的因素类似,收入增长也是促进举家外出农业转移人口消费的重要因素。从6.22表可以看出,随着收入水平的提高,举家外出农业转移人口家庭在流入地的年消费支出和年总消费支出均明显增加。根据家庭在流入地的年收入从低到高分组(年收入分别为20 000元及以下、20 001—40 000元、40 001—60 000元、60 001—99 999元、100 000元及以上),家庭在流入地的年消费支出均值从17 870元提高到60 070元;根据家庭年总收入从低到高分组(年收入分别为35 000元及以下、35 001—60 000元、60 001—100 000元、100 001—299 999元、300 000元及以上),家庭年总消费支出均值从22 652元提高到107 771元。

表6.22 收入与消费情况　　　　单位:元

根据家庭在流入地年收入分组	家庭在流入地年收入均值	家庭在流入地年消费支出均值	根据家庭年总收入分组	家庭年总收入平均值	家庭年总消费支出均值
20 000及以下	17 700	17 870	35 000及以下	29 495	22 652
20 001—40 000	34 640	21 890	35 001—60 000	50 285	29 715
40 001—60 000	53 110	28 400	60 001—100 000	79 365	40 502
60 001—99 999	76 140	35 830	100 001—299 999	144 314	67 798
100 000及以上	161 110	60 070	300 000及以上	463 061	107 771

2. 已购商品房的举家外出农业转移人口消费水平最高

从住房情况来看,举家外出农业转移人口中已购住房人群的消费水平高于租

房人群。从表 6.23 可以看出,已购商品房的举家外出农业转移人口家庭在流入地的年消费支出和年总消费支出均值最高,分别是 45 930 元和 55 452 元。

表 6.23 住房性质与消费情况　　　　　　　　　　　单位:元

住房性质	家庭在流入地年消费支出均值	家庭年总消费支出均值
租住单位/雇主房	30 500	39 704
租住私房	31 380	38 870
政府提供廉租房	27 070	46 917
政府提供公租房	29 760	36 394
提供免费住房	25 970	37 286
已购政策性保障房	37 490	41 959
已购商品房	45 930	55 452
借住房	38 170	50 876
就业场所	37 240	43 895
自建房	41 800	51 026
其他非正规居所	29 860	35 807

3. 举家外出农业转移人口的消费水平与职业稳定程度正相关,且雇员消费水平最低

与影响全样本农业转移人口消费的因素类似,举家外出农业转移人口的职业的稳定性越高,其支出水平越高。从表 6.24 可以看出,国家机关、党群组织、企事业单位负责人,以及公务员、办事人员和有关人员的消费水平最高,家庭在流入地的年消费支出均值分别是 51 070 元和 44 160 元,家庭年总消费支出均值分别是 64 760元和 60 467 元。

表 6.24 职业与消费情况　　　　　　　　　　　单位:元

职业	家庭在流入地年消费支出均值	家庭年总消费支出均值
国家机关、党群组织、企事业单位负责人	51 070	64 760
专业技术人员	37 730	48 876
公务员、办事人员和有关人员	44 160	60 467
商业、服务业人员	35 320	42 442
农、林、牧、渔、水利业生产人员	27 170	35 220
生产、运输及有关人员	28 470	37 387
建筑	30 350	38 421
无固定职业	27 080	34 008
其他	39 970	46 532

从身份来看,雇员的支出水平明显低于雇主及其他就业身份的人员。从表6.25可以看出,举家外出农业转移人口中雇主的消费最高,家庭在流入地的年消费支出和年总消费支出均值分别为41 120元和47 565元;雇员的消费最低,家庭在流入地的年消费支出和年总消费支出均值分别为29 950元和39 096元。

表6.25 就业身份与消费情况 单位:元

就业身份	家庭在流入地年消费支出均值	家庭年总消费支出均值
雇员	29 950	39 096
雇主	41 120	47 565
自营劳动者	35 590	42 402
家庭帮工	39 750	48 223

4. 举家外出农业转移人口的消费水平与在流入地参加的社保情况相关

从社会保障层面来看,举家外出农业转移人口在流入地享有的社保项数越多,其消费水平越高。从表6.26可以看出,在流入地享有8种社保的举家外出农业转移人口,家庭在流入地的年消费支出和年总消费支出均值最高,分别为56 670元和65 000元。

表6.26 在流入地享有的社保各类与消费情况 单位:元

在流入地享有的社保种类	家庭在流入地年消费支出均值	家庭年总消费支出均值
0	32 250	39 814
1	34 800	44 205
2	32 360	40 740
3	31 950	42 299
4	36 300	44 482
5	37 310	46 433
6	41 840	50 627
7	56 560	63 462
8	56 670	65 000

相比之下,参加流入地社会保障的人群的消费高于不参加的群体,这点与全样本农业转移人口的消费特征相似(见表6.27)。

5. 流动距离对举家外出农业转移人口的消费影响较小

流动距离对举家外出农业转移人口的消费影响较小,从表6.28可以看出,跨省流动人群的消费最高,市内跨县人群的消费最低,但在流入地的年均消费支出都略高于 33 000 元,差别不大。

表 6.27 流入地的社会保障情况对消费的影响　　　　单位:元

流入地社会	家庭在流入地年消费支出均值		家庭年总消费支出均值	
保障类型	参加	未参加	参加	未参加
城镇养老保险	36 840	32 540	45 296	40 431
城镇职工医保	36 130	32 750	44 911	40 542
城镇居民医保	39 350	33 240	50 334	41 083
商业医保	42 480	32 940	50 707	40 945
工伤保险	35 060	33 070	43 658	40 928
失业保险	37 650	32 660	46 569	40 505
生育保险	38 640	33 000	47 285	40 956
住房公积金	41 690	32 750	51 367	40 654

表 6.28 流动范围与消费情况　　　　单位:元

流动范围	家庭在流入地年消费支出均值	家庭年总消费支出均值
跨省流动	33 660	41 852
省内跨市	33 170	40 837
市内跨县	33 020	41 208

6. 不同年龄段的举家外出农业转移人口的消费存在差异

与全样本农业转移人口的特征类似,举家外出农业转移人口的消费也表现出不同年龄段的消费差异。从表 6.29 可以看出,80 后农业转移人口家庭在流入地的年消费支出和年总消费支出均值最高,分别为 33 590 元和 42 477 元;其次为 70 后农业转移人口,其家庭在流入地的年消费支出和年总消费支出均值分别为 33 590元和 41 079 元。

表 6.29 出生年份与消费情况　　　　单位:元

出生年份	家庭在流入地年消费支出均值	家庭年总消费支出均值
1953—1959	32 060	40 699
1960—1969	33 550	39 852
1970—1979	33 590	41 079
1980—1989	33 590	42 477
1990—1996	28 430	36 644

7. 举家外出农业转移人口受教育程度越高,消费水平越高

从受教育程度来看,举家外出农业转移人口的受教育程度越高,消费越多。

从表 6.30 可以看出,大专及以上的群体的消费水平最高,家庭在流入地的年消费支出和年总消费支出均值分别为 49 250 元和 63 694 元;小学及以下的群体的消费水平最低,家庭在流入地的年消费支出和年总消费支出均值分别为 30 720 元和 37 609 元。

表 6.30　受教育程度与消费情况　　　　　　　　　　　　　　单位:元

受教育程度	家庭在流入地年消费支出均值	家庭年总消费支出均值
小学及以下	30 720	37 609
初中	31 210	38 872
高中和中专	36 110	44 124
大专及以上	49 250	63 694

8. 举家外出农业转移人口居留时间越长,消费水平越高

与全样本农业转移人口的规律相似,举家外出农业转移人口也表现出居留时间越长,消费水平越高的趋势。从表 6.31 可以看出,在流入地工作时间 10 年以上的家庭在流入地的年消费支出均值最高,为 34 720 元。

表 6.31　居留时间与消费情况　　　　　　　　　　　　　　单位:元

居留时间	家庭在流入地年消费支出均值	家庭年总消费支出均值
1 年及以下	31 910	42 128
1—3 年(含 3 年)	33 170	40 618
3—5 年(含 5 年)	32 950	40 439
5—10 年(含 10 年)	33 940	42 138
10 年以上	34 720	41 989

二、第一代农业转移人口家庭消费特点及主要影响因素

(一)家庭在流入地收入水平低于流入地城镇居民,但总收入高于流入地城镇居民

第一代农业转移人口家庭在流入地的年收入均值为 64 400 元,低于流入地城镇居民家庭年均收入水平(72 796 元);在老家的年收入平均为 14 623 元;家庭年总收入平均为 78 474 元,高于流入地城镇居民家庭年均收入水平。其中,其在流入地的收入占总收入的 82.1%。

第一代农业转移人口家庭在流入地的年收入比全样本农业转移人口的平均水平(62 450 元)高 3.1%;第一代农业转移人口家庭在老家年收入、年总收入分别比全样本农业转移人口的平均水平(19 268 元、81 334 元)低 24.1%、3.5%。由于

第一代农业转移人口在流入地时间较长,大多已成家立业,积累了一定的物质基础,因此在流入地的收入较多,而在老家的收入较低。

在四类群体中,第一代农业转移人口家庭在流入地的年收入排名第二,是排名第一的举家外出农业转移人口家庭(70 480 元)的 91.4%;第一代农业转移人口家庭在老家的年收入排名第三,是排名第一的 90 后农业转移人口家庭(23 764 元)的 61.5%;第一代农业转移人口家庭年总收入排名第三,是排名第一的举家外出农业转移人口家庭(83 645 元)的 93.8%。

(二)家庭在流入地消费和总消费水平均低于流入地城镇居民,总消费支出仅高于 90 后农业转移人口家庭

第一代农业转移人口家庭在流入地的年消费支出均值为 28 620 元,低于流入地城镇居民家庭平均消费水平(48 959 元);在老家的年消费支出均值为 10 144 元;家庭年总消费支出均值为 38 469 元,也低于流入地城镇居民家庭平均消费水平。其中,在流入地的消费支出占总消费支出的 74.4%。

第一代农业转移人口家庭在流入地的年消费支出比全样本农业转移人口的平均水平(27 060 元)高 5.8%;第一代农业转移人口家庭在老家年消费支出、年总消费支出分别比全样本农业转移人口的平均水平(12 139 元、38 862 元)低 16.4%、1.0%。这与第一代农业转移人口收入较高有一定关系,另外子女接受教育等都会增加家庭的支出,因此在流入地的消费支出较高。

在四类群体中,第一代农业转移人口家庭在流入地的年消费支出排名第二,是排名第一的举家外出农业转移人口家庭(33 410 元)的 85.7%;第一代农业转移人口家庭在老家的年消费支出排名第三,是排名第一的 90 后农业转移人口家庭(13 279 元)的 76.4%;第一代农业转移人口家庭的年总消费支出排名第三,是排名第一的举家外出农业转移人口家庭(41 393 元)的 92.9%。

(三)家庭在流入地的消费倾向低,但在老家的消费倾向高

第一代农业转移人口家庭的流入地消费倾向平均为 0.495,低于当地城镇居民家庭的平均消费倾向(0.68);在老家的消费倾向平均为 1.103;总消费倾向平均为 0.544,也低于当地城镇居民家庭的平均消费倾向(0.68)。在四类群体中,第一代农业转移人口家庭的流入地消费倾向和总消费倾向都排名第二,在老家的消费倾向排名第一,这反映出第一代农业转移人口在老家消费的意愿更强。

(四)在家庭支出结构中,寄回老家的钱(物)占很大比重

从第一代农业转移人口的家庭支出结构来看,寄回老家的钱(物)占流入地消费的比例为 48.86%,高于全样本农业转移人口家庭的平均水平,在四个群体中占比最高,占总消费支出的比例为 28.38%。其次是食品支出,占流入地消费的比例达到 43.31%,略低于全样本农业转移人口家庭的平均水平,占总消费支出的比例

为32.19%;房租占流入地消费的比例为21.67%,与全样本农业转移人口家庭的平均水平基本持平;用于学习、培训、教育的支出(含本人及配偶、子女)占流入地消费的比例为15.50%,高于全样本农业转移人口家庭的平均水平;交通、通信费占流入地消费的比例为10.57%,占总消费支出的比例为7.72%(见表6.32)。

表6.32 第一代农业转移人口家庭不同消费支出的占比情况　　　　单位:%

比例	食品支出	房租	用于学习、培训、教育的支出		交通、通信费支出	当地医疗相关支出		请客送礼支出	寄回老家的钱(物)
			本人及配偶	子女		本人	其他成员		
占家庭流入地消费支出的比例	43.31	21.67	2.11	13.39	10.57	1.75	2.52	5.32	48.86
占家庭总消费支出的比例	32.19	16.88	1.45	10.33	7.72	1.21	1.88	3.80	28.38

(五)影响其消费的主要因素与总体样本基本相同

第一代农业转移人口与总体样本相同的是:收入越高,消费水平越高;已购商品房的家庭消费水平较高;消费水平与职业稳定程度正相关;在流入地参加的社保种类越多,消费水平越高,参加流入地社会保障群体的消费高于不参加的群体,参加老家社会保障的群体消费低于不参加的群体;受教育程度越高,消费水平越高;居留时间越长,消费水平越高等。

但与举家外出农业转移人口家庭不同的是这一群体中市内跨县人群的消费水平最高,跨省流动人群的消费水平最低,但消费支出都差别不大,说明流动距离对第一代农业转移人口的消费影响较小(见表6.33)。

表6.33 第一代农业转移人口的流动范围与消费情况　　　　单位:元

流动范围	家庭在流入地年消费支出均值	家庭年总消费支出均值
跨省流动	28 000	38 684
省内跨市	29 280	37 920
市内跨县	29 850	39 411

另外,在同种职业、相同文化程度、同等工作时间的情况下,第一代农业转移人口家庭的消费支出水平要低于举家外出群体,说明这些因素对第一代农业转移人口家庭的影响相对小一些。

三、80 后农业转移人口家庭消费特点及主要影响因素

（一）家庭在流入地收入水平低于流入地城镇居民，但总收入高于流入地城镇居民

80 后农业转移人口家庭在流入地的年收入均值为 61 980 元，低于流入地城镇居民家庭年均收入水平（72 796 元）；在老家的年收入均值为 19 907 元；家庭年总收入平均为 81 525 元，高于流入地城镇居民家庭年均收入水平（72 796 元）。其中，在流入地的收入占总收入的 76.0%。

80 后农业转移人口在流入地家庭年收入比全样本农业转移人口的平均水平（62 450 元）低 0.8%；家庭在老家的年收入、年总收入分别比八城市全样本农业转移人口的平均水平（19 268 元、81 334 元）高 3.3%、0.2%。这主要是由于 80 后农业转移人口大多三十多岁，正处于事业开创或起步阶段，刚开始积累经验，在流入地收入较低。

在四类群体中，80 后农业转移人口家庭在流入地的年收入排名第三，是排名第一的举家外出农业转移人口（70 480 元）的 87.9%；家庭在老家的年收入排名第二，是排名第一的 90 后农业转移人口（23 764 元）的 83.8%；家庭年总收入排名第二，是排名第一的举家外出农业转移人口（83 645 元）的 97.5%。

（二）家庭在流入地消费和总消费水平均低于流入地城镇居民，总消费水平仅低于举家外出群体家庭

80 后农业转移人口家庭在流入地的年消费支出均值为 27 630 元，低于流入地城镇居民家庭的平均消费水平（48 959 元）；在老家的年消费支出均值为 11 825 元；家庭年总消费支出均值为 39 104 元，仍低于流入地城镇居民家庭平均消费水平。其中，在流入地的消费支出占总消费支出的 70.7%。

80 后农业转移人口家庭在流入地的年消费支出、年总消费支出分别比全样本农业转移人口的平均水平（27 060 元、38 862 元）高 2.1%、0.6%；在老家的年消费支出比全样本农业转移人口的平均水平（12 139 元）低 2.6%。由于收入限制、子女上学压力较小等原因，80 后农业转移人口的家庭消费水平不是很高。

在四类群体中，80 后农业转移人口家庭在流入地的年消费支出排名第三，是排名第一的举家外出农业转移人口（33 410 元）的 82.7%；家庭在老家的年消费支出排名第二，是排名第一的 90 后农业转移人口（13 279 元）的 89.1%；家庭年总消费支出排名第二，是排名第一的举家外出农业转移人口（41 393 元）的 94.5%。

（三）家庭在流入地的消费倾向和总消费倾向均低于流入地城镇居民，但总消费倾向要高于第一代和 90 后群体

80 后农业转移人口在流入地的平均消费倾向为 0.493，低于流入地城镇居民家庭的平均消费倾向（0.68）；在老家的平均消费倾向为 0.734；总消费倾向平均为

0.521,也低于流入地城镇居民家庭平均消费倾向。在四类群体中,80后农业转移人口在流入地的消费倾向排名最后,在老家的消费倾向和总消费倾向均排名第三,略高于90后农业转移人口。

(四)家庭消费支出以食品和居住为主,交通、通信支出相对较高

从80后农业转移人口的消费结构来看,家庭食品支出占流入地消费的比例达到42.94%;房租占流入地消费的比例为22.83%;用于学习、培训、教育的支出(含本人及配偶、子女)占流入地消费的比例为12.75%;交通、通信费占流入地消费的比例为11.03%,高于举家外出和第一代农业转移人口;寄回老家的钱(物)占流入地消费的比例为44.36%,略高于全样本农业转移人口的平均水平(见表6.34)。

表6.34 80后农业转移人口不同消费支出的占比情况   单位:%

消费支出	食品支出	房租	用于学习、培训、教育的支出		家庭交通、通信费支出	当地医疗相关支出		请客送礼支出	寄回老家的钱(物)
			本人及配偶	子女		本人	其他成员		
占家庭流入地消费支出的比例	42.94	22.83	3.65	9.10	11.03	1.68	2.64	5.38	44.36
占家庭总消费支出的比例	30.41	16.86	2.25	6.71	7.63	1.13	1.82	3.60	25.87

(五)影响其消费的主要因素与总体样本基本相同

80后农业转移人口与总体样本相同的是:收入越高,消费水平越高;已购商品房的家庭消费水平较高;消费水平与职业稳定程度正相关;在流入地参加的社保各类越多,消费水平越高,参加流入地社会保障人群的消费高于不参加群体,参加老家社会保障人群的消费低于不参加群体;受教育程度越高,消费水平越高;居留时间越长,消费水平越高。

但是,这一群体中省内跨市人群的消费水平最高,市内跨县人群的消费最低,但消费支出都差别不大(见表6.35)。

表6.35 流动范围与消费情况   单位:元

流动范围	家庭在流入地年消费支出均值	家庭年总消费支出均值
跨省流动	27 390	38 873
省内跨市	28 720	40 174
市内跨县	25 070	36 547

另外，类似职业、同等工作时间时，80后农业转移人口家庭的总消费支出总体上要高于第一代和90后。相同文化程度时，其家庭总消费支出总体上要低于第一代和90后。

四、90后农业转移人口家庭消费特点及主要影响因素

（一）家庭收入水平在四类群体中最低，且大大低于流入地城镇居民

90后农业转移人口家庭在流入地的年收入均值为42 930元，远低于流入地城镇居民家庭年均收入水平（72 796元）；在老家的年收入均值为23 764元；家庭年总收入均值为66 626元，也大大低于流入地城镇居民家庭年均收入水平。其中，在流入地的收入占总收入的64.4%。

90后农业转移人口家庭在流入地的年收入、年总收入分别比八城市全样本农业转移人口的平均水平（62 450元、81 334元）低31.3%、18.1%；90后农业转移人口在老家的年收入比八城市全样本农业转移人口的平均水平（19 268元）高23.3%。这是因为90后农业转移人口的年龄在20岁左右，刚开始工作，经验不足，因此在流入地收入最低。

在四类群体中，90后农业转移人口家庭在流入地的年收入、年总收入都排名最后，是排名第一的举家外出农业转移人口（70 480元、83 645元）的60.9%、79.7%。但由于一些90后农业转移人口还未成家，经济未独立，与老家的父母生活在一起，因此其家庭在老家的年收入排名第一。

（二）家庭消费水平也是四类群体中最低的，但在老家的消费水平则是最高的

90后农业转移人口家庭在流入地的年消费支出均值为18 820元，远低于流入地城镇居民家庭平均消费水平（48 959元）；在老家的年消费支出均值为13 279元；家庭年总消费支出均值为32 044元，也大大低于流入地城镇居民家庭的平均消费水平。其中，在流入地的消费支出占总消费支出的58.7%。

相比之下，90后农业转移人口家庭在流入地的年消费支出、年总消费支出分别比全样本农业转移人口的平均水平（27 060元、38 862元）低30.5%、17.5%；在老家的年消费支出比全样本农业转移人口的平均水平（12 139元）高9.4%。这与90后农业转移人口收入较低，且大多单身，所以家庭消费较少有关。

在四类群体中，90后农业转移人口家庭在流入地的年消费支出、年总消费支出都排名最后，是排名第一的举家外出农业转移人口（33 410元、41 393元）的56.3%、77.4%。还是因为老家有共同生活的父母，90后农业转移人口家庭在老家的年消费支出排名第一。

（三）家庭总的消费倾向是最低的，在老家的消费倾向也不高

90后农业转移人口在流入地的平均消费倾向为0.494，低于流入地城镇居民

家庭的平均消费倾向(0.68);在老家的平均消费倾向为0.683;总消费倾向平均为0.520,低于流入地城镇居民家庭的平均消费倾向。除了在流入地的消费倾向与全样本农业转移人口的平均水平持平、在四个群体中排名第三外,90后农业转移人口的总消费倾向也低于平均水平,在四个群体中排名最后。

(四) 消费支出中,交通、通信支出占比较高,学习、培训、教育支出相对较低

从90后农业转移人口的消费结构来看,家庭食品支出占流入地消费的比例达到44.89%;房租占流入地消费的比例为19.02%;用于学习、培训、教育的支出(含本人及配偶、子女)占流入地消费的比例为7.26%,在四类群体中排名最后;交通、通信费占流入地消费的比例为11.91%,在四类群体中排名第一;寄回老家的钱(物)占流入地消费的比例为46.12%,略高于全样本农业转移人口的平均水平(见表6.36)。

表6.36　90后农业转移人口不同消费支出的占比情况　　　　　　　　　　单位:%

消费支出	食品支出	房租	用于学习、培训、教育的支出		家庭交通、通信费支出	当地医疗相关支出		请客送礼支出	寄回老家的钱（物）
			本人及配偶	子女		本人	其他成员		
占家庭流入地消费支出的比例	44.89	19.02	4.76	2.50	11.91	1.15	1.20	4.42	46.12
占家庭总消费支出的比例*	27.49	12.47	2.77	1.74	7.03	0.61	0.82	2.52	23.32

注:*表示与其他三类群体存在显著不同,90后农业转移人口的消费支出范围比问卷调查广,故而各项消费支出占总消费支出的比例加总仅为78.77%。

(五) 影响其消费的主要因素与其他三类群体有一定差异

与影响全样本农业转移人口消费的因素类似,收入增长、居留时间增加都是促进90后农业转移人口消费的重要因素。但不同的是,90后农业转移人口的消费支出水平与职业、学历的相关性较小。在类似职业、相同文化程度的情况下,其消费支出水平总体上要低于其他三类群体。

从住房情况来看,已购商品房和自建房人群的消费水平高于租房人群。从表6.37可以看出,自建房的90后农业转移人口家庭在流入地的年消费支出最高,为37 500元;已购商品房的90后农业转移人口家庭年总消费支出均值最高,为41 711元。

从社会保障层面来看,90后农业转移人口的消费水平与其在流入地享有的社保项数没有表现出明显的关系,说明参加社保对其消费行为影响不大。从表6.38可以看出,在流入地享有6项社保的人群,其家庭在流入地的年消费支出均值最高,为19 830元;在流入地享有1项社保的人群,家庭年总消费支出均值最高,为36 305元。

表 6.37 住房性质与消费情况　　　　　　　　　　　　　　单位：元

住房性质	家庭在流入地年消费支出均值	家庭年总消费支出均值
租住单位/雇主房	15 780	33 208
租住私房	20 630	30 842
政府提供廉租房*	30 000	100 000
政府提供公租房	19 000	29 038
单位/雇主提供免费住房	13 660	33 014
已购政策性保障房	—	—
已购商品房	34 010	41 711
借住房	18 690	31 152
就业场所	20 740	32 212
自建房	37 500	30 000
其他非正规居所	28 500	38 125

注：*表示90后农业转移人口中符合该类住房性质的样本只有1个，所以该类型住房性质对应的消费数值不具有代表意义。

表 6.38 在流入地享有的社保与消费情况　　　　　　　　　单位：元

在流入地享有的社保种类	家庭在流入地年消费支出均值	家庭年总消费支出均值
0	19 530	31 413
1	19 080	36 305
2	15 440	28 413
3	16 980	30 072
4	17 230	33 005
5	16 810	33 799
6	19 830	33 683
7	14 140	34 333
8	14 500	22 500

从流动距离来看，省内跨市人群的消费水平最高，跨省流动人群的消费水平最低，但差别不大，这说明流动距离对90后农业转移人口消费的影响较小。

表 6.39 流动范围与消费情况　　　　　　　　　　　　　　单位：元

流动范围	家庭在流入地年消费支出均值	家庭年总消费支出均值
跨省流动	17 900	31 961
省内跨市	20 830	32 942
市内跨县	18 320	29 585

五、小结

农业转移人口家庭消费水平的分层特征明显。按在流入地的消费支出水平排序,依次是:举家外出农业转移人口>第一代农业转移人口>80后农业转移人口>90后农业转移人口。但80后农业转移人口在老家的消费水平较高,使得其家庭总消费水平超过第一代农业转移人口。总消费水平的排序是:举家外出农业转移人口>80后农业转移人口>第一代农业转移人口>90后农业转移人口。消费的排序与收入排序相同,说明了收入对消费的决定作用。

不同群体消费支出的地域结构有一定差异性。按家庭在流入地消费占总消费的比重排序,依次是:举家外出农业转移人口(80.7%)>第一代农业转移人口(74.4%)>80后农业转移人口(70.7%)>90后农业转移人口(58.7%)。这一排序与收入水平排序一致,只是各群体家庭在流入地的收入占总收入的比重,要高于消费占比。

与流入地城镇居民家庭收入和消费支出的水平相比,不同群体的差距不一。举家外出农业转移人口家庭在流入地收入的水平与流入地城镇居民相当,总收入高于城镇居民家庭;家庭在流入地的消费支出均低于流入地城镇居民家庭,但总消费水平已接近于城镇居民家庭。第一代和80后农业转移人口家庭在流入地的收入水平低于流入地城镇居民,但总收入高于流入地城镇居民;其家庭在流入地消费和总消费水平均低于流入地城镇居民,而且差距较大。90后农业转移人口家庭的收入和消费水平在四类群体中最低,且大大低于流入地城镇居民家庭的收入和消费水平。举家外出农业转移人口家庭的消费支出水平最高,地域差异最小,说明家庭的完整性对于消费也有重要影响。

不同群体的消费支出结构差异不大,都是以食品和住房为主,除举家外出农业转移人口家庭以外,其他群体寄回老家的钱(物)占比都较高;第一代和80后农业转移人口家庭在教育方面的支出较多,80后及90后农业转移人口家庭在交通、通信方面的支出较多。

除90后农业转移人口以外,其他群体的消费影响因素基本相同。收入水平、职业稳定性、参加社保情况、居住时间、文化程度等对其他三类农业转移人口的影响较大,而且都是正相关。但是除收入水平、居住时间外,职业稳定性、参加社保情况、文化程度等因素对90后农业转移人口的影响不大。

第三节　农业转移人口未来发展意愿及消费发展趋势

农业转移人口的发展意愿是影响他们未来消费地域和消费趋势的重要因素。而发展意愿主要包括:长期居住意愿、迁入户口意愿、购房建房意愿,以及养老意愿等。本节重点分析农业转移人口不同发展意愿的差异，并在此基础上分析其未来消费的发展趋势。

一、农业转移人口发展意愿的基本状况

从长期居住意愿来看，有56%的农业转移人口打算在流入地长期居住。其中，近七成举家外出农业转移人口打算在流入地长期居住，第一代和80后农业转移人口有近60%打算在流入地长期居住，约45%的90后农业转移人口打算在流入地长期居住。

从迁户意愿来看，有54.5%的农业转移人口愿意把户口迁入流入地。其中，愿意迁入户籍比例最高的是举家外出农业转移人口，高达63%；第二是80后农业转移人口，第三是第一代农业转移人口；最低的是90后农业转移人口，为47.4%。这一选择比例的分布与居住意愿选择高度一致。

关于购房建房意愿，农业转移人口选择的次序是：回户籍地的村或乡镇建房(33.7%)，在本地购房(26.6%)，没有打算(20.6%)，回户籍地的县市区或乡镇购房(15.4%)，回户籍地地级市购房(1.8%)，回户籍地省会城市购房(0.7%)。其中，举家外出农业转移人口打算在流入地购房的比例最高，达37.3%；近三成的80后打算在流入地购房；第一代农业转移人口打算回户籍地的村或乡镇建房的比例最高，达37.1%；约30%的90后农业转移人口对于将来的居住状况还没有打算。总体来看，回户籍地县域内购(建)房的选择最多，达到49.1%。各群体这一选择的比例都是最高的，90后为51.2%，第一代为50.9%，80后为46.5%，举家外出群体选择的比例也达到40.4%。而选择回户籍地省会城市、地级市的比例非常低，合计均不超过3.2%。

从养老意愿来看，农业转移人口选择比例的分布与购房建房的选择很一致，依次是：回户籍地的村或乡镇养老(43.8%)，没有打算(21.4%)，在流入地养老(17.9%)，回户籍地的县市区或乡镇养老(13.9%)，回户籍地地级市养老(2.1%)，回户籍地省会城市养老(0.7%)。选择回县域内养老的，都超过了50%。打算回户籍地的村或乡镇养老的比例最高，其中，第一代农业转移人口为50%左右，举家外出、80后、90后都有40%的人口打算回户籍地村或乡镇养老。还有13.9%的农业转移人口打算回户籍地县(市、区)或乡镇养老。从选择流入地养老的比例来看，25%的举家外出农业转移人口打算在流入地养老，第一代和80后农业转移人口的该比例为20%左右，而90后农业转移人口确定在流入地养老的比例仅为10%。

农业转移人口发展意愿的具体情况见表6.40：

表 6.40 农业转移人口发展意愿   单位:%

	农业转移人口	不同群体			
		举家外出农业转移人口	第一代农业转移人口	80后农业转移人口	90后农业转移人口
是否打算在本地长期居住					
是	56.0	68.8	57.2	58.9	44.4
否	44.0	31.2	42.8	41.1	55.6
是否愿意把户口迁入本地					
是	54.5	63.0	53.4	58.4	47.4
否	45.5	37.0	46.6	41.6	52.6
打算在哪里购房、建房					
回户籍地的村或乡镇建房	33.7	28.7	37.1	30.0	33.8
回户籍地的县市区或乡镇购房	15.4	11.7	13.8	16.5	17.4
回户籍地地级市购房	1.8	1.3	1.3	2.3	2.0
回户籍地省会城市购房	0.7	0.5	0.5	0.8	1.2
在本地购房	26.6	37.3	27.1	30.1	16.0
没有打算	20.6	19.2	18.8	19.4	29.1
其他	1.1	1.4	1.4	0.9	0.6
打算在哪里养老					
回户籍地的村或乡镇养老	43.8	39.8	49.4	39.2	39.6
回户籍地的县市区或乡镇养老	13.9	11.9	13.1	14.6	14.5
回户籍地地级市养老	2.1	1.7	1.7	2.6	2.1
回户籍地省会城市养老	0.7	0.5	0.5	0.8	0.9
在本地养老	17.9	25.3	18.3	20.1	10.6
没有打算	21.4	20.6	16.8	22.6	32.3
其他	0.2	0.3	0.3	0.2	0.1

总体来看,农业转移人口在流入地的长期居住意愿>往流入地迁户意愿>在流入地购房建房意愿>在流入地养老意愿。而且四类群体的选择顺序都差不多,只是举家外出农业转移人口选择在流入地的比例相对高一些,第一代农业转移人口选择回户籍地的比例相对高一些,90后农业转移人口选择没有打算的比例相对高一些。这说明,大多数农业转移人口在短期内,还会在流入地发展,但从长期看,还是要回到老家。特别是农业转移人口购房建房、养老的意愿与长期居住、迁户的意愿存在较大反差,这也说明其难以接受城市的高房价、高生活成本,文化难以融入的现实困境。

另外,农业转移人口选择回户籍地省会城市、地级市购房建房和养老的比例都非常低,这将对我国未来城市的发展格局产生重要影响。

二、农业转移人口发展意愿的影响因素

(一) 收入水平越高,在流入地发展的意愿越强;收入水平越低,回户籍地发展的意愿越强

收入水平越高,农业转移人口打算在流入地长期居住的比例越高。例如,家庭年收入为 20 000 元及以下的农业转移人口打算在流入地长期居住的比例仅为 41.9% 左右,而 20 001—40 000 元的为 47.4%,40 001—60 000 元的为 56.3%,60 001—99 999 元的为 62.4%,100 000 元及以上收入的农业转移人口打算在流入地长期居住的比例最高,达 75.8%。

收入水平越高,农业转移人口打算把户口迁入流入地的比例越高。例如,家庭年收入为 20 000 元及以下的农业转移人口打算把户口迁入流入地的比例仅为 47.3% 左右,而 20 001—40 000 元的为 48.2%,40 001—60 000 元的为 55.6%,60 001—99 999 元的为 58.9%,100 000 元及以上收入的农业转移人口打算把户口迁入流入地的比例最高,达 66.0%。

从分析结果来看,农业转移人口的收入水平与购房建房意愿之间也存在正相关关系。收入水平越高,农业转移人口打算在流入地买房的比例越高,回户籍地县(市、区)、乡镇、村建房、购房的比例越低。例如,家庭年收入为 20 000 元及以下的农业转移人口打算在流入地买房的比例仅为 14.1% 左右,而 20 001—40 000 元的为 18.9%,40 001—60 000 元的为 26.2%,60 001—99 999 元的为 32.5%,100 000 万及以上收入的农业转移人口打算在流入地买房的比例最高,达 46.7%(见表 6.41)。

表 6.41 农业转移人口家庭年收入水平与购房建房意愿　　　　单位:人

收入水平	未来打算在哪里购房、建房(观察值和占比)							合计
	户籍地乡镇/村	户籍地县/镇	户籍地地级市	户籍地省会城市	流入地	没有打算	其他	
20 000 元及以下	356	164	18	7	143	318	5	1 011
	35.2%	16.2%	1.8%	0.7%	14.1%	31.5%	0.5%	100.0%
20 001—40 000 元	1 877	869	93	46	955	1 187	30	5 057
	37.1%	17.2%	1.8%	0.9%	18.9%	23.5%	0.6%	100.0%
40 001—60 000 元	2 081	899	98	28	1 503	1 070	54	5 733
	36.3%	15.7%	1.7%	0.5%	26.2%	18.7%	0.9%	100.0%
60 001—99 999 元	1 004	491	64	28	1042	537	37	3 203
	31.4%	15.3%	2.0%	0.9%	32.5%	16.8%	1.2%	100.0%
100 000 元及以上	347	169	30	14	817	317	54	1748
	19.9%	9.7%	1.7%	0.8%	46.7%	18.1%	3.1%	100.0%
合计	5 665	2 592	303	123	4 460	3 429	180	16 752
	33.8%	15.5%	1.8%	0.7%	26.6%	20.5%	1.1%	100.0%

收入水平越高,农业转移人口打算在流入地养老的比例越高,回户籍地县(市、区)、乡镇、村养老的比例越低。例如,年收入为 20 000 元及以下的农业转移人口打算在流入地养老的比例仅为 10.5% 左右,而 20 001—40 000 元的为 12.7%,4 001—6 000 元的为 17.3%,60 001—99 999 元的为 21.8%,100 000 元及以上收入的农业转移人口打算在流入地养老的比例最高,达 32.2%。

表 6.42 农业转移人口家庭年收入水平与养老意愿　　　　　　单位:人

收入水平	未来打算在哪里养老(观察值和占比)							合计
	户籍地乡镇/村	户籍地县/镇	户籍地地级市	户籍地省会城市	本地	没有打算	其他	
20 000 元及以下	419	142	19	8	106	317	0	1 011
	41.4%	14.1%	1.9%	0.8%	10.5%	31.4%	0	100.0%
20 001—40 000 元	2 369	748	103	36	641	1 153	7	5 057
	46.9%	14.8%	2.0%	0.7%	12.7%	22.8%	0.1%	100.0%
40 001—60 000 元	2 692	798	114	29	994	1 097	9	5 733
	47.0%	13.9%	2.0%	0.5%	17.3%	19.1%	0.2%	100.0%
60 001—99 999 元	1 342	452	72	22	699	606	10	3 203
	41.9%	14.1%	2.3%	0.7%	21.8%	18.9%	0.3%	100.0%
100 000 元及以上	533	194	47	18	562	387	7	1 748
	30.5%	11.1%	2.7%	1.0%	32.2%	22.1%	0.4%	100.0%
合计	7 355	2 334	355	113	3 002	3 560	33	16 752
	43.9%	13.9%	2.1%	0.7%	17.9%	21.3%	0.2%	100.0%

总体来看,农业转移人口的收入水平与其在流入地发展意愿之间具有显著的相关关系。收入水平越高,农业转移人口打算在流入地长期居住、迁入户口、购房建房、养老的比例越高;收入水平越低,农业转移人口打算在流入地长期居住、迁入户口、购房养老的比例越低。

(二) 已购住房的农业转移人口打算在流入地发展的比例显著提高

已购政策性保障房的农业转移人口打算在流入地长期居住的比例最高,高达 95.8%;其次是已购商品房和自建房人群,他们打算长期居住的比例分别为 90.4% 和 80.3%;租住私房的比例为 56.8%;租住单位/雇主房的比例为 45%;政府提供廉租房、单位/雇主提供免费住房的农业转移人口在流入地长期居住的意愿较低,分别为 37.8% 和 32.0%。

已购政策性保障房的农业转移人口打算把户口迁入流入地的比例最高,达 79.2%;其次是已购商品房人群,他们打算迁入户口的比例为 77.8%;租住私房的比例为 55.3%;租住单位/雇主房的比例为 48.5%;单位/雇主提供免费住房的迁户意愿最低,仅为 37.0%。

从农业转移人口住房类型与购房建房意愿的交叉分析结果来看,已购政策性保障房和已购商品房的人群打算在本地购房的比例显著高于其他住房类型的农业转移人口，达75.0%和61.5%；租住私房和租住单位/雇主房的农业转移人口打算在流入地买房的比例相对较低，仅为25.5%和20.8%；最低的是单位/雇主提供免费住房的农业转移人口，他们打算在流入地买房的比例仅为11.1%。但单位/雇主提供免费住房的农业转移人口打算回户籍地村、乡镇建房的比例最高，达46.1%（见表6.43）。

表6.43 农业转移人口住房类型与购房建房意愿　　　　　　　　　　单位：人

住房类型	未来打算在哪里购房、建房（观察值和占比）							合计
	户籍地乡镇/村	户籍地县/镇	户籍地地级市	户籍地省会城市	流入地	没有打算	其他	
租住单位/雇主房	596	340	35	26	356	346	9	1 708
	34.9%	19.9%	2.1%	1.5%	20.8%	20.3%	0.5%	100.0%
租住私房	3 930	1 695	181	59	2 836	2 372	68	11 141
	35.3%	15.2%	1.6%	0.5%	25.5%	21.3%	0.6%	100.0%
政府提供廉租房	14	9	0	0	8	6	0	37
	37.8%	24.3%	0	0	21.6%	16.2%	0	100.0%
政府提供公租房	13	32	5	0	12	10	0	72
	18.1%	44.4%	6.9%	0	16.7%	13.9%	0	100.0%
单位/雇主提供免费住房	788	374	55	23	189	265	17	1 711
	46.1%	21.9%	3.2%	1.3%	11.1%	15.5%	1.0%	100.0%
已购政策性保障房	2	1	0	1	18	1	1	24
	8.3%	4.2%	0	4.2%	75.0%	4.2%	4.2%	100.0%
已购商品房	114	43	11	10	851	272	83	1 384
	8.2%	3.1%	0.8%	0.7%	61.5%	19.7%	6.0%	100.0%
借住房	72	42	5	2	80	51	0	252
	28.6%	16.7%	2.0%	0.8%	31.8%	20.2%	0	100.0%
就业场所	118	51	11	2	100	113	2	397
	29.7%	12.9%	2.8%	0.5%	25.2%	28.5%	0.5%	100.0%
自建房	22	5	1	0	31	10	2	71
	31.0%	7.0%	1.4%	0	43.7%	14.1%	2.8%	100.0%
其他非正规居所	25	11	0	0	14	31	0	81
	30.9%	13.6%	0	0	17.3%	38.3%	0	100.0%
合计	5 694	2 603	304	123	4 495	3 477	182	16 878
	33.7%	15.4%	1.8%	0.7%	26.6%	20.6%	1.1%	100.0%

从农业转移人口住房类型与养老意愿的分析结果来看，已购政策性保障房和已购商品房的人口打算在流入地养老的比例显著高于其他住房类型的人群，达62.5%和49.1%；租住私房和租住单位/雇主房的农业转移人口打算在流入地养老的比例相对较低，仅为16.2%和13.6%；最低的是单位/雇主提供免费住房和政

府提供公租房的农业转移人口,他们打算在流入地养老的比例仅为7.4%和8.3%。但单位/雇主提供免费住房的农业转移人口打算回户籍地村、乡镇养老的比例最高,高达56.7%。

表6.44 农业转移人口住房类型与养老意愿　　　　　　　　　　单位:人

住房类型	未来打算在哪里养老(观察值和占比)							合计
	户籍地乡镇/村	户籍地县/镇	户籍地地级市	户籍地省会城市	流入地	没有打算	其他	
租住单位/雇主房	776	276	42	18	233	360	3	1 708
	45.4%	16.2%	2.5%	1.1%	13.6%	21.1%	0.2%	100.0%
租住私房	5 018	1 529	233	65	1 809	2 469	18	11 141
	45.0%	13.7%	2.1%	0.6%	16.2%	22.2%	0.2%	100.0%
政府提供廉租房	17	8	0	0	4	8	0	37
	46.0%	21.6%	0	0	10.8%	21.6%	0	100.0%
政府提供公租房	20	32	3	0	6	11	0	72
	27.8%	44.4%	4.2%	0	8.3%	15.3%	0	100.0%
单位/雇主提供免费住房	970	304	44	19	127	244	3	1 711
	56.7%	17.8%	2.6%	1.1%	7.4%	14.3%	0.2%	100.0%
已购政策性保障房	4	1	0	1	15	3	0	24
	16.7%	4.2%	0	4.2%	62.5%	12.5%	0	100.0%
已购商品房	248	90	19	5	680	332	10	1 384
	17.9%	6.5%	1.4%	0.4%	49.1%	24.0%	0.7%	100.0%
借住房	103	38	2	3	44	62	0	252
	40.9%	15.1%	0.8%	1.2%	17.5%	24.6%	0	100.0%
就业场所	164	58	10	3	69	92	1	397
	41.3%	14.6%	2.5%	0.8%	17.4%	23.2%	0.3%	100.0%
自建房	28	4	0	0	27	12	0	71
	39.4%	5.6%	0	0	38.0%	16.9%	0	100.0%
其他非正规居所	45	7	2	0	5	22	0	81
	55.6%	8.6%	2.5%	0	6.2%	27.2%	0	100.0%
合计	7 393	2 347	355	114	3 019	3 615	35	16 878
	43.8%	13.9%	2.1%	0.7%	17.9%	21.4%	0.2%	100.0%

总体来看,已购政策性保障房和已购商品房的农业转移人口打算在流入地发展的意愿较为强烈;其次是租住私房和租住单位/雇主房的农业转移人口;单位/雇主提供免费住房和政府提供公租房的农业转移人口打算在流入地发展的比例最低。

(三)职业越稳定,农业转移人口在流入地发展的意愿越强

从职业层次来看,公务员、办事人员和有关人员打算在流入地长期居住的比例最高,有73.7%;其次是国家机关、党群组织、企事业单位负责人以及专业技术人员,比例约为67.7%和65.5%;农、林、牧、渔、水利业生产人员有64.6%打算在

流入地长期居住，商业、服务业人员的比例为62.1%；生产、运输、建筑、其他生产运输设备操作人员及有关人员的长期居住意愿最低，仅为43.1%。

国家机关、党群组织、企事业单位负责人打算把户口迁入流入地的比例最高，为77.4%；其次是公务员、办事人员和有关人员以及专业技术人员，分别为71.6%和65.0%；商业、服务业人员有55.1%打算把户口迁入流入地；农、林、牧、渔、水利业生产人员的比例为59.0%；生产、运输、建筑、其他生产运输设备操作人员及有关人员的迁户意愿最低，仅为48.7%。

从购房、建房意愿来看，公务员、办事人员和有关人员打算在流入地买房的比例最高，为48.7%；其次是国家机关、党群组织、企事业单位负责人以及专业技术人员，此比例分别为43.6%和38.3%；商业、服务业人员有33.0%打算在流入地买房；农、林、牧、渔、水利业生产人员的比例为22.9%；生产、运输、建筑、其他生产运输设备操作人员及有关人员的流入地购房意愿最低，仅有15.0%（见表6.45）。

表6.45 农业转移人口职业类型与购房建房意愿　　　　　　　单位：人

职业类型	未来打算在哪里购房、建房（观察值和占比）							合计
	户籍地乡镇/村	户籍地县/镇	户籍地地级市	户籍地省会城市	流入地	没有打算	其他	
国家机关、党群组织、企事业单位负责人	23	3	1	2	27	6	0	62
	37.1%	4.8%	1.6%	3.2%	43.6%	9.7%	0	100.0%
专业技术人员	206	173	29	14	385	182	16	1 005
	20.5%	17.2%	2.9%	1.4%	38.3%	18.1%	1.6%	100.0%
公务员、办事人员和有关人员	11	22	3	4	72	32	4	148
	7.4%	14.9%	2.0%	2.7%	48.7%	21.6%	2.7%	100.0%
经商、商贩、餐饮、家政、保洁、保安、装修、其他商业、服务业人员	2 159	953	134	53	2 488	1 682	82	7 551
	28.6%	12.6%	1.8%	0.7%	33.0%	22.3%	1.1%	100.0%
农、林、牧、渔、水利业生产人员	56	28	2	0	33	22	3	144
	38.9%	19.4%	1.4%	0	22.9%	15.3%	2.1%	100.0%
生产、运输、建筑、其他生产运输设备操作人员及有关人员	2 645	1 159	107	40	885	996	51	5 883
	45.0%	19.7%	1.8%	0.7%	15.0%	16.9%	0.9%	100.0%
无固定工作	95	37	3	0	60	84	0	279
	34.1%	13.3%	1.1%	0	21.5%	30.1%	0	100.0%
其他	51	13	0	2	59	44	2	171
	29.8%	7.6%	0	1.2%	34.5%	25.7%	1.2%	100.0%
合计	5 246	2 388	279	115	4 009	3 048	158	15 243
	34.4%	15.7%	1.8%	0.8%	26.3%	20.0%	1.0%	100.0%

公务员、办事人员和有关人员打算在本地养老的比例最高,有38.5%;其次是国家机关、党群组织、企事业单位负责人以及专业技术人员,此比例分别为32.3%和27.1%;商业、服务业人员有21.6%打算在流入地养老;农、林、牧、渔、水利业生产人员的比例为16.0%;生产、运输、建筑、其他生产运输设备操作人员及有关人员的本地养老意愿最低,仅为10.8%。

表6.46　农业转移人口职业类型与养老意愿　　　　　　　　　单位:人

职业类型	未来打算在哪里养老(观察值和占比)							合计
	户籍地乡镇/村	户籍地县/镇	户籍地地级市	户籍地省会城市	流入地	没有打算	其他	
国家机关、党群组织、企事业单位负责人	25	0	1	3	20	13	0	62
	40.3%	0	1.6%	4.8%	32.3%	21.0%	0	100.0%
专业技术人员	305	167	32	17	272	208	4	1 005
	30.4%	16.6%	3.2%	1.7%	27.1%	20.7%	0.4%	100.0%
公务员、办事人员和有关人员	24	20	5	2	57	38	2	148
	16.2%	13.5%	3.4%	1.4%	38.5%	25.7%	1.4%	100.0%
经商、商贩、餐饮、家政、保洁、保安、装修、其他商业、服务业人员	2 922	960	184	46	1 628	1 800	11	7 551
	38.7%	12.7%	2.4%	0.6%	21.6%	23.8%	0.2%	100.0%
农、林、牧、渔、水利业生产人员	74	27	0	2	23	18	0	144
	51.4%	18.8%	0	1.4%	16.0%	12.5%	0	100.0%
生产、运输、建筑、其他生产运输设备操作人员及有关人员	3 224	926	104	31	636	953	9	5 883
	54.8%	15.7%	1.8%	0.5%	10.8%	16.2%	0.2%	100.0%
无固定工作	111	36	2	1	45	84	0	279
	39.8%	12.9%	0.7%	0.4%	16.1%	30.1%	0	100.0%
其他	69	19	0	2	36	43	2	171
	40.4%	11.1%	0	1.2%	21.1%	25.2%	1.2%	100.0%
合计	6 754	2 155	328	104	2 717	3 157	28	15 243
	44.3%	14.1%	2.2%	0.7%	17.8%	20.7%	0.2%	100.0%

总体来看,公务员、办事人员和有关人员,国家机关、党群组织、企事业单位负责人,以及专业技术人员在流入地的发展意愿更为强烈,而经商、商贩、餐饮、家政、保洁、保安、装修、其他商业、服务业人员,农、林、牧、渔、水利业生产人员,生产、运输、建筑、其他生产运输设备操作人员及有关人员在流入地的发展意愿较低。

(四)雇员在流入地发展的意愿明显低于其他就业身份人群

雇主、自营劳动者、家庭帮工打算在流入地长期居住的比例相差不大,都在

65%以上;但雇员的长期居住意愿明显较低,仅为49.0%。在没有任何限制的条件下,家庭帮工打算把户口迁入流入地的比例最高,达57.2%;其次是雇主和自营劳动者,此比例分别为55.8%和55.1%;雇员打算把户口迁入流入地的比例最低,仅为52.6%。

从购房、建房意愿来看,雇主打算在流入地买房的比例最高,达38.3%;其次是家庭帮工和自营劳动者,此比例分别为36.8%和34.1%;雇员打算在流入地买房的比例最低,仅为21.4%。与之对应,雇员打算回户籍地村、乡镇建房和回户籍地县(市、区)、乡镇购房的比例要明显偏高,两者合计为55.1%(37.3% + 17.8%)(见表6.47)。

表6.47 农业转移人口就业身份与购房、建房意愿 单位:人

就业身份	未来打算在哪里购房、建房(观察值和占比)							合计
	户籍地乡镇/村	户籍地县/镇	户籍地地级市	户籍地省会城市	流入地	没有打算	其他	
雇员	3 653	1 747	196	82	2 094	1 933	85	9 790
	37.3%	17.8%	2.0%	0.8%	21.4%	19.7%	0.9%	100.0%
雇主	285	115	18	11	396	186	23	1 034
	27.6%	11.1%	1.7%	1.1%	38.3%	18.0%	2.2%	100.0%
自营劳动者	1 189	471	57	20	1 355	835	46	3 973
	29.9%	11.9%	1.4%	0.5%	34.1%	21.0%	1.2%	100.0%
家庭帮工	119	55	8	2	164	94	4	446
	26.7%	12.3%	1.8%	0.5%	36.8%	21.1%	0.9%	100.0%
合计	5 246	2 388	279	115	4 009	3 048	158	15 243
	34.4%	15.7%	1.8%	0.8%	26.3%	20.0%	1.0%	100.0%

雇主打算在流入地养老的比例最高,达26.7%;其次是家庭帮工和自营劳动者,此比例分别为23.1%和21.0%;雇员打算在流入地养老的比例最低,仅为15.3%。与之对应,雇员打算回户籍地村、乡镇养老的比例要明显偏高,高达46.5%,比自营劳动者、家庭帮工高的5个百分点,比雇主高的10个百分点(见表6.48)。

总体来看,农业转移人口的就业身份影响其发展意愿。雇主、自营劳动者、家庭帮工打算在流入地发展的比例较高,而雇员打算在流入地发展的比例较低;相对的,雇员打算回户籍地发展的意愿较为强烈。

表6.48 农业转移人口就业身份与养老意愿　　　　　　　　　　　　单位:人

就业身份	未来打算在哪里养老(观察值和占比)							合计
	户籍地乡镇/村	户籍地县/镇	户籍地地级市	户籍地省会城市	本地	没有打算	其他	
雇员	4 551	1 473	214	72	1 502	1 957	21	9 790
	46.5%	15.1%	2.2%	0.7%	15.3%	20.0%	0.2%	100.0%
雇主	375	154	24	7	276	196	2	1 034
	36.3%	14.9%	2.3%	0.7%	26.7%	19.0%	0.2%	100.0%
自营劳动者	1 649	482	84	19	836	898	5	3 973
	41.5%	12.1%	2.1%	0.5%	21.0%	22.6%	0.1%	100.0%
家庭帮工	179	46	6	6	103	106	0	446
	40.1%	10.3%	1.4%	1.4%	23.1%	23.8%		100.0%
合计	6 754	2 155	328	104	2 717	3 157	28	15 243
	44.3%	14.1%	2.2%	0.7%	17.8%	20.7%	0.2%	100.0%

(五) 是否参加社会保障对农业转移人口在流入地的发展意愿有一定影响

以是否参加流入地城镇职工医疗保险为例进行分析,参加其他类型社会保障的结论与此基本相同。

参加流入地城镇职工医疗保险的农业转移人口打算在流入地长期居住的比例较高,为60.4%;而没有参加的比例较低,仅为54.6%。参加本地城镇职工医疗保险的人口打算迁入户口的比例较高,为63.5%;而没有参加的比例较低,仅为51.7%。

从农业转移人口是否参加流入地城镇职工医疗保险与购房、建房意愿的交叉分析结果来看,参加流入地城镇职工医疗保险的人口打算在流入地买房的比例较高,为32.9%;而没有参加的比例较低,仅为24.7%(见表6.49)。

表6.49 农业转移人口参加流入地医疗保险与购房、建房意愿　　　　单位:人

城镇职工医保	未来打算在哪里购房、建房(观察值和占比)							合计
	户籍地乡镇/村	户籍地县/镇	户籍地地级市	户籍地省会城市	流入地	没有打算	其他	
未参加城镇职工医保	4 687	1 854	210	74	3 185	2 757	123	12 890
	36.4%	14.4%	1.6%	0.6%	24.7%	21.4%	1.0%	100.0%
参加城镇职工医保	1 007	749	94	49	1 310	720	59	3 988
	25.3%	18.8%	2.4%	1.2%	32.9%	18.1%	1.5%	100.0%
合计	5 694	2 603	304	123	4 495	3 477	182	16 878
	33.7%	15.4%	1.8%	0.7%	26.6%	20.6%	1.1%	100.0%

参加流入地城镇职工医疗保险的人口打算在流入地养老的比例较高,为24.9%;而没有参加的比例较低,仅为15.7%(见表6.50)。

表 6.50　农业转移人口参加流入地医疗保险与养老意愿　　　　　　　　单位：人

城镇职工医保	未来打算在哪里养老（观察值和占比）							合计
	户籍地乡镇/村	户籍地县/镇	户籍地地级市	户籍地省会城市	流入地	没有打算	其他	
未参加城镇职工医保	5 995	1 657	261	76	2 028	2 856	17	12 890
	46.5%	12.9%	2.0%	0.6%	15.7%	22.2%	0.1%	100.0%
参加城镇职工医保	1 398	690	94	38	991	759	18	3 988
	35.1%	17.3%	2.4%	1.0%	24.9%	19.0%	0.5%	100.0%
合计	7 393	2 347	355	114	3 019	3 615	35	16 878
	43.8%	13.9%	2.1%	0.7%	17.9%	21.4%	0.2%	100.0%

（六）省内跨市人口在流入地发展的意愿最为强烈

省内跨市流动的农业转移人口打算在流入地长期居住的比例最高，达 61.9%；其次是市内跨县人口，此比例为 59.2%；最低的是跨省流动人口，打算长期居住的比例仅为 51.9%。

省内跨市流动的农业转移人口打算迁入户籍的比例最高，达 55.8%；其次是跨省流动人口，此比例为 54.3%；最低的是市内跨县人口，打算迁入户口的比例仅为 51.0%。

省内跨市流动的农业转移人口打算在流入地购房的比例最高，达 33.8%；其次是市内跨县人口，此比例为 30.9%；最低的是跨省流动人口，打算在流入地购房的比例仅为 21.6%（见表 6.51）。

表 6.51　农业转移人口流动范围与购房、建房意愿　　　　　　　　单位：人

流动范围	未来打算在哪里购房、建房（观察值和占比）							合计
	户籍地乡镇/村	户籍地县/镇	户籍地地级市	户籍地省会城市	流入地	没有打算	其他	
跨省流动	3 658	1 618	188	84	2 065	1 849	89	9 551
	38.3%	16.9%	2.0%	0.9%	21.6%	19.4%	0.9%	100.0%
省内跨市	1 569	815	86	30	1 965	1 272	83	5 820
	27.0%	14.0%	1.5%	0.5%	33.8%	21.9%	1.4%	100.0%
市内跨县	467	170	30	9	465	356	10	1 507
	31.0%	11.3%	2.0%	0.6%	30.9%	23.6%	0.7%	100.0%
合计	5 694	2 603	304	123	4 495	3 477	182	16 878
	33.7%	15.4%	1.8%	0.7%	26.6%	20.6%	1.1%	100.0%

从农业转移人口流动范围与养老意愿的交叉分析结果来看，省内跨市流动的农业转移人口打算在流入地养老的比例最高，达 22.6%；其次是市内跨县人口，此比例为 20.8%；最低的是跨省流动人口，打算在流入地养老的比例仅为 14.6%（见表 6.52）。

表 6.52　农业转移人口流动范围与养老意愿　　　　　　　　　　单位:人

流动范围	未来打算在哪里养老(观察值和占比)							合计
	户籍地乡镇/村	户籍地县/镇	户籍地地级市	户籍地省会城市	流入地	没有打算	其他	
跨省流动	4 552	1 437	204	82	1 393	1 861	22	9 551
	47.7%	15.1%	2.1%	0.9%	14.6%	19.5%	0.2%	100.0%
省内跨市	2 243	745	114	28	1 313	1 366	11	5 820
	38.5%	12.8%	2.0%	0.5%	22.6%	23.5%	0.2%	100.0%
市内跨县	598	165	37	4	313	388	2	1 507
	39.7%	11.0%	2.5%	0.3%	20.8%	25.8%	0.1%	100.0%
合计	7 393	2 347	355	114	3 019	3 615	35	16 878
	43.8%	13.9%	2.1%	0.7%	17.9%	21.4%	0.2%	100.0%

总体来看,农业转移人口的流动范围与其发展意愿之间具有较强的相关关系。其中,省内跨市流动的农业转移人口在流入地发展的意愿较为强烈,他们长期居住、购房、养老的意愿都是最高的。而市内跨县人口长期居住、购房、养老的意愿要高于跨省流动人口,但跨省流动人口的迁户意愿高于市内跨县人口。

(七)教育程度越高,在流入地发展的意愿越强;教育程度越低,回户籍地发展的意愿越强

农业转移人口的教育程度与长期居住意愿之间存在明显的相关关系,教育程度越高,农业转移人口打算在流入地长期居住的比例越高。比如,小学及以下教育程度的农业转移人口打算在流入地长期居住的比例仅为48.7%,而初中为52.7%,高中/中专为58.2%,大学专科及以上则高达74.9%。

教育程度越高,农业转移人口打算把户籍迁入流入地的比例越高。例如,小学及以下教育程度的农业转移人口打算把户籍迁入流入地的比例仅为46.4%,而初中为51.6%,高中/中专为57.6%,大学专科及以上的比例为70.6%。

教育程度越高,农业转移人口打算在流入地买房的比例越高;而教育程度越低,农业转移人口打算回户籍地村、乡镇建房的比例越高。例如,小学及以下教育程度的农业转移人口打算在户籍地村、乡镇建房的比例高达49.0%,而初中为38.3%,高中/中专是26.8%,大学专科及以上仅为11.3%。相反,小学及以下教育程度的农业转移人口打算在流入地买房的比例仅为15.2%,而初中为22.6%,高中/中专为30.4%,大学专科及以上则高达50.0%(见表6.53)。

表 6.53 农业转移人口教育程度与购房、建房意愿　　　　　　　单位：人

教育程度	未来打算在哪里购房、建房（观察值和占比）							合计
	户籍地乡镇/村	户籍地县/镇	户籍地地级市	户籍地省会城市	流入地	没有打算	其他	
小学及以下	944	279	22	6	292	365	17	1 925
	49.0%	14.5%	1.1%	0.3%	15.2%	19.0%	0.9%	100.0%
初中	3 402	1 429	144	50	2 005	1 779	76	8 885
	38.3%	16.1%	1.6%	0.6%	22.6%	20.0%	0.9%	100.0%
高中/中专	1 146	701	104	36	1 300	937	48	4 272
	26.8%	16.4%	2.4%	0.8%	30.4%	21.9%	1.1%	100.0%
大学专科及以上	202	194	34	31	898	396	41	1 796
	11.3%	10.8%	1.9%	1.7%	50.0%	22.1%	2.3%	100.0%
合计	5 694	2 603	304	123	4 495	3 477	182	16 878
	33.7%	15.4%	1.8%	0.7%	26.6%	20.6%	1.1%	100.0%

教育程度越高，农业转移人口打算在流入地养老的比例越高，而教育程度越低，农业转移人口打算回户籍地村、乡镇养老的比例越高。小学及以下教育程度的农业转移人口打算在户籍地村、乡镇养老的比例高达62.3%，而初中为48.6%，高中/中专为35.9%，大学专科及以上仅为18.9%。相反，小学及以下教育程度的农业转移人口打算在流入地养老的比例仅为10.3%，而初中为14.7%，高中/中专为20.5%，大学专科及以上高达35.8%（见表6.54）。

表 6.54 农业转移人口教育程度与养老意愿　　　　　　　单位：人

教育程度	未来打算在哪里养老（观察值和占比）							合计
	户籍地乡镇/村	户籍地县/镇	户籍地地级市	户籍地省会城市	流入地	没有打算	其他	
小学及以下	1 199	225	20	5	198	278	0	1 925
	62.3%	11.7%	1.0%	0.3%	10.3%	14.4%	0	100.0%
初中	4321	1 239	170	43	1 302	1 799	11	8 885
	48.6%	13.9%	1.9%	0.5%	14.7%	20.3%	0.1%	100.0%
高中/中专	1 534	655	110	34	876	1 050	13	4 272
	35.9%	15.3%	2.6%	0.8%	20.5%	24.6%	0.3%	100.0%
大学专科及以上	339	228	55	32	643	488	11	1 796
	18.9%	12.7%	3.1%	1.8%	35.8%	27.2%	0.6%	100.0%
合计	7 393	2 347	355	114	3 019	3 615	35	16 878
	43.8%	13.9%	2.1%	0.7%	17.9%	21.4%	0.2%	100.0%

总体来看，农业转移人口的教育程度与其发展意愿之间具有显著的相关关系。教育程度越高，农业转移人口打算在流入地长期居住、迁入户籍、购房、养老的比例越高；教育越低，农业转移人口打算长期居住、迁入户籍、购房、养老的比例

越低。

（八）居留时间越长,在流入地发展的意愿越强;居留时间越短,回户籍地发展的意愿越强

农业转移人口的居留时间与长期居住意愿之间存在明显的相关关系。居留时间越长,农业转移人口打算在流入地长期居住的比例越高。例如,居留1年及以下的农业转移人口打算在流入地长期居住的比例仅为43.8%,而3—5年的为59.0%,5—10年的为63.8%,10年及以上的农业转移人口打算在流入地长期居住的比例最高,达69.3%。

居留时间越长,农业转移人口打算迁入户籍的比例越高。例如,流入1年及以下的农业转移人口打算迁入户籍的比例仅为45.3%,而3—5年的为55.0%,5—10年的为60.2%,10年及以上的农业转移人口打算迁入户籍的比例最高,为62.7%。

居留时间越长,农业转移人口打算在流入地购房的比例越高,回户籍地县(市、区)、乡镇、村建房、购房的比例越低。例如,流入1年及以下的农业转移人口打算在流入地购房的比例仅为18.3%,而3—5年的为28.5%,5—10年的为31.1%,10年及以上的农业转移人口打算在流入地购房的比例最高,达36.4%（见表6.55）。

表6.55 农业转移人口居留时间与购房、建房意愿   单位:人

居留时间	未来打算在哪里购房、建房（观察值和占比）							合计
	户籍地乡镇/村	户籍地县/镇	户籍地地级市	户籍地省会城市	流入地	没有打算	其他	
1年及以下	1 327	649	69	28	639	766	23	3 501
	37.9%	18.5%	2.0%	0.8%	18.3%	21.9%	0.7%	100.0%
1—3年	1 657	735	90	39	1 190	1 131	47	4 889
	33.9%	15.0%	1.8%	0.8%	24.3%	23.1%	1.0%	100.0%
3—5年	991	452	63	22	865	611	32	3 036
	32.6%	14.9%	2.1%	0.7%	28.5%	20.1%	1.1%	100.0%
5—10年	1 114	519	55	24	1 073	628	37	3 450
	32.3%	15.0%	1.6%	0.7%	31.1%	18.2%	1.1%	100.0%
10年以上	605	248	27	10	728	341	43	2 002
	30.2%	12.4%	1.4%	0.5%	36.4%	17.0%	2.2%	100.0%
合计	5 694	2 603	304	123	4 495	3 477	182	16 878
	33.7%	15.4%	1.8%	0.7%	26.6%	20.6%	1.1%	100.0%

居留时间越长,农业转移人口打算在流入地养老的比例越高。例如,流入1年及以下的农业转移人口打算在流入地养老的比例仅为11.7%,而3—5年的为18.5%,5—10年的为21.0%,10年及以上的农业转移人口打算在流入地养老的

比例最高,为26.3%(见表6.56)。

表6.56 农业转移人口居留时间与养老意愿　　　　　　　单位:人

居留时间	未来打算在哪里养老(观察值和占比)							合计
	户籍地乡镇/村	户籍地县/镇	户籍地地级市	户籍地省会城市	流入地	没有打算	其他	
1年及以下	1 647	557	79	29	408	776	5	3 501
	47.0%	15.9%	2.3%	0.8%	11.7%	22.2%	0.1%	100.0%
1—3年	2 082	655	115	39	799	1 193	6	4 889
	42.6%	13.4%	2.4%	0.8%	16.3%	24.4%	0.1%	100.0%
3—5年	1 279	447	69	13	563	658	7	3 036
	42.1%	14.7%	2.3%	0.4%	18.5%	21.7%	0.2%	100.0%
5—10年	1 514	477	70	21	723	640	5	3 450
	43.9%	13.8%	2.0%	0.6%	21.0%	18.6%	0.1%	100.0%
10年以上	871	211	22	12	526	348	12	2 002
	43.5%	10.5%	1.1%	0.6%	26.3%	17.4%	0.6%	100.0%
合计	7 393	2 347	355	114	3 019	3 615	35	16 878
	43.8%	13.9%	2.1%	0.7%	17.9%	21.4%	0.2%	100.0%

总体来看,农业转移人口的居留时间与其发展意愿之间具有显著的相关关系。居留时间越长,农业转移人口打算长期居住、迁入户籍、购房、养老的比例越高;居留时间越短,农业转移人口打算长期居住、迁入户籍、购房、养老的比例越低。

(九)四类群体的影响因素基本相同,但流动范围对不同群体的影响有一定差异

数据分析结果表明,举家外出、第一代、80后及90后农业转移人口等不同群体的发展意愿影响因素及作用程度基本与总样本相同,不同点主要有两个方面:

第一,跨省流动的举家外出农业转移人口,以及跨省流动的第一代农业转移人口的迁户意愿最为强烈。跨省流动的举家外出农业转移人口打算把户籍迁入流入地的比例最高,达64.4%;其次是省内跨市流动人口,比例为62.6%;最低的是市内跨县人口,打算迁入户籍的比例为57.2%。同样,跨省流动的第一代农业转移人口打算把户籍迁入流入地的比例最高,达54.8%;其次是省内跨市流动人口,比例为52.3%;最低的是市内跨县人口,打算迁入户籍的比例为48.6%。

第二,90后农业转移人口中,市内跨县人群在流入地居住、养老、迁户的意愿较为强烈。市内跨县流动的90后农业转移人口打算在流入地长期居住的比例最高,达53.8%;其次是省内跨市人口,此比例为53.5%;最低的是跨省流动人口,打算长期居住的比例仅为38.5%。从90后农业转移人口流动范围与购房、建房意愿的交叉分析结果来看,省内跨市流动的90后农业转移人口打算在流入地买房

的比例最高,达 24.4%;其次是市内跨县人口,比例为 22.9%;最低的是跨省流动人口,打算在流入地购房的比例仅为 10.8%。市内跨县流动的 90 后农业转移人口打算在流入地养老的比例最高,达 17.0%;其次是省内跨市人口,比例为 15.9%;最低的是跨省流动人口,打算在流入地养老的比例仅为 7.0%。市内跨县流动的 90 后农业转移人口打算把户籍迁入流入地的比例最高,达 53.4%;其次是省内跨市流动人口,比例为 53.0%;最低的是跨省流动人口,打算迁入户籍的比例仅为 43.7%。

三、农业转移人口家庭消费的发展趋势

(一)农业转移人口发展意愿对其消费发展趋势有重要影响

农业转移人口在流入地长期居住,食品、交通、通信、住宿、医疗、学习、培训等都将在流入地进行消费,为流入地的经济增长带来了内需和动力。据测算,城市每增加 10 万的人口,每天就需增加 5 万千克粮食、5 万千克蔬菜、2 400 万千克水、10 万千瓦小时电力、730 辆公共汽车,方可满足其基本需要(朱韵洁、贺浩亮,2009;曹新,2004;李梦白等,1991)。

同时,除了直接影响以外,还会由于各种经济活动的反馈作用产生间接影响。农业转移人口在流入地长期居住,还将不断地消耗交通、能源、学校、住房、绿化、广场、警察、城市安全系统等城市基础设施。根据国家发改委产业司的计算,每增加一个城镇人口需基础设施投资 6 万元(包括国家投资、企业投资和个人投资)。

住宅是安居乐业所必需的生活资料。大量的农业转移人口进入城市,势必会对城市用地规划、城市住房建设产生巨大的影响。而且,随着农业转移人口内部的逐渐分化,对于一些打算长期居住在城市的农业转移人口家庭而言,其购房的意愿可能会比较强烈。可以说,这一部分人口对于住房的需求是刚性的。同样的,如果农业转移人口打算回户籍地建房或购房,也将在户籍地产生巨大的住房消费。

农业转移人口的养老地域是他们最终养老消费的集中地。因此,了解农业转移人口的养老意愿,就能够较为准确地把握农业转移人口的未来消费趋势。

(二)农业转移人口在流入地近中期生活消费潜力巨大

本报告根据前面的分析结果,对农业转移人口的消费支出潜力做了一个简单的静态估算。农业转移人口在流入地的静态消费潜力计算公式为:

流入地消费潜力 =(城镇居民家庭消费支出 - 农业转移人口家庭消费支出)× 农业转移人口家庭总量 × 流入地长期居住比例

城市城镇居民家庭的年均消费支出为 42 878 元,农业转移人口家庭在流入地的年均消费支出为 27 060 元(按农业转移人口一年在流入地消费 10 个月计算);全国农业转移家庭约有 1 亿个;本节统计结果表明,打算在流入地长期居住的比

例为56%。则农业转移人口在城镇总的消费潜力高达9000亿元。如果考虑年增长因素,空间会更大。

（三）农业转移人口的住房支出潜力巨大,且50%将集中在流入地

按流入地住房造价2000元/平方米,户籍地省会城市和地级市1500元/平方米,户籍地县市区、乡镇、村1000元/平方米计算。人均住房面积为10平方米/人,家庭规模以每户3人为标准。住房消费的计算公式：

住房消费 = 住房造价 × 人均住房面积 × 家庭规模 × 家庭数量 × 建房购房意愿

静态估计下,农业转移人口未来住房支出高达10万亿元。其中,在流入地购房的消费潜力最大,占总消费的50%；其次是在户籍地乡镇、村建房与买房,占住房总支出的1/3；第三是在户籍地县(市、区)、乡镇购房,占总消费的15%左右；农业转移人口在户籍地地级市、省会城市买房的比例非常低(见表6.57)。

表6.57 农业转移人口住房消费分析

农业转移人口	住房造价(元/平方米)	人均住房面积(平方米/人)	家庭规模(人)	家庭数量(亿)	建房、购房意愿	住房潜力(亿元)	比例(%)
户籍地乡镇、村	1 000	10	3	1.00	33.7	30 336	31.8
户籍地县(市、区)、乡镇	1 000	10	3	1.00	15.4	13 878	14.5
户籍地地级市	1 500	10	3	1.00	1.8	2 430	2.5
户籍地省会城市	1 500	10	3	1.00	0.7	987	1.0
流入地	2 000	10	3	1.00	26.6	47 934	50.1

（四）农业转移人口远期养老消费将主要集中在户籍地县域范围内

从养老意愿来看,农业转移人口打算回户籍地的村或乡镇养老的比例最高,为44%；第二是流入地养老,为近五分之一；第三是在户籍地县(市、区)及乡镇养老,14%；选择户籍地省会城市、地级市的比例很小。

（五）农业转移人口未来主要消费领域包括食品、教育培训、交通通信,以及文化消费支出

农业转移人口进一步释放消费的领域主要有以下几个方面：

第一,食品支出。城镇居民家庭年均食品支出为16 757元,农业转移人口家庭在流入地的年均食品支出为10 872元,两者有近6 000元的差距。

第二,学习、培训、教育支出。对于农业转移人口来讲,满足衣食住行等生活基本需求是其主要消费方面,但从长远来看,农业转移人口在文化、教育、娱乐方面的支出必将增长,成为消费释放的主要领域之一。数据表明,农业转移人口家庭在这一方面的年均支出与城镇居民家庭有4 000多元的差距。

第三,交通通信支出。目前农业转移人口与城镇居民在交通、通信等方面还存在较大差距,年均消费差额近4 000元,增长潜力很大。

第四,文化消费支出。农业转移人口目前的文化消费水平还很低,但是需求巨大,特别是90后的新生代群体。

第五,医疗支出。城镇居民家庭年均医疗支出为2 361元,农业转移人口家庭在流入地的年均医疗支出为725元,两者还有1 500多元的差距。

四、小结

农业转移人口近中期的发展意愿与远期养老意愿反差强烈。四种意愿呈梯度排列:在流入地长期居住意愿(56%)>往流入地迁入户籍意愿(54.5%)>在流入地购房、建房意愿(26.6%)>在流入地养老意愿(17.9%)。有超过五成的农业转移人口愿意在流入地长期居住,愿意将户籍迁入流入地;但也有近五成的农业转移人口愿意在户籍地(包括县城、镇和村)购房、建房;有近六成的农业转移人口愿意在户籍地(包括县城、镇和村)养老。在养老与购房、建房的意愿中,选择户籍地地级市、省会城市的比例都很低,合计不到3%,这将对我国未来城市发展格局产生重要影响。农业转移人口、养老与购房、建房的意愿选择,与长期居住、迁户的意愿选择,存在较大反差,这也说明其难以接受城市高房价、高生活成本,文化难以融入的现实困境。

四类群体对未来发展意愿的选择略有差异。其中,举家外出农业转移人口选择在流入地的比例相对高一些,第一代农业转移人口选择回户籍地的比例相对高一些,90后农业转移人口选择没有打算的比例相对高一些。跨省流动的举家外出农业转移人口,以及跨省流动的第一代农业转移人口迁户的意愿最为强烈。

未来发展意愿受收入、住房状况等多个因素的影响。农业转移人口的收入水平越高,职业越稳定,教育程度越高,在流入地工作经历越长,选择在流入地发展的意愿(包括在流入地长期居住、迁户、购建房、养老)就更强。特别是在流入地已购住房的农业转移人口打算在流入地发展的比例显著提高,省内跨市农业转移人口在流入地发展的意愿最为强烈。但是,参加社会保障与否对农业转移人口在流入地的发展意愿影响不大。

农业转移人口的消费增长潜力近中期在流入地城镇,远期在户籍地县域内。从近中期来看,数量巨大的农业转移人口的生活消费将主要集中在流入地(接近60%),住房支出也会有一半左右在流入地,但养老消费将主要集中在户籍地县域内(也接近60%)。

第四节 主要结论及政策建议

一、主要结论

（一）农业转移人口家庭总收入已高于流入地城镇居民家庭，但总消费水平仍低于城镇居民家庭

调查数据显示，农业转移人口家庭在流入地的年收入低于当地城镇居民家庭，但家庭总收入已高于当地城镇居民家庭。2012年农业转移人口家庭在流入地的年收入均值为62 450元，比流入地城镇居民家庭年均可支配收入（72 796元）要低10 000元左右；但加上其在老家的收入后，其家庭年总收入均值达到81 334元，要高于流入地城镇居民家庭年均可支配收入。

但由于农业转移人口享受的公共服务水平低，发展预期不稳定，其消费倾向较低。2012年其家庭在流入地的消费倾向、总消费倾向分别是0.494和0.531，低于流入地城镇居民家庭消费倾向（0.68）。受此影响，农业转移人口家庭在流入地的消费水平、总消费水平都低于流入地城镇居民家庭。调查表明，2012年农业转移人口家庭在流入地的年消费支出均值为27 060元，比流入地城镇居民家庭年消费支出均值（48 959元）要低2.2万元左右；家庭年总消费支出均值为38 862元，比流入地城镇居民家庭年消费支出均值仍低1万元左右。

数据分析表明，收入、住房、社保等是影响农业转移人口家庭消费水平的重要因素。收入增长、购买住房、更稳定的工作、更完善的社会保障、更高的文化程度、更长的工作经历，都能明显地促进农业转移人口家庭消费的增长。但是除收入和居留时间外，其他因素对90后农业转移人口消费的影响不大。

（二）流入地收入是家庭总收入的主要来源，流入地消费支出占家庭总消费支出的比例也达到70%

由于难以融入城市，大多数农业转移人口仍具有"候鸟"的迁移特征，平时常年在外，节假日（特别是春节）返乡。而且，大多数外出农民工在老家都有家庭留守成员。因此，农业转移人口的收入、消费具有明显的跨地域特征。调查分析表明，农业转移人口家庭总收入中，外出务工收入的贡献还在提高，2012年占比已达76%。同时，在其家庭总消费支出中，在流入地的消费平均已占到70%，农业转移人口"城市干活，回家花钱"的状况已发生改变。

不同群体消费支出的地域结构有一定的差异性。按家庭在流入地消费占家庭总消费的比例排序，依次是：举家外出农业转移人口（80.7%）＞第一代农业转移人口（74.4%）＞80后农业转移人口（70.7%）＞90后农业转移人口（58.7%）。这一排序与收入水平排序一致，只是各群体家庭在流入地收入占总收入的比例，要高于消费占比。

这种跨地域的收支特征,也决定了农业转移人口家庭支出结构仍具有"生存型"和"顾家型"的特点。食品和房租是农业转移人口在流入地最主要的支出,也是其家庭年支出的重要组成部分。同时,除举家外出农业转移人口家庭外,其他群体农业转移人口寄回老家的钱(物)均占有较高的比例(占家庭流入地支出的比重超过40%,占家庭总支出的比例超过17%)。

(三) 举家外出农业转移人口家庭的总消费水平已接近流入地城镇居民家庭,90后农业转移人口家庭的消费水平还很低

农业转移人口家庭消费水平的分层特征明显。按流入地消费支出水平排序,依次是:举家外出农业转移人口 > 第一代农业转移人口 > 80后农业转移人口 > 90后农业转移人口。但80后农业转移人口在老家的消费水平较高,使得其家庭总消费水平超过第一代农业转移人口。总消费水平的排序则是:举家外出农业转移人口 > 80后农业转移人口 > 第一代农业转移人口 > 90后农业转移人口。收入排序与消费排序相同,说明了收入对消费的决定作用。

举家外出农业转移人口家庭在流入地的收入水平与当地城镇居民相当,总收入则高于城镇居民家庭;在流入地的消费支出则低于当地城镇居民家庭,但总消费水平已接近于城镇居民家庭。第一代和80后农业转移人口家庭在流入地的收入水平低于当地城镇居民,但总收入高于当地城镇居民;在流入地的消费和总消费水平均低于当地城镇居民。90后农业转移人口家庭的收入和消费水平在四类群体中最低,且大大低于当地城镇居民家庭的收入和消费水平。举家外出农业转移人口家庭的收入、消费水平都是最高的,这也说明家庭迁移的完整性非常重要。

不同群体的消费支出结构差异不大,都是以食品和住房为主。第一代和80后农业转移人口家庭在教育方面的支出较多,80后及90后农业转移人口家庭在交通、通信方面的支出较多。

(四) 农业转移人口未来发展意愿选择比例呈梯度排列,近中期发展意愿与远期养老意愿反差强烈

根据调查数据分析,农业转移人口未来发展的四种意愿呈梯度排列:在流入地长期居住意愿(56%) > 往流入地迁入户籍意愿(54.5%) > 在流入地购房、建房意愿(26.6%) > 在流入地养老意愿(17.9%)。有超过五成的农业转移人口愿意在流入地长期居住,愿意将户籍迁入流入地;但也有近五成的农业转移人口愿意在户籍地县域内(包括县城、镇和村)购房、建房;有近六成的农业转移人口愿意在户籍地县域内养老。农业转移人口购建房、养老意愿选择,与长期居住、迁户意愿的选择,存在较大反差,这也说明其难以接受城市的高房价和高生活成本,文化难以融入的现实困境。另外,在购建房、养老的意愿中,选择户籍地地级市、省会城市的比例都很低,合计不到3%,这将对我国未来城市发展格局产生重要影响。

四类群体对未来发展意愿的选择略有差异。其中,举家外出农业转移人口选择在流入地的比例相对高一些,第一代农业转移人口选择回户籍地的比例相对高一些,90后农业转移人口选择没有打算的比例相对高一些。跨省流动的举家外出农业转移人口,以及跨省流动的第一代农业转移人口,迁户意愿最为强烈。

（五）农业转移人口消费的增长潜力近中期主要在流入地,远期主要在户籍地县域内

从近中期来看,数量巨大的农业转移人口的生活消费将主要集中在流入地（接近60%）,住房支出也会有一半左右在流入地,但远期养老消费将主要集中在户籍地县域内（也接近60%）。

二、政策建议

扩大消费,在个体层面要提高居民收入水平,改善消费预期,增强消费倾向;在社会层面要缩小贫富差距,提高整个社会的平均消费倾向。根据本节的前述分析,收入对农业转移人口家庭的消费有重要影响;公共服务水平、居住时间、住房情况对农业转移人口的消费倾向有重要影响。因此,要提高农业转移人口家庭的消费水平,就要促进其持续提高收入水平,增强消费能力;还要推进农业转移人口市民化的进程,增强公共服务水平,改善居住条件,提高消费倾向。同时,还要适应多数农业转移人口将来要回到户籍地县域内购建房和养老的趋势,提高县域的人口承载能力和养老服务能力。

（一）促进农业转移人口持续增加收入,提高消费能力

农业转移人口家庭的收入主要是工资性收入,而工资增长主要是由市场决定的。下一步,促进农业转移人口增加收入的重点主要在两个方面:一是提高农业转移人口的人力资本水平（包括未来将转移的人口）;二是提高农业转移人口家庭的财产性收入。

1. 提高农业转移人口和农村劳动力的技能素质

将提高技能作为促进农业转移人口稳定就业、收入增长的战略措施和重要职责,统筹规划,稳步推进。一是提高培训的针对性。根据农业转移人口的年龄结构、文化程度的实际情况,有针对性地开展培训,提高培训效果。大力推行就业导向的培训模式,强化职业培训基础能力建设,增强培训的针对性和有效性,努力提高培训质量。二是加强面向农村新成长劳动力的职业教育。加大职业培训的资金支持力度,完善职业培训补贴政策,落实好中等职业教育国家助学金和免学费政策,扩大初、高中三年教育加上一年免费职业教育的范围,增强农村新成长劳动力的就业技能。

2. 推进农村集体产权制度改革,让农业转移人口分享集体资产收益

一是积极推进农村集体经济组织产权制度改革。积极鼓励尚未启动改革的

地方有计划地开展试点,已经开展试点的地方在总结经验的基础上扩大试点规模。把除承包地、宅基地之外的其他全部集体经营性资产折股量化到有资格的集体经济组织成员,实现"资产变股权、农民变股东"。扩大农民持有的集体资产股份的权能,赋予农民对集体资产股份占有、收益、有偿退出及抵押、担保、继承的权利,增加农民的选择空间,让农民既可以长期持股,也可以自愿有偿退出。指导已经完成产权制度改革的村依法建立和完善股东大会、董事会、监事会制度,充分发挥集体经济组织成员参与集体经营管理的积极性,逐步形成激励和约束有机结合的现代企业管理运行机制。二是健全相关服务体系。加强农村集体"三资"委托代理服务,加快乡镇委托代理中心建设,规范委托代理程序,充分发挥委托代理服务作用。探索以农村土地承包经营权流转服务中心或者集体"三资"服务中心为依托,构建农村集体产权交易平台,提高农民工集体资产权益的流动性。

3. 完善和保障农业转移人口的土地权益

一是进一步完善宅基地产权制度。明晰宅基地产权权能,赋予宅基地完整的物权权能,赋予宅基地使用权人必要的自由处分权和收益权,保障农民房屋所有权与宅基地使用权财产功能的实现。二是将农民住宅纳入国家统一的不动产登记体系和不动产税收体系。对于在城市和农村都拥有住房的农业转移人口,由其自主选择缴纳农村住宅的房产税,或者出售住宅。在此基础上,逐步建立农业转移人口宅基地的退出机制。在城镇有稳定职业和住房且已落户的农业转移人口,或全家已迁入城镇且已享受城镇居民待遇的人员,允许其有偿退出宅基地。住房转让时,农村集体经济组织可以收取有偿使用费。

(二)分类有序推进市民化,提升农业转移人口的公共服务水平,提高消费倾向

从我国国情出发,推进农业转移人口市民化(主体是农民工)应坚持两条腿走路:一方面,加快户籍制度改革,放宽落户条件,让有意愿、有条件的农业转移人口在城镇落户定居成为市民;另一方面,推进公共服务均等化,将社会福利与户籍剥离,让暂不符合落户条件或没有落户意愿又有常住需求的农业转移人口,能享有基本公共服务。在具体方式上,则应以省内落户定居和公共服务均等化为重点,区分不同城市、不同群体、不同公共服务项目,有序推进。

1. 推进有意愿、有条件的跨省农民工在流入地落户定居

根据不同城市的人口规模和综合承载力,制定差别化的落户条件,分类有序地推进户籍制度改革,降低落户门槛。到 2020 年,除少数大城市以外,基本实现自由迁徙。

一是以"两个合法稳定"为基本条件,在 2020 年以前,放开中等及以下各类城市、城镇的落户条件,实现自由迁徙。二是建立和实施阶梯式户口迁移制度,逐步

放宽大城市的落户限制,并向举家外出农业转移人口倾斜。三是建立从居住证到落户的制度通道,以办理居住证为计算连续居住年限的依据,符合当地政府规定的相关条件的,可以在当地申请登记常住户口。对于北京、上海这样的特大型城市,也要通过这种方式让长期在本地居住工作的常住农业转移人口家庭落户。

2. 鼓励第一代农业转移人口返乡就业创业和落户定居,引导新增农业转移人口就近转移就业,让农业转移人口的大多数在省内实现市民化

目前,农业转移人口在省内就业的比重已达到70%,并以每年1个百分点的速度上升。未来,数千万第一代外出农民工将逐步退出城市劳动力市场,其中相当一部分将回到家乡的城镇定居。应适应这一趋势,把就近转移就业和省内市民化提到更加重要的位置,并作为今后我国就业促进政策和城镇化战略的重点,使存量农业转移人口中的80%、新增农业转移人口的大多数(60%以上)在省内转移就业,在省内实现市民化。

一是健全基层公共就业服务体系。实行城乡统一的就业登记制度,建立城乡人力资源信息库和企业用工信息库。以中西部基层为重点,加快构建全国城乡沟通、就业供求信息联网,网点到达县城、乡镇和城市街道、社区的劳动力市场与就业服务网络体系。

二是创造良好的创业环境,引导扶持更多农业转移人口创业。加强对农业转移人口的创业培训和创业服务,帮助农业转移人口掌握创业技能,为创业农业转移人口提供政策引导、项目开发、风险评估、小额担保贷款、跟踪扶持等一条龙服务,引导有创业能力和创业愿望的农民工通过产业配套服务、延伸产业链条实现自主创业。加大金融支持力度,探索发展农用生产设备、林权、水域滩涂使用权等的抵押贷款。降低融资成本,财政对符合条件的农业转移人口创业贷款给予贴息。

三是发展县域经济,促进农村劳动力就地就近转移。进一步完善政策体系,创新支持方式,拓展支持范围,大力促进县域经济发展,促进农村劳动力就地就近转移。对县域具有比较优势的产业项目和有条件在当地加工转化的资源开发利用项目,予以优先规划布局并优先审批核准。加大企业技术改造和产业结构调整专项资金对县域特色优势产业发展的支持力度。在符合规划和用途管制的前提下,允许村庄、集镇、建制镇中的集体建设用地进行有偿使用和有序流转,允许以农村集体建设用地使用权入股兴办企业。适当提高县域在建设用地指标分配上的比重。继续加大中央财政对县域的均衡性转移支付力度,重点支持县域改善民生和促进基本公共服务均等化。

四是在省级行政区域内建立城乡统一的户口登记制度,为本省农业转移人口在省内市民化创造条件。

3. 以新生代农业转移人口为重点,加快推进公共服务均等化

以新生代农业转移人口为重点,区分不同项目,有序推进公共服务均等化。到 2015 年,基本健全义务教育、就业培训、社会保障、公共卫生、计划生育等基本公共服务项目;到 2020 年,基本健全保障性住房、低保、学前教育和高中阶段教育等与城市户籍紧密挂钩的公共服务项目。

一是切实保障农业转移人口随迁子女受教育的权利。重点是落实以"流入地政府为主、普惠性幼儿园为主"的政策,解决农业转移人口随迁子女接受学前教育的问题;落实异地高考政策,特别是要完善北京等特大城市的异地高考政策。

二是加强农业转移人口的公共卫生和医疗服务。重点是合理配置医疗卫生服务资源,提高农业转移人口接受医疗卫生服务的可及性;推广在农业转移人口聚居地指定新型农村合作医疗定点医疗机构的经验,方便农业转移人口在城务工期间就近就医和及时得到补偿。

三是做好农业转移人口的社会保障工作。在目前城乡居民养老保险合并的基础上,进一步健全城镇企业职工基本养老保险与居民养老保险制度之间,以及城镇职工医疗保险和新农合之间的衔接政策,实现养老和医疗保险在城乡之间以及跨统筹地区之间的顺畅转移接续。提高农业转移人口在流入地城镇的参保率,解决非正规就业、劳务派遣工、随迁家属的参保问题。

(三) 健全面向农业转移人口的住房供应体系和政策体系

调查表明,稳定和体面的居住条件,对于提高农业转移人口的消费水平有重要的促进作用,而且也有相当多的农业转移人口愿意在流入地或老家城镇购房、建房。解决好农业转移人口的住房问题,不仅能扩大消费,还能拉动投资。

1. 强化用工单位的责任

充分发挥用工单位在解决农业转移人口住房问题上的重要作用。针对规模型就业的单身农业转移人口,鼓励用工单位向务工人员提供符合基本安全、卫生标准的集体宿舍;对于农业转移人口自行安排居住场所的,用工单位应提高工资,增强农业转移人口的住房支付能力,或给予一定的住房租金补助,并在劳动合同中予以明确。

2. 营造鼓励农业转移人口住房消费的市场环境

对于在城镇就业稳定的中高收入农业转移人口,鼓励租赁或购买市场提供的各类商品住房,并和城镇居民享受同等的信贷、金融、税收等政策优惠。针对农业转移人口住房支付能力相对较低的特点,通过规划引导、税收和金融调节等手段,增加中小户型、中低价位商品住房的供应。同时,规范住房租赁市场,切实保护承租人的合法权益,引导建立稳定、和谐的租赁关系。加强对社会出租房屋的管理,建立完善的出租屋登记管理制度,对社会提供的符合基本居住标准、定向出租给

农业转移人口的住房,政府可给予适当的税收减免或租金补贴等政策鼓励。

3. 以公共租赁住房为重点,将稳定就业的农业转移人口纳入城镇住房保障体系

推动公共租赁住房的建设,将在城镇稳定就业的农业转移人口纳入公共租赁住房的供应范围。人口净流入量大的大中型城市要扩大公共租赁住房的建设规模。对于以家庭形式进城务工的农业转移人口,当地应逐步将其纳入城镇住房保障范围,向其提供单元型保障住房。目前,一些地方已开始使用住房公积金支持保障房建设,而大多数农业转移人口在就业地选择租住住房。建议住房公积金的保障房项目特别是租赁型保障房项目,要优先满足低收入的缴存职工,使收入较低的农业转移人口也可以成为住房保障制度的受益者。

4. 完善城中村和棚户区改造中对农业转移人口住房的安排

城中村和棚户区改造中应充分考虑农业转移人口的居住需要,在符合城市规划和土地利用总体规划的前提下,配建面向农业转移人口出租的住房,并纳入公共租赁住房统一进行管理。近期未纳入更新改造计划的城中村,应加强环境整治和必要的公共服务与市政设施等配套,确保满足安全、卫生等基本居住需求。

5. 在住房发展和建设规划中充分考虑农业转移人口的住房需求和特点

首先,要将农业转移人口住房保障纳入住房发展和建设规划,明确解决农业转移人口住房问题的长期发展目标和近期解决措施,切实保护农业转移人口的居住权益。其次,要发挥城市规划的引导和综合协调作用,统筹协调城镇产业与居住空间布局,实现总量平衡、区域均衡。集中建设的公共租赁住房,应控制用地规模,采取"大分散、小集中"的模式进行建设。新建公共租赁住房应优先采取与经济适用住房、限价商品住房和普通商品住房混合建设的方式,倡导混合居住。公共租赁住房的规划建设,还应当充分考虑居民就业、就医、就学、出行等需要,加快完善公共交通系统,同步配套生活服务设施。

(四)提升县域城镇的人口承载能力和养老服务能力,迎接未来农业转移人口的返乡潮

从调查情况来看,大部分农业转移人口选择未来回户籍地县域养老。尽管目前的意愿会随着形势的变化而改变,但数量庞大的第一代农业转移人口正在而且将陆续返回户籍地,这是一个客观趋势。应适应这一趋势,大力提升县域城镇的人口承载能力和养老服务能力,尽量吸引返乡农业转移人口到县城、小城镇或中心村定居,提升城镇化水平,并释放返乡农业转移人口的消费潜力。

1. 实施重点镇发展策略

我国县域的平均行政区划面积约为 4 559 平方公里,除县城外,每个县(市)应再有 1—3 个重点镇作为县域副中心。这样包括县城,全国要发展 6 000 个重点

镇。其中,非县城重点镇近4000个,占一般建制镇总数的22%。把全国重点镇作为未来吸纳新增城镇人口、扩大内需的主阵地,支持其优先发展。赋予镇级政府独立的财税、土地、规划建设管理、人事等权限,增强其发展自主性。健全机构,扩大编制,提高其社会管理和公共服务能力。

2. 改革小城镇住房建设机制

在镇区规划出农房建设新区,符合条件的农民或农业转移人口可以在镇上分到宅基地,由农民自愿,农民自建,政府只负责规划管理和基础设施建设。宅基地可以比在村里分配的小,住房保持独家独院。通过这种机制,集聚人口和资本,带动小城镇建设。

3. 支持老旧镇区改造,提升稳定居住功能

通过财政支持,实施小城镇老旧镇区改造工程。用十年左右时间,基本完成中西部重点老旧镇区道路、危房、供排水设施、垃圾收集设施、绿化、商业和文体设施等改造。使小城镇的居住环境接近城市,并具有特色和相对优势。

4. 结合小城镇和新农村建设,提升养老服务能力

利用小城镇和新农村建设的机遇,在毗邻镇区或中心村的地方,建设"老年宜居社区"。健全社会管理组织和社区服务中心等公共机构,吸引家政服务、养老中介、卫生保健等服务机构入驻,为老年人提供多功能、全方位的服务。

第七章 "通缩"下的经济增长和宏观调控

2014年,中国经济延续2013年逐步放缓的态势。全年经济增长率为7.4%,CPI上涨率为2.0%。经济增长率虽然明显低于历史平均水平,也低于2013年,但CPI上涨率不高不低,比较合适。更为重要的是,提前3个月实现了全年的就业目标。总体来说,2014年的经济增长和通胀的组合相当不错,是一个良性的组合。

展望2015年,从需求来看,中国经济将继续呈现萎缩的态势。但由于油价大幅度下跌以及近两年来中国改革的红利逐步释放,企业的能源成本和交易成本也在大幅度下降,导致供给的自然扩张。因此,2015年中国经济将面临需求萎缩、供给扩张的局面,这样的组合将导致通胀率的下降,但经济增长率是提高还是下降难以判断。

如果2015年的需求状况与2014年一样,即不出现需求萎缩,那么2015年中国经济将出现通胀率下降、经济增长率提高的局面,我们称之为"长缩",与经济史上出现过很多次、前几年也曾经困扰中国经济的"滞胀"正好相反。理论上说,"长缩"的局面是一种最完美的经济形势。一边是低通胀,另一边是高增长、低失业,此时政府不需要做什么事情。此时的"通缩"是良性的,跟需求萎缩导致的通缩不一样。与需求萎缩导致的通货紧缩相对应的是经济增长率下滑、失业上升;而与供给扩张导致的通缩相对应的是经济增长率上升、失业下降,因此无需多虑。

但是,一方面,2015年会出现需求萎缩,实际结果可能是经济增长率没有上升,但通胀率下降,所以实际情况可能是有"缩"无"长";另一方面,由于以前很少出现"长缩"这样的经济形势,所以人们对此可能会认识不足,导致过度担忧,引导人们的预期向负面转化,从而导致需求减少,使经济形势有所恶化。因此,有必要把低通胀的原因给公众说清楚,避免引发对总需求的负面预期冲击。

假定需求萎缩和供给扩张两者对经济增长的作用幅度相等,那么2015年的经济增长率将跟2014年一样,但通胀率将低于2014年。

上面所说的"长缩"中的"缩"是以GDP平减指数或者CPI非食品指数的上涨率衡量的。但人们最为关注的CPI的变动可能不完全一样。油价下跌和改革红利虽然会抑制通胀,但还有一个很重要的因素也会影响2015年中国的CPI,那就是猪周期。由于猪周期的存在,2015年猪肉价格的上涨将抵消油价下跌和改革红利对CPI的影响,从而使得2015年的CPI上涨率与2014年差不多。由于猪肉虽然是重要的消费品,但在中国的GDP中占的比例非常小,整个农业在中国GDP中的比例也不过10%左右,所以,猪肉价格可能能够较好地反映居民生活费用的变动,但不能很好地反映与全部GDP相对应的价格的变动。我们预计,2015年中国的经济增长率为7.4%,CPI上涨率为2.0%,与2014年完全一样,但GDP平减指数将比2014年低0.3—0.5个百分点。本章将通过实体经济形势展望和货币金融形势展望两部分,对2015年中国经济的发展趋势进行研究。

第一节 中国实体经济形势展望

一、2014年中国经济增长的进程和特点

2014年中国宏观经济运行及其增长从总体上看,实现了良性组合状态,突出的特点表现在这样几个方面:(1)总体上呈现了较高经济增长、低通胀和较高就业增长、低失业率的宏观良性态势,全年经济增长率为7.4%以上,通胀率为2.0%,更为重要的是全年提前3个月实现了就业目标。(2)这种宏观经济状态表现出中国经济增长及宏观调控已开始适应"新常态"下的新变化和新失衡,"新常态"下经济增长无论是在需求方面(增速开始下降)还是供给方面(成本开始上升)都对经济增长抽紧,经济失衡表现出既有潜在巨大的通胀压力,又有"下行"的严峻威胁的"双重风险",进而财政与货币政策的目标和方向难以统一到同一方向,政策效果会形成一定的相互抵消的效应,在这种条件下,宏观经济目标能呈现良性组合的态势,表明调控适度。(3)全年经济增长的波动性不显著,较为稳健,第一季度从2013年第四季度的7.7%降至7.4%后,第二季度略有回升,为7.5%,第三季度虽有下降但幅度很小,仍为7.4%,第四季度也在7.4%左右,季度间虽然内需外需均有较复杂的变化,但增长波动性很小。(4)国内需求总体呈增速放缓趋势,但放缓趋势基本上能够控制,同时内需疲软的态势,在出口需求稳中有升的对冲下,缓解了经济增长的下行趋势。(5)通缩态势呈现,PPI总体上负增长已成定势,CPI上涨幅度也有所下降,且已临近通缩警戒水准,但通缩的原因来自需求和供给两方面,需求疲软是一方面,供给方面的结构调整和改革措施带来的生产者活力以及国际油价等大幅下降,降低了国民经济中的生产总成本,推动物价上涨水平的下降,这种通缩的出现是良性的,并未伴随增长衰退和失业率升高,提升了国民经济对通缩的承受力。

具体来看,2014年中国经济季度之间的变化,表现出投资下行、出口支撑、流动性衰退式宽松。第一季度经济增速出现快速下行,总需求"三驾马车"同时趋软,GDP增速从2013年第四季度的7.7%降至7.4%,全社会固定资产投资增速从

2013 年的 19.6% 降至 2014 年第一季度的 17.6%，房地产开发投资与制造业固定资产投资增速下滑明显，社会消费品零售总额增速从 2013 年的 11.5% 降至 10.9%，贸易顺差也明显收缩，从 2013 年第一季度的 420 亿美元收缩至 170.9 亿美元，工业品价格通缩压力增大，PPI 同比降幅由 2013 年 12 月的 1.36% 扩大至 3 月的 2.3%。第二季度开始出现短期企稳，GDP 增速达到 7.5%，虽然投资需求仍然下行，主要还是受房地产开发投资增速和制造业投资增速下滑的拖累，制造业投资增速下滑速度稍有放缓，房地产投资增速下滑进一步加速，但出口状况和基建投资增速均有改善和提升，出口增速由第一季度同比下降 3.45% 回升至同比增长 5%，基建投资增速从第一季度 20.9% 的高位继续上升至 22.8%，形成对投资需求增速放缓的对冲。第三季度 GDP 同比增速小幅下行至 7.4%，虽然存在基数拖累的作用，但主要还是由于投资需求疲软，房地产开发投资增速由第二季度的 14.1% 进一步降至 12.5%，制造业投资增速由第二季度的 14.8% 降至 13.8%，基建投资增速由第二季度的 22.8% 降至 21%，经济增长速度的主要支撑在于出口，其增速由第二季度的 5% 上升至 13%，但未能充分对冲投资需求疲软的影响，工业品价格通缩压力再度增强，宏观经济政策的刺激力度有所提升。第四季度以来，由于财政政策积极倾向加强，批复建设项目力度加大，政府基建投资增长加快，央行定向宽松的货币政策力度加大，因第三季度基础货币供应和流动性释放的政策效果开始体现，第四季度进一步降息，显示货币政策进一步放松，虽然对企业融资成本降低的效果仍不明显，但对缓解经济下行的压力具有一定的积极作用，总体经济增长稳中偏弱，但快速下行的风险减少，通胀低位，更趋积极的货币政策对经济下行的压力产生了一定的对冲效果。

二、2015 年国际经济形势展望

2014 年以来，全球经济已经开始呈现两类分化现象：一是发达国家内部的分化，美国经济复苏程度要好于欧洲与日本；二是发达国家与新兴市场国家之间的分化，相对来说，新兴市场国家的经济下行压力普遍更大。主要原因在于货币政策的分化，发达国家普遍实行扩张性货币政策，而新兴市场国家普遍受制于通胀的威胁，货币政策一直按兵不敢动，甚至有所收紧（2014 年巴西、俄罗斯都进行了数次加息）。

经济形势的差异，必将影响到其货币政策取向的不同。美国经济复苏形势要明显好于欧洲与日本，这也导致其货币政策取向会逐步分化。2014 年 10 月底，美国已经按预期实现了 QE 的退出，焦点也开始转向加息时点的猜测，而日本则无缝衔接扩大 QE，欧洲央行 12 月将启动第二次定向长期再融资操作（TLTRO），而且欧盟委员会近期下调了欧元区 GDP 增速，也强化了市场对欧洲央行未来推出 QE 的预期。发达国家的经济表现分化，也决定了其货币政策取向的分化走向。

全球这种两类分化格局,预计 2015 年或将更为明显。发达国家中,相比于欧洲和日本,2015 年美国经济表现较好的可能性更为确定,预计 2015 年美国 GDP 增速能在 3% 左右,按季度来看,GDP 环比折年率亦有望维持在 3% 左右小幅波动,失业率也有望持续下行,预计 2015 年年底时美国失业率能降至 5.5% 左右。整体来看,2015 年美国经济继续向好的确定性更强,这一方面受益于 2014 年就业形势的超预期改善,会继续带来收入和消费的改善;另一方面,美国制造业复苏势头有望持续,目前 ISM 制造业 PMI 指数达到了金融危机前的较好水平,且大宗商品价格受抑制明显,有利于美国制造业的复苏。另外,美国经济对外依存度相对较低,受全球经济贸易失衡的冲击影响也相对较小。考虑到加息所带来的冲击,我们预计美联储加息的时点可能最早也要在 2015 年年中左右。

欧洲方面,欧元区在经历了债务危机后,经济虽摆脱负增长,但复苏动力依然微弱,甚至面临通缩风险。预计 2015 年欧元区 GDP 增长 1.2% 左右,该预测数据甚至会面临一定的下修风险;CPI 同比可能会有所上升,但预计依然处于 1.5% 以下低位的可能性较大;另外,失业率也可能依然处于 11% 以上的高位。欧元区目前还处于结构性改革初期,预计 2015 年经济增速仍难有较大改观,而其货币政策取向也有望更为积极,2015 年上半年实施欧洲版 QE 的可能性正在加大,预计会对美国加息的负面影响形成一定的对冲效果。

新兴市场国家方面,预计 2015 年其经济形势会更为严峻。一方面来自中国经济下行压力的拖累,以及 2015 年美联储加息(美元进入强势周期)的冲击;另一方面自身经济的结构性风险也较大,如俄罗斯受西方经济制裁以及油价低迷的冲击较大,巴西、印度等发展中国家又面临高通胀的掣肘。因此,相较于发达国家,2015 年新兴市场国家的经济增长所受阻力将更大。

目前来看,2015 年美联储加息的可能性较大,但日本和欧元区继续保持宽松货币政策甚至进一步宽松的可能性也不小,这能够一定程度上减轻美元加息对新兴市场的冲击。对于中国来说,鉴于经济下行压力以及高杠杆、弱盈利所带来的脆弱信用环境,预计 2015 年中国货币政策依然偏向积极。美元加息导致中美利差缩小,但我们并不认为这会对中国的流动性带来严重的负面冲击,巨额的外汇储备、资本项目的管制以及盯住美元的浮动汇率制度,都能够抑制流动性跨境的大幅波动。另外,当前的美国长期国债收益率走势也已经部分反映出加息预期,这也会减弱未来美元加息所带来的冲击。

三、2015年中国总需求的自然走势

假定不采取进一步刺激措施,在现有宏观政策格局和力度下讨论总需求①,总体来说,在其他因素不变的条件下,总需求增长率是下滑的。

1. 固定资产投资

2009年以来,中国固定资产投资增长率逐年下降,2013年降至20%以下,2014年受房地产市场低迷和产能过剩等因素的影响,其进一步下降,全年在16%左右,2015年则可能继续下滑。原因在于:首先,制造业投资增长率受产能过剩和结构升级乏力、投资机会不足的困扰,难以回升;其次,房价受中国人口总量和结构变动等因素的制约,长期拐点已临近,特别是二线城市,供给过剩较为严重,2015年高于2014年的可能性不大;最后,基础设施投资增长尽管相对较稳定,但随地方政府收入增长放缓及投融资能力、举债能力的限制加强等因素的作用,其增长率难以提升,甚至会低于2014年。

2. 消费

自2010年以来,中国消费支出的实际增速持续下降,社会消费品零售总额增长率从2010年的18.4%下降至2013年的13.1%,2014年进一步降至13%以下,若无进一步刺激,特别是收入分配结构和政策若无显著改变,2015年还将进一步下滑。

3. 净出口

出口面临的形势复杂。首先,出口受到两大因素的制约:一方面,全球经济总体不容乐观,2015年难以走出疲软状态,欧洲、日本、俄罗斯、巴西等国家和地区经济面临较大的衰退风险,将减少对中国的进口;另一方面,欧元区和日本等量化宽松的货币政策可能会导致人民币对这些国家和地区的货币升值,在一定程度上抑制中国的出口增长。其次,出口也面临机遇。一是美联储加息预期上升,使得人民币对美元可能会有所贬值,有利于出口,同时,美国经济复苏势头强劲,需求回升,将会刺激对中国的进口;二是国际油价自2014年下半年以来持续大幅下跌,预计会对全球经济产生积极影响,从而拉动中国的出口;三是2014年已经出台的刺激出口的举措,会进一步发挥作用。②

进口同样面临挑战和机遇,挑战主要在于国内经济下行的风险存在,会对进

---

① 这里讨论的是"需求的变动",而不是"需求量的变动",反映在供求关系图上,即为总需求曲线本身位置的移动,而不是沿着需求曲线的移动。在总供给扩张的影响下,总需求量可能会增加,那是内生的变化,在图形上反映为沿着总需求曲线的移动。

② 例如2014年5月出台的《国务院办公厅关于支持外贸稳定增长的若干意见》、"一带一路"计划的推进,高铁项目的国际扩展,以及2014年11月26日国务院常务会议部署加快发展服务外包产业,打造外贸竞争新优势等举措,对于拉动2015年出口增长都可能具有积极作用。

口产生较大影响。机遇则在于两方面：一是随着日本和欧洲等国和地区家采取量化宽松政策，人民币对日元、欧元可能会升值，从而刺激中国进口；二是国际油价大幅下跌，可能刺激中国进口原油。

总的来看，影响2015年中国进出口的因素很多，不确定因素增大，包括全球经济下行的压力，各国货币政策和财政政策带来的风险，以及地缘政治冲突等的影响。综合进出口，预计2015年中国贸易顺差比2014年将进一步增大，达到4 400亿美元左右（2014年不到4 000亿美元），而且净出口增长率可能会提高，但净出口占中国经济的比例低，况且，近年来净出口对经济增长的贡献作用在负值水平上（2012年为 -2.2%，2013年也近 -2%），2014年虽有缓解，但对中国经济的拉动作用也不显著，难以抵消总需求增长率下滑的总体趋势。

四、2015年中国总供给的自然走势

2015年中国的总供给面临两个比较大的良性冲击：一是十八届三中全会以来中国政府采取的各项改革措施的效果开始显现（见表7.1）；二个是2014年年中以来油价的大幅度下跌。这两者都将降低中国企业的生产成本，刺激企业增加供给。

表7.1 十八届三中全会以来中国的重大改革

分类	时间	部门/会议	内容
土地制度改革	2013.11.12	十八届三中全会	建立城乡统一的建设用地市场；加快构建新型农业经营体系；赋予农民更多的财产权利。
	2014.01.19	中共中央、国务院	《关于全面深化农村改革加快推进农业现代化的若干意见》
	2014.06.06	全面深化改革领导小组（以下简称"深改组"）第三次会议	审议《关于进一步推进户籍制度改革的意见》
	2014.06.30	中共中央政治局会议	通过《关于进一步推进户籍制度改革的意见》
	2014.08.01	国土资源部、财政部、住房和城乡建设部、农业部国家林业局	《关于进一步加快推进宅基地和集体建设用地使用权确权登记发证工作的通知》
	2014.09.29	深改组第五次会议	审议了《关于引导农村土地承包经营权有序流转发展农业适度规模经营的意见》《积极发展农民股份合作赋予集体资产股份权能改革试点方案》
	2014.11.20	中共中央、国务院	《关于引导农村土地承包经营权有序流转发展农业适度规模经营的意见》

（续表）

分类	时间	部门/会议	内容
文化体制改革	2013.11.12	十八届三中全会	推进文化体制机制创新
	2014.02.28	深改组第二次会议	《深化文化体制改革实施方案》
	2014.03.14	国务院	《关于推进文化创意和设计服务与相关产业融合发展的若干意见》
	2014.03.17	文化部、央行、财政部	《关于深入推进文化金融合作的意见》
	2014.03.24—25		全国文化体制改革工作会议召开
	2014.04.16	国务院	《文化体制改革中经营性文化事业单位转制为企业的规定》《进一步支持文化企业发展的规定》
	2014.08.20	文化部、工业系统信息化、财政部	《关于大力支持小微文化企业发展的实施意见》
	2014.08.18	深改组第四次会议	审议通过了《关于推动传统媒体和新兴媒体融合发展的指导意见》
	2014.10.15		习近平主持召开文艺工作座谈会
	2014.12.02	深改组第七次会议	审议了《关于加快构建现代公共文化服务体系的意见》
国企改革	2013.11.12	十八届三中全会	积极发展混合所有制经济；推动国有企业完善现代企业制度；支持非公有制经济健康发展
	2014.08.18	深改组第四次会议	审议了《中央管理企业主要负责人薪酬制度改革方案》《关于合理确定并严格规范中央企业负责人履职待遇、业务支出的意见》
科技创新	2013.11.12	十八届三中全会	深化科技体制改革
	2014.08.18	深改组第四次会议	审议了《关于深化考试招生制度改革的实施意见》
	2014.09.29	深改组第五次会议	审议了《关于深化中央财政科技计划（专项、基金等）管理改革的方案》
	2014.10.27	深改组第六次会议	审议了《关于加强中国特色新型智库建设的意见》审议通过了《关于国家重大科研基础设施和大型科研仪器向社会开放的意见》
财税体制改革	2013.11.12	十八届三中全会	改进预算管理制度；完善税收制度；建立事权和支出责任相适应的制度
	2014.06.06	深改组第三次会议	审议了《深化财税体制改革总体方案》
	2014.06.30	中共中央政治局会议	通过了《深化财税体制改革总体方案》

（续表）

分类	时间	部门/会议	内容
司法体制改革	2014.02.28	深改组第二次会议	通过了《关于十八届三中全会〈决定〉提出的立法工作方面要求和任务的研究意见》《关于深化司法体制和社会体制改革的意见及贯彻实施分工方案》《关于司法体制改革试点若干问题的框架意见》
	2014.06.06	深改组第三次会议	通过了《上海市司法改革试点工作方案》《关于设立知识产权法院的方案》《深化财税体制改革总体方案》
	2014.06.30	中共中央政治局会议	通过了《关于进一步推进户籍制度改革的意见》《党的纪律检查体制改革实施方案》《中共中央关于全面推进依法治国若干重大问题的决定》
	2014.10.23	四中全会	审议了《关于加强社会主义协商民主建设的意见》
	2014.10.27	深改组第六次会议	审议了《关于县以下机关建立公务员职务与职级并行制度的意见》《关于加强中央纪委派驻机构建设的意见》
	2014.12.02	深改组第七次会议	通过了《最高人民法院设立巡回法庭试点方案》《设立跨行政区划人民法院、人民检察院试点方案》，建议根据会议讨论情况进一步修改完善后按程序报批实施。简政放权、政府职能转变工作取得重要阶段性成果，先后取消和下放 7 批共 632 项行政审批等事项。
简政放权	2013.3—2014 年年底	第十二届人大一次会议	通过《国务院机构改革和职能转变方案》，提出转变国务院机构职能，深化行政审批制度改革。截至 2014 年年底，国务院已经先后取消和下放超过 700 多项行政审批事项；修订了政府核准的投资项目目录，将中央层面政府核准事项量减少约 76%；全面摸清并公布了国务院部门正在实施的行政审批事项。

资料来源：方正证券研究所根据相关新闻和文件整理。

1. 改革红利

十八届三中全会以来，中国进入全面深化改革的新阶段（刘伟、苏剑，2014a），改革红利日益突显，尤其是对国民经济的交易成本的影响和对经济预期的影响显著。2014 年 8 月 18 日，中央深改组第四次会议通过的《党的十八届三中全会重要改革举措实施规划（2014—2020 年）》，所提出的 60 项改革任务中已经启动 39 项，其中财税体制改革、土地改革、国有企业体制改革等方面均取得了新的实质性的进展。这些改革措施降低了交易成本，对经济产生了良性冲击。首先，改革使市场更有效，并使政府效率提高，降低了企业的交易费用；其次，取消多种审批，降低企业市场准入门槛，新企业成本降低，从而刺激了供给；最后，通过财税体制改革，切实降低了企业税收,尤其是小微企业税收,客观上提高了企业收益率,对总供给形成了扩张性作用。①

此外,依法治国、制度性反腐、降低社会融资成本等改革措施都在有条不紊地开展。总体来看,这些措施的效果在2015年将逐步显现,一方面,改革压缩寻租空间、降低隐性交易成本,通过提高效率降低总生产成本;另一方面,改革强有力的推进,引导社会预期朝着有利于改革的方向形成,进一步加速改革进程,从而也坚定了市场的信心。

2. 油价下跌

自2014年6月以来,受美国经济持续复苏、美联储退出QE政策、2015年有望加息等因素的影响,美元指数日益走强,与之对应的,则是国际油价的持续下跌。国际油价下跌既有需求下降的影响,也有供给方面的原因。从需求层面上看,全球经济复苏疲软抑制了全球对石油的需求量。据统计,欧洲主要经济体的石油需求量降低了5%左右。而作为石油消费大国的中国,受房地产市场的影响,需求也在显著下降。从供给层面上看,美国页岩油技术革命促使北美能源独立,全球能源供给局面得以改善。面对油价下跌,OPEC一般会减产保价,然而,受美国石油产量增加的影响,为了保住市场份额,当前OPEC在是否减产方面还存在分歧。

由此可见,尽管油价下跌的导火索来自需求层面,但更主要的原因则是原油供给层面的改善。从长期来看,技术进步带来的油价下跌,对全球经济而言是一个永久性的正面供给冲击。在全球能源供应持续改善的情况下,即便未来全球经济增长好于预期,复苏强劲,使油价在当前的价格水平上有所反弹,但基于页岩油技术进步带来的原油供给格局的根本改变,未来国际油价仍有可能进一步下跌。

中国是石油消费大国,石油的对外依存度逐年上升,油价下跌对中国来说是一大利好消息。从总生产成本方面看,一方面,中国作为全球主要的制造业大国,国际油价的下跌有助于降低制造业成本,进一步扩大企业的利润空间,使制造业总体得益;另一方面,油价下跌降低了CPI预期,有利于将通胀维持在较低水平,为央行货币政策提供宽松空间。而未来名义利率的进一步下降,将改善资本市场估值和整体经济的流动性。此外,油价下跌还有利于中国减少能源价格补贴,为能源价格体系改革留出相应的空间,并改善财政状况。

我们估算出了石油能源成本占中国总生产成本的比重及其变化趋势(见表7.2和图7.1)。2000年以来,石油能源成本占中国总生产成本的比重基本上维持在3.5%—7.2%。2009年石油能源成本占比急剧下跌,之后缓慢回升,这是

---

① 十八届三中全会以后的新改革举措主要包括土地制度改革、国有企业改革、文化体制改革、科技创新体制改革、财税体制改革、司法体制改革,以及进一步加快、加大简政放权等多方面,并且在每一方面都做出了具体部署,通过了多项决议和制度规定。

2008年全球金融危机爆发使得油价在2009年出现暴跌的结果。从结构上看，2008年之前，国产石油能源成本占总生产成本的比重一直高于进口石油；而从2008年开始，情况恰好相反，进口石油能源成本占总生产成本的比重超过国产石油，而且两者的比重之差逐年增大。

表7.2　2000—2014年中国石油能源成本占总生产成本的比重　　　单位:%

年份	石油能源总成本/总生产成本	进口石油能源成本/总生产成本	国产石油能源成本/总生产成本
2000	4.379	1.522	2.858
2001	3.475	1.172	2.303
2002	3.511	1.177	2.334
2003	4.113	1.527	2.586
2004	5.233	2.396	2.837
2005	6.509	2.827	3.682
2006	7.123	3.265	3.858
2007	6.489	3.043	3.446
2008	7.175	3.608	3.566
2009	4.049	2.109	1.940
2010	5.314	2.948	2.365
2011	6.237	3.525	2.712
2012	6.003	3.416	2.587
2013	5.081	2.997	2.084
2014	3.564		

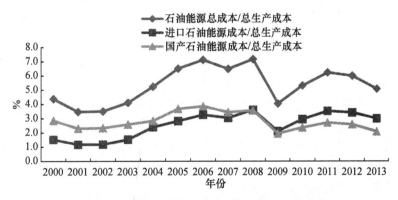

图7.1　石油能源成本占总生产成本的比重的变化

自2014年6月以来，国际油价持续下跌，到2014年12月，已经从每桶110美元左右降到每桶60美元左右，降幅达30%以上。我国是石油消费大国，石油的对外依存度逐年上升，国际油价的下跌有助于降低整个经济的生产和运行成本，尤其是制造业的生产成本。

总生产成本的下降首先会反映为企业利润的增加,随后,随着竞争的加剧,将逐步反映为价格和产量的调整。因此,总生产成本的下降最终将由利润上升、价格下跌和产出增长三部分分担。

我们用经济计量方法测算了这次油价下跌对中国经济的影响。我们的测算结果是:油价下跌30%将会使中国的总生产成本下降约0.9%。总生产成本的下降最终会由利润上升、价格下降和产出增长来分担,具体怎么分担取决于供求态势。假定总生产成本的下降由利润上升、价格下降和产出增长各分担1/3,那就意味着油价下跌将使通胀率下降0.3个百分点,将使经济增长率上升0.3个百分点。在中国目前通胀率仅为2%左右的情况下,通胀率下降0.3个百分点是一个很大的幅度;同样,在中国经济增长率已经低至7.4%左右的情况下,增长率0.3个百分点的上升幅度也算大。因此,这对于中国经济是一个很大的良性供给冲击。

五、2015年中国经济的自然走势

展望2015年中国经济,其一方面面临良性的供给冲击,同时需求萎缩对经济形成负面的需求冲击,两者共同作用,对价格的作用方向是相同的,即推动物价下跌,无论是需求萎缩还是供给扩张,都会促使物价降低;但对于产出来说,总体变动方向和幅度却难以判断,良性供给冲击会刺激产出,而需求萎缩的负面效应会紧缩产出,所以产出的总体变动方向和幅度难以估计。

图7.2用图形表示了2015年的中国经济形势。假定开始时经济于E_1达到均衡。然后,油价下跌和改革红利释放导致良性供给冲击,如果总需求状况没有发生变化,经济将于E_3达到均衡,此时产出会增加到Y_3,价格会下降到P_3。随着产出的增加,就业也会增加,失业率下降。因此,这种良性供给冲击的结果是价格下跌、产出增加、失业率下降。所以此时虽然会出现低通胀的局面,或者有人会认为是"通缩",但这种通缩是良性通缩,因为跟它联系在一起的是产出增加和失业下降。如果2015年中国经济的需求形势与2014年一样,那么,中国经济2015年将出现一种非常好的情景,就是低通胀和较高经济增长并存的局面,我们称之为"长缩"。

但是,2015年同样也会面临需求萎缩的局面。在这种情况下,总需求曲线左移,如果总供给未变,经济将在E_4达到均衡,价格将下降,产出和就业也都会跟着下降。因此,此时的"通缩"是恶性通缩。

在供给扩张和需求萎缩同时出现的情况下,良性通缩和恶性通缩的效果叠加,会导致2015年的通胀率进一步下降,因此2015年将面临低通胀的局面。但产出和就业的变化不明,因为供给扩张会增加产出和就业,需求萎缩会减少产出和就业。

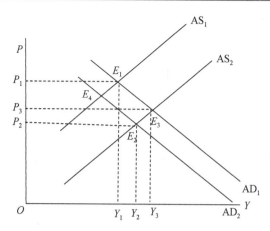

图7.2 2015年的中国经济形势

因此,展望2015年,在供给扩张和需求萎缩同时出现的情况下,有可能出现以下三种情况:一是总需求状况较2014年没有发生变化,但改革红利和油价下跌等导致的对供给的良性冲击,使产出增加、价格下降、失业率下降、就业增加,虽然会出现低通胀局面(或有人认为是"通缩"),但可视为良性通缩,因为与之相联系的是产出增加和失业率下降,较高增长和低通胀并存的格局("长缩")是较理想的均衡。二是总供给未变,但总需求出现萎缩(在这种情况下,总需求曲线会向左移动),价格将下降,产出和就业相应都下降,这时的"通缩"便属于恶性通缩,经济衰退和低通胀并存的格局是扭曲的均衡。三是供给扩张和需求萎缩同时发生,良性通缩和恶性通缩的效果叠加,会导致2015年通胀率进一步下降,无论是良性的供给冲击,还是负面的需求冲击,都会促使价格下降,因此2015年低通胀的局面成为必然,但产出和就业的变化不明,因为供给扩张会增加产出和就业,而需求萎缩会减少产出和就业,两相抵消的情况下,"长缩"未必出现,很可能出现通缩更为严重而经济增长率基本不变的格局。

六、CPI上涨率

尽管2015年中国经济将出现较为严重的通缩的局面,但"缩"主要体现在跟GDP相关的价格指数上,如GDP平减指数、非食品CPI等。CPI本身在2015年的变动还会受其他因素的影响,未必下降得很多。

影响2015年CPI的第一个因素当然还是油价下跌。油价下跌不仅反映在CPI中的燃料中,同时,由于石油在生产过程中的普遍使用,它是总生产成本的一部分,所以,油价波动会影响所有消费品的价格。也就是说,油价下跌对于CPI的影响是全局性的。我们预计,油价下跌将使CPI上涨率下降0.3个百分点左右。

影响2015年CPI的另一个重要因素是猪肉价格的波动。在CPI食品价格中,猪肉价格对 CPI 食品部分的影响最为显著,且两者同比增速的正相关性最高(2005 年至今,两者同比增速的相关系数高达 0.91)。主要原因在于肉类食品之间存在很强的替代性,价格往往同涨同跌,且在 CPI 中占比较高,而且周期波动幅度最大,因此对 CPI 食品价格的影响最为显著,甚至起到主要决定作用。因此,猪肉价格对 CPI 的影响至关重要。

根据母猪存栏数等数据,我们可以预期 2015 年猪肉价格会有较大幅度的上升。不过需要说明的是,即使这轮母猪存栏量已低于上轮低点,但这轮猪周期相比于 2010 年的那次波动存在一些明显的不同,这决定了 2015 年通胀上行风险要弱于上轮猪周期期间:(1) 上轮猪周期的启动年份是 2010 年,曾遭遇过规模不小的瘟疫,通过供给收缩与涨价预期的双重影响加剧了猪价的上行压力,而这轮猪周期,目前为止尚未出现较为严重的疫情;(2) 随着这几年生猪养殖技术的进步,单只母猪的产仔数量或有所提升,这可能在一定程度上抵消存栏母猪的下行压力对未来猪价的影响;(3) 随着规模化养殖程度的提高,养殖户更趋于理性,也有利于减小猪价波动幅度;(4) 目前经济处于"新常态"下,经济增速面临换挡期,而 2010 年处于金融危机后的需求恢复期,因此预计这次需求端也会弱于上轮猪周期。

参照上一轮猪周期,我们预计 2015 年 CPI 中的猪肉价格上涨 10% 左右,使得 CPI 上涨率提高 0.3 个百分点。

综合考虑油价下跌和猪价上涨这两个影响 CPI 的主要因素,一涨一消,我们预计 2015 年 CPI 上涨率与 2014 年持平,也是 2.0% 左右。

如果政策走向不变,我们预计中国 2015 年的经济增长率和 CPI 上涨率的组合将是 7.4% 左右和 2.0% 左右,与 2014 年相同。虽然两年的经济增长率和通胀率组合相同,但其中的逻辑不一样。

七、2015 年的政策走向及其对经济表现的影响

以上分析是指政府政策方向和力度不变下的自然走势。但在 2015 年第十二届全国人民代表大会的总理工作报告中,2015 年经济增长目标已经降至 7%,鉴于 2015 年会出现供给扩张的局面(供给面临良性冲击),所以,即使政策基本不变或较 2014 年略有从紧,实现预计 7% 的目标也没有太大问题。由于 2015 年政策目标将会把稳增长置于首位,为此,虽继续采取积极的财政政策和稳健的货币政策的松紧搭配、反向组合,但财政政策的扩张力度会增大,货币政策要更注重松紧协调。显然,总体宏观政策相对于 2014 年更显宽松。若政策倾向相对于 2014 年更为宽松,那么,2015 年的总需求应当会有所增加,或者说宏观政策对总需求会产生扩张效应(反映在图形上,即为总需求曲线会因政策作用而右移),从而促使通胀率和经济增长率都有所上升,可能会形成较高增长和较低通胀的局面,即所谓"长缩"

的现象。

因而,2015年中国经济的表现有两种可能:第一,政府保持2014年的政策不变,结果是以GDP平减指数衡量的通缩会较2014年加重,CPI上涨率低于2014年,经济增长率基本上维持在2014年的水平,大体保持在7.4%左右。第二,政府刺激经济的政策格局不变但力度加大,即在财政政策与货币政策松紧搭配的格局下,加大积极的财政政策刺激力度,同时对稳健的货币政策的松紧力度适度调整,结果是通胀率在2014年的基础上有所上升,或者可能略高于2014年的水平,同时经济增长率较2014年可能有所提高。

八、政策建议

(一) 宏观经济政策目标选择

1. 目标经济增长率。稳增长的主要目的之一是保就业,中国现阶段已经(或即将)进入劳动力总量减少时期,因而从总量上看,中国就业的总量压力会逐渐减轻,存在的主要是劳动力转移问题,需要创造足够的城镇非农产业就业机会。根据现阶段中国劳动力增量和转移量的分析,以及对2010—2012年中国经济增长对劳动力需求带动作用的估算,目前,年经济增长率达到6.5%即可实现保就业的目标(刘伟、苏剑,2014b),即新增劳动力能够充分就业,同时原有就业者实际工资水平能够上升。若考虑2010—2020年这十年发展中经济增长翻一番的目标要求,年均增长7.2%即可,但在已过去的四年里,实际增长率均高于7.2%,在其余六年里,年均增长率只要达到6.8%即可实现倍增目标,因而,6.8%的增长目标即为可实现中长期增长目标的要求。若考虑2014年预定的增长目标为7.5%,实际为7.4%,从均衡增长的要求看,2015年政策目标定在7.0%较适中,既可保就业,也符合实现中长期增长目标的要求,同时不会引发严重的通胀。

2. 目标通胀率。由于改革红利和油价下跌等因素形成对生产总成本的良性冲击,2015年的通胀率可能会低于2014年的水平,因而目标通胀率的上限应低于2014年的目标上限(3.5%),我们建议CPI上涨率的目标上限为3%。但是,需要指出的是要更关注通胀率的下限,以往关注更多的是通胀率的上限,很少关注其下限,主要原因在于物价上涨是人们生活中关注的重要问题,而2015年中国的经济态势很可能出现新特点,随着良性供给冲击带来的总生产成本的下降和负面需求冲击带来的总需求疲软,中国通胀率同时受供给和需求两方面抽紧,可能会很低,有些月份的CPI上涨率有可能逼近1%,甚至降到1%以下(其间最可能降到1%以下的是1月和第二季度)。通胀率过低会影响人们的预期,从而进一步降低总需求的增长率,从需求角度进一步抑制经济。所以,为稳定价格预期和经济增长,2015年宏观调控政策的重要任务之一应是避免通胀率过低,因此,在2015年通胀率的政策目标中,除关注通胀率的上限外,应增加通胀率的下限,这个下限应当是 CPI 上涨率不低于 1%，这样，2015 年政策目标通胀率应当是一个区间值，即 1%—3%，下限是不低于 1%，上限是不高于 3%。

（二）宏观经济政策组合选择

鉴于 2015 年中国经济面临着需求萎缩、供给扩张的格局，因而政策的总体组合上，在需求方面中性偏扩张，在供给方面稳健偏紧缩，同时还要引导价格预期。

1. 需求管理政策。需求管理政策应设法抑制物价过度下跌。第一，在货币政策上，随着通胀率的走低，真实利率可能上升，因此，为使真实利率处于合理水平，中国应当降低基准利率。应当注意的是，由于中国的基准利率由央行确定，而市场利率由供求关系确定，2015 年市场利率降低的可能性较大，反映了经济的自然走势。降低基准利率只是适应市场利率的下降，无需货币政策的更多配合。所以，货币政策方面，利率需要下调，但货币未必需要扩张，这属于中性的货币政策。第二，在财政政策上，应当采取扩张性政策。（1）在基础建设投资方面，伴随"一带一路"计划的推进以及国家加大对基础设施项目的批复力度，预计 2015 年基础设施投资的力度会增大，投资将增加。（2）考虑到农村土地确权改革的展开等因素，农村要素市场化及相应的基础设施投资有可能加快。（3）中央政府需要有效激励地方政府和国有企业"有所作为"，提高项目的开工率，并且伴随新的财税体制改革的推进，地方政府土地财政的风险控制及中央对地方政府举债能力的提升，有可能增强地方政府基础设施投资的能力。（4）尽管房地产经济仍然萎靡，但增速下滑趋势已逐渐平缓，预示着房地产此轮波动或将在 2015 年见底，房地产投资增速或有可能稳定下来。（5）由于企业现在仍面临产能较严重的过剩，所以仍处于主动去产能阶段，预计制造业投资增长状况在 2015 年上半年难有明显的改变。但随着国家去产能政策效应的逐渐显现，2015 年下半年制造业投资增速可能出现小幅反弹，因此，在坚持结构升级和优化的前提下，政府应给予制造业，特别是高端设备制造业更多的优惠政策，以刺激投资扩张。

2. 供给管理政策。要稳增长同时防止通胀率过低，一方面需要扩张性的需求管理政策，另一方面还可以借此机会加快对宏观经济具有紧缩性作用的改革。全面深化改革涉及的方面广泛，其中有些改革对经济有扩张作用，有些改革对宏观经济有紧缩性作用。2015 年，中国十八届三中全会以来加大改革的举措对刺激供给的良性冲击逐渐显现，同时国际油价持续大幅下跌，等等，都对供给形成了良性冲击。但由此也会导致通胀率的下降，若要防止通胀率过低，可以也有必要借此时机加快对宏观经济具有紧缩性作用的改革。这些改革在经济形势不佳时往往难以展开，因此，2015 年在通胀率下降的条件下，为防止通胀率过低，可以加快这些可能对经济具有紧缩性作用的改革，在产能严重过剩，经济发展方式亟待从主要依靠要素投入数量扩张转为主要依靠效率提高拉动经济增长的时期，加快可能对经济增长具有紧缩性作用的改革更为重要,以有效抑制经济复苏扩张期的盲目性。这些可能对经济增长具有紧缩性作用的改革包括:一方面,加快要素市场化的改革,事实上中国的市场化进程重点,已经从商品市场化转向了要素市场化,要素价格体系的市场化,包括土地(自然)、劳动、利率的市场化,资源价格的市场化等;另一方面,提高企业生产的环保标准,促进节能减排和治理污染,同时推进新材料、新能源的运用。这些改革至少在短期里可能提高对企业的约束力度,增大企业的成本,从而对经济产生抑制作用,但可以预期的是,2015年中国改革会进一步全面加速,这些改革中绝大多数对宏观经济会产生良性供给冲击,因而为提高环保标准、加快要素价格市场化等对宏观经济具有紧缩性作用的改革创造了可能和机会,乘机将难以推进的改革深入展开,为经济持续均衡增长创造体制条件。

3. 价格预期引导。2015年可能出现通胀率过低的问题,但这种低通胀与以往的低通胀不同,以往的低通胀是需求不足引起的,与之相联系的是经济增长率下滑和失业率上升,而2015年的低通胀则是由需求萎缩和供给扩张两方面共同作用引起的,其中部分通缩是良性的,部分通缩是恶性的,两者叠加导致通胀率过低,其中良性通缩是好的经济态势,一般不需要采取调控措施去应对。但由于这种好的通缩态势少见,即低通胀和较高增长及低失业率的格局较少见,人们对此认识往往不足,可能把这种情况与以往的恶性通缩视为一体,从而导致预期错误,错误预期进一步影响经济,引发过度的扭曲性的经济波动。对此,政府应该及时对公众说明情况,引导公众正确理解经济态势和低通胀出现的原因,说明2015年即使出现低通胀也并不表明经济运行出现了严重问题,对经济运行的判断主要还应该依据经济增长和就业状况,将通货膨胀、经济增长、失业率变化三者联系起来分析。当然,政策制定者本身更需要对这种情况的原因做深入判断,区分不同性质的通缩,采取不同的政策,不能简单地反通缩,也不必过于担忧通缩以至于在政策上采取过于激烈的反应。

第二节 中国货币金融形势展望

本节首先从货币、信贷、利率与汇率等角度,对2014年中国货币与金融的运行态势进行全面系统的描述和分析。我们认为,在中国经济步入"新常态"的背景下,2014年货币金融运行状况基本稳定。货币供给量增速略有减缓,外汇占款增速放缓促使基础货币投放渠道拓宽,货币政策自主性增强。人民币贷款增速稳定,短期信贷收紧,中长期信贷稳定增长;社会融资结构发生显著变化,直接融资规模增速加快,表外融资规模继续萎缩,直接融资所占比重超过表外融资。货币市场利率水平走低,但融资成本依然高企。人民币有效汇率受到外部因素的影响较大,美元走势主导人民币有效汇率的变动,人民币兑美元的升值空间受阻,出现双边波动形态。随后,我们对 2015 年货币供给量、人民币信贷、利率和人民币有效汇率等主要货币金融指标进行了预测。我们的基本判断是:在经济增速为 7% 左右、通胀率为 2.0% 左右的基本假设之下,我国货币金融环境"稳中适度"。货币供给量、人民币信贷增长速度稳定,"降息"和"降准"或将成为大概率事件,人民币有效汇率不会出现单边持续升值,将会出现双向波动。我们的基准预测是:2015 年中国广义货币供给量增长率为 13.5%,人民币信贷增长率为 14.1%,1 年期存款基准利率降至 2.5%,人民币有效汇率小幅升值 2.8%。

一、2014 年货币金融状况回顾

(一) 货币状况

1. 货币供应量

2014 年,货币供给量增长率先增后减,呈现以 6 月为峰值的倒"U"形态。受到新增社会融资规模增多、银行信贷加快、金融机构商业票据持有量快速增长等因素的影响,货币创造比较多。上半年广义货币供应量 M2 增速整体上升,3 月末 M2 增长 12.1%,此后逐月上涨,并于 6 月末出现最高涨幅 14.7%。下半年,外汇占款增长速度的下滑、银行体系超额准备金率的提升以及银行信贷的收缩等原因,促使货币派生存款创造速度明显放缓,进而 M2 增速也从 7 月开始逐渐回落,截至 11 月末 M2 增速进一步下滑至 12.6%,相比 6 月末的 M2 增速最高值,累计下滑 2.1 个百分点。

2014 年,狭义货币供应量 M1 增速的整体变动趋势与 M2 走势基本保持同步(见图 7.3)。6 月出现年内最高的增速 8.9%,随后 7 月、8 月和 9 月同比增速连续下跌,分别为 6.7%、5.7% 和 4.8%。截至 11 月末,M1 余额为 33.51 万亿元,同比增长 3.2%。

我们预计,2014 年全年 M2 和 M1 的增速为 12.6% 和 4%,明显低于 2013 年。其原因是一方面,在经济下行周期,企业信用风险上升,由于银行担心不良资产增加,促使信贷投放意愿不足;另一方面,企业融资成本高企导致信贷有效需求不足。供需两方面的因素阻碍了货币存款创造路径,促使货币供应量增速下滑。

2. 基础货币与货币乘数

从货币存款创造角度,对基础货币和货币乘数进行系统分析,能够深入理解中国货币供应量变动的特点。基础货币和货币乘数两个因素共同影响货币供应量的变动。基础货币反映货币供给,货币乘数反映货币供应量通过商业银行创造存款货币的信用扩张能力。从图 7.4 中可以明显地看出,2014 年中国的货币扩张过程发生了较为明显的变化。2010—2013 年的货币扩张更多地依靠央行流动性投放,2014 年的货币扩张更主要依靠派生货币增长。货币供应量与货币乘数走势基本吻合。如图 7.4 所示,基础货币增长平稳,货币乘数增长出现小范围的波动,总体增长速度略有下降。

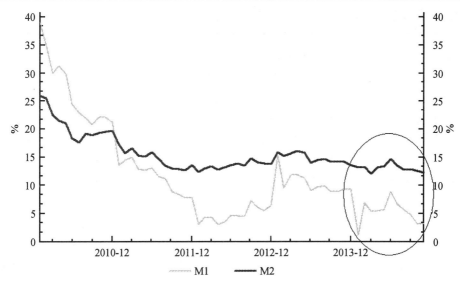

图 7.3 货币供给量 M1 和 M2 同比增长率走势图(2010—2014)

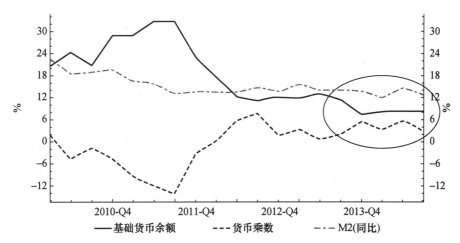

图 7.4 基础货币与货币乘数同比增长率变动趋势图(2010—2014)

资料来源:Wind 资讯。

(1) 基础货币

货币当局资产负债表中各项目的变动都对应着基础货币量的变化。资产方项目的任一变动都是基础货币的来源,都具有信贷扩张或者收缩的能力。负债方项目的变化反映了货币政策工具的使用力度。

2014 年,外汇占款对基础货币投放的影响力逐步减弱,国内基础货币投放的主要渠道也在逐渐发生改变,灵活运用公开市场操作、再贷款、再贴现、调整存款准备金率成为基础货币的主要投放渠道。

2014年1—11月,基础货币增长率小幅波动,明显低于2013年同期的增幅。如图7.4所示,2014年前三季度的基础货币余额分别为27.5万亿元、28万亿元和18.5万亿元,同比增速分别为8.3%、8.6%和8.4%。

一直以来,变动的外汇资产通过外汇占款成为中国基础货币投放的主要渠道。不过,外汇占款作为基础货币投放的主要渠道的状况也在逐步发生改变。如图7.5所示,从2012年开始,由于内外部环境的变化,外汇占款增速下滑,外汇占款在货币创造中的地位开始逐渐下降。2014年,基础货币和外汇占款的差异性走势明显。随着中国国际收支"双顺差"缩减,外汇储备增长速度明显下降,截至2014年10月,中国外汇占款余额为272 038.1亿元,同比增幅仅为5.4%,相比于2013年同期9.6%的增幅有了明显的下降,降低了4.2个百分点。而在这个阶段,基础货币供应量没有呈现出与外汇占款相似的下降走势,始终保持平稳增长。由此可见,外汇占款已经难以满足基础货币投放的需求,对基础货币的影响力逐渐减弱。

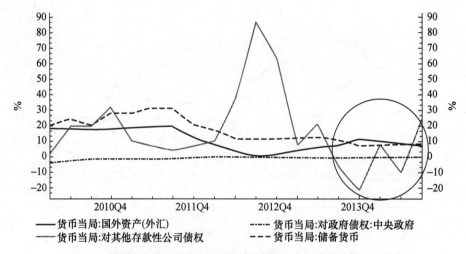

图7.5　央行外汇资产、债权与储备货币季同比变化图(2010—2014)

资料来源:Wind资讯。

外汇占款对基础货币影响程度的减弱削弱了货币供应量的内生性,体现出央行正在逐步退出外汇市场的常态式干预,提高了货币政策的自主性,也为央行灵活运用多种货币政策工具提供了更多的空间。2014年,央行在货币政策选择上逐渐发生了改变,更多使用公开市场操作、定向降准、再贷款等工具调节基础货币投放。同时,采用短期流动性调节工具(SLO)、常设借贷便利(SLF)等"微调"手段进一步增强对流动性的管理。央行资产负债表中负债方的"其他存款性公司存款"

"票据发行"和"其他负债"项目分别反映了商业银行存款准备金、央行票据发行量和央行正回购逆回购操作余额。如图7.6所示,近几年,随着外汇占款的大幅度下降,央行通过发行央票对冲外汇占款的基础条件减弱,央票对冲流动性的作用逐渐被削弱,央票净额明显下降。2014年,央行主要采用逆回购方式继续在公开市场增加流动性,以对冲外汇占款增幅放缓引起的基础货币投放缺口,体现为"其他负债"增长率明显缩减。

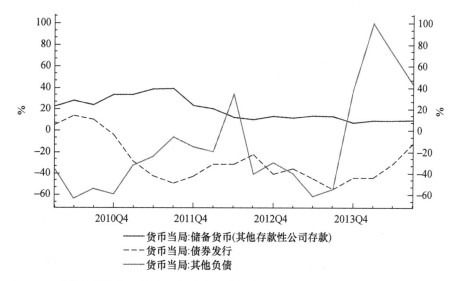

图7.6 其他存款性公司存款、票据发行和其他负债季同比增长率走势图(2010—2014)
资料来源:Wind资讯。

从货币当局的资产负债表看,2014年,基础货币投放渠道由外汇占款的变动逐步转变为以灵活货币政策主导的其他存款性公司债权的变动。基础货币投放渠道的转变,一方面显著地提高了央行货币政策的独立性;另一方面,逐渐突出"结构优化"的货币政策调控目标,注重对货币市场利率的引导,在一定程度上体现出从数量型货币政策规则向价格规则转变的意图。

(2)货币乘数

2014年,中国正在经历的"去杠杆化"过程将制约银行系统的信用创造能力。金融环境的改变、经济下行时银行资产质量的恶化、信贷风险的上升等因素也将对货币创造产生不利影响。受到通货-存款比和超额准备金率的双重影响,中国货币乘数先涨后跌,银行系统存款的货币创造能力逐步回落(见图7.7)。商业银行和企业的"去杠杆化"、直接融资和商业银行短期票据融资规模的增加等因素促使存款回流到银行体系的速度减弱,货币派生过程受阻,货币乘数下降。

在"去杠杆化"的过程中,商业银行因控制违约风险而主动提高流动性储备、降低信贷投放意愿等行为,会制约货币派生能力。从图7.7中可以看出,超额存款准备金率主导货币乘数变化。在法定存款准备金不变的情况下,超额存款准备金率与货币乘数呈现明显的相反走势,当超额存款准备金率下降时,货币乘数增加。此外,经济增长的放缓、通胀率的走低促使企业盈利空间下滑,企业经营活动不活跃导致信贷需求减弱,企业和居民则提高现金持有以保证流动性充裕,通货-存款比的上升制约了商业银行货币存款创造。如图7.7所示,2014年,通货-存款比也开始显著影响货币乘数。通货-存款比先跌后涨,与货币乘数走势相反。

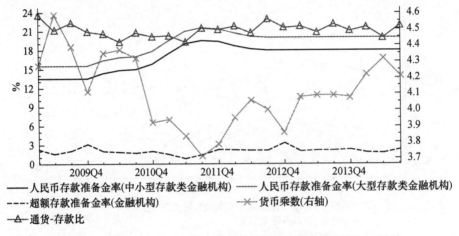

图7.7 存款准备金率、通货-存款比与货币乘数走势图(2009—2014)

资料来源:Wind资讯。

3. 货币结构

广义货币供应量的不同成分对应货币需求的各种动机,货币结构的变化反映了公众流动性偏好的变化,而流动性偏好的变化是经济微观主体对经济增长和通胀波动行为的反映,表现为M1在M2中比重的上升或者下降。2014年,中国的M1/M2持续下降(如图7.8所示),意味着准货币增长速度出现明显的上升,M1增长速度慢于准货币增长速度,说明企业或者居民对增加流动性较强的活期存款的持有量意愿不强,流动性主要以准货币的形式保留在金融体系之内,具体表现为消费或投资支出相对比较低迷。

货币结构的变化和M2/GDP的变动趋势存在一定程度的关联,在一定程度上可以解释中国高M2/GDP比率和低通胀并存的现象(如图7.9所示)。从2012年以后,M1/M2趋于下降,M2/GDP趋于上升,说明M2/GDP的上升主要是由准货币/GDP的上升引起的,长期内公众对货币需求的财富动机(投机动机)比较强,准货币的快速增长释放了广义货币增速高于GDP增速所形成的通胀压力。

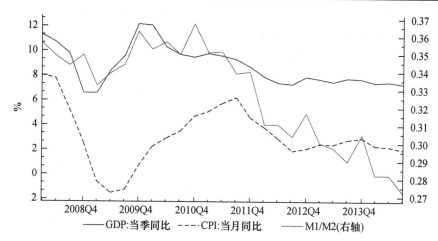

图 7.8 货币结构、CPI 与 GDP 走势图(2008—2014)

资料来源:Wind 资讯。

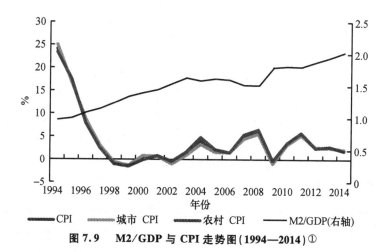

图 7.9 M2/GDP 与 CPI 走势图(1994—2014)①

(二) 信贷状况

1. 人民币贷款

尽管央行试图通过货币供应量和各种价格型工具实现货币政策调控,但是信贷在宏观调控中的参考地位一直非常重要。在货币政策调控的重点从数量向效率转变的背景下,2014 年,中国信贷增长速度逐步放缓,但仍然保持在较为合理的区间内。2014 年前三个季度,新增人民币贷款为 7.685 万亿元,相比去年同期增

---

① 2014 年 GDP 和 M2 数值通过估算得到,我们预计 2014 年第四季度 GDP 同比增长率为 7.4%,2014 年全年货币供应量同比增长率为 12.5%。

长 6.0%。其中,第三季度的新增人民币贷款出现较大幅度的波动(见图 7.10),7 月人民币贷款仅增加了 3 852 亿元,同比少增加 44.9%。8—11 月人民币贷款始终保持着较低的增速。参考 2014 年前三个季度的走势,同时考虑到 2014 年第四季度 GDP 增速在 7.4%左右的预期,2014 年新增人民币贷款呈现稳定增长,但不存在大幅度上行的空间,金融机构人民币贷款余额增长率将继续保持平稳态势,2014 人民币贷款增长率将在 13.2%左右。

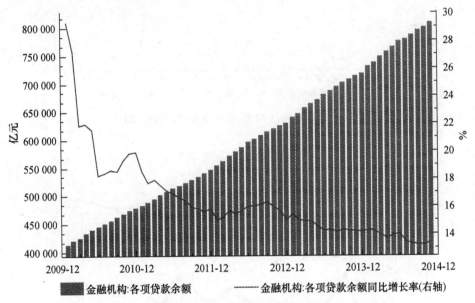

图 7.10 金融机构人民币贷款余额走势图(2009—2014)

资料来源:Wind 资讯。

从贷款结构看,人民币信贷主要分为企业票据、居民户贷款和对非金融部门贷款三类。对非金融性企业及其他部门的贷款仍然占信贷资产的绝大比重。随着直接融资规模的扩张、城镇化的推进,宏观经济政策的着力点转向扩大内需,对企业票据融资和居民户贷款也成了金融机构业务拓展的重点。2014 年企业票据融资增长较快,截至 10 月,合计达到 8 554 亿元。除企业票据外,其他各项贷款均出现不同程度的下滑(见图 7.11)。短期贷款的下滑程度十分明显,2014 年 1—11 月人民币累计新增短期贷款规模为 2.314 亿元,同比减少 39%,其中,居民与非金融性企业短期累计新增贷款为 10 035 亿元和 13 113 亿元,同比分别减少 28%和 45%(见图 7.12、图 7.13)。需求和供给两个方面的因素促使短期信贷增速下降。从供给方面看,在"三期叠加"的大背景下,居民收入提高空间和企业盈利空间受限,银行短期信贷风险加大,商业银行出于对银行不良资产率上升的担忧,对企业和居民户短期信贷的支持逐步收紧。从需求方面看,消费需求的疲软和企业经营绩效的下滑直接影响了企业资金链的正常运转,企业对自身盈利前景的不乐观情绪,促使其对短期信贷的需求不足。

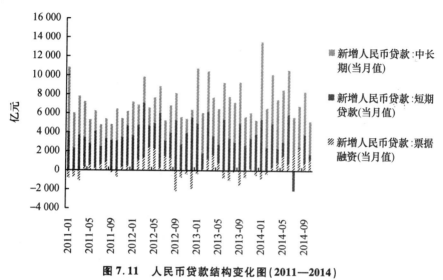

图7.11 人民币贷款结构变化图(2011—2014)

资料来源:Wind资讯。

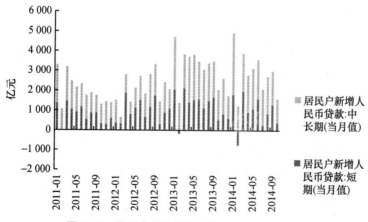

图7.12 居民户贷款结构变化图(2011—2014)

资料来源:Wind资讯。

2014年,中长期贷款增速稳定,尽管经济增长目标的暂时下调和结构调整的延续导致居民购房需求略显紧缩,但居民中长期信贷并没有出现明显的下滑。企业中长期发展仍然看好,金融机构中长期信贷的投放意愿依旧保持稳定增加。其

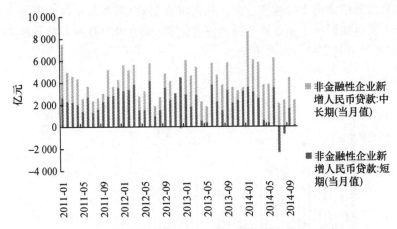

图7.13 非金融性企业贷款结构变化图(2011—2014)

资料来源:Wind资讯。

中,2014年1—11月居民中长期贷款累计增长20 625亿元,与2013年同期相比,增长速度仅下滑33%,而非金融性企业中长期贷款同比增长率为34%,保持了稳定增长的态势。

2. 社会融资规模

社会融资总量缩减,表外业务持续萎缩。2014年1—11月,社会融资总量为14.67万亿元,比2013年同期减少8.67%。进入2014年7月,社会融资总量出现明显的下降,分别比6月和2013年同期减少86%和67%。随后8—11月出现回升,社会融资总量分别为9 577亿元、11 355亿元、6 807亿元和11 463亿元,但相比2013年同期仍然分别减少39.5%、19.6%和21.3%和6.9%(见图7.14)。从社会融资总量规模的结构变化上看,直接融资规模增速加快,表外融资规模继续萎缩,直接融资所占比重超过表外融资。随着表外业务监管强度增大以及金融机构风险信贷收缩,社会融资逐步转向了资本市场。2014年,间接融资(人民币贷款和外币贷款)和直接融资(非金融性企业境内债券和股票)在社会融资总量中的占比稳中有升,1—11月在社会融资总量中所占比重分别为63.97%和17.93%,其中直接融资增长速度高于表内融资。相比之下,表外融资(委托贷款、信托贷款和未贴现银行承兑汇票)在社会融资总量中的比重下滑至14.79%,较2013年下降了14个百分点(见图7.15)。

由此可见,在经济增长放缓和企业融资需求收缩的情况下,2014年,社会融资总量保持稳定增长,但全年增长率将低于2013年。随着今后中国金融发展水平的不断提高和金融创新能力的持续提升,传统的社会融资方式(直接融资和表内融资)将保持稳定增长,直接融资将逐步成为企业融资的主要方式之一。受到监管等因素的限制,表外融资规模将持续下降。

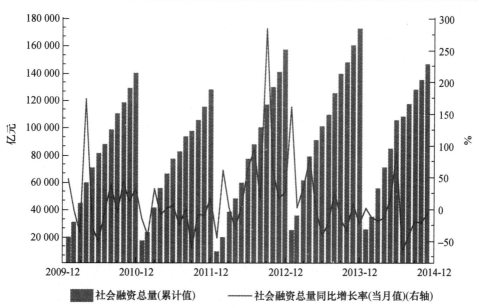

图7.14 社会融资总量走势图(2010—2014)

资料来源:Wind资讯。

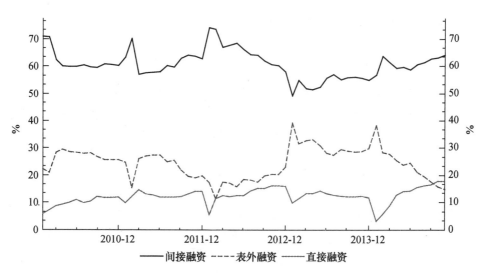

图7.15 社会融资总量结构变化图(2011—2014)

资料来源:Wind资讯。

(三) 利率

货币市场流动性充裕,借贷成本保持在低位。2014年,央行利用多种货币政策调控工具向货币市场注入流动性,并配合使用 SLF 和 MLF 等微调工具调节金融机构的超额存款准备金持有成本,扩大货币市场的可贷资金量,将货币市场利率维持在较低的水平(见图 7.16)。2014 年 11 月末,隔夜 Shibor 和 1 周回购利率分别为 2.54% 和 3.25%,比年初分别下降了 90 和 152 个基点。同时,1 年期国债利率也随之走低,11 月末,国债收益率为 3.16%,比年初下降了 72 个基点。

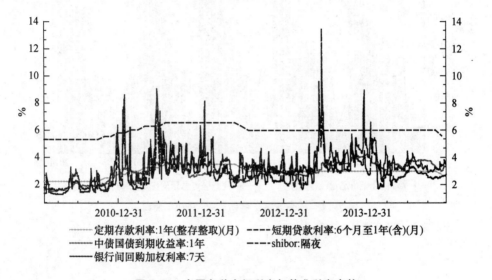

图 7.16 中国各种市场利率与基准利率走势

资料来源:Wind 资讯,中国债券信息网。

利率期限曲线陡峭,中长期融资成本仍然较高,降低融资成本初见成效。尽管货币市场流动性充裕,短期融资成本较低,但由于中国货币市场发展程度有限、利率传导机制不通畅,导致中长期利率期限曲线依然陡峭。如图 7.17 所示,2014

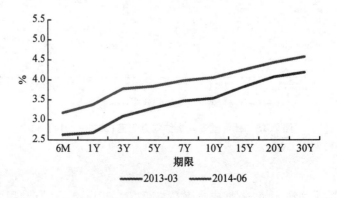

图 7.17 利率期限曲线图(2013—2014)

年上半年,短期和中长期利率期限曲线陡峭。第三季度的利率短期期限曲线略显平滑,但中长期陡峭的态势依然没有发生改变。2014年11月,伴随着央行降息消息的公布,中长期利率期限曲线的平滑程度获得改善,但长期效果依然不够明显。由此可见,"降息"能够直接引导利率期限曲线趋于平滑,降低资金成本的效果相对明显。

(四)汇率

1. 人民币有效汇率

人民币有效汇率是由人民币对美元汇率以及人民币对非美元货币汇率共同决定的。如果人民币对美元汇率保持稳定,则人民币对非美元货币汇率就由国际金融市场上美元对非美元货币汇率来决定。如果美元对其他非美元货币升值或者贬值,则人民币对其他非美元货币也将升值或者贬值,人民币有效汇率也会随着升值或者贬值。如图7.18所示,2010—2013年,主导人民币有效汇率变动的主要因素是人民币对美元汇率。随着人民币对美元汇率持续升值的延续,人民币名义有效汇率也持续走高。2014年,随着下半年美联储退出QE,美国经济预期看好,美元汇率逐步走高,上述趋势发生了明显的变化,美元有效汇率主导着人民币有效汇率走势。人民币对美元汇率逐渐走低,同期美元有效汇率先贬后升,此时人民币有效汇率也呈现先贬后升的"U"形态势,与美元有效汇率的走势基本吻合。5月末人民币有效汇率升值率达到最低点,相对2010年汇率升值10.59%,随后人民币有效汇率升值率反弹,截至10月末,有效汇率升值17.7%。

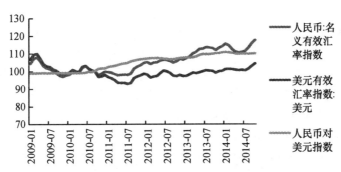

图7.18 人民币名义有效汇率、美元有效汇率指数与
人民币对美元汇率走势图(2009—2014)

2. 人民币对美元汇率

人民币对美元汇率是央行的货币政策目标之一,也是人民币汇率体系中的主导汇率。2014年,人民币对美元汇率呈现先贬后升的双边波动形态。从年初到5月,人民币对美元汇率出现连续贬值;从6月开始人民币汇率整体上涨,11月末,人民币对美元汇率中间价较5月末小幅升值0.20%(见图7.19)。一方面,中国

经济"新常态"的来临、鼓励对外投资战略的实施、国际收支"双顺差"的收缩以及美国经济复苏和美联储加息的预期提高等因素使得短期资本双向流动成为常态,人民币升值幅度受限。另外,中国金融改革的加速推进、人民币国际化进程逐步深入等因素支持人民币继续走强。

图 7.19 人民币对美元汇率和 NDF 走势图(2012—2014)

二、2014 年货币金融形势总结

2014 年,货币金融运行状况基本稳定。货币供应量增速略有减缓,外汇占款增速放缓促使基础货币投放渠道拓宽,货币政策自主性增强。人民币贷款增速稳定,短期信贷收紧,中长期信贷稳定增长。社会融资结构发生显著变化,直接融资规模增速加快,表外融资规模继续萎缩。货币市场利率水平走低,但融资成本依然高企。美元走势主导人民币有效汇率变动;人民币对美元的升值空间受阻,出现双边波动形态。

从货币供给层面看,2014 年,广义货币供应量出现先涨后跌的倒"U"形态势,全年货币供给增长率低于 2013 年,但在合理的区间之内。货币供应量增速下滑的因素主要来自于两个方面:一是外汇占款增速减缓所导致的基础货币投放减少;二是中国正在经历"去杠杆化"过程,银行系统信用创造能力减弱导致货币乘数下降。外汇占款增长放缓促使基础货币投放方式发生改变,给货币政策带来两个重要影响:一是扩大了央行的多种货币政策工具使用空间;二是提升了央行货币政策调控效率。2014 年央行在公开市场调控逐步灵活,两次定量降准、再贷款和一系列"微调"政策的陆续实施显著地拓宽了基础货币的投放渠道,提高了货币政策的自主性。从信贷层面看,新增人民币贷款增长速度略微下滑,但增长率仍然在合理区间内。金融机构短期信贷供给意愿下降,居民消费和企业短期信贷资金需求不足,人民币短期贷款增速下滑明显,但长期信贷增速依然稳定。社会融资总量增长速度下降,间接融资和直接融资增长率上升,直接融资增长速度明显快于间接融资。表外融资萎缩,直接融资规模占比超过表外融资。从利率层面看,银行体系流动性充裕使利率走势平稳且维持在较低的水平。短期利率向中长期传导受阻,利率期限曲线依然陡峭,中长期融资成本维持在较高水平。从汇率层面看,外部因素主导人民币有效汇率走势。2014年下半年,由于美联储退出QE、美国经济复苏形势看好,美元有效汇率持续走高,人民币有效汇率也随之先贬后升。受到经济增长放缓、经常账户顺差收缩等负面因素以及金融体制改革、人民币国际化不断深入等正面因素的影响,人民币对美元汇率呈现双边波动形态。

三、2015年货币金融形势展望

我们的基准判断是,在"三期叠加"和"去杠杆化"的背景下,2015年将继续保持"中性适度"的货币金融环境。货币政策有望开始放松尺度,货币供应量增长速度稳定增加。信贷量保持稳定增长,社会融资总量继续扩张。银行体系内流动性充裕,货币市场利率保持在低位,不排除有一次降息的可能。人民币汇率延续单边升值趋势可能性较低,全年将呈双向波动态势。

我们对2015年基准预测的主要假设是:(1)2015年全球经济仍将继续为实现复苏而努力,发达经济体的GDP增速与2014年基本一致。(2)全球金融市场稳定,中国国际收支不会受到严重的冲击。(3)国际大宗商品价格下降幅度不大,全球贸易基本稳定。(4)2015年中国的财政收支差额与2014年基本一致。(5)中国财政政策和货币政策保持稳中求进的总基调,实施积极的财政政策和稳健的货币政策。(6)中国经济将保持"新常态"特征,2015年GDP增长率为7%左右,CPI增长率为2.0%左右。

(一)货币供应量的预测

我们对货币供应量的基准判断是:在经济继续"新常态"的背景下,为稳定GDP增长的预期目标,2015年将继续保持"中性适度"的货币环境。就一般性货币政策规则来说,考虑到目前经济增长持续乏力和通货膨胀持续下降的局面,2015年货币政策有望开始放松尺度,保持货币供给量稳定增长。货币政策以稳定总量和优化结构为主要调控方向,增加基础货币投放、定向降准和再贷款政策将是主基调,全面降准也将成为大概率事件。

我们在基准情景下的预测是:2015年广义货币供应量(M2)增幅为13.5%,与2014年的12.6%(预测值)相比高出0.9%。预测结果见表7.3:

表7.3　货币供应量预测表　　　　　　　　　　单位:%

	2014全年	2015全年	2015年第一季度	2015年第二季度	2015年第三季度	2015年第四季度
货币M2(同比)	12.6	13.5	14.0	14.0	13.3	12.9

影响2015年货币供应量增速的主要因素来自两个层面:一是经济基本面层面的负向冲击;二是货币政策的正向刺激。

广义货币供应量增速有可能放缓的背景是经济基本层面的"去杠杆化"和"三期叠加"效应。国际油价下跌能够降低企业生产成本、提高盈利空间,改革红利的释放能够提高资源配置效率和经济增长潜力,但产能过剩和劳动力成本上升等因素会制约经济增速上行。受到食品价格增速回落、国际大宗商品(尤其是能源)价格下跌等因素的影响,CPI 将持续走低。在此经济"新常态"的情况下,货币需求收缩,商业银行体系信贷收紧,银行存款货币创造受阻,货币乘数减少,货币供应量随着经济增速放缓而下降。

广义货币供给量增速扩张的背景是央行稳健的货币政策调控主基调。根据一般的货币政策规则(McCallum 规则),考虑到经济增长放缓和通胀率持续下降的局面,货币政策需要放松来增加货币供给量。外汇占款低增速或将成为新常态,再贷款和灵活的公开市场操作将成为基础货币投放的主要渠道。2015 年央行定向降准、再贷款和逆回购等工具将继续实施以保持充足的流动性。一些"微调"举措,如短期流动性调节工具(SLO)、常设借贷便利(SLF)和抵押补充贷款(PSL)等,也将继续实施以增强流动性。此外,受到银行信贷收缩、派生货币减少等因素的影响,通过全面"降准"扩大货币乘数来增加货币供给量的可能性也很大。

(二)信贷量的预测

我们的基准判断是:2015 年货币环境略显宽松的背景下,人民币贷款保持稳定增长,社会融资总量也将快速扩张。直接融资规模尤其是股权融资规模扩张速度加快。

我们的基准预测是:2015 年人民币贷款余额增速为 14.1%,与 2014 年的 13.2%(预测值)相比增加 1.1 个百分点。社会融资总量增长率为 16.6%,相比 2014 年的 15.6% 高出 1 个百分点。预测结果见表 7.4:

表 7.4 信贷指标预测表 单位:%

	2014 全年	2015 全年	2015 年第一季度	2015 年第二季度	2015 年第三季度	2015 年第四季度
社会融资	15.6	16.6	14.8	16.3	17.5	17.7
人民币贷款	13.2	14.1	13.8	14.1	14.2	14.2

2015 年,尽管经济增速有所放缓、信贷风险上升、银行信贷投放意愿不足,但货币供应量增速明显上升,银行体系内流动性充足,人民币信贷增速将基本保持稳定。2015 年经济增长放缓和通货膨胀低迷的局面可能会制约短期信贷的投放,但较为宽松的货币环境将为银行体系提供充足的流动性,短期信贷投放明显大幅下滑的可能性不大。加之短期贷款占银行信贷总量的比重较低,对整体人民币信

贷增速的影响有限,人民币信贷总量的增速受其影响的程度不高。另外,经济增长放缓并不会显著影响金融机构的中长期信贷供给和企业、居民的中长期融资需求。随着政策偏向鼓励交通运输、住房保障、环境保护等方面的投资,2015年基建投资有望加速,金融机构对这些中长期项目的资金支持将继续增加,银行的中长期信贷也将保持稳定增长。

2015年,在适度宽松的货币环境下,社会融资总量的扩张速度继续增加。影响社会融资总量增长速度的因素包括间接融资总量、表外融资总量和直接融资总量三个方面:

第一,间接融资保持稳定增长。社会融资总量的结构中,间接融资总量所占比重最大。从金融机构人民币信贷预测情况来看,间接融资总量2015年将维持一个稳定增长的状况。

第二,表外融资总量继续萎缩。促使2015年表外融资总量收紧的因素主要包括:(1)监管部门对表外影子银行业务的监管继续加强;(2)"去杠杆化"的过程中,地方政府融资平台受限,对地方政府举债的管理继续从紧;(3)实体经济需求减弱,企业经营现金流下降,银行对承兑票据的开立条件趋紧,贴现票据大幅降低。综合来看,2015年表外融资总量走低的态势不会改变,但由于表外融资在社会融资总量中的占比持续下降,它对明年社会融资总量增长的影响程度也比较有限。

第三,直接融资总量持续快速增长。资金需求和供给两个层面共同推动2015年直接融资总量快速增长。从需求层面看,由于货币市场流动性充裕、市场利率保持在低位水平,企业票据发行的融资成本降低,企业资金融通转向直接融资市场,扩大了直接融资需求。从供给层面看,由于银行存款利率保持在低位,企业和居民会寻找更赚钱的投资方式,使得银行体系内的流动性转而注入直接融资市场,增加市场的资金供给。综合判断,2015年直接融资总量将继续快速增加,提高在社会融资总量的占比,也将成为推动社会融资总量扩张的主要力量。

(三)利率的预测

我们的基准判断是:2015年货币市场利率保持在低位,短期利率向中长期传导的效果有限,中长期利率期限曲线很难出现明显的平滑,企业融资成本可能仍然较高。利率期限结构曲线如图7.20所示。考虑到经济增速和通胀率与2014年基本保持一致,从全年的角度来讲不存在大的降息空间。但从结构的角度看,2015年上半年经济增长放缓和通胀率下降的幅度比较大,存在降息的空间,预计会降息一次,预测指标见表7.5。

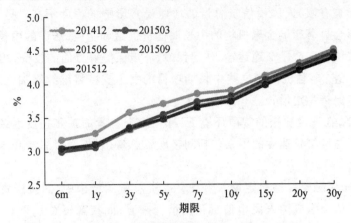

图 7.20 利率期限结构曲线预测图(2014 Q4—2015 Q4)

表 7.5 利率预测结果表 单位:%

	2014 全年	2015 全年	2015 年第一季度	2015 年第二季度	2015 年第三季度	2015 年第四季度
1 年期存款基准利率	2.75	2.5	2.75	2.5	2.5	2.5

由于中国正处在利率市场化改革的过程中,货币市场信息传导效率不高意味着市场利率对货币政策的传导作用有限,低水平的货币市场短期利率并不能有效地促使信贷利率和中长期利率随之降低。由此判断,2015 年偏松的货币政策将保持货币市场上充足的流动性,但货币市场上低利率水平和贷款高利率水平很可能会同时出现,使企业面临的融资成本依然较高,"降息"便成为降低融资成本最直接的途径。

(四)汇率的预测

我们的基准判断是:2015 年人民币对美元的汇率走势趋于稳定,贬值的可能性增加。人民币有效汇率将出现双向波动,不会出现持续的升值或者贬值的态势。

我们预测:2015 年人民币有效汇率升值率为 2.8%,比 2014 年的 2.1% 高出 0.7 个百分点,预测结果见表 7.6:

表 7.6 人民币有效汇率升贬值率预测表 单位:%

	2014 全年	2015 全年	2015 年第一季度	2015 年第二季度	2015 年第三季度	2015 年第四季度
人民币名义有效汇率升贬值率	2.1	2.8	4.2	5.8	2.6	-1.5

影响2015年人民币有效汇率走势的主要因素包括：人民币对美元汇率和美元有效汇率。

第一，人民币对美元汇率小幅贬值。内外因素共同推动人民币对美元汇率走低。从国内因素看，由于经常账户顺差收紧，境外资金吸引力增加，国际收支"双顺差"收缩，意味着人民币升值空间缩小。从国外因素看，2015年美国经济步入复苏轨道，经济上行空间看好，美元汇率回归升值通道，由此将引发国际资本大量回流至美国，国际资本风险偏好发生转向，会加大人民币贬值压力。

第二，美元有效汇率升值。美联储退出QE给国际金融市场上带来一定的冲击，导致新兴经济体货币大幅贬值。此外，除美国外，其他发达经济体的经济复苏相对偏弱，欧洲将继续实施宽松的货币政策，导致主要发达经济体货币对美元汇率也将走低。结合两者，预计2015年美元汇率将持续走强。

综合判断，2015年美元升值的态势明显，美元走强的预期将对人民币有效汇率产生上行压力，同时也促使人民币对美元汇率存在下行空间。人民币有效汇率不会出现持续的单边升值或贬值，很可能会出现先升值后贬值的双边波动态势，但幅度不会很大。

参 考 文 献

中文参考文献

北京大学中国国民经济核算与经济增长研究中心,2004—2013 年各年度《中国经济增长报告》。

白重恩、钱震杰,"国民收入的要素分配:统计数据背后的故事",《经济研究》,2009 年第 3 期。

白重恩、钱震杰,"谁在挤占居民的收入——中国国民收入分配格局分析",《中国社会科学》,2009 年第 5 期。

蔡昉、都阳、高文书,"就业弹性、自然失业和宏观经济政策——为什么经济增长没有带来显性就业?",《经济研究》,2004 年第 9 期。

曹建云,"我国经济增长与就业增长的关系研究",兰州大学博士论文,2008 年。

陈立泰、侯娟娟,"服务业集聚与城镇化的互动关系:1997—2009",《西北人口》,2012 年第 3 期。

陈亮、陈霞、吴慧,"中国经济潜在增长率的变动分析——基于日韩及金砖四国等典型国家 1961—2010 年的经验比较",《经济理论与经济管理》,2012 年第 6 期。

陈其林,"市场相对过剩、产业结构偏差与城镇化发展",《中国工业经济》,2000 年第 8 期。

陈迅、袁海蔚,"中国生活能源消费行为影响因素的实证研究",《消费经济》,2008 年第 5 期。

陈彦斌、姚一旻,"中国经济增长的源泉:1978—2007 年",《经济理论与经济管理》,2010 年第 5 期。

陈彦斌,"中国新凯恩斯菲利普斯曲线研究",《经济研究》,2008 年第 12 期。

陈勇军等,《中国城镇化:实证分析与对策研究》。福建:厦门大学出版社,2002 年。

陈桢,"经济增长与就业增长关系的实证研究",《经济学家》,2008 年第 2 期。

崔平军,"产业发展与城镇化关系综述",《黑龙江对外经贸》,2007 年第 10 期。

代合治,"中国城市群的界定及其分布研究",《地域研究与开发》,1998 年第 2 期。

戴永安、陈才,"东北地区城镇化与产业结构演进的互动机制研究",《东北大学学报》,2010 年第 11 期。

邓小平,《邓小平文选》(第三卷)。北京:人民出版社,1994 年。

都阳、陆旸,"中国的自然失业率水平及其含义",《世界经济》,2011 年第 4 期。

杜志雄、肖卫东、詹琳,"包容性增长理论的脉络、要义与政策内涵",《中国农村经济》,2010 年第 11 期。

樊千、邱晖,"产业结构演进与城镇化互动发展的路径研究",《经济视角》,2013年第11期。

方红生、张军,"中国地方政府竞争、预算软约束与扩张偏向的财政行为",《经济研究》,2009年第12期。

方红生、张军,"中国地方政府扩张偏向的财政行为:观察与解释",《经济学》(季刊),2009年第8卷第3期。

傅勇、张晏,"中国式分权与财政支出结构偏向:为增长而竞争的代价",《管理世界》,2007年第3期。

高敏,"服务业与城镇化协调发展研究——一般经验与中国模式",厦门大学博士学位论文,2006年。

龚玉泉、袁志刚,"中国经济增长与就业增长的非一致性及其形成机理",《经济学动态》,2002年第10期。

顾乃华,"城镇化与服务业发展:基于省市制度互动视角的研究",《经济学家》,2012年第12期。

郭庆旺、贾俊雪,"地方政府行为、投资冲动与宏观经济稳定",《管理世界》,2006年第5期。

郭庆旺、贾俊雪,"政府公共资本投资的长期经济增长效应",《经济研究》,2006年第7期。

郭庆旺、贾俊雪,"中国全要素生产率的估算:1979—2004",《经济研究》,2005年第6期。

国家统计局,《中国国民经济核算体系(2002)》。北京中国统计出版社,2003年。

国家统计局,《住户收支与生活状况调查方案(试行)(2013年度)》,2012年6月制定。

国家统计局,《国家统计调查制度(2012)》,2011年12月制定。

国家统计局,《国家统计调查制度(2013)》,2012年12月制定。

国家统计局,《中国国民经济核算体系(2002)》。北京:中国统计出版社,2003年。

国家统计局,《中国主要统计指标解释》。北京:中国统计出版社,2010年。

国家统计局,《城镇住户调查方案(2011年统计年报和2012年定期报表)》,2011年。

国家统计局,《农村住户调查方案(2011年统计年报和2012年定期报表)》,2011年。

国家统计局,《中国主要统计指标诠释》(第二版)。北京:中国统计出版社,2013年。

国家统计局,《住户收支与生活状况调查方案(2014年度)》,2013年制定。

国家统计局固定资产投资统计司,《投资中国30年》。北京:中国统计出版社,2009年。

国家统计局国民经济核算,《中国经济普查年度国内生产总值核算方法》。北京:中国统计出版社,2007年。

国家统计局国民经济核算司,《中国第二次经济普查年度国内生产总值核算方法》,2011年2月制定。

国家统计局国民经济核算司,《中国非经济普查年度国内生产总值核算方法(第一次修订)》,2013年1月制定。

国家统计局国民经济核算司,《中国第二次经济普查年度国内生产总值核算方法》,2011年。

国家统计局国民经济平衡统计司,《国民收入统计资料汇编(1949—1985)》。北京:中国统计出版社,1987年。

国家统计局住户调查办公室,《中国住户调查年鉴》(2012)。北京:中国统计出版社,2012年出版。

贺菊煌、沈可挺、徐嵩龄,"碳税与二氧化碳减排的 CGE 模型",《数量经济技术经济研究》,2002 年第 10 期。

洪银兴,"地方政府行为和中国市场经济的发展",《经济学家》,1997 年第 1 期。

胡鞍钢,"全球气候变化与中国绿色发展",《中共中央党校学报》,2010 年第 2 期。

胡园园,"教育视角下西部地区女性人力资本与地区经济增长相关性分析",《中国经贸导刊》,2012 年第 32 期。

贾康、赵全厚,"国债适度规模与我国国债的现实规模",《经济研究》,2000 年第 10 期。

简新华、黄锟,"中国城镇化水平和速度的实证分析与前景预测",《经济研究》,2010 年第 3 期。

江小涓、李辉,"服务业与中国经济:相关性和加快增长的潜力",《经济研究》,2004 年第 1 期。

蒋贵凰,"中国城市化进程的经济动因",《发展研究》,2009 年第 2 期。

金人庆,"中国科学发展与财政政策"。北京:中国财政经济出版社,2006 年。

李稻葵、刘霖林、王红领,"GDP 中劳动份额演变的 U 型规律",《经济研究》,2009 年第 1 期。

李东军、张辉,《北京市产业结构优化调整路径研究》。北京:北京大学出版社,2013 年。

李光全、聂华林、杨艳丽,"中国农村生活能源消费的区域差异及影响因素",《山西财经大学学报》,2010 年第 2 期。

李浩、王婷琳,"新中国城镇化发展的历史分期问题研究",《城市规划研究》,2012 年第 6 期。

李红松,"我国经济增长与就业弹性问题研究",《财经研究》,2003 年第 4 期。

李厚刚,"建国以来国家对于农村劳动力流动政策变迁",《理论月刊》,2012 年第 12 期。

李健英,"第三产业与城镇化相关性中外差异分析",《南方经济》,2002 年第 8 期。

李俊锋、王代敬、宋小军,"经济增长与就业增长的关系研究——两者相关性的重新判定",《中国软科学》,2005 年第 1 期。

李连发、辛晓岱,"银行信贷、经济周期与货币政策:1984—2011",《经济研究》,2012 年第 3 期。

李丕东,"中国能源环境政策的一般均衡分析",厦门大学硕士论文,2008 年。

李实,"理性判断我国收入差距的变化趋势",《探索与争鸣》,2012 年第 8 期。

李实,"收入分配与和谐社会",《中国人口科学》,2007 年第 5 期。

李晓西等,《2010 中国绿色发展指数年度报告——省际比较》。北京:北京师范大学出版社,2010 年。

李颖、林景润、高铁梅,"我国通货膨胀、通货膨胀预期与货币政策的非对称分析",《金融研究》,2010 年第 12 期。

梁小民等,《经济学大辞典》。北京:团结出版社,1992 年。

林卫斌、陈彬、蒋松荣,"论中国经济增长方式转变",《中国人口、资源与环境》,2012年第11期。

林毅夫、蔡昉、李周,《中国的奇迹》。上海:上海人民出版社,1999年。

林毅夫、苏剑,"论我国经济增长方式的转换",《管理世界》,2007年第11期。

刘斌、张怀青,"我国产出缺口的估计",《金融研究》,2001年第10期。

刘贵文、杨建伟、邓恂,"影响中国城市化进程的经济因素分析",《城市发展研究》,2006年第17卷5期。

刘继生、陈彦光,"城镇体系等级结构的分形维数及其测算方法",《地理研究》,1998年第17卷第1期。

刘婧、赵民,"论城市化发展的影响因素",《城市规划》,2008年第32卷第5期。

刘丽萍,"新型服务业态行业界定及增加值核算方法研究",《调研世界》,2013年第12期。

刘尚希等,"'十二五'时期我国地方政府性债务压力测试研究",《经济研究参考》,2012年第8期。

刘伟,"克服中等收入陷阱的关键在于转变发展方式",《上海行政学院学报》,2011年第1期。

刘伟,"我国现阶段财政与货币政策反方向组合的成因、特点及效应",《经济学动态》,2012年第7期。

刘伟,"我国现阶段反通胀的货币政策究竟遇到了怎样的困难",《经济学动态》,2011年第9期。

刘伟,《转轨中的经济增长》。北京:北京师范大学出版社,2011年。

刘伟、蔡志洲,"产业结构演进中的经济增长和就业——基于中国2000—2013年经验的分析",《学术月刊》,2014年第6期。

刘伟、蔡志洲,"扩大最终消费与提高经济增长效率",《经济纵横》,2012年第1期。

刘伟、蔡志洲,"中国与其他国家(地区)经济增长状况的比较",《经济纵横》,2013年第1期。

刘伟、蔡志洲,"我国人均国民收入的变化及展望",《经济纵横》,2014年第1期,《新华文摘》2014年第8期与《中国社会科学文摘》2014年第5期转载。

刘伟、蔡志洲,"从国民收入国际比较的新变化看中国现代化进程",《经济纵横》,2015年第1期。

刘伟、蔡志洲,"宏观经济决策与宏观进度统计:为何需求疲软增长稳健",《经济学动态》,2014年第8期。

刘伟、蔡志洲,"技术进步、结构变动与改善国民经济中间消耗",《经济研究》,2008年第4期。

刘伟、蔡志洲,"结构调整和体制创新是可持续增长的重要基础",《哈尔滨工业大学学报》(社会科学版),2012年第5期。

刘伟、蔡志洲,"'十八大两个翻一番'意味着什么?",《社会观察》,2012年第12期。

刘伟、蔡志洲,"适度经济增长与经济结构调整",《内蒙古社会科学(汉文版)》,2014年第9期。

刘伟、蔡志洲,"中国GDP成本结构对投资与消费的影响",《求是学刊》,2008年第3期。

刘伟、苏剑,"供给管理与我国现阶段的宏观调控",《经济研究》,2007年第2期。

刘伟、苏剑,"'新常态'下的中国宏观调控",《经济科学》,2014年第4期。

刘伟、苏剑,"从就业角度看中国经济目标增长率的确定",《中国银行业》,2014年第9期。

刘伟、苏剑,"2015年中国宏观经济形势展望",北京大学经济研究所宏观经济报告。

刘耀斌,《资源环境约束下的适宜城镇化进程测度理论与实证研究》。北京:社会科学文献出版社,2011年。

娄博杰,农户生活能源消费选择行为研究,中国农业科学院硕士学位论文,2008年。

马鹏、李文秀,"城镇化、集聚效应与第三产业发展",《财经科学》,2010年第8期。

马拴友,"中国公共资本与私人部门经济增长的实证分析",《经济科学》,2000年第6期。

马勇、陈雨露,"货币与财政政策后续效应评估:40次银行危机样本",《改革》,2012年第5期。

[英]麦迪森·安格斯,《中国经济的长期表现》,伍晓鹰、马德斌译。上海:上海人民出版社,2008年。

钱永坤、宋学锋、董靖,"经济增长与就业关系实证研究——以江苏省城镇就业为例",《经济科学》,2003年第1期。

秦翊,"中国居民生活能源消费研究",山西财经大学博士学位论文,2013年。

盛娟,"中国经济的CGE模型及政策模拟",中国人民大学硕士论文,2005年。

师应来,"影响我国城市化进程的因素分析",《统计与决策》,2006年第5期。

施发启,"2011年全国居民收入分配总体状况",载张东生主编的《中国居民收入分配年度报告(2012)》。北京:经济科学出版社,2013年。

施发启,"当前我国宏观收入分配格局分析",载宋晓梧等主编的《不平等挑战中国收入分配的思考与讨论》。北京:社会科学文献出版社,2013年。

施发启,"宏观收入分配分析与统计解读",载许宪春主编的《统计分析与统计解读2012—2013》。北京:北京大学出版社,2013年。

施发启,"宏观收入分配分析与统计解读",载许宪春主编的《统计分析与统计解读2013—2014》,北京:北京大学出版社,2014年。

石柱鲜、孙皓、宋平平,"中国自然失业率的估计与应用:基于HPMV滤波的实证分析",《财经科学》,2008年第6期。

宋吉涛、方创琳、宋敦江,"中国城市群空间结构的稳定性分析",《地理学报》,2006年第61卷第12期。

苏浩,"新中国成立以来我国城镇化发展历程研究",《商情》,2011年第11期。

苏剑,"金融危机下中美经济形势的差异和货币政策选择",《经济学动态》,2009年第9期。

苏素、贺娅萍,"经济高速发展中的城镇化影响因素",《财经科学》,2011年第11期。

苏雪串,"产业结构升级与城镇化",《财经科学》,2002年第8期。

孙继琼、徐鹏,"成渝经济区城市化特征及影响因素分析",《经济纵横》,2010 年第 1 期。

孙胤社,"大都市区的形成机制及其定界——以北京市为例",《地理学报》,1992 年第 47 卷第 6 期。

唐鉱、刘勇军,"关于中国经济增长与就业弹性变动的非一致性研究理论综述及评论",《市场与人口分析》,2003 年第 6 期。

王可侠,"产业结构调整、工业水平升级与城镇化进程",《经济学家》,2012 年第 12 期。

王小鲁、樊纲、刘鹏,"中国经济增长方式转换和增长可持续性",《经济研究》,2009 年第 1 期。

王小鲁,"中国经济增长的可持续性与制度变革",《经济研究》,2000 年第 7 期。

王玉平,"银行信贷资金财政化趋势分析",《中国统计》,2009 年第 8 期。

王元京,"1998 年以来财政资金与信贷资金配合使用的模式",《金融理论与实践》,2010 年第 2 期。

魏巍贤,"基于 CGE 模型的中国能源环境政策分析",《统计研究》,2009 年第 7 期。

吴敬琏,《中国经济模式抉择》。上海:上海远东出版社,2005 年。

夏静、刘建国,"何以我国经济高增长率与高失业率并存:奥肯定律与中国经济发展的实证研究",《华东理工大学学报(社科版)》,2005 年第 4 期。

谢旭人,《中国财政改革发展》。北京:中国财政经济出版社,2011 年。

徐红梅、李钒,"国内城市化发展区域水平差异研究综述",《城市问题》,2010 年第 6 期。

徐晓刚,"中国农村生活能源消费分析",中国农业科学院,2008 年。

许宪春,"当前我国收入分配研究中的若干问题",《比较》,2011 年第 6 期。

许宪春,"准确理解中国的收入、消费和投资",《中国社会科学》,2013 年第 2 期。

杨文举,"中国城镇化与产业结构关系的实证分析",《经济经纬》,2007 年第 1 期。

杨吾杨,《高等经济地理学》。北京:北京大学出版社,1997 年。

姚余栋、谭海鸣,"央票利率可以作为货币政策的综合性指标",《经济研究》,2011 年第 2 期。

易承志,"改革前中国城市化的具体进程与影响因素分析",《城市发展研究》,2011 年第 18 卷 5 期

易纲、樊纲、李岩,"关于中国经济增长与全要素生产率的理论思考",《经济研究》,2003 年第 8 期。

于春晖、余典范,"城镇化与产业结构的战略性调整和升级",《上海财经大学学报》,2003 年第 8 期。

曾桂珍、曾润忠,"城镇化与服务业的协整及因果关系研究",《华东交通大学学报》,2012 年第 10 期。

曾国平,"中国服务业发展与城镇化关系的区域差异——基于省级面板数据的协整检验",《山西财经大学学报》,2008 年第 1 期。

曾江辉,"影响中国城市化发展的产业结构因素分析",《统计与决策》,2011 年第 10 期。

曾湘泉、于泳,"中国自然失业率的测量与解析",《中国社会科学》,2006 年第 4 期。

张车伟、蔡昉,"就业弹性的变化趋势研究",《中国工业经济》,2002年第5期。

张海鹏、牟俊霖、尹航,"林区农村家庭生活能源消费需求实证分析——基于双扩展的线性支出系统模型",《中国农村经济》,2010年第7期。

张辉,《北京市产业空间结构研究》。北京:北京大学出版社,2012年。

张辉,《中国都市经济研究报告2008——改革开放以来北京市产业结构高度演化的现状、问题和对策》。北京:北京大学出版社,2010年。

张军、高远等,"中国为什么拥有了良好的基础设施?",《经济研究》,2007年第3期。

张魁伟,"产业结构与城镇化、区域经济的协调发展",《经济学家》,2004年第4期。

张妮妮、徐卫军、曹鹏宇,"影响农户生活能源消费的因素分析——基于9省的微观数据",《中国人口科学》,2011年第3期。

中国证券监督管理委员会,"2012年上市公司执行会计准则监管报告",中国证券监督管理委员会网站,2013年。

中华人民共和国国家质量监督检验检疫总局、中国国家标准化管理委员会,"国民经济行业分类与代码(GB/4754—2011)",2011年4月29日发布,2011年11月1日实施。

周黎安,"中国地方官员的晋升锦标赛模式研究",《经济研究》,2007年第7期。

周一星、曹广忠,"改革开放20年来的中国城市化进程",《城市规划》,1999年第23卷第12期。

英文参考文献

Acharya, V. V., and R. G. Rajan, "Sovereign Debt, Government Myopia, and the Financial Sector", National Bureau of Economic Research Working Paper Series No. 17542, 2011.

Aiyagari, S. R., and E. R. McGrattan, "The Optimum Quantity of Debt", *Journal of Monetary Economics*, 1989, 42 (3):447—469.

Alberini, A., Gans, W. D. Velez—Lopez, "Residential Consumption of Gas and Electricity in the U.S.: The Role of Prices and Income", *Energy Economics*, 2011, 33(5): 870—881.

Anderson, K., and W. J. McKibbin, "Reducing Coal Subsidies and Trade Barriers: Their Contribution to Greenhouse Gas Abatement", *Environment and Development Economics*, 2000, 5 (4): 457—481.

Anderson, K., and W. J. McKibbin, "Reducing Coal Subsidies and Trade Barriers: Their Contribution to Greenhouse Gas Abatement", University of Adelaide, Center for International Economic Studies (CIES), 1997.

Anderson, K., "Would China's WTO Accession Worsen Farm Household Incomes?", *China Economic Review*, 2004, 15: 443—456.

Apel, M., and P. Jansson, "A Theory—Consistent System Approach for Estimating Potential Output and the NAIRU", *Economics Letters*, 1999, 64(3):271—275.

Araki, Y., Haraguchi, K., Arap, Y., and T. Umenap. "Socioeconomic Factors and Dental Caries in Developing Countries: A Cross-national Study", Soc. Sci. Med, 1997, 44(2): 267—272.

Barro, R. J., and G. S. Becker, "Fertility Choice in a Model of Economic Growth", *Econometrica*, 1989, (57): 481.

Barro, R. J., and J. W. Lee, "A New Data Set of Educational Attainment in the World, 1950—2010", *Journal of Development Economics*, 2013, 104(September).

Barro, R. J., "Government Spending in a Simple Model of Endogeneous Growth", *Journal of Political Economy*, 1990, 98(5): S103—S125.

Benhabib, J., and M. M. Spiegel, "Human Capital and Technology Diffusion", *Handbook of Economic Growth*, 2005, Elsevier. 1: 935—966.

Bird, R. M. et al., "Decentralization of the Socialist State", A Regional and Sectoral Study, Washington D. C.: World Bank, 1995.

Biroi, F. et al., "The Economic Impact of Subsidy Phase out in Oil Exporting Developing Countries: A Case Study of Algeria", *Iran and Nigeria Energy Policy*, 1995, 23(3): 209—215.

Black, D., and V. Henderson, "Theory of Urban Growth", *Journal of Political Economy*, 1999, 107(2): 252 — 284.

Black, D. J., and V. Henderson, "A Theory of Urban Growth", *Journal of Political Economy*, 1999, (234).

Blanchard. O., and D. Quah, "The Dynamic Effects of Aggregate Demand and Supply Disturbances", *American Economic Review*, 1989, 79(4): 655—673.

Blanchard, O. et al., "Rethinking Macroeconomic Policy", IMF Staff Position Note, SPN/10/03, 2010.

Blanchard, O., "European Unemployment: The Evolution of Facts and Ideas", NBER Working Paper NO. 11750, November, 2005.

Boustan, L. P., and D. Bunten, et al., "Urbanization in the United States, 1800—2000", National Bureau of Economic Research Working Paper Series, No. 19041, 2013.

Brannon, G. M., *Energy Ttaxes and Subsidies*. Cambridge, MA: Ballinger Publishing Co., 1974.

Brounen, D., Kok, N., and J. M. Quigely, "Residential Energy Use and Conservation: Economics and Demographics", *European Economic Review*, 2012, 56(5): 931—945

Bruckner, M., "Economic Growth, Size of the Agricultural Sector, and Urbanization in Africa", *Journal of Urban Economics*, 2012, 71(1).

Bulow, J., and K. Rogoff, "A Constant Recontracting Model of Sovereign Debt", *Journal of Political Economy*, 1989, 1: 155—178.

Burniaux, J. M. et al., "The Effects of Existing Distortions in Energy Markets on the Costs of Policies to Reduce CO2 Emissions: Evidence from Green", *OECD Economic Studies*, 1992, 19: 141—165.

Byurley, H., "Productive Efficiency in U. S. Manufacturing: A Linear Programming Approach", *Review of Economic and Statistics*, 1980, 62(4): 619—622.

Caims, J., "Perverse Subsidies", *BioScience*, 1999, 49: 334—336.

Cecchetti, S. G., and L. Li, "Do Capital Adequacy Requirements Matter for Monetary Policy?", *Economic Inquiry*, 2008, 46 (4): 643—59.

Chang, G. H., and J. C. Brads, "The Paradox of China's Growing under-urbanization", *Economic Systems*, 2006, 30: 24—40.

Charlot, S., and G. Duranton, "Communication Externalities in Cities", *Journal of Urban Economics*, 2004, 56(3):581—613.

Charnes, A., W. W. Cooper, and E. Rhodes, "Measuring the Efficiency of Decision Making Units", *European Journal of Operational Research*, 1978, 2: 429—444.

Chen, J., Wang, X., and K. Steemers, "A Statistical Analysis of a Residential Energy Consumption Survey Study in Hangzhou, China", *Energy and Buildings*, 2013, 66: 193—202.

Chow, G., and A. Lin, "Accounting for Economic Growth in Taiwan and Mainland China: A Comparative Analysis", *Journal of Comparative Economics*, 2002, 30(3): 507—530.

Clarke, R., and T. H. Edwards, "The Welfare Effects of Removing the West German Hard Coal Subsidy", University of Birmingham, Discussion paper, No. 97—23, 1997.

Clements, B., Jung, H., and S. Gupta, "Real and Distributive Effects of Petroleum Price Liberalization: The Case of Indonesia", IMF Working Papers 03/204, International Monetary Fund, 2003.

De Moor, A., "Towards a Grand Deal on Subsidies and Climate Change", *Natural Resources Forum*, 2001, 25(2): 167—176.

De Paoli, B., "Monetary Policy and Welfare in a Small Open Economy", *Journal of International Economics*, 2009, 77 (1): 11—22.

Dervis, K., De Melo, J., and S. Robinson, *General Equilibrium Models for Development Policy*, Cambridge:Cambridge University Press, 1982.

Dube, I., "Impact of Energy Subsidies on Energy Consumption and Supply in Zimbabwe. Do the Urban Poor Really Benefit?", *Energy Policy*, 2003, 31: 1635—1645.

Easterly, W., *The Elusive Quest for Growth: Economists' Adventures and Misadventures in the Tropics*, The MIT Press, 2005.

Eaton, J., and M. Gersovitz, "Debt with Potential Repudiation: Theoretical and Empirical Analysis", *The Review of Economic Studies*, 1981, 48 (2): 289—309.

Eichengreen, B., Park, D., and K. Shin, "Growth Slowdowns Redux: New Evidence on the Middle-income Trap", NBER Working Paper, No. 18673, 2013.

Engel, C., "Currency Misalignments and Optimal Monetary Policy A Reexamination", *American Economic Review American Economic Review*, 2011, 101(6):2796—2822.

Erdil, E., and I. H. Yetkinerb, "The Granger-Causality between Health Care Expenditure and Output: A Panel Data Approach", *Applied Economics*, 2009, 41: 511—518.

Espey, M., "Gasoline Demand Revisited: An International Meta-analysis of Elasticities", *Energy Economics*, 1998, 20 (3): 273—295.

European Commission, International Monetary Fund, Organisation for Economic Co-operation and Development, United Nations, World Bank, "System of National Accounts (SNA), 2008", New York, 2009.

Fankhauser, S., and R. Tol, "Recent Advancements in the Economic Assessment of Climate Change costs", *Energy Policy*, 1996, 24(7):665—673.

Farrell, M. J., "The Measurement of Productive Efficiency", *Journal of the Royal Statistical Society*, 1957, 120(3): 253—290.

Fay, M., and C. Opal, "Urbanization without Growth A not-so-uncommon Phenomenon", World Bank Policy Research Working Paper 241, 2000.

Feenstra, R. C., Inklaar, R., and M. P. Timmer, The Next Generation of the Penn World Table available for download at www.ggdc.net/pwt, 2013.

Frankel, J. A., "No Single Currency Regime is Right for All Countries or At All Times", National Bureau of Economic Research Working Paper Series No. 7338, 1999.

Freund, C., and C. Wallich, "Public-sector Price Reforms in Transition Economics: Who Gains? Who Loses? The Case of Household Energy Prices in Poland", *Economic Development and Cultural Change*, 1997, 46(1):35—59.

Friedman, M., "Using Escalators to Help Fight Inflation", *Fortune*, 1974, July: 94—7.

Gali, J., and M. Gertler, "Inflation Dynamics: A Structural Econometrics Analysis", *Journal of Monetary Economics*, 1999, 44: 195—222.

Gangopadhyaya, S. et al., "Reducing Subsidies on Household Fuels in India: How Will It Affect the Poor?", *Energy Policy*, 2005, 33: 2326—2336.

Gelbspan, R., "Toward a Global Energy Transition", Foreign Policy in Focus: FPIF—PetroPolitics Special Report, 2003.

Gill, I., and H. Kharas, "An East Asian Renaissance: Ideas for Economic Growth", World Bank, 2006.

Glaeser, E. L. et al., "Growth in Cities", *Journal of Political Economy*, 1992, 100 (Dec.): 1126—1152.

Gurvich, E. et al., Impact of Russian Energy Subsidies on Greenhouse Gas Emissions Report to OECD", Paris: OECD, 1995.

Hansen, H., and J. Rand, "On the Causal Links between FDI and Growth in Developing Countries", mimeo, Development Economics Research Group(DERG), Institute of Economics, University of Copenhagen, 2004.

Harris, N., "Bombay in a Global Economy-structural Adjustment and the Role of Cities", 1995, 12(3): 175—184.

He, et al., "Carbon Tax and Carbon Dioxide Emission Reduction", *The Journal of Quantitative and Technical Economics*, 2002, 10: 39—47.

Henderson, J. V. , "The Urbanization Process and Economic Growth", *Journal of Economic Growth*, 2003, 8:47—71.

Henderson, J. V. , *Urban Development: Theory, Fact, and Illusion*, New York: Oxford Univ. Press, 1988.

Henderson, J. V. , "Urbanization and Growth", *Handbook of Economic Growth*, North—Holland, 2005.

Hodrick, R. J. , and E. C. Prescott, Postwar U S. Business Cycles: An Empirical Investigation, *Journal of Money, Credit, and Banking*, 1997, 29: 1—6.

Hurlin, C. , and B. Venet, "Granger Causality Tests in Panel Data Models with Fixed Efficient", mimeo, University Paris IX, 2001.

Hurlin, C. (2004). A note on causality tests in panel data

IEA, "World Energy Outlook Insights, Looking at Energy Subsidies: Getting the Prices Right". Paris: OECD, 1999.

IEA, "World Energy Outlook 2009", Paris: OECD, 2009.

Ikhsan, J. et al. , Surface Complexation Modeling of the Sorption of Zn(II) by Montmorillonite, *Colloids and Surfaces A: Physicochemical and Engineering Aspects*, 2005, 252(1): 33—41.

Jacobs, J. , *Cities and the Wealth of Nations*, Vintage Books: New York, 1984.

Jacobs, J. , *The Economy of Cities*, Vintage Books: New York, 1969.

Jensen, H. , "Targeting Nominal Income Growth or Inflation?", *American Economic Review*, 2002, 92: 928—956.

Jorgenson, W. , "Econometric Methods for Applied General Equilibrium Analysis", Chapter 4 in Scarf, H. , and J. Shoven (eds.), *Applied General Equilibrium Analysis*, New York: Cambridge University Press, 1984.

Kebede, B. , "Energy Subsidies and Costs in Urban Ethiopia: The Cases of Kerosene and Electricity", *Renewable Energy*, 2006, 31: 2140—2151.

Koplow, D. , "Energy Subsidies and the Environment", OECD Document: Subsidies and Environment Exploring the Linkages. Paris: OECD, 1996.

Lampard, E. E. , "The History of Cities in the Economically Advanced Areas", *Economic Development and Cultural Change*, 1995, 3(2).

Larsen, B. , and Shah, A. , *World Fossil Fuel Subsidies and Global Carbon Emissions*, World Bank Publications, 1992.

Lee, R. , "The Demographic Transition: Three Centuries of Fundamental Change", *The Journal of Economic Perspective*, 2003, 17(4): 167—190.

Lenzen, M. , Wier, M. , Cohen, C. , Hayami, H. , Pachauri, S. , and R. Schaeffer, "A Comparative Multivariate Analysis of Household Energy Requirements in Australia, Brazil, Denmark, India and Japan", *Energy*, 2006, 31(2-3): 181—207.

Lewis, W. A. , "Economic Development with Unlimited Supplies of Labor", Manchester School of Economics and Social Studies, 1954.

Light, M. , "Coal Subsidies and Global Carbon Emissions", Energy Journal, 1999, 20:117—148.

Li, H. , L. Dong, and M. H. Xie, "Price Transmission Mechanism of Reducing Coal Subsidies and Its Effect on households Life", Peking University, Working paper, 2009.

Lofgren, H. R. H. , and S. Robinson, "A Standard Computable General Equilibrium (CGE) Model in GAMS", International Food Policy Research Institute, Washington D. C, 2002.

Lovell, C. A. K. , S. Grosskopf, E. Ley, J. T. Pastor, D. Prior, and P. V. Eeckaut, "Linear Programming Approaches to the Measurement and Analysis of Productive Efficiency", Top, 1994, 2 (2): 175—248.

Lucas, Jr. R. E. , and J. S. Thomas, "After Keynesian Macroeconomics", Quarterly Review (Spr), 1979.

Lucas, R. , "On the Mechanics of Economic Development", Journal of Monetary Economics, 1988, 22(July): 3—42.

Lucas, R. , "The Industrial Revolution: Past and Future", The Region, 2004, 18(1): 4.

Malley, J. , and H. Molana, "Output, Unemployment and Okun's Law: Some Evidence From the G7", Economics Letters, 2008, 1: 111—113.

Mankiw, N. G, "The Inexorable and Mysterious Tradeoff Between Inflation and Unemployment". The Economic Journal, 2001, 111 (471): 45—61.

Mansurand, A. , and J. Whalley, "Numerical Specification of Applied General Equilibrium Models", in Scarf, H. , and J. Shoven (eds.), Applied General Equilibrium Analysis, Chapter 3, Cambridge University Press, 1984.

Masson, P. R. , and M. A. Savastano et al. , "The Scope for Inflation Targeting in Developing Countries", IMF Working Paper(97/130), 1997.

Mendoza, E. , and M. Terrones, "An Anatomy of Credit Booms: Evidence from Macro Aggregates and Micro Data", NBER Working Paper(No. 14049), 2008.

Messing, J. , "Institutions, Service Employment, A Panel Study for DECD Countries", European Central Bank Working Paper Series, 2004, (320).

Modigliani, F. , and R. Brumberg, "Utility Analysis and the Consumption Function: An Interpretation of Cross-Section Data", in Kenneth, K. K. (eds), Post-Keynesian Economics, New Brunswick, N. J. : Rutgers University Press: 388—436, 1954.

Motlagh, S. P. , and M. Farsiabi, "An Environmental & Economic Analysis for Reducing Energy Subsidies", Int. J. Environ. Res, 2007, 1(2): 150—162.

Mulligan, C. B. , and X. X. Sala-I-Martin, "The Optimum Quantity of Money: Theory and Evidence", Journal of Money, Credit and Banking, 1997, 29(4): 687—715.

Nesbakken, R., "Price Sensitivity of Residential Energy Consumption in Norway", *Energy Economics*, 1999, 21(6): 493—515.

Newbery, D. M, "Removing Coal Subsidies Implications for European Electricity Markets", *Energy Policy*, 1995, 23(6): 523—533.

Northam, R. M., *Urban Geography*, John Wiley and Sons, 1975.

OECD, "Energy Subsidy Reform and Sustainable Development: Challenges for Policy Makers", New York: Commission on Sustainable Development Ninth Session, 2001.

OECD, Environmental Effects of Liberalizing Fossil Fuels Trade: Results from the OECD Green Model", Unclassified Document No. COM/TD/ENV (2000) 38/FINAL, Paris: OECD, 2000.

OECD, "Human Capital Investment, An International Comparison".

Okun, A. M., "Potential GNP: Its Measurement and Significance", American Statistical Association, Proceedings of the Business and Economics Section, 1962, 98—104.

Ostry, J. D. and A. R. Ghosh et al., "Two Targets, Two Instruments: Monetary and Exchange Rate Policies in Emerging Market Economies", IMF Discussion Notes, 2012.

Park, H., and H. Kwon, "Effects of Consumer Subsidy on Household Fuel switching from Coal to Cleaner Fuels: A Case Study for Anthracites in Korea", *Energy Policy*, 2011, 39(3):1687—1693.

Poelhekke, S., "Urban Growth, Uninsured Risk and the Rural Origins of Aggregate Volatility", EUI Working Paper ECO 2008/ 2, 2008.

Psacharopoulos, G., "Returns to Investment in Education: A Global Update", Policy Research Working Paper Series 1067, The World Bank, 1993.

Radetzki, M., "Elimination of West European coal subsidies", *Energy Policy*, 1995, 23(6): 509—518.

Rauch, J. E., "Productivity Gains from Geographic Concentration of Human Capital: Evidence from the Cities", *Journal of Urban Economics*, 1993, 34: 380—400.

Reutlinger, S., and K. C. Knapp, "Food Security in Food Deficit Countries", World Bank, 1980.

Romer, P., "Increasing Returns and Long-run Growth", *Journal of Political Economy*, 1986, 94: 1002—1037.

Romer, P. M., "Increasing Returns and Long-run Growth", *Journal of Political Economics*, 1986, 94: 1002—1037.

Saboohi, Y., "An Evaluation of the Impact of Reducing Energy Subsidies on Living Expenses of Households", *Energy Policy*, 2001, 29: 245—252.

Sachs, J., "Theoretical Issues in International Borrowing", National Bureau of Economic Research Working Paper Series No. 1189, 1983.

Sanches, D., and S. Williamson., "Money and Credit with Limited Commitment and Theft", *Journal of Economic Theory*, 2010, 145 (4): 1525—1549.

Saunders, M., and K. Schneider, "Removing Energy Subsidies in Developing and Transition Economies", ABARE Conference Paper, 23rd Annual IAEE International Conference, 2000.

Scheibe, J., and D. Vines, "A Phillips Curve for China", CEPR Discussion Papers, 2005.

Schmitt, D., "Concluding Comment: What Prospects for Coal Subsidies?", *Energy Policy*, 1995, 23: 557.

Shah, A., and B. Larsen, "World Development Report: Carbon Taxes, the Greenhouse Effect and Developing Countries, Policy Research", Working papers, 1992.

Shen, J., "Estimating Urbanization Levels in Chinese Provinces in 1982—2000", *International Statistical Review*, 2006, 74(1).

Singelnann, J., "The Sectoral Transformation of the Labor Force in Seventy Industrialized Countries, 1920—1970", *The American Journal of Sociology*, 1978, 83(5): 1224—1234.

Snowdon, B., and H. R. Vane, "An Encyclopedia of Macroeconomics", Edward Elgar Pub, 2006.

Solow, R., "A Contribution to the Theory of Economic Growth", *Quarterly Journal of Economics*, 1956, 106: 531—555.

Steenblik, R., and P. Coroyannakis, "Reform of Coal Policies in Western and Central Europe: Implications for the Environment", *Energy Policy*, 1995, 23(6):537—553.

Steenblik, R. P., "Environmentally Harmful Subsidies: Policy Issues and Challenges", Paris: OECD, 2002.

Sugema, I., "Dampak Kenaikan Harga BBM dan Efektivitas Program Kompensasi", INDEF Working Paper, 2005.

Svensson, L. E. O., "Inflation Targeting: Some Extensions", *Scandinavian Journal of Economics*, 1999, (101): 337—361.

Tiffen, M., "Transition in Sub-Saharan Africa: Agriculture, Urbanization and Income Growth", *World Development*, 2003, 31(8): 1343—1366.

UNEP and IEA, Reforming Energy Subsidy, an Explanatory Summary of the Issues and Challenges in Removing or Modifying Subsidies on Energy that Undermine the Pursuit of Sustainable Development, Paris: UNEP, 2002.

UNEP, *Energy Subsidies: Lessons Learned in Assessing their Impact and Designing Policy Reforms*, 2003.

UNEP, Reforming Energy Subsidies: Opportunities to Contribute to the Climate Change Agenda, UNEP: Division of Technology, Industry and Economics, 2008.

UNEP, *Reforming Energy Subsidies*, Paris: UNEP, 2008.

United Nations, Canberra Group, *Handbook on Household Income Statistics*, Second Edition, New York and Geneva, 2011.

Varian, H. R., *Microeconomic Analysis*, Third Edition, W. W. Norton & Company, Inc, 1992.

Wang, Y., and Y. Yao, "Sources of China's Economic Growth 1952—1999: Incorporating Human Capital Accumulation", *China Economic Review*, 2003, 14(1):32—52.

Weidner, J., and J. C. Williams, "What Is the New Normal Unemployment Rate", *FRBSF Economic Letter*, 2011, 5.

Wei, W. X., "An Analysis of China's Energy and Environmental Policies Based on CGE Model", *Statistical Research*, 2009.

Williams, J. C., and B. D. Wright. *Storage and Commodity Markets*, Cambridge University Press, 1991.

Xie, J., and S. Saltzman, "Environmental Policy Analysis: An Environmental Computable General Equilibrium Model for Developing Countries", *Journal of Policy Modeling*, 2000, 22(4):453—489.

Zerriffi, H., "Innovative Business Models for the Scale-up of Energy Access Efforts for the Poorest", *Current Opinion in Environmental Sustainability*, 2011, 3:272—278.

Zhao, Y. H., "Leaving the Countryside: Rural-to-Urban Migration Decisions in China", *The American Economic Review*, 1999, 89(2).